Se Hizo Hombre

La fascinante historia del Dios Hombre
como se relata en los Evangelios Sinópticos

Pablo Hoff

La misión de Editorial Vida es ser la compañía líder en comunicación cristiana que satisfaga las necesidades de las personas, con recursos cuyo contenido glorifique a Jesucristo y promueva principios bíblicos.

SE HIZO HOMBRE
Edición en español publicada por
Editorial Vida

©1990 por Editorial Vida

Cubierta diseñada por: *Sara Wenger*

ISBN: 978-0-8297-1027-4

CATEGORÍA: Estudios bíblicos / Jesús

IMPRESO EN ESTADOS UNIDOS DE AMÉRICA
PRINTED IN THE UNITED STATES OF AMERICA

HB 12.05.2023

INDICE

CAPITULO 9 — EL METODO PARABOLICO

CAPITULO 10 — PREPARACION ESPECIAL DE LOS DOCE DISCIPULOS

CAPITULO 11 — LOS DISCURSOS EN EL CAMINO A JERUSALEN

APENDICE I: PREGUNTAS DE ESTUDIO

APENDICE II: LOS MILAGROS Y LAS PARABOLAS DE JESUS

PREFACIO

Se hizo hombre fue escrito para proporcionar a los institutos bíblicos de habla hispana un libro de texto sobre los evangelios sinópticos. Es un estudio sintético de la vida de Cristo que arroja luz sobre la situación histórica de sus tiempos e interpreta el texto bíblico según los principios de la hermenéutica. En aquellos casos en que hay más de una explicación de un pasaje difícil de entender, trato de presentar las interpretaciones más importantes, y a menudo evaluarlas. Además, incluyo los principales pensamientos contenidos en las enseñanzas, con el fin de dar "semilla al que siembra y pan al que come".

No recomiendo que se lean las distintas partes de este libro sin estudiar primero el texto bíblico correspondiente. Sería contraproducente considerar esta obra como un sustituto para el estudio personal de los evangelios sinópticos.

Siento una enorme deuda de gratitud con los que me ayudaron a preparar este libro, por lo que quiero manifestar mi profundo agradecimiento a todos ellos. Floyd C. Woodworth, redactor de materiales educativos del Servicio de Educación Cristiana en América Latina y las Antillas, me alentó a escribir el libro, leyó los originales y me hizo valiosas sugerencias para mejorarlos. Luis Herrera, pastor y profesor evangélico, preparó los mapas y dibujos, que hacen más comprensible y real la vida del Salvador. Hugo Miranda Diez, en Santiago de Chile, corrigió el lenguaje de los originales, haciéndolos más comprensibles. Enrique Guicharrouse, profesor de castellano y corrector de pruebas del periódico El Mercurio de Santiago, corrigió las pruebas de imprenta, como un trabajo de amor para Cristo. También expreso mi gratitud a mi esposa Betty, por haber mecanografiado los manuscritos.

INTRODUCCION

Aunque los creyentes conocen bien la vida de Cristo gracias a innumerables sermones, sigue siendo fascinante. El tema mantiene nuestro interés, porque el protagonista es el Dios-Hombre que dio a conocer al Padre invisible, impartió las más excelentes de las enseñanzas, llevó una vida incomparable, obró milagros de misericordia, redimió a la humanidad mediante su muerte y echó los fundamentos de la Iglesia. El autor contemporáneo Fulton Ousler no exageraba cuando le dio a su libro sobre la vida de Cristo el título de "La historia más bella del mundo".

Desde el punto de vista técnico, los cuatro evangelios no presentan biografías de Jesucristo, si bien contienen muchos materiales biográficos. De hecho, son más bien libros escritos por cristianos que querían explicar su fe a sus lectores y convencerlos de que el Mesías había llegado (Lucas 1:3-4; Juan 20:31). Fueron compuestos para convertir a los pecadores y edificar a los creyentes, para inculcar e ilustrar la fe y para defenderla de sus enemigos. Por esto se llaman "evangelios", término que significa "buenas nuevas" y que se refiere a la gozosa proclamación de la salvación obtenida por Jesucristo. Por consiguiente, no debemos leer los evangelios como narraciones de sucesos del pasado, sino como un mensaje de vida espiritual para el tiempo presente.

Los autores de estas obras no intentaron relatar la vida de Cristo como tal, sino que eligieron ciertos acontecimientos y enseñanzas y los arreglaron según el propósito de cada evangelio. Además, dejaron grandes lagunas en la historia de Cristo y a menudo no tuvieron la intención de presentar los hechos en su orden cronológico.

El propósito de este estudio es presentar de manera interpretativa los distintos aspectos de la vida, el ministerio y las enseñanzas del Maestro. No incluye todos los detalles que se encuentran en los evangelios. También se limitan los materiales a los tres evangelios sinópticos, pues el cuarto evangelio presenta rasgos que le son propios y que lo distinguen netamente de los otros. El evangelio de Juan es más teológico y profundiza grandemente en las cosas reveladas por Dios; los autores de los evangelios sinópticos se limitan a presentar la historia de Jesús desde el punto de vista de los testigos oculares, sin reflexionar sobre el significado de las palabras y obras del Verbo encarnado.

CAPITULO 1

EL TRASFONDO HISTORICO Y RELIGIOSO DEL NUEVO TESTAMENTO

¿Cómo eran las condiciones políticas, sociales y religiosas en la época de Cristo? Desde el punto de vista humano, muchas de las cosas que sucedieron en la vida de Jesús estaban relacionadas con la situación del hombre en sus tiempos. El descontento de los judíos con el gobierno romano, las instituciones del judaísmo, el surgimiento de partidos religiosos, las enseñanzas de las sectas judías y el sistema del imperio romano fueron factores que influyeron en la forma en que Jesús sería recibido y en que se divulgaría el evangelio después de su ascensión. Para entender realmente el Nuevo Testamento, es necesario conocer su trasfondo histórico y religioso.

A. El período intertestamentario

Al terminar el Antiguo Testamento, parte de los judíos exiliados en Babilonia habían vuelto a Palestina. Vivían en paz en su propia tierra, habían reedificado el templo y habían reanudado las ceremonias religiosas.

Desde la época de Malaquías hasta la aparición de Juan el Bautista, transcurrieron cuatrocientos años. A este lapso se le llama "período de silencio", porque durante todos esos años no hubo ningún profeta que hablara ni escribiera. Sin embargo, hubo muchos sucesos de gran importancia durante ese período.

En el siglo IV a.C., Alejandro Magno, con su ejército grecomacedonio, se adueñó por medio de una espectacular campaña de conquista del imperio persa, al que pertenecía Palestina. Alejandro murió en el año 323 a.C., sin dejar heredero en su trono. Después de muchas discusiones y luchas, los generales de Alejandro acordaron repartir entre ellos su imperio. Un general se hizo cargo de Egipto, otro de Mesopotamia y Siria, y un tercero de Grecia y Macedonia. Posteriormente, Palestina pasó por largos años de inestabilidad política. La dinastía de los Ptolomeos, fundada por uno de los generales de Alejandro, reinaba en Egipto, mientras que los Seleucidas, también descendientes de uno de sus generales, reinaban en Siria. Desgraciadamente, Palestina se convirtió en la manzana de la discordia entre los dos reinos.

Alejandro Magno había tenido el sueño de unir a toda la humanidad por la imposición de la cultura griega. Desde su época, la influencia griega se extendió por el Mediterráneo oriental. El idioma griego se convirtió en el lenguaje universal. Hablar griego, leerlo y escribirlo era signo de una educación esmerada. Los estudios y las artes griegas florecían en los reinos de los sucesores del ilustre conquistador. Además, los partidarios del helenismo trataban de amalgamar y confundir las divinidades de los diversos pueblos, política que presentaba una seria amenaza a la fe monoteísta de Israel. Por eso, Justo González, historiador contemporáneo, observa: " La historia de Palestina desde la conquista de Alejandro hasta la destrucción de Jerusalén en el año 70 d.C. puede verse como el conflicto constante entre las presiones del helenismo por una parte y la fidelidad de los judíos a su Dios y sus tradiciones por otra".[1]

El conflicto entre los helenistas y los judíos que mantenían su antigua fe se tornó violento cuando Antíoco Epífanes, rey de Siria, se apoderó de Palestina en 175 a.C. Este monarca, descrito en el libro de Daniel como "un hombre despreciable" (11:21), aprobó una petición de los helenistas de Jerusalén para que Jasón, el líder de ellos, fuera nombrado sumo sacerdote. Entonces fue depuesto el legítimo sumo sacerdote, y el gobierno tradicional de sacerdotes y ancianos fue reemplazado por el de una ciudad-estado al estilo griego. La mayoría de los judíos perdieron su ciudadanía. En las cercanías del templo se construyó un gimnasio en el cual los jóvenes hacían ejercicios, luchaban y lanzaban disco desnudos. Hasta los sacerdotes jóvenes abandonaban el templo para participar en la gimnasia. Los judíos helenizados se vestían al estilo griego y se avergonzaban de estar circuncidados. Todo esto ofendía profundamente a los judíos piadosos, quienes peleaban a menudo con los helenistas en la calle. A pesar de la oposición de los mayores, la nueva generación estaba dispuesta a dejar la antigua fe de sus padres.

El helenismo sirio llegó a su colmo cuando Antíoco desató una encarnizada persecución contra los judíos. Dio órdenes de terminar con el judaísmo e implantar en su lugar el culto a Zeus, la principal deidad de los griegos. Los sirios saquearon el templo y colocaron en el santuario la estatua de Zeus ("la abominación desoladora" de Daniel 11:31). Asimismo convirtieron las habitaciones del templo en burdeles públicos y quemaron todos los libros sagrados que encontraron. Se prohibió bajo pena de muerte la circuncisión, señal del antiguo pacto, y se decretó que se sacrificaran cerdos dentro del recinto del templo, lo cual era el acto que más repugnaba a los judíos.

Para muchos de los judíos, la situación se hizo intolerable: se negaron a acatar las órdenes de Antíoco, y surgió así la resistencia de los Macabeos. Un anciano sacerdote llamado Matatías inició la insurrección, matando a un oficial sirio que trató de establecer el culto idolátrico en Modín, ciudad situada al norte de Jerusalén. Después de este acto, el sacerdote y sus cinco hijos huyeron a las colinas de Judea y se ocultaron en las cuevas.

Otros judíos, animados por un espíritu patriótico, se unieron a ellos, con lo que se extendió la revolución. Aunque Matatías murió pronto, su hijo Judas, conocido como Macabeo ("martillo"), ocupó su lugar. Al principio, la causa de los Macabeos parecía inútil, porque los judíos no tenían preparación ni armas adecuadas, y sus enemigos eran los experimentados soldados del poderoso reino de Siria. Sin embargo, los seguidores de los Macabeos hacían guerra de guerrillas, inspirados por una inquebrantable fe en su Dios.

En tres años, los guerreros judíos derrotaron a los sirios, liberaron a Jerusalén y limpiaron y dedicaron el templo profanado por los helenistas (véase Daniel 8:14). Este acontecimiento todavía era celebrado en la época de Cristo con la fiesta de la Dedicación (Juan 10:22). Los sirios se vieron obligados a otorgarles libertad religiosa. Sin embargo, los judíos continuaron la lucha para lograr la independencia política, la cual consiguieron al fin bajo Simón Macabeo en 142 a.C. El pueblo agradecido lo recompensó proclamando a él y a sus descendientes sumos sacerdotes y "etnarcas" (gobernadores provinciales) perpetuos (1 Macabeos 14:41-48). Así se estableció la dinastía asmonea, o de los Macabeos.

A pesar de todo, la influencia helenística seguía presente en Judea. Juan Hircano, hijo y sucesor de Simeón Macabeo, empezó a amoldarse a las costumbres de los pueblos circunvecinos y a favorecer las tendencias griegas.[2] En la época de Hircano (135-104 a.C.) fue cuando se produjo la ruptura entre los *jasideos* ("devotos", elementos estrictamente conservadores) y la familia asmonea o macabea. Desde ese momento, los jasideos aparecen como "fariseos" (separados), mientras que los religiosos de tendencia helenista reciben el nombre de "saduceos".

Con el transcurso de los años, y la oposición de los fariseos al helenismo, se desató una cruenta guerra civil. Finalmente, en el año 63 a.C., el general romano Pompeyo se apoderó del país y depuso al gobernador de la familia macabea, Aristóbulo II.

Como los romanos eran tolerantes con la religión y las costumbres de sus tributarios, decidieron confirmar a Hircano II, también de la familia macabea, como sumo sacerdote y líder de la nación. En el año 40 a.C., Herodes el Idumeo consiguió que el Senado romano lo nombrara rey de Judea. Este monarca vasallo fue un hombre de gran capacidad política y supo ganar y mantener el favor de quien gobernara en Roma. Con todo, tuvo que desempeñar un papel muy difícil. Primeramente, tuvo que conquistar su reino batallando durante tres años contra el último rey de la dinastía asmonea. Herodes profesaba la religión judía, si bien era de raza idumea. Tuvo que agradar a un pueblo compuesto por tres razas hostiles entre sí: judíos, árabes y griegos. Sus dominios abarcaron mucho territorio, pues Roma le había otorgado nuevas posesiones: Samaria, Perea e Idumea. Se le llamaba Herodes el Grande.

Herodes el Grande trató de ganar el favor de los judíos, construyendo en Jerusalén un magnífico templo para reemplazar al que había sido dañado por la guerra. Sin embargo, a los judíos nunca les gustó Herodes por ser idumeo, descendiente de una raza tradicionalmente enemiga de la suya, y por ser un usurpador puesto en su cargo por los odiados romanos. Herodes emprendió también un extenso programa de construcción, transformando varias ciudades y edificando algunas nuevas según sus tendencias helenísticas. Sus obras públicas costaron una enorme cantidad de dinero a un país pequeño y agobiado por las guerras internas. Así aumentó el peso del yugo ya insoportable de los impuestos y tributos en Palestina.

El rey idumeo era un político astuto y cruel. Se casó con la hermosa Mariamne, princesa de la familia asmonea y miembro de la aristocracia. Dividió la oposición, abolió la aristocracia y reprimió toda oposición, exterminando a sus enemigos, reales o supuestos, incluso algunos miembros de su propia familia. Por ese motivo se afirma que el emperador Augusto llegó a decir sarcásticamente que era preferible ser uno de los cerdos de Herodes, a ser un hijo suyo. (Siendo judío de religión, Herodes nunca habría sacrificado un cerdo; en cambio, sí era capaz de matar a sus propios hijos). Este era el Herodes que reinaba cuando Jesús nació.

Al morir Herodes en el año 4 a.C., su reino fue dividido entre tres de sus hijos. Arquelao heredó Judea y Samaria; Herodes Antipas, el rey que ordenó decapitar a Juan el Bautista (4 a.C. a 30 d.C.), tomó Galilea y Perea, y Felipe recibió Iturea, Traconite y los territorios del noreste (Lucas 3.1). Sin embargo, la brutalidad de Arquelao precipitó la formación de una fuerte oposición de parte de los judíos, y los romanos lo desterraron. Judea y Samaria quedaron bajo el control de procuradores (gobernadores que rendían cuentas a Roma directamente), el más conocido de los cuales fue Pilato (26-36 d.C.). Cirenio (Lucas 2:2), gobernador de Siria, nombró a Coponio, soldado romano, para este cargo, y ordenó un censo con el fin de imponer un tributo (Lucas 2:2). Esto hizo que se desatara una sublevación dirigida por Judas el galileo (Hechos 5:37). Aunque la revuelta fue dominada, los judíos más fanáticos se separaron de los fariseos y formaron el partido de los zelotes, el cual mantenía el espíritu revolucionario. El fanatismo de los zelotes llevó finalmente a Israel a la ruina, pues instigó a los judíos a tratar de sacudir de sí el yugo romano en el año 67 d.C.

Durante la época de Cristo, todo el mundo civilizado, salvo los poco conocidos reinos del Lejano Oriente, estaban bajo el domino romano. Su imperio se extendía desde el océano Atlántico hasta el río Eufrates y desde el río Danubio hasta el desierto de Sahara. Los judíos gozaban de cierta libertad política y religiosa, pero tenían que pagar pesados impuestos al gobierno romano. Los soldados romanos estaban acantonados en las ciudades y los pueblos; y un recaudador de impuestos se sentaba a la puerta de cada población de importancia. Los judíos deseaban la libertad: pero eran demasiado débiles para expulsar a sus conquistadores. Así se despertó en ellos la esperanza mesiánica prometida por los profetas del Antiguo Testamento.

B. La religion judía

Desde el cautiverio babilónico (597-538 a.C.) hasta la aparición de Juan el Bautista, la religión hebrea fue evolucionando y llegó a ser lo que hoy se llama judaísmo. Varias instituciones importantes le daban su forma característica a la religión de los adoradores de Jehová en la época de Cristo.

1. **La sinagoga.** Al ser destruido el templo por los babilonios, tuvieron que cesar sus sacrificios y ceremonias. Fue entonces cuando surgió la sinagoga ("asamblea" o "reunión"), centro local de estudio y adoración. Dondequiera que se formaba una comunidad judía, se establecía una sinagoga. Estas tuvieron gran importancia en la conservación de la fe entre los judíos de la "dispersión". La sinagoga quedó tan firmemente establecida como institución, que perduró aun después de la restauración de los judíos en Palestina y de la reconstrucción del templo. En Palestina, la sinagoga servía también como

escuela local, centro comunal y sede del gobierno local, pues los ancianos de la religión eran los custodios de la moralidad pública ante las autoridades civiles. Su forma de gobierno era congregacionalista, lo cual preparó el camino para el gobierno democrático de la Iglesia primitiva.

2. **La Ley y las tradiciones orales.** El cautiverio babilónico les sirvió de dura disciplina a los judíos, pero pudieron ver cumplidas las predicciones de los profetas, y salieron de éste con una fe más fuerte que nunca en la Palabra escrita. En la época de la restauración (530-44 a.C.), no tuvieron rey, y su vida giró alrededor de la ley, el sacerdocio y el templo. Los sacerdotes gobernaban el pueblo y se estudiaban intensamente las Escrituras. Así fue como los judíos se convirtieron en "el pueblo del Libro".

Como resultado de sus estudios, los sacerdotes y escribas (estudiosos profesionales que copiaban las Escrituras) fueron preparando un cuerpo cada vez mayor de interpretaciones de la Ley y de reglas basadas en ella. Este cuerpo o código recibe el nombre de *mishnah* "ley oral" o "tradiciones de los ancianos". Sus reglas llegaron a ser tan obligatorias como la Ley misma, aunque a menudo no reflejaban las intenciones divinas.

Se prescribían múltiples reglas minuciosas para todas las ocasiones imaginables. Por ejemplo, había treinta actividades que estaba prohibido realizar en sábado, como recoger espigas y restregar el grano con las manos, y caminar más de novecientos metros. Jesús hizo notar que estos intérpretes de la Ley les imponían a los hombres cargas que no podían llevar (Lucas 11:46) y quebrantaban e invalidaban el mandamiento de Dios con sus tradiciones (Mateo 15:6). A las tradiciones las llama "mandamientos de hombres" (Mateo 15:9). En el Sermón del Monte, la frase "oísteis que fue dicho a los antiguos" parece referirse a la mezcla de las enseñanzas del Antiguo Testamento con la tradición rabínica, a la cual Jesús se opone al continuar: "Pero yo os digo. . ."

3. **El templo.** Herodes el Grande reemplazó con un suntuoso templo el sencillo edificio que habían construido los judíos de la restauración en el siglo VI a.C. Con este gesto trataba de congraciarse con sus súbditos. El templo se empezó a construir en el año 20 a.C., pero las grandes murallas dobles y los patios exteriores no quedaron terminados hasta los años 62 ó 64 d.C. "Se construyó en mármol blanco, cubierto en gran parte de oro en el que se reflejaba la luz del sol, convirtiéndolo en objeto de deslumbrante esplendor".[3] El templo propiamente dicho seguía la estructura básica del edificio de Salomón, pero era mucho más grande. En las explanadas que lo rodeaban había tres patios o atrios. El más exterior, el "atrio de los gentiles", quedaba

separado del atrio interior por una valla de piedra. Se permitía que todo el mundo entrara a él, y a veces se usaba como mercado, pero ningún gentil podía ir más allá, so pena de muerte. El atrio interior se dividía en dos partes: el "atrio de las mujeres" y el "atrio de los israelitas" El edificio del templo estaba rodeado por el "atrio de los sacerdotes". El atrio de los gentiles contaba con dos hermosos pórticos, llamados "Pórtico de Salomón" y "Pórtico Real".

Los soldados romanos vigilaban los terrenos del templo, tarea que les era posible realizar porque la fortaleza Antonia la dominaba por encima. Sin embargo, los judíos tenían su propia guardia, que patrullaba el templo de día y de noche (Lucas 22:52; Hechos 4:1). Los sacerdotes y los levitas seguían celebrando el antiguo ritual de sacrificios y ceremonias, que se había convertido en una serie de formalismos carentes de piedad.

Tan venerado era el templo, que se consideraba como blasfemia toda enseñanza en la que se afirmara que eran transitorios el templo y su culto (véanse Mateo 23:16; Hechos 6:13, 14). En el año 70 d.C., al tomar Jerusalén, los romanos demolieron el templo de Herodes. De esta forma se cumplió la profecía hecha por Cristo cuarenta años antes (Mateo 24:1, 2).

4. Las sectas y los partidos del judaísmo. Al igual que otros pueblos, los judíos tendían a formar sectas religiosas y partidos políticos. Los grupos más importantes eran los siguientes:

a) Los fariseos. Parece que recibieron su nombre como un apodo sarcástico derivado del vocablo hebreo *perusim* (separados). Formaban la secta más grande y de mayor influencia en la época del Nuevo Testamento, y sólo ellos sobrevivieron como secta a la destrucción de Jerusalén en el año 70 d.C. Basaban su doctrina en todos los libros del Antiguo Testamento y creían en la existencia de espíritus buenos y malos, la immortalidad del alma y la resurrección corporal.

A pesar de todo esto, los fariseos atribuían gran importancia a la ley oral, y se deleitaban en obedecer sus innumerables reglas. Al respecto, dice Unger: "Eran separatistas, rígidos y legalistas en sus consignas relativas a la oración, el arrepentimiento y las dádivas caritativas."[4] Cumplían la letra de la Ley, pero a menudo violaban su espíritu y carecían de justicia, misericordia y fe verdaderas (véase Mateo 23). La mayoría de los escribas pertenecían a este partido. No todos los fariseos eran hipócritas, pues se encontraban en sus filas hombres como Nicodemo, José de Arimatea y Saulo de Tarso. Los fariseos no se metían en la política y se acomodaban al dominio romano.

b) Los saduceos. Según la tradición, los saduceos tomaron su nombre de Sadoc, sumo sacerdote durante la época de Salomón y David. Eran menos numerosos que los fariseos, pero ejercían el poder político bajo el gobierno de la dinastía de los Herodes. Eran en su mayor parte los aristócratas de Jerusalén, y los terratenientes acaudalados. En cuanto a sus doctrinas, sólo aceptaban los cinco libros de Moisés y rechazaban la ley oral en que se apoyaban los fariseos. Puesto que eran racionalistas, negaban las doctrinas de la immortalidad del alma, de la resurrección y de la existencia de ángeles y demonios. Su religión era poco más que una ética fría. Fue un sumo sacerdote saduceo quien condenó a Jesús, y los saduceos fueron los primeros en perseguir a la Iglesia primitiva.

Los miembros de esta secta estaban abiertos a la cultura helenística y eran oportunistas, por lo que se aliaban con la facción dominante para conservar su prestigio e influencia. Se sentían satisfechos con el *status quo* y deseosos de confraternizar con los romanos. Como se dedicaban mayormente a la interpretación de las leyes rituales referentes al culto, perdieron su razón de ser cuando los romanos destruyeron el templo en el año 70 d.C. Así fue como dejó de existir esta secta religiosa.

c) Los esenios. Aunque la doctrina de los esenios no se distinguía mucho de la de los fariseos, su manera de vivir era muy diferente. Formaban comunidades aisladas de la sociedad y se sometían a una estricta disciplina de tipo monástico. Llevaban una vida ascética (muchos se abstenían aun del matrimonio), tenían sus propiedades en común y dedicaban gran parte de su tiempo al estudio y a la interpretación de las Escrituras. Según su doctrina, la humanidad se divide en dos categorías: "hijos de la luz" e "hijos de las tinieblas". En el futuro, los hijos de la luz triunfarán, y como consecuencia, dominarán el mundo. Los esenios esperaban la venida de un Mesías que sería profeta como Moisés (véase Deuteronomio 18:15-19), de un Mesías-rey y de un Mesías-sacerdote. El Mesías-rey los conduciría al triunfo sobre las fuerzas del mal.

Aunque no se puede identificar a ciencia cierta la comunidad de Qumrán con la esenia, al menos era muy parecida a ella. Todavía existen las ruinas de su monasterio en el estéril desierto que está junto a la costa del mar Muerto.

Algunos estudiosos de la Biblia sugieren que Juan el Bautista y Jesús mismo eran esenios, teoría que carece de fundamento. Merrill C. Tenney señala acertadamente que el legalismo cerrado de los esenios es incompatible con la doctrina de la gracia.[5] La costumbre de Jesús de conversar y beber con los publicanos y pecadores habría horrorizado a los esenios. En cuanto a Juan el Bautista, él no trató de sacar al pueblo del judaísmo ni de formar comunidades monásticas, sino que quiso preparar a las masas para la venida del Mesías.

d) Los zelotes. Estos constituían un grupo político más que una secta religiosa. Querían liberar a Palestina por las armas. Este partido revolucionario persuadió finalmente a los judíos a sublevarse contra los romanos, lo cual tuvo como consecuencia final la destrucción de Jerusalén en el año 70 d.C. Simón, uno de los discípulos de Jesús, pertenecía a este partido.

5. La esperanza mesiánica. Los grandes profetas hebreos habían predicho que Dios inauguraría una edad dorada en la cual Israel disfrutaría de paz, prosperidad y dominio sobre la tierra. Se levantaría un gran rey, el hijo de David, cuya misión sería darles la victoria y llevarlos a la gloria. Estas profecías y la dura opresión romana alimentaban entre los judíos la esperanza en el Mesías, a la que se llamaba "la consolación de Israel" o "la redención" (Lucas 2:25, 38; 3:15).

Había también una viva expectativa por la venida de un profeta como Moisés y del profeta Elías (véanse Malaquías 4:5, 6; Juan 1:19-25; Mateo 17:10). Algunos judíos pensaban que Dios intervendría para poner término al mundo. Otros soñaban con un Mesías sobrenatural que vendría en juicio para limpiar la tierra y reinar sobre ella. La mayor de todas las esperanzas era la de que el Mesías venciera a los romanos y estableciera un reino político, haciendo a Jerusalén la capital del mundo. Jesús vino a un pueblo que esperaba un Mesías; pero en el cual nadie soñaba con que éste fuera a establecer un reino espiritual por la vía de la cruz.

Los líderes religiosos trataban de apagar el entusiasmo creado por la esperanza mesiánica; los saduceos, porque querían mantener la situación tal como estaba y no provocar a los romanos; los fariseos, porque creían que sólo a través de la conformación total a la ley divina vendría el reino mesiánico (véase Juan 11:45-50).

C. La preparación del mundo para el evangelio

El apóstol Pablo afirma que "cuando vino el cumplimiento del tiempo, Dios envió a su Hijo" (Gálatas 4:4). Foakes Jackson, historiador eclesiástico, hace notar que "hablando desde el punto de vista humano, nos es difícil imaginar que el cristianismo hubiera podido progresar en cualquier período anterior de la historia de la humanidad".[6] Kenneth Scott Latourette hace notar que después de los primeros tres siglos de cristianismo, jamás han existido condiciones tan favorables para "la entrada y aceptación general de una nueva fe".[7] No fue un accidente que Jesús viniera en el momento preciso, cuando las condiciones favorecían más la rápida divulgación del evangelio. Esto sucedió según el plan divino.

Veamos a continuación los factores que prepararon el camino para la venida de Jesucristo.

1. La preparación política. El imperio romano le había dado a la cuenca del Mediterráneo una unidad nunca antes vista. Las formidables barreras políticas que habían separado a las naciones durante siglos y milenios fueron quitadas, permitiendo un libre intercambio entre los pueblos. Roma fomentaba la mayor uniformidad posible entre las costumbres y leyes de todas las regiones. Además de esto, otorgaba la ciudadanía romana a muchos de los hombres libres del Imperio, sin discriminar por lugar de nacimiento o raza. Así fue como apareció la noción de solidaridad entre los seres humanos, concepto que preparó a los hombres para recibir el mensaje de una redención universal.

El emperador Augusto (27 a.C. — 14 d.C.) le había dado al mundo conocido un respiro de la guerra. Ocurrió lo que había pasado solamente nueve veces en más de mil años: desde el año 6 a.C. hasta el año 2 d.C., las puertas del templo del dios guerrero Jano en Roma estuvieron cerradas, lo que simbolizaba que había absoluta paz en todo el Imperio. La notable red de caminos romana, obra en piedra que no fue superada hasta la llegada de los ferrocarriles, facilitó en gran manera los viajes y el comercio. El general romano Pompeyo limpió de piratas el mar Mediterráneo. Por todo esto, el comercio florecía y las personas iban de un lugar a otro sin temor de verse envueltas en guerras o asaltos. Tanto los misioneros cristianos como los mercaderes, esclavos y otras personas que se habían convertido, viajaban sin obstáculo alguno hasta los más apartados rincones del Imperio, divulgando el mensaje de la cruz.

Al mismo tiempo que reinaba la "pax romana", regía también la "lex romana", magnífico sistema de leyes que protegía los derechos de los ciudadanos y aseguraba que los malhechores fuesen juzgados según normas fijas y rectas, y no conforme al criterio y los prejuicios de jueces arbitrarios.[8] En el libro de los Hechos observamos a menudo cómo la ley romana protegía al apóstol Pablo cuando se tenía que enfrentar a sus enemigos judíos y paganos.

2. La preparación intelectual. De igual importancia que la unidad política que dio Roma al mundo civilizado, fue la contribución griega a la preparación de la humanidad para recibir el evangelio.

En primer lugar, Alejandro Magno había diseminado la cultura helenística con su imperio, y Roma había heredado dicha cultura, de modo que la cultura prevaleciente en el tiempo de Cristo no era la romana, sino la helenística. El idioma universal era el griego, lengua hablada en un territorio tan amplio, que era el medio de comunicación en regiones tan separadas entre sí como Africa, España, Italia y Asia

Menor. Anteriormente, cada nación había tenido su propio idioma; ahora se las podía evangelizar a todas empleando el idioma griego.

El Antiguo Testamento había sido traducido a este idioma durante los siglos anteriores a la era cristiana. Esta traducción, que recibió el nombre de Versión de los Setenta, tuvo enorme importancia para la Iglesia primitiva, pues fue la Biblia que emplearon los apóstoles. Los creyentes que se dispersaron por todo el Imperio Romano encontraron en esta versión un instrumento útil para comunicar su mensaje. El idioma griego se prestó admirablemente para formular la teología cristiana, por la exactitud de sus expresiones.

También la filosofía griega socavaba las creencias politeístas de los paganos. Los filósofos habían enseñado a las personas a pensar por sí mismas y habían puesto en ridículo los mitos acerca de las divinidades paganas. Había un escepticismo ampliamente diseminado acerca de los antiguos dioses, el cual puso a la gente en condiciones de acoger la fe monoteísta. Algunos de los filósofos griegos, como Platón y Aristóteles, habían llegado por medio del raciocinio al concepto de un solo Dios; pero su filosofía era abstracta y fría. No satisfacía el corazón de los hombres. Sólo el cristianismo podía llenar el vacío espiritual que existía en aquellos tiempos.

3. La preparación religiosa. Los romanos eran tolerantes con las religiones de los pueblos sometidos a su imperio, incluso la de los judíos, que insistían en una fe monoteísta y se negaban a practicar ritos paganos. Estos recibieron privilegios especiales que protegieron su forma de culto. Al principio, el cristianismo fue considerado como una secta judía y disfrutó de la tolerancia de los romanos. No obstante, por regla general, sus peores enemigos no eran los paganos, sino los judíos mismos.

Mientras que los filósofos griegos prepararon negativamente a los pueblos para recibir al cristianismo, los judíos de la "dispersión" los prepararon positivamente. En todas las ciudades de importancia del imperio romano había judíos y sinagogas. Estos habían sembrado la doctrina monoteísta, así como un sistema de ética no igualado en el mundo pagano. Muchos paganos, desilusionados con las absurdas leyendas de su religión y con la degenerada moralidad del paganismo, anhelaban una fe digna de ser creída y un sistema de valores elevado, y por eso se convertían al judaísmo. Los judíos de la dispersión también habían diseminado la esperanza mesiánica. No es de extrañar que el apóstol Pablo predicara el evangelio primero en las sinagogas. Allí encontró fértil terreno para sembrar la semilla del cristianismo.

4. La preparación social. Se ha dicho acertadamente que la mayoría de los cristianos de la Iglesia primitiva pertenecían a lo peor entre la clase obrera de las ciudades: los desposeídos, los esclavos y los libertos

(véanse 1 Corintios 1:26-28; Santiago 2:5). Había millones de esclavos y desposeídos en el imperio romano, pues este sistema desarraigó a muchos de sus hogares para que fueran siervos de sus nuevos amos, los romanos. El miserable estado en que se hallaba toda esta gente llevó a muchos de ellos a buscar seguridad y hermandad en la fe de Jesucristo. Desprovistos de las cosas de este mundo, encontraron consuelo en la esperanza del porvenir celestial y en la dignidad de hijos de Dios. Así fue como las condiciones sociales de aquellos tiempos contribuyeron a la preparación del mundo para el advenimiento de Cristo.

Jesucristo llegó al mundo cuando las condiciones eran más propicias para recibir su mensaje y para extender su Iglesia en la tierra. "Al llegar la plenitud de los tiempos, envió Dios a su Hijo, nacido de mujer" (Gálatas 4:4 BJ).

Citas del capítulo 1

[1] Justo González, *La era de los mártires*, tomo 1 de la obra *Y hasta lo último de la tierra: Una historia ilustrada del cristianismo* (10 tomos), 1978, págs. 28 y 29.
[2] González, *op. cit.*, pág. 29.
[3] Merrill C. Tenney, *Nuestro Nuevo Testamento*, 1973, pág. 118.
[4] Merrill F. Unger, *El mensaje de la Biblia*, 1976, pág. 468.
[5] Tenney, *op. cit.*, pág. 142.
[6] Frederick Foakes Jackson, *The History of the Christian Church*, 1974, pág. 1.
[7] Kenneth Scott Latourette, *The First Five Centuries*, tomo 1, en *A History of the Expansion of Christianity* (7 tomos). 1971, pág. 8.
[8] Francisco S. Cook, *La vida de Jesucristo*, 1973, pág. 7.

CAPITULO 2

LAS FUENTES DE LA HISTORIA DE JESUCRISTO

¿Cómo era Jesús realmente? ¿Qué enseñó? El fundador del cristianismo no puso por escrito ni una sola de sus enseñanzas, sino que las encomendó verbalmente a sus seguidores. Todo lo que sabemos acerca de la vida y el ministerio de Jesús de Nazaret se encuentra en cuatro libros llamados "los evangelios". Aunque algunos historiadores de aquellos tiempos, como el judío Josefo y los romanos Tácito y Suetonio, lo mencionaron en sus escritos, en realidad no añadieron nada al relato de los evangelistas inspirados[a]. Además, es evidente que los llamados "evangelios apócrifos", escritos en los siglos posteriores a la época de Cristo, carecen de todo fundamento y no arrojan luz alguna sobre la vida de nuestro Señor.

A. Los evangelios

1. Cuatro evangelios en vez de uno solo. ¿Por qué se escribieron cuatro libros acerca de Jesús, en vez de uno solo? Cada evangelista presenta al Señor desde su punto de vista particular, con diferentes énfasis cristológicos, cada uno de los cuales aporta algún elemento indispensable a la descripción de su persona. Es como tratar de formarse "por carta" una idea cabal de cómo es el rostro de un amigo. ¿Qué sería mejor? ¿Pedirle una sola foto grande de frente, o varias fotos de frente, de perfil y de medio perfil?[1] Del mismo modo, una sola perspectiva de la persona y misión de Jesús no basta para presentar todas sus facetas. En cambio, las cuatro descripciones de Jesús que se hallan en los evangelios sí nos dan una idea más completa de cómo era. Mateo presenta a Cristo como rey, Marcos como siervo, Lucas como Hijo del Hombre, y Juan como el Verbo eterno encarnado.

2. **Los evangelios sinópticos.** Los tres primeros evangelios — Mateo, Marcos y Lucas — se llaman "evangelios sinópticos" porque, a diferencia de Juan, relatan los mismos acontecimientos de la vida de Jesús. (La palabra "sinópticos" se deriva de dos palabras griegas y significa "vistos conjuntamente" o "vistos en general"). En cada uno de los evangelios hay episodios agregados, o bien faltan algunos; pero en general el material es el mismo, así como es el mismo su ordenamiento. Los evangelios sinópticos contienen tanto en común, que se pueden disponer en tres columnas paralelas, como una sinopsis.

En cambio, Juan se dedica principalmente a relatar aspectos que no se encuentran en los sinópticos. Por ejemplo, describe el ministerio de Jesús en Judea, algo omitido en los sinópticos, pero no cuenta sus giras por Galilea, que están narradas en los otros evangelios. Los sinópticos relatan los milagros, parábolas y discursos de Jesús a las multitudes. Juan narra solamente siete milagros y presenta los discursos más profundos desde el punto de vista teológico, sus conversaciones íntimas y sus oraciones. Por esta razón se ha observado que los evangelios sinópticos presentan a Cristo "en acción", mientras que Juan lo presenta "en meditación y en comunión".[2]

Según una tradición de la Iglesia que se remonta al siglo segundo de la era cristiana, los tres evangelios sinópticos fueron escritos por Mateo, Marcos y Lucas respectivamente. Mateo, el apóstol que había sido publicano (Mateo 9:9), escribió el primero en Palestina para los creyentes que eran judíos convertidos. Juan Marcos, creyente de la Iglesia primitiva y compañero del apóstol Pedro (Hechos 12:12; 1 Pedro 5:13), puso por escrito en Italia las enseñanzas de éste último, con el fin de informar a los romanos. Otro creyente, Lucas, médico griego y compañero del apóstol Pablo en su segundo y tercer viajes misioneros (véanse Colosenses 4:14; Hechos 16:10-11; 20:5-6; 2 Timoteo 4:11), es el autor del libro que lleva su nombre. Puesto que Lucas era de origen pagano a diferencia de Mateo y Marcos, es probable que se dirigiera a sus compatriotas, los griegos.

Al hacer un examen del contenido de los tres evangelios, hallamos que Mateo y Lucas reproducen casi la totalidad del material que se encuentra en Marcos. Asimismo coinciden ciertas partes de Mateo y Lucas, hasta la reproducción palabra por palabra en algunos casos.

¿Cómo podemos explicar este fenómeno? Algunos eruditos creen que Mateo y Lucas emplearon el material de Marcos, o que acudieron a una fuente común a todos, añadiendo además el material peculiar a ambos que no se encuentra en Marcos. Es probable que las enseñanzas de los apóstoles fueran escritas en las primeras décadas de la Iglesia primitiva y que hubiera colecciones de ellas. Existen algunas teorías referentes a las fuentes, a las que los expertos suelen referirse bajo el nombre de "El problema sinóptico".

Aunque no sabemos todos los detalles acerca de cómo consiguieron los evangelistas el material que tenían en común, podemos confiar en la veracidad de sus relatos. Lucas afirma que él puso por escrito lo que le habían dicho los testigos oculares, quienes también eran "ministros de la palabra", es decir, apóstoles (véase Lucas 1:1-4).

¿Cuándo fueron escritos los tres sinópticos? Se desconocen las fechas precisas; no obstante, puesto que los tres autores parecen presentar como sucesos futuros la caída de Jerusalén y la destrucción del templo, es muy probable que se escribieran antes de la consumación de aquellos acontecimientos, esto es, antes del año 70.[3] Muchos eruditos conservadores los colocan en la década situada entre los años 60 y 70 d.C., pero es posible que Mateo compusiera su obra alrededor del año 54.

La determinación de la fecha del evangelio de Lucas se enlaza con la composición del libro de los Hechos. Lucas hace mención de su obra anterior en la introducción a los Hechos (1:1). Es probable que el libro de los Hechos fuera escrito no mucho tiempo después del último suceso descrito: el final de los dos años de detención de Pablo en Roma (Hechos 28:30). La nota optimista con que termina la historia indica que Hechos fue escrito antes de que comenzara la persecución de Nerón en el año 64. Por lo tanto, la fecha del tercer evangelio sería anterior a ese año.

Si Marcos escribió hacia el final del ministerio del apóstol Pedro o poco después de su muerte, como dicen los padres de la Iglesia, su obra ha de ser fechada alrededor del año 64 o poco después.

B. El Evangelio de Mateo

1. El autor. Aunque los textos más antiguos no llevan el nombre de Mateo, la tradición cristiana le atribuye a éste la paternidad literaria del primer Evangelio. Incluso los eruditos de la alta crítica, que lo asignan a un escritor desconocido, del cual suponen que compiló el libro empleando varias fuentes, piensan que los grandes discursos de Jesús que aparecen en este evangelio proceden de una obra previa de Mateo, su "colección de discursos" o "logia".

Mateo, o Leví, había sido recaudador de impuestos en Capernaúm (Mateo 9:9). Los publicanos, por ser empleados de los romanos, eran temidos y odiados en toda Palestina. Se les acusaba de ser extorsionistas desalmados que se habían vendido a los romanos para sacar lucro de sus conciudadanos. Sólo el poder de Cristo puede convertir a un hombre con semejante oficio y transformarlo en apóstol. Al convertirse, Mateo renunció a su trabajo y costeó generosamente un gran banquete (Mateo 9:9, 10; Lucas 5:27-32). Puesto que era publicano, sabía llevar cuentas y redactar informes, lo cual lo preparó para tomar apuntes de las enseñanzas del Señor durante el ministerio de éste y componer más tarde de manera sistemática el primer evangelio. No se saben los detalles de la vida de Mateo después de la persecución de Saulo.

2. **El propósito.** Se dice que Mateo escribió para los judíos, pero sería más correcto decir que escribió para todos los creyentes, y en especial para los cristianos que se habían convertido del judaísmo. Tenney observa que este Evangelio "está admirablemente adaptado a una iglesia que guardaba estrechas relaciones con el judaísmo, aunque se iba haciendo cada vez más independiente de él".[4]

Pensando fortalecer en la fe a los creyentes de raza judía, Mateo demuestra cuidadosamente que se cumplen las promesas del Antiguo Testamento en la persona de Jesús, y por lo tanto, que Él es el Mesías. Emplea una expresión que aparece dieciséis veces en su obra: "Todo esto aconteció para que se cumpliese lo dicho por el Señor por medio del profeta. . ." Luego cita un pasaje de la Ley o de los Profetas que confirma que se había profetizado cierto detalle con respecto a la vida de Jesús.

Entre las profecías cumplidas que menciona Mateo se encuentran el nacimiento virginal de Jesús (1:23-24), la matanza de los niños de Belén y sus alrededores (2:16-18), la radicación de la familia de Jesús en Nazaret (2:23), el uso de parábolas por parte de Jesús (13:13-15), la traición por treinta piezas de plata (27:9) y el sorteo de la ropa de Jesús cuando fue crucificado (27:35). Todas estas citas tenían el propósito de confirmarles a los judíos que Jesús era el Mesías prometido. Da la impresión de quererlos convertir a la fe cristiana.

Sin embargo, Mateo señala también cosas que habrían sido ofensivas para los judíos que no habían creído, como la obcecada incredulidad de los judíos, su rechazo del Mesías, la necesidad de ocultarles la verdad empleando parábolas, y la hipocresía de los líderes religiosos. Ningún otro evangelio contiene una censura tan severa y tajante para los escribas y fariseos. De haberse dirigido Mateo a los judíos no cristianos, es improbable que hubiera incluido relatos y discursos tan poco halagüeños para el pueblo judío.

3. **La presentación y el contenido del material.** El primer evangelio se destaca por su buen arreglo de la exposición; fue escrito en forma sistemática, concisa y cuidadosa. A Mateo no le interesó tanto seguir un orden estrictamente cronológico, como agrupar su material en

secciones que formaran conjuntos de sucesos y conjuntos de enseñanzas que alternasen entre sí.

Mateo agrupó los acontecimientos o las enseñanzas que se referían a un mismo tema en particular para formar las secciones, intensificando de esta manera su impresión. Así vemos reunidas las enseñanzas relacionadas a los principios del reino en los capítulos 5 al 7; vemos en un solo capítulo siete de las catorce parábolas que Mateo presenta, y también en una misma sección diez de sus veinte milagros. Así fue cómo el evangelista sistematizó y ordenó su material, de manera que sus lectores y oyentes pudieran aprenderlo y recordarlo. Por esa razón se le da también al Evangelio de Mateo el nombre de "evangelio didáctico".

A diferencia de Marcos, quien se "especializa" en relatar las obras de Cristo, Mateo abrevia algunos milagros. En cambio, explica en detalle las enseñanzas, las cuales se encuentran muy resumidas en Marcos. Presenta las enseñanzas en cinco secciones, cada una de las cuales está compuesta por un discurso cuya introducción son hechos hábilmente escogidos a fin de preparar a los lectores para las enseñanzas que los siguen.

Los discursos comprenden cerca de las tres quintas partes del libro de Mateo y se refieren principalmente al "reino de los cielos"; o sea, a la soberana autoridad de Dios sobre los hombres. Estos discursos son los siguientes:

* El sermón del monte: principios y normas del reino (capítulos 5-7).

* Instrucciones a los mensajeros del reino (capítulo 10).

* Parábolas del reino (capítulo 13).

* Enseñanzas sobre el discipulado cristiano (capítulo 18).

* La venida del Rey (capítulos 24-25).

4. El retrato de Jesús en Mateo. El propósito primordial de Mateo es convencer a sus lectores de que Jesús es el Mesías prometido en el Antiguo Testamento. Mateo es el "evangelio del cumplimiento"; las profecías, los símbolos proféticos y las esperanzas del pueblo escogido se cumplen en Cristo. Hay ciertos rasgos del Mesías que son peculiares de la descripción de El que hace este evangelio.

a) Jesucristo es Rey. A lo largo de toda su obra, Mateo lo caracteriza con los atributos de la realeza. Nace del linaje real de David y es llamado "Hijo de David". Los magos le ofrecen regalos dignos de un príncipe; su discurso llamado "sermón del Monte" tiene el aspecto de un "manifiesto real" donde presenta las leyes de su reino. Sus milagros son considerados como señales de su autoridad real; sus parábolas son "misterios del reino". Se declara exento de los impuestos del templo por ser hijo de Rey, y se presenta como Rey en su entrada triunfal. Predice su retorno en gloria y su reinado universal. La inscripción de la cruz dice: "ESTE ES JESÚS, EL REY DE LOS JUDÍOS". Finalmente, Jesús afirma que tiene toda autoridad en el cielo y la tierra, y a título de Rey, envía a sus discípulos a la labor de evangelizar a todas las naciones. La frase característica del primer evangelio es "el reino de los cielos". Así se pone de relieve el señorío real de Jesús.[5]

b) Jesús es rechazado por los judíos. El Señor experimenta el mismo destino de los antiguos profetas: interpretan de manera incorrecta sus palabras, lo persiguen, traman acechanzas contra Él y terminan por matarlo.

Cuando la noticia de su nacimiento llega a Jerusalén, toda la ciudad se agita y Herodes trata de matarlo. José tiene que huir con su familia a Egipto. Posteriormente, el precursor de Jesús es encarcelado y luego decapitado.

Los escribas y fariseos se quejan de que Jesús come con publicanos y pecadores y de que sana a los enfermos en el día de reposo. No les impresionan los milagros, sino que los atribuyen a Beelzebú, príncipe de los demonios. Conspiran para destruirlo, lo acechan y finalmente lo condenan a muerte. Mateo es el evangelio del rechazo: "En ningún otro es ofrecido el Rey a la nación de una manera tan real, y en ninguno se presenta su rechazo de manera tan cruel y total".[6]

c) Jesucristo volverá a la tierra para reinar. Aunque Marcos y Lucas incluyen en sus evangelios secciones referentes a los acontecimientos finales, no explican el tema con tanto detalle como lo hace Mateo. El autor del primer evangelio tiene un interés especial en lo que Jesús enseñó acerca de su segunda venida, el fin del mundo y el juicio final. El regresará triunfante y las naciones tendrán que rendirle cuentas. Mateo es el único evangelio donde se hallan las parábolas de los talentos, de las vírgenes prudentes y las insensatas, y de las ovejas y los cabritos. En Mateo es donde se exhorta a los creyentes a vivir siempre preparados, porque no saben el día ni la hora en que volverá su Señor.

La descripción de Jesús hecha por Mateo insiste en presentarlo como el Mesías prometido en el Antiguo Testamento; el Rey de los judíos y de todos los pueblos y el rechazado por su nación que volverá triunfal para juzgar a las naciones y establecer su reino.

5. Otros temas que se destacan en Mateo. Mateo es el único evangelio que emplea el término "iglesia" (*ekklesía*), palabra que aparece dos veces en éste (16:18; 18;17). Por eso se le llama también el "evangelio de la Iglesia". En éste es representada la Iglesia como la comunidad de los creyentes.

Mateo pone de relieve la universalidad del mensaje de Cristo. Los magos, personajes de origen gentil, se encuentran entre las primeras personas que llegan para rendir homenaje al Rey recién nacido. Varias parábolas enseñan que el reino de los cielos será sacado de la nación judía para darlo a todos los que respondan a la invitación del Rey y produzcan fruto. En la llamada "gran comisión" se insiste fuertemente en la responsabilidad misionera de los creyentes.

C. El Evangelio de Marcos

Marcos es el más breve de los evangelios. Omite los relatos de la infancia de Jesús, presenta pocas enseñanzas en comparación con los otros evangelios, cuenta sólo cuatro parábolas e incluye muy pocos acontecimientos o discursos que no se hallan en Mateo o en Lucas. Incluso presenta los discursos en una versión abreviada. Sin embargo, se destaca por relatar vigorosa y concisamente el mensaje esencial del evangelio, por ofrecernos una imagen vívida e impresionante de la persona del Redentor y por hacer hincapié en la autoridad y el poder del Hijo de Dios. En las páginas de Marcos se ve la figura de Jesús actuando con "realismo y majestad jamás superados".[7]

1. El autor. Juan Marcos es un personaje bastante conocido en los escritos neotestamentarios. Era hijo de una mujer pudiente de Jerusalén, llamada María, la cual ofreció su casa para las reuniones de los creyentes (Hechos 12:12). Por consiguiente, Marcos había crecido en un hogar piadoso. Además, era primo[b] de Bernabé y acompañó a éste y al intrépido apóstol Pablo en su primer viaje misionero. Llegó con ellos hasta Perge de Panfilia y luego se volvió a Jerusalén, lo cual causó gran decepción a Pablo. Nadie sabe por qué desertó, pero es probable que el joven sintiera miedo al ver las abrumadoras dificultades y los peligros de la obra misionera. Transcurridos cuatro años, los mismos apóstoles se disponían a emprender su segundo viaje misionero y Bernabé quiso que Juan Marcos los acompañara. Pablo se negó, recordando la deserción anterior. Este desacuerdo motivó la separación de los dos misioneros. Pablo se fue con Silas nuevamente a Cilicia, mientras que Bernabé se fue con Marcos a Chipre.

Juan Marcos desapareció en este momento de la narración que contiene el libro de los Hechos; pero años después apareció de nuevo en los escritos de Pablo y en la primera carta de Pedro. El joven había recobrado la estimación del apóstol Pablo, y ahora era compañero suyo en Roma. Este lo recomendó calurosamente a la congregación de Colosas (Colosenses 4:10). En otra epístola, enviada a Timoteo desde su prisión en Roma, Pablo le indica lo siguiente: "Toma a Marcos y tráele contigo, porque me es útil para el ministerio" (2 Timoteo 4:11).

Según la tradición cristiana, Marcos llegó a ser el ayudante e intérprete de Pedro. El gran pescador lo llama afectuosamente "mi hijo" (1 Pedro 5:13). No cabe duda de que la predicación de Pedro quedó grabada en la mente de su compañero, quien la reprodujo en el segundo evangelio.

2. Las características de Marcos.

a) Marcos se dirige a los gentiles; en especial a los romanos. Pone poco énfasis en las leyes y costumbres judías, y cuando las menciona, se esmera en explicarlas. Por ejemplo, habla de lo escrupulosos que eran los judíos en cuanto a la purificación ceremonial de su persona y de las vasijas con que comían (7:3, 4). Si los destinatarios de este evangelio hubieran sido judíos cristianos, habría sido innecesario aclarar tales costumbres.

Hay otros indicios de que Marcos pensaba principalmente en los romanos cuando escribió su obra. Emplea ciertos términos de origen latino, como *modius* por "almud" (4:21), *speculator* por "uno de la guardia" (6:27) y *censo* por "tributo" (12:14).[8] Además, da más realce a las obras de Cristo que a sus enseñanzas. Esto se debe a que los romanos, hombres de acción, tenían poco interés en las enseñanzas; los hechos les interesaban mucho más. Marcos adapta incluso su estilo a la personalidad romana: "Es terso, claro y certero, con el estilo adecuado para atraer a la mente romana, que se impacientaba con las disertaciones abstractas o de índole literaria".[9]

b) En Marcos predomina una narración histórica breve y concisa. A diferencia de Mateo, que presenta las riquezas didácticas del ministerio de Jesús, Marcos se concentra en la narración de los acontecimientos más que en la presentación de los discursos. El único discurso largo es el sermón referente a la segunda venida (capítulo 13). Se encuentran también asuntos doctrinales, como la tradición de los ancianos (7:1-23) y las enseñanzas sobre el matrimonio (10:2-12); pero, por regla general, se abrevian muchas de las enseñanzas o se omiten completamente.

c) Marcos se caracteriza por la rapidez de su narración. Nos presenta en ininterrumpida sucesión, y probablemente en orden cronológico, los episodios del ministerio de Jesús. Ofrece pocos comentarios y deja que la narración construya su propia historia. Se dice que Mateo y Lucas presentan los sucesos como si se tratara de diapositivas, pero en Marcos se suceden como en una cinta cinematográfica; es decir, casi sin pausa entre ellos.

En el Evangelio de Marcos hay una actividad intensa y continua.

"Todos los episodios están llenos de vida, movimiento y vigor." [10]
Para producir esta impresión de rapidez en la narración, Marcos emplea los verbos griegos en tiempo presente y conecta los episodios con la conjunción "y". La palabra característica de Marcos se traduce "immediatamente", "luego" o "enseguida"; y se encuentra cuarenta y dos veces en esta obra tan breve.

En Marcos vemos la agotadora labor del Maestro y la presión continua de las multitudes, las cuales siempre acuden a El en tropel buscando sanidad y deseando escuchar sus enseñanzas. Marcos alude dos veces a esta realidad, diciendo que Jesús y sus discípulos "ni aun tenían tiempo para comer". Sin embargo, el Señor no da señal alguna de impaciencia o agitación. Actúa con serenidad y dignidad, sean cuales fueren las circunstancias.

d) Marcos se destaca por lo vívido de sus descripciones. Tanto, que incluye muchos detalles que omiten los otros evangelios. Describe con frecuencia las miradas y los sentimientos de Jesús: "Mirándolos alrededor con enojo, entristecido por la dureza de sus corazones" (3:5). Así, en 3:34 leemos: "Y mirando a los que estaban sentados alrededor de él". En 7:34: "Y levantando los ojos al cielo, gimió, y le dijo: Efata, es decir: Sé abierto." En 10:21: "Mirándole, le amó."

El Señor reacciona ante los sucesos con auténtica emoción humana: cautela (1:44), confianza (4:40), compasión (5:36; 6:34), asombro (6:6), tristeza (14:33,34) e indignación (14:48).

Marcos describe también las reacciones de la gente y la impresión que causa en ella lo que hace o dice Jesús. Por ejemplo, traen a los enfermos a Jesús, convirtiendo la casa de Pedro en un hospital (1:32); "por tocarle, cuantos tenían plagas caían sobre él" (3:10); "se admiraban de su doctrina" (1:22). Los discípulos, al presenciar la forma milagrosa en que Jesús calmó el mar, "temieron con gran temor, y se decían el uno al otro: ¿Quién es éste, que aun el viento y el mar le obedecen?" (4:41). Cuando Jesús se dirigía a Jerusalén para ser crucificado, los discípulos observaron su extraña actitud y "se asombraron y le seguían con miedo" (10:32).

Sólo Marcos da algunos detalles pintorescos, como el hecho de que Jesús "estaba con las fieras" (1:13) durante sus tentaciones en el desierto; o que los amigos de un paralítico hicieron una abertura en el techo (2:4); o que Jesús estaba en la popa de la barca durmiendo sobre un cabezal (4:38), o la descripción física del endemoniado gadareno (5:4). En 6:39 explica que Jesús mandó a los cinco mil que se acomodasen "por grupos sobre la hierba". También menciona nombres (1:29; 3:16; 13:3; 15:12), cifras (5:13; 6:7), horas (1:35; 3:2; 11:19; 16:2) y lugares (2:13; 3:8; 7:31; 12:41; 13:3; 14:68; 15:39). Es su manera de indicar que sus descripciones han sido tomadas de los relatos hechos por un testigo ocular (Pedro).

3. **Jesús, el Siervo de Jehová.** Marcos comienza su obra haciendo resaltar la divinidad del Maestro: "Principio del evangelio de Jesucristo, Hijo de Dios" (1:1). Jesús obra con un poder irresistible, echando fuera demonios y sanando enfermos. Las maravillas que realiza son como las credenciales de su persona, las pruebas de que se trata de un ser sobrenatural que goza de autoridad divina y es movido a compasión por los hombres.

Sin embargo, el segundo evangelio insiste sobre todo en el hecho de que Jesús está realizando el papel del Siervo de Jehová, tal como fue profetizado por Isaías (véanse Isaías 42:1-4; 49:1-8; 50:4-9; 52:13-53:12). En Isaías 42:1 comienza el primer cántico del Siervo de Jehová: "He aquí mi siervo. . . en quien mi alma tiene contentamiento; he puesto sobre él mi Espíritu." Estas palabras se repiten en Marcos 1:10, 11: "Cuando subía del agua, vio abrirse los cielos que decía: Tú eres mi Hijo amado; en ti tengo complacencia." Aquí se refiere a la unción del Siervo, quien es el objeto de la complacencia de Dios.

Isaías describe al Siervo, quien se encuentra con una enemistad increíble por parte de los hombres, experimenta padecimientos indescriptibles y finalmente sufre una muerte ignominiosa. No obstante, los sufrimientos del Siervo no son solamente una expresión de la maldad humana, sino que están acordes con los misteriosos designios de Dios. "Con todo eso, Jehová quiso quebrantarlo, sujetándole a padecimiento". Así ha "puesto su vida en expiación por el pecado" (Isaías 53:10). La obra culmina con la resurrección triunfal del Siervo: "Verá linaje, vivirá por largos días, y la voluntad de Jehová será en su mano prosperada." Marcos lo presenta como la misma paradoja: el Siervo incomprendido y rechazado por los hombres, pero enviado y exaltado por Dios.

El versículo clave del segundo evangelio es el siguiente: "El Hijo del Hombre no vino para ser servido, sino para servir, y para dar su vida en rescate por muchos" (Marcos 10:45). Se puede sintetizar el contenido del Evangelio de Marcos con las siguientes palabras: "Servir y dar la vida." Trenchard comenta que el texto, desde el capítulo 1 hasta el 13 está lleno de ejemplos de servicio, de amor y de poder a favor de los hombres, mientras que del capítulo 14 al 16 se encuentra su obra redentora; esto es, el que dio la vida en rescate por muchos.[11]

Era necesario que Jesucristo rescatara a los hombres, tomando obedientemente la senda de humildad y padecimientos proclamada por El mismo (Marcos 8:31; 9:31; 10:33, 34, 45) que también tendrían que tomar los suyos (8:34, 35; 9:35; 10:15, 24, 25, 29, 30, 39; 13:9-13). Por tanto, vemos que Marcos presenta a Jesús como el Siervo fiel de Jehová que murió por los hombres, pero triunfó en su resurrección.

4. El problema del final del Evangelio de Marcos. Los últimos doce versículos del capítulo 16 (9-20) no se encuentran en los dos manuscritos más antiguos que conocemos, el Vaticano y el Sinaítico. La redacción del final actual es marcadamente diferente al estilo general de Marcos, tan concreto y pintoresco. Por estas razones, los eruditos creen que este final no es parte del evangelio escrito por Marcos, sino un apéndice añadido después para llenar una laguna.

¿Por qué tiene un final tan abrupto el segundo evangelio? Hay dos suposiciones; o bien el final primitivo fue mutilado poco después de ser escrito el evangelio, o bien Marcos no pudo terminar su obra, tal vez por haber estallado una persecución.

A pesar del incierto origen del final que tiene el segundo evangelio en la actualidad, se cree que su relato es verídico y que representa lo que ocurrió realmente. Trenchard observa:

> El resumen que tenemos (versículos 9-20) concuerda con el carácter y el propósito del evangelio; lo habría podido añadir Marcos mismo, u otro de los colaboradores de los apóstoles, entre los cuales se suele mencionar especialmente a Aristarco.
>
> El texto es antiguo y salió del círculo apóstólico, de modo que puede recibirse como autorizado.[12]

D. El Evangelio de Lucas

El tercer evangelio está considerado como uno de los libros más encantadores del mundo. Al igual que los otros evangelios, Lucas enseña la divinidad de Cristo, pero su manera de enfocarla es diferente. Presenta a Aquel que "vino a buscar y salvar lo que se había perdido" (19:10). Se observa en este evangelio a Jesús revelándose a sí mismo como el Salvador y el Hijo todopoderoso de Dios. Ningún otro evangelio presenta tan comprensivamente la historia de Jesús; en ningún otro brilla más la delicadeza del amor de Dios por los pobres y pecadores, que en Lucas.

Esta obra se caracteriza por la belleza de su estilo y por el calor y sentimiento de sus narraciones, que nos brindan un maravilloso retrato del Maestro. Contiene varios relatos relacionados con el nacimiento de Jesús y un buen número de parábolas que sólo se encuentran en éste. Su plan general sigue las líneas generales de Marcos, aunque con algunas transposiciones y omisiones.

1. El autor. Lucas tiene la distinción de haber sido el único autor del Nuevo Testamento que no era judío. Era médico de profesión (Colosenses 4:14), y parece haber pertenecido a las altas esferas de la sociedad. Sus escritos revelan la posesión de una gran capacidad intelectual y literaria. Emplea un vocabulario rico y variado, que indica una esmerada educación en las escuelas griegas y un amplio conocimiento de la literatura de aquel entonces. El prólogo de su evangelio está escrito en el griego más clásico y pulido que se encuentra en el Nuevo Testamento. Aunque el cuerpo del tercer evangelio esta escrito en el lenguaje del pueblo, es siempre un lenguaje popular elevado.

La atractiva personalidad de Lucas se transparenta en sus obras: el tercer evangelio y el libro de los Hechos. Era un hombre de visión amplia y compasión profunda. Poseía un espíritu poético y espiritual.

Lucas fue el primer gran historiador de la Iglesia. Indagó cuidadosamente los hechos que quería narrar (Lucas 1:1-4). Tuvo acceso a muy buenas fuentes de información que estaban relacionadas con los asuntos de que trata, e hizo buen uso de ellas. Es el único de todos los escritores neotestamentarios que cita nombres de emperadores romanos: Augusto, Tiberio y Claudio (Lucas 2:1; 3:1; Hechos 11:28 y 18:2). En sus escritos aparecen nombres célebres, tanto del mundo judío como del gentil: Cirenio, Pilato, Anás, Caifás, Herodes, Antipas, los reyes vasallos Herodes Agripa I y II, Berenice, Sergio Paulo, Galión, Félix y Festo.[13] Lucas ordenó sistemáticamente el material recogido, entrelazándolo con las notas cronológicas que conectan la vida del Salvador con la historia universal.

La veracidad de los datos históricos de su segunda obra, el libro de los Hechos, fue plenamente comprobada por Sir William Ramsey. Este se dio a la tarea de investigarlos en el Medio Oriente para demostrar que eran ficticios; sin embargo, sus descubrimientos arqueológicos lo convencieron de la exactitud de los datos y se convirtió al cristianismo. Posteriormente escribió libros de gran valor sobre el tema de los viajes de Pablo.

Lucas aparece en los Hechos por primera vez en Troas, donde acompaña al apóstol Pablo alrededor del año 51. Según la tradición más antigua, era oriundo de Antioquía, y es probable que fuera uno de los primeros convertidos de dicha ciudad. Siguió con Pablo a Macedonia, pero no se limitó a observar la obra misionera, sino que fue también un activo predicador. Cuando Pablo se marchó de Filipos, Lucas se quedó como pastor de la nueva congregación. Años después, cuando Pablo visitó de nuevo a esta iglesia en su tercer viaje misionero, Lucas volvió a acompañarlo en su viaje de Filipos a Jerusalén.

Parece que Lucas vivió en Jerusalén o sus alrededores mientras Pablo estuvo en dicha ciudad, y después cuando permaneció encarcelado en Cesarea. Es muy probable que fuera durante esos años cuando Lucas reunió los materiales para escribir su evangelio, interrogando a testigos oculares de la vida de Cristo y recogiendo documentos que contuvieran información sobre el tema (véase Lucas 1:2, 3). Es posible que hablara con María, la madre de Jesús, o con el discípulo amado que la recibió después de la crucifixión, porque la narración de la natividad es presentada en el tercer evangelio desde el punto de vista de ella. Mateo, en cambio, presenta el punto de vista de José, el esposo de María.

Lucas acompañó a Pablo cuando era conducido prisionero de Cesarea a Roma, y escribió el relato del naufragio (Hechos 27). Pablo menciona a Lucas dos veces durante su primer encarcelamiento en Roma, llamándolo colaborador suyo y "médico amado" (Filemón 24; Colosenses 4:14). En su último encarcelamiento, en vísperas del martirio, señala el Apóstol: "Sólo Lucas está conmigo" (2 Timoteo 4:11).

2. El destinatario. El tercer evangelio está dedicado a un distinguido cristiano llamado Teófilo ("amante de Dios" o "amado de Dios"), de origen gentil. El epíteto "excelentísimo" era aplicado generalmente a los funcionarios o a los miembros de la aristocracia. No se sabe a ciencia cierta si Teófilo era una persona real o un personaje simbólico que representaría a las diversas iglesias fundadas por el apóstol Pablo.

3. Rasgos notables de Lucas.

a) Es el evangelio universal. Lucas no insiste tanto en el reino como el primer evangelio; tampoco presenta la persona del Mesías desde el punto de vista de los judíos. Cristo es para todos los hombres, sin distinción de raza. Al nacer Jesús, los ángeles anuncian "paz" para todos los hombres en general (2:14). Lucas remonta la genealogía del Salvador hasta Adán, el padre de la humanidad, y no hasta Abraham, el fundador del pueblo escogido, como es el caso en Mateo.

Jesús no les cierra la puerta de la salvación a los samaritanos. Cuando los discípulos le piden permiso para hacer caer fuego del cielo sobre los samaritanos que le han negado albergue, los reprende diciendo que Él ha venido para salvar a los hombres y no para destruirlos (9:51-56). Sólo Lucas narra la parábola del buen samaritano (10:30-37) y menciona que el leproso agradecido era samaritano (17:11-19). De igual manera, se refiere a la forma favorable en que Jesús mira a los gentiles, como cuando elogia al centurión por su gran fe (7:9) y cuando afirma: "Porque vendrán del oriente y del occidente, del norte y del sur, y se sentarán a la mesa en el reino de Dios" (13:29). Es evidente que Lucas quiere resaltar la solicitud de Dios por todas las personas.

b) Es el evangelio de la oración y la alabanza. El tercer evangelio comienza con una escena en el templo a la hora del incienso, cuando los israelitas piadosos solían orar y alabar a Dios. Al nacer Jesús, los ángeles cantan alabanzas a Dios. Lucas emplea más la expresión "alabando a Dios", que todo el resto del Nuevo Testamento. Esta alabanza llega a su punto culminante en sus tres grandes cánticos: el "Magníficat" de María (1:46-55), el "Benedictus" de Zacarías (1:68-79) y el "Nunc Dimittis" de Simeón (2:29-32).

El tercer Evangelio da un relieve especial también a la oración. Lucas señala diez ocasiones en que Jesús oró antes o después de determinados momentos críticos de su ministerio, como su bautismo (3:21), el primer anuncio de su muerte (9:18), la transfiguración (9:29), y la crucifixión (23:34, 46). El Maestro también enseñó a los suyos a orar (6:28; 10:2; 11:1-13; 18:1-14).

c) *Es el evangelio de los pobres, de los desdichados y de los menospreciados por la sociedad.* Lucas subraya la ternura de Jesús con los humildes y pobres, mientras que los orgullosos y ricos son fuertemente censurados con frecuencia. Relata la parábola del rico y Lázaro (16:19-31). Presenta las palabras de Jesús referentes a los peligros de las riquezas, pero incluye también las enseñanzas que proporcionan esperanza a los oprimidos por la pobreza (6:20-24). Jesús vino para predicar el evangelio a los pobres (4:18). Los pastores, a quienes se aparecieron los ángeles, pertenecían a la clase más humilde. La misma familia de Jesús era pobre, puesto que María presentó en el templo la ofrenda de los pobres en su purificación (2:24; véase Levítico 12:8).

A Lucas le gusta señalar la misericordia del Maestro con los pecadores y despreciados. Hace notar que "se acercaban a Jesús todos los publicanos y pecadores para oírle" (15:1). Sólo él nos relata la historia de la mujer pecadora que ungió los pies del Señor y los lavó con sus lágrimas (7:36-50), la conversión de Zaqueo (19:1-10), la parábola del fariseo y el publicano (18:9-14), y el arrepentimiento del ladrón en la cruz (23:40-42).

d) *Es el evangelio de la mujer.* Lucas presenta la solicitud de Dios por la mujer, entonces subordinada al varón y no muy respetada por él. En sus relatos sobre el nacimiento de Jesús, Lucas habla de María, la madre de Jesús, de Elisabet y de Ana. Después describe vívidamente a las hermanas Marta y María, a la viuda de Naín y a María Magdalena.

e) *Es el evangelio que se interesa en los niños.* Los ejemplos más obvios se encuentran en los relatos sobre las infancias de Jesús y de Juan el Bautista. Mateo nos habla también acerca del nacimiento del Señor y sólo él describe la visita de los magos; pero es Lucas quien narra las circunstancias del nacimiento de Juan el Bautista y un episodio de la niñez de Jesús.

f) *Es el evangelio que se refiere más al Espíritu Santo.* En este evangelio se menciona más al Espíritu Santo que en los dos anteriores juntos. Ocupa un puesto de primer plano desde el principio. Así, se profetiza que Juan el Bautista será lleno del Espíritu Santo desde su nacimiento (1:15). Zacarías, María, Elisabet y Simeón hablan llenos del Espíritu. Jesús es engendrado por el Espíritu, ungido por el Espíritu y aun llevado por el Espíritu al desierto para ser tentado. Todo su ministerio se realiza por el poder y bajo la guía del Espíritu. Finalmente, promete enviar a sus discípulos "la promesa del Padre" (24:49), el vínculo que une el tercer evangelio con los Hechos.

4. El retrato de Jesús, el hombre perfecto. Mientras que Mateo presenta a Jesús como el Rey, y Marcos como el Siervo de Jehová, Lucas lo presenta como el Hijo del Hombre, el varón ideal. Aunque presenta la divinidad de Jesucristo, su tema principal es el hombre perfecto que manifiesta la naturaleza de Dios por medio de una vida humana íntimamente relacionada con la humanidad y con sus necesidades más profundas.[14]

En el Evangelio de Lucas se observa una combinación de cualidades que hacen de Jesús el hombre perfecto: sumisión absoluta al Padre, compasión tierna e ilimitada por los desdichados y pecadores, resolución intrépida, valentía, fe inquebrantable, paciencia y humildad. Era un hombre que dependía totalmente de la ayuda de Espíritu y mantenía una comunión ininterrumpida con el Padre. Como miembro de la raza humana, aceptó la amarga copa de la cruz y se convirtió en el Salvador del mundo.

Así es como los tres evangelios sinópticos presentan las distintas facetas de Aquél que es a la vez Hijo de Dios e Hijo del Hombre.

Citas del capítulo 2

[1] Trenchard, Ernesto. *Introducción al estudio de los cuatro evangelios*, 1961, pág. 23.
[2] Mears, Henrietta C. *Lo que nos dice la Biblia*, sin fecha, pág. 323.
[3] "Introducción a los evangelios sinópticos", *en la Biblia de Jerusalén*, 1967, pág. 1299.
[4] Tenney, *op. cit.*, pág. 174.
[5] Erdman, Carlos R. *El evangelio de Mateo*, 1974, págs. 7-9.
[6] Erdman, *op. cit.*, pág. 11.
[7] Erdman, Carlos R. *El evangelio de Marcos*, 1974, pág. 7.
[8] Tenney, *op. cit.*, pág. 191.
[9] *Ibid.*
[10] Erdman, Carlos. *El evangelio de Marcos*, pág. 12.
[11] Trenchard, *op. cit.*, págs. 58 y 59.
[12] Trenchard, *op. cit.*, pág. 63.
[13] Bruce, F. F. *¿Son fidedignos los documentos del Nuevo Testamento?* sin fecha, págs. 80 y 81.
[14] Trenchard, *op. cit.*, pág. 77.

[a] Flavio Josefo (37-100 d.C.) menciona en su libro "Antigüedades" a Juan el Bautista y a Santiago, el hermano de Jesús. En la misma obra se encuentra también esta referencia a Cristo: "Vivió por este tiempo Jesús, un hombre sabio, si en verdad se le puede llamar hombre, pues fue hacedor de obras admirables, maestro de esos hombres que reciben la verdad con gozo." Sin embargo, se cree que esta alusión es una interpolación hecha por cristianos.

El historiador romano Tácito, que vivió en el siglo I d.C., dice en sus "Anales" que los cristianos,. "ya una multitud, derivan su nombre de Christus, el cual fue ejecutado por el procurador Poncio Pilato en el reinado de Tiberio". Suetonio, en su *Vita Claudii* (Vida de Claudio) alude a "Chrestus" (obviamente, la palabra "Cristo" mal deletreada), "el cual instigaba a los suyos a armar escándalos". El emperador Trajano, que gobernó desde 98 hasta 117 d.C., se refiere a los cristianos en sus cartas y afirma que cantan "himnos de forma antifonal dirigidos a Cristo como a Dios".

[b] Aunque en varias versiones de la Biblia se traduce "Marcos, el sobrino de Bernabé" (Col. 4:10), la palabra griega *anepsiós* significa "primo".

CAPITULO 3

EL NACIMIENTO Y LA INFANCIA DE JUAN Y DE JESUCRISTO

Las profecías del Antiguo Testamento se cierran con una predicción: "He aquí, yo envío mi mensajero, el cual preparará el camino delante de mí, y vendrá súbitamente a su templo el Señor a quien vosotros buscáis, el ángel del pacto a quien deseáis vosotros. He aquí viene" (Malaquías 3:1). Esta predicción indicaba que Dios enviaría otro Elías, quien habría de preparar a la nación para el gran día divino. Los judíos esperaban el cumplimiento de esta profecía mesiánica.

Transcurridos cuatrocientos años durante los cuales la voz profética ha permanecido en silencio, vuelve a obrar sobrenaturalmente el Espíritu de Dios. Hay anunciaciones angélicas, cánticos proféticos y señales milagrosas. Se pone en marcha lo que habían predicho las profecías mesiánicas. Ha llegado el momento tan esperado de la ve- nida del Mesías. La historia de Jesús comienza con el anuncio de que nacerá un poderoso profeta, el cual será el precursor del Mesías.

Este llega en medio de un período sombrío para la nación judía. Herodes, llamado "el Grande", reina sobre ella con salvaje tiranía. Los romanos la oprimen bajo la carga de pesados impuestos. Con todo, la situación religiosa es más lamentable aún, ya que los saduceos rechazan lo sobrenatural y los fariseos enseñan el legalismo; el culto ha degenerado hasta convertirse en un formalismo vacío y en unas ceremonias huecas. Parece como si se hubiera apagado toda chispa espiritual. Sin embargo, hay pequeños grupos de personas piadosas que alimentan su alma con las promesas mesiánicas y esperan "la consolación de Israel", "la redención en Jerusalén" (Lucas 2:25, 38). Vemos entre ellas a Zacarías, Elisabet, Simeón, Ana, María y José. El Espíritu comienza a obrar, haciéndoles promesas que los preparan para el advenimiento del Mesías.

A. Las anunciaciones
Lucas 1:5-38; Mateo 1:18-25

Sería de extrañarse que un suceso tan trascendental como el nacimiento del Mesías no hubiera sido anunciado clara y específicamente por Dios. "Sus detalles, que eran de carácter sobrenatural, necesitaban una aclaración que también fuera sobrenatural; de lo contrario, no habrían sido dignos de creerse."[1] Los evangelios presentan tres anunciaciones, dirigidas respectivamente a Zacarías, a María y a José. Lucas relata las dos primeras, y Mateo relata la tercera. Lucas menciona el nombre del ángel, Gabriel ("varón de Dios"); en cambio, Mateo se limita a decir: "Un ángel del Señor."

1. La anunciación del nacimiento del precursor (Lucas 1:5-25). El nacimiento de Juan es anunciado con palabras casi tan majestuosas como las reservadas a Jesús. Esto se debe a que Juan fue el heraldo del Mesías, el vínculo entre el Antiguo y el Nuevo Testamento, el hombre más grande de su época (Lucas 7:28). No obstante, Lucas añade a la narración diversas profecías relativas a la singular importancia de Jesús (Lucas 2:22-38), y de esta forma señala la trascendencia de su persona y misión.

Zacarías y su esposa Elisabet vivían en la región montañosa situada al sur de Jerusalén. Pertenecían al linaje sacerdotal y eran devotos miembros de la antigua dispensación. Su vida intachable y su piedad no los habían eximido de pesares, ya que no tenían hijos y eran ancianos. Además, en aquellos tiempos se creía que la esterilidad era evidencia de que la pareja no había agradado a Dios.

En cierta ocasión, le tocó en suerte a Zacarías entrar en el lugar santo del templo para quemar incienso sobre el altar a la hora de la oración. Es probable que fuera su única oportunidad de actuar como sacerdote, puesto que el oficio sacerdotal era hereditario y había unos veinte mil descendientes de Aarón. No todos podían servir en el templo, de modo que era necesario escoger a la suerte a quienes lo harían. Se permitía que un sacerdote oficiara en el santuario una sola vez en su vida, por lo cual esta ocasión debe de haber sido el momento supremo en la existencia de Zacarías.

Al elevarse la nube de incienso, símbolo de que eran aceptadas las súplicas de los adoradores, se le apareció un ángel al anciano sacerdote. Le aseguró que su petición había sido escuchada y que su esposa daría a luz un hijo. ¿Le pidió Zacarías a Dios que le diera un hijo? La incredulidad que manifestó el anciano al reaccionar parece desmentir tal interpretación. Es probable que orara por la redención de Israel; esto es, por la venida del Cristo. Cuando el ángel habla del nacimiento del precursor, lo relaciona con la próxima aparición del Mesías, cumplimiento de la súplica que estaba en el corazón de todos los israelitas piadosos.

El hijo prometido se llamaría Juan ("Jehová da gracia"), y prepararía el camino para la venida del Señor. Sería nazareo, y por tanto, apartado para servir a Dios; además, el Espíritu lo capacitaría para cumplir su misión. Su gran tarea sería hacer que los corazones de los hombres se volviesen a Dios. Actuaría "con el espíritu y el poder de Elías", el cual se destacó por su valentía, fogosidad y severidad en su lucha contra el pecado. La expresión "para hacer volver los corazones de los padres a los hijos" (versículo 17) parece significar que haría volver a los descendientes de los patriarcas a su antigua fe.

Este anuncio era demasiado bueno para que Zacarías lo creyera inmediatamente, por lo que pidió una confirmación. El ángel le respondió dándole su nombre, su misión y una señal. Esta sirve a la vez de censura y de bendición. Gabriel, que así se llama el ángel, censura la incredulidad del sacerdote, y al mismo tiempo fortalece su fe para que reciba la promesa. Su lengua permanecerá muda hasta que se cumplan las palabras del ángel; entonces prorrumpirá en una jubilosa acción de gracias. Erdman observa: "La incredulidad nunca es gozosa; la infidelidad carece de cánticos."[2]

Pronto comienza a cumplirse la promesa de Gabriel. Elisabet se oculta cinco meses, probablemente porque no quiere que la vean hasta que sea obvio para todos que Dios le ha quitado su esterilidad y ha cumplido su promesa.

2. **La anunciación a María del nacimiento de Jesús** (Lucas 1:26-38). Al leer este pasaje, tenemos que exclamar con el Apóstol: "Indiscutiblemente, grande es el misterio de la piedad." Debemos descubrirnos respetuosamente, porque el lugar en que estamos "tierra santa es". Con gran dignidad y exquisita delicadeza, Lucas narra el anuncio del ángel referente al nacimiento de Jesús. Esta vez no se aparece en Jerusalén, sino en una oscura aldea de Galilea; no en un magnífico templo, sino en un humilde hogar. La predicción encierra la culminación de las profecías del Antiguo Testamento y "revela el misterio supremo de la fe cristiana; a saber, la naturaleza de nuestro Señor, humana y divina a la vez".[3]

Era necesario que María supiera lo que le iba a pasar. Estaba comprometida con José. En aquellos tiempos el compromiso duraba un año, y durante este período eran considerados marido y mujer, aunque aún no convivían. El compromiso era tan serio como el mismo matrimonio, y sólo el divorcio lo podía disolver (véase Deuteronomio 22:20-24). El anuncio le presentó a María un problema delicado. ¿Qué pensaría José de su embarazo?

"¡Salve (o "te saludo"), muy favorecida!" es la traducción correcta de la salutación de Gabriel. La traducción "llena de gracia", que se encuentra en algunas versiones de la Biblia, insinúa que María es "una fuente de gracia", algo que es contrario al sentido de la expresión del ángel. María fue alguien que recibió el favor divino; no una *fuente* de la gracia para dispensarla a los demás. La gracia que recibió consistía en haber sido elegida para ser la madre del unigénito Hijo de Dios, privilegio singular que ha hecho de ella la más bendita entre todas las mujeres.

María sintió temor ante el mensajero celestial. En su modestia, le extrañaban los elogiosos términos del saludo, pero la sorprendió mucho más el anuncio de que concebiría y daría a luz un hijo, a quien pondría por nombre "Jesús" (nombre griego que es equivalente al hebreo "Josué", el cual significa "Jehová es salvación" o "Salvador"). Este hijo sería el heredero del trono de David, pero no se trataría de un simple rey terrenal adoptado por Dios, sino del "Hijo del Altísimo", y su reinado sería eterno.

No debemos considerar la pregunta de María (versículo 34) una expresión de incredulidad, como en el caso de Zacarías. Es probable que ella entendiera que iba a concebir de inmediato, y no comprendiera cómo iba a ser esto posible sin la intervención de un varón. El ángel le explicó que el Espíritu Santo vendría sobre ella, como la nube de gloria había descendido sobre el antiguo tabernáculo de Israel, y que su hijo sería "santo" (esto es, no heredaría la naturaleza caída de la que participa todo el resto de la humanidad). María concebiría por un acto creativo del Espíritu en su cuerpo. Como confirmación de sus palabras, Gabriel le refirió el milagro ya experimentado por su parienta Elisabet.

La fe y la sumisión de María son hermosas. Esta sencilla doncella se considera como la esclava del Señor, y está dispuesta a obedecerlo, aunque sabe que estará expuesta a los chismes de sus vecinos, al malentendido de su novio e incluso a un posible repudio por parte de él. Sin embargo, los que confían en las promesas de Dios se someten a su voluntad y miran más allá del oprobio; así alcanzan por fe la gloria venidera. María sería la madre del Hijo de Dios. No cabe duda alguna de que el nacimiento virginal es un concepto difícil de armonizar con los procesos biológicos conocidos. Sin embargo, ¿acaso la ciencia lo sabe todo? Lo cierto es que el nacimiento virginal no es un obstáculo más formidable a la fe que la resurrección de Cristo, y la ciencia tampoco puede explicar este fenómeno.

La negación de la doctrina de la encarnación tiene por consecuencia la creación de un misterio aun más grande. ¿Cómo se podría explicar satisfactoriamente el hecho incontrovertible de que Jesucristo no cometió pecado alguno? ¿Cómo explicar que Él es el Dios-hombre? Además de esto, si podemos aceptar el milagro de la encarnación, ¿hay razones para que nos cueste aceptar los medios sobrenaturales que empleó Dios en su realización? Dios sí puede hacer milagros. Si no pudiera, dejaría de ser Dios.

3. El cántico de María (Lucas 1:39-56). Mientras oía el anuncio del ángel, crecieron en el interior de María una gran cantidad de extraños sentimientos. Quería compartir la noticia con una persona muy allegada, alguien de su propio sexo que la creyera y comprendiera su situación. Tal vez estuviera ansiosa también de confirmar lo que había dicho Gabriel acerca de su parienta. Por eso se apresuró a ir hasta la casa de Elisabet, aunque el viaje era algo largo.

Cuando Elisabet oyó la salutación de María, la criatura que llevaba en su vientre saltó de gozo, y ella fue llena del Espíritu, comenzando a hablar en lenguaje profético. Sólo por revelación del Espíritu pudo ella tener tan asombroso conocimiento de la concepción sobrenatural de Jesús, lo cual sirvió para confirmarle a María el mensaje del ángel.

El cántico de María en esta ocasión recibe el nombre de "Magníficat". Esta es la primera palabra de su versión en latín, traducida por la palabra "engrandece" en castellano. El himno está saturado de citas del Antiguo Testamento y sigue la pauta del cántico de Ana (1 Samuel 2:1-10). Está dividido en cuatro estrofas.

a) Alaba a Dios por haberla bendecido (versículos 46-48). ¿Se glorifica María a sí misma en este grandioso cántico? Por el contrario, afirma que todas las generaciones la llamarán bienaventurada; esto es, feliz o afortunada. Se maravillarán de que una persona tan poco importante e indigna haya sido escogida por Dios para ser la madre de su Hijo.

Al mismo tiempo, se reconoce como una persona que conoce el pecado, puesto que llama a Dios "mi Salvador". Un gran teólogo de la Edad Media sostuvo que si Dios es el Salvador de María, eso quiere decir que la salvó del pecado; por tanto, María no era incapaz de pecar, ni había sido concebida immaculada.

b) Alaba a Dios por su poder, santidad y misericordia eterna (versículos 49-50). Se regocija en la grandeza del poder que Él ha manifestado con ella y en la misericordia que ha mostrado para con su pueblo a lo largo de los siglos.

c) Alaba a Dios, porque su misericordia y su juicio se extienden a toda clase de personas (versículos 51-53). Esta parte del himno respira un espíritu de innovación total. El hecho de que Dios escogiera a una humilde doncella, comprometida con un pobre carpintero de Nazaret era algo ciertamente inusitado. María lo interpretó como indicio de que Dios estaba respondiendo a las injusticias y tristezas del mundo; como una señal de que El transformaría el orden religioso y social imperante en aquellos tiempos. Sus palabras revelan una clara visión profética de los tiempos mesiánicos (véase Daniel 2:34, 35, 44). Estas profundas transformaciones suceden también en el tiempo presente, cada vez que los hombres deciden creer y servir a Cristo.

d) *Alaba a Dios porque ha bendecido a Israel* (versículos 54 y 55). Esta parte del cántico "subraya la fidelidad de Dios a sus antiguas promesas, que María ve cumplidas en el nacimiento de su Hijo".[4] Con todo, María no piensa solamente en la gracia de Dios sobre Israel, sino que también ve la gracia que toda la humanidad alcanzará por medio de su pueblo (véanse Génesis 12:3; 22:18).

4. El anuncio del ángel a José (Mateo 1:18-25). El relato de Mateo en cuanto al nacimiento de Jesús es completamente independiente de Lucas. Este narra la historia desde el punto de vista de María, mientras que Mateo lo hace desde el punto de vista de José. Sin embargo, ambos evangelistas concuerdan en atribuir la concepción de Jesús a la obra del Espíritu Santo en María.

No transcurre mucho tiempo antes de que José observe que María está encinta. Como están desposados, considera la infidelidad como adulterio. Podemos imaginarnos la desilusión y la pena que siente José. Como es un hombre bondadoso y no quiere armar un escándalo, resuelve separarse secretamente de su prometida, pero Dios interviene, enviándole un ángel que le habla en sueños. Con profundo respeto y delicadeza, el ángel le revela a José el misterio.

En este relato se notan dos de los temas centrales en el evangelio de Mateo: Jesús es Rey, y el Rey es rechazado. José piensa repudiar a la futura madre del Rey, y el ángel se dirige a él llamándolo "José, hijo de David", con lo cual hace hincapié en el linaje real y mesiánico del futuro padre legal de Jesús.

María dará a luz un hijo, y José le debe poner por nombre Jesús. Este había sido el nombre de Josué, el sucesor de Moisés que había conducido al pueblo a través del Jordán y había conquistado Canaán. Sin embargo, este nuevo Josué sería más que un libertador militar. Su misión no sería liberarnos de la opresión política y económica, sino "salvar a su pueblo de sus pecados"; es decir, de la culpa y el poder esclavizador de su maldad.

¿Quiénes forman "su pueblo"? ¿Sólo Israel? A la luz del Nuevo Testamento vemos que no se limita a los judíos, la raza escogida. Su pueblo está formado por todos aquellos que pertenecen a Dios. De esta forma, desde el primer momento se le promete a este niño que tendrá su propio pueblo.

A continuación, el evangelista señala que las misteriosas circunstancias que han perturbado a José no son tan sensacionalmente nuevas como éste ha pensado. Cita Isaías 7:14 para demostrar que el nacimiento virginal había sido profetizado unos setecientos años antes. Agrega también un segundo dato que proporciona el profeta: un nombre que es tan profundo y rico como el nombre "Jesús": "Emanuel" (Dios con nosotros). Su concepción sobrenatural ha tenido por consecuencia que ahora Dios está con nosotros en la persona de Jesucristo. De esta forma, el nombre "Jesús" señala su misión, mientras que el título "Emanuel" habla de su naturaleza divina.

Al despertar, José hace lo que se le ha encargado. Toma a María por esposa, pero no viven como esposos hasta que ella da a luz a su hijo (Mateo 1:25). Luego llevan una vida conyugal normal y tienen varios hijos: Jacobo, José, Simón y Judas, además de algunas hijas (Mateo 13:55, 56; Juan 7:3-5).

B. El nacimiento y la niñez de Juan el Bautista
Lucas 1:57-80

1. El cumplimiento de la predicción angélica (Lucas 1:57-66). Cuando nació el niño, los amigos y parientes de Elisabet y Zacarías se regocijaron, tal como lo había predicho el ángel (Lucas 1:14). Al octavo día de su nacimiento, el niño fue circuncidado conforme a lo prescrito en la Ley del Señor (Levítico 12:3). De acuerdo con la usanza hebrea, ése era también el momento en que se ponía nombre al niño.

Los vecinos y parientes consideraron que se le debía llamar Zacarías, como su padre, pero Elisabet insistió en que se llamara Juan, el nombre que Dios había ordenado que le dieran al niño. Entonces Zacarías indicó también que el nombre de su hijo era Juan. Ahora creía con certeza en el cumplimiento de lo que había dicho el ángel. Al instante pudo hablar, y comenzó a bendecir a Dios. Así es: la incredulidad hace enmudecer, mientras que la fe abre los labios. Con frecuencia, la confesión pública de la fe produce milagros, nuevo gozo y un testimonio más amplio. Las extraordinarias circunstancias del nacimiento de Juan crearon muchas expectativas entre aquella gente sencilla, que se preguntaba cuál sería el destino del niño.

2. El cántico de Zacarías (Lucas 2:67-79). Al recuperar el habla, Zacarías fue lleno del Espíritu y profetizó. Lo inundó una sensación de contacto con la gracia y la misericordia de Dios y quedó maravillado ante el grandioso plan de la salvación. Su profecía es un himno que los cristianos cantan desde hace siglos. Se le da el nombre de "Benedictus", por la primera palabra de la versión latina. El "Benedictus" está dividido en dos temas: 1) la acción de gracias por la venida del Mesías y por la liberación que traería consigo (versículos 68-75), y 2) la descripción de la misión que tendría su precursor (versículos 76-79).

La primera parte (versículos 68-75) habla acerca de la gran redención (rescate, o liberación mediante el pago de un precio) que Dios efectuaría levantando un "poderoso Salvador". Este libertador sería descendiente del gran rey David, y la salvación que traería sería el cumplimiento de las promesas hechas por Dios a través de los profetas durante el período del Antiguo Testamento. ¿Cuando habla de ser liberados de sus enemigos, se refiere al derrocamiento de los romanos? Al contemplar Dios a Israel, vio su situación política como algo de importancia secundaria, comparado con su necesidad espiritual. La insistencia en la santidad, la justicia y la presencia de Dios demuestra que lo primero que traería este poderoso Salvador sería la liberación espiritual.

La segunda parte de la profecía de Zacarías se dirige a Juan, su propio hijo (versículos 76-79). Este sería profeta del Altísimo; es decir, portavoz de Dios, y sería llamado por este nombre. Sería el precursor del Mesías. Su labor consistiría en preparar al pueblo para recibir a su Señor.

En los versículos 78 y 79, Zacarías vuelve a profetizar en cuanto al ministerio del Mesías. Ciertamente, la ternura y la misericordia de Dios para con el ser humano serían la razón de ser de la misión de Juan. En virtud de esa misma misericordia, el Mesías que descendería del cielo sería la "aurora" que proyectaría su luz en medio de la oscuridad de este mundo.

3. La niñez de Juan (Lucas 1:80). Hay una breve mención de la niñez y la juventud de Juan, y de su desarrollo físico y mental. Es probable que sus padres fallecieran siendo Juan aún de corta edad. Desde muy joven vivió en lugares desiertos, donde podía estar libre de las influencias rabínicas y a solas con Dios. Así "su espíritu sería educado, como Moisés en el desierto, para la elevada vocación que lo esperaba".[5]

C. El nacimiento de Jesús
Mateo 1:1-17; Lucas 3:23-38; 2; 1-38; Mateo 2:1-12.

1. Los antepasados de Jesús (Mateo 1:1-17; Lucas 3:23-38). Mateo se dirige principalmente a los judíos cristianos y se propone demostrarles que Jesús es la simiente prometida de Abraham y el hijo de David, el rey de Israel. Por lo tanto, traza su linaje desde Abraham, el padre de la nación, a través de la línea real, hasta José, el padre legal de Cristo. A los judíos les bastaba la paternidad legal de José para ver cumplidas las profecías del Antiguo Testamento. Así es como se declara a Jesús heredero de las promesas hechas a Abraham y David.

Sin embargo, es obvia la diferencia entre la genealogía que presenta Mateo y la que nos da Lucas. ¿Cómo se puede explicar esta divergencia? La opinión generalmente aceptada es que Mateo presenta la línea de José, mientras que Lucas presenta la línea de María, los antepasados de Jesús según la sangre. George Bliss explica que las antiguas genealogías, tanto judías como romanas, no comenzaban con la madre; por eso Lucas comienza con José, como representante legal de María.[6] Es decir, que Lucas presenta la genealogía de María conforme a las costumbres judías, empleando el nombre de su esposo. José era "hijo de Elí" (Lucas 3:23); o sea, su yerno. Es probable que Elí fuera el padre de María, mientras que el verdadero padre de José se llamaba Jacob (Mateo 1:15).

Lucas, que presenta la misión universal de Jesucristo, lleva la genealogía de Jesús hasta Adán, la cabeza del linaje humano. Así se identifica a Cristo con toda la humanidad. Mateo lo relaciona principalmente con Israel, comenzando su ascendencia con Abraham, fundador de la nación escogida. Sin embargo, lo más extraordinario de la genealogía presentada por Mateo es que incluye nombres de mujeres: Tamar, Rahab, Rut y una alusión a Betsabé. Dos de ellas eran extranjeras, con lo cual Jesús se vincula con los gentiles. Además, no todas eran originalmente mujeres de elevada moralidad. En efecto, Tamar tuvo un hijo de su suegro (Génesis 38), Rahab era una mujer pública de Jericó y Betsabé cometió adulterio con David. Por lo tanto, Dios incorporó en su plan de salvación aun a quienes habían cometido pecados repugnantes.

2. El lugar, las circunstancias y la fecha (Lucas 2:1-7). Sólo Lucas nos proporciona datos históricos y menciona personajes, lo cual nos permite fechar de manera aproximada el nacimiento de Jesucristo. Lo relaciona con el decreto de Augusto César y con el empadronamiento hecho bajo Cirenio. Sin embargo, menciona estos sucesos, no tanto para darnos la fecha del advenimiento del Señor, como para explicar por qué sucedió en Belén y no en Nazaret, el pueblo de José y María. "Sólo una necesidad legal pudo hacerles emprender un viaje así en tales circunstancias; pero de este modo se ve cómo el emperador del mundo estuvo inconscientemente relacionado con el cumplimiento de la profecía divina concerniente al Salvador del mundo."[7]

El imperio romano exigía a todos los pueblos vasallos una contribución y la prestación de servicio militar cuando fuera necesaria. Este tributo y la necesidad de hacer listas de reclutamiento exigían que se hicieran censos con frecuencia. Puesto que los judíos estaban exentos del servicio militar, el censo de Palestina sólo tenía los impuestos como razón de ser. El empadronamiento fue ordenado durante los últimos años de Herodes el Grande, quien murió en el año 4 a.C. Cirenio no fue gobernador de Siria hasta el año 6 a.C. Por consiguiente, parece que el censo fue hecho alrededor de aquel año, lo que significa que la fecha del nacimiento de Jesús puede haber sido el año 6 ó 5 a.C. Dionisio el Exiguo, quien fuera religioso en Roma durante el siglo VI, calculó el nacimiento de Jesús en el año que llamó 1 d.C., y así comenzó este error.

No tenemos idea exacta del día ni del mes en que tuvo lugar el primer advenimiento de Cristo. No hay pruebas históricas de que se celebrara la fiesta de su Natividad antes del siglo IV. Al principio se la incluyó con la celebración del bautismo del Señor y la adoración de los Magos en la fiesta de Epifanía ("manifestación") el día 6 de enero, y en esta fecha la observan aún las iglesias de Europa oriental y Asia.

La idea de celebrar la Navidad el 25 de diciembre apareció en Europa occidental y luego se extendió con toda rapidez. En realidad, el hecho mismo de su encarnación y nacimiento es mucho más importante que la fecha exacta. Puesto que no sabemos el día exacto, el 25 de diciembre es una fecha tan buena como cualquier otra para recordar que el Verbo eterno se hizo carne y habitó entre nosotros.

Según lo acostumbrado en el empadronamiento, todas las personas que residían fuera de su distrito de origen tenían que regresar a la ciudad original de su familia para inscribirse. José, que vivía en el pequeño pueblo de Nazaret, en Galilea, tuvo que viajar a Belén de Judea, ya que pertenecía a la casa y familia del gran rey David. Viajó unos ciento veinte kilómetros, lo que significa un viaje de tres días. Debe de haber sido un viaje muy penoso, porque su esposa María esperaba un hijo de un momento a otro, pero él tenía que ir, y ella no podía quedarse.

Fue allí, en Belén, donde nació Jesús. Aquella antigua población, donde habían tenido su hogar Rut, Noemí y David, se hallaba ahora rebosante de gente que había venido para ser empadronada. Por tanto, los dos esposos tuvieron que contentarse con encontrar refugio en un establo excavado probablemente en la ladera de una colina. Todo esto indica oscuridad, pobreza, e incluso rechazo: "No había lugar para ellos en el mesón." Así fue como el Rey-Sacerdote vino en humildad para compadecerse de los pobres, débiles y despreciados.

3. **Los ángeles y los pastores** (Lucas 2:8-20). La ocasión del nacimiento del Hijo de Dios hecho carne era tan trascendental que Dios no la dejó pasar sin anunciarla. Mientras los sacerdotes, maestros y doctores de la Ley dormían, un ángel de Señor se les apareció de

repente a unos humildes pastores que cuidaban ovejas en las largas horas de la noche. El ángel resplandecía; lo rodeaba una luz sobrenatural. Les anunció gozosamente el nacimiento del "Salvador, que es Cristo el Señor". La palabra "Cristo" (en hebreo, "Mesías") significa "el ungido". En el Antiguo Testamento eran ungidos con aceite los sacerdotes y los reyes, como preparación para una misión especial. Ese acto era símbolo de la unción del Espíritu Santo. Sin embargo, el Cristo no sería *un* ungido, sino *el* Ungido. El ángel dijo que les anunciaba nuevas de gran gozo, dándonos así la nota de alegría que caracteriza al evangelio de Cristo desde el principio.

No bastaba con un ángel para presentar como era debido esta gran noticia. Repentinamente, el ambiente quedó invadido por un verdadero ejército de ángeles, cuya alabanza resonó por colinas y valles. La Biblia de Jerusalén traduce su mensaje dando su significado más auténtico: "Paz a los hombres en quienes él se complace"; es decir, aquéllos que son "objeto de su favor". El mensaje habla de paz con Dios, paz en el corazón y paz en medio del mundo. Los pastores se apresuraron para llegar donde estaba el recién nacido y ofrecerle su humilde homenaje; no quedaron desilusionados, sino que salieron del establo alabando al Señor. María también nos da ejemplo aquí: "Guardaba todas estas cosas, meditándolas en su corazón."

4. La presentación de Jesús en el templo (Lucas 2:21-24). Los padres de Jesús cumplieron cuidadosamente todas las prescripciones de la Ley. Jesús había nacido "bajo la ley, para que redimiese a los que estaban bajo la ley" (Gálatas 4:4, 5).

Primeramente hicieron circuncidar a su hijo ocho días después de su nacimiento y le pusieron por nombre Jesús. Así fue incorporado Jesús al pueblo de Israel. Después, cumplidos los cuarenta días de purificación, María viajó a Jerusalén acompañada por su esposo y su hijo para entregar el dinero del rescate llamado redención del primogénito (véanse Levítico 12:1-8 y Éxodo 13:2, 12). De acuerdo con la Ley, el primogénito pertenecía a Dios (Números 8:17). En esta ocasión era obligatorio ofrecer un cordero como sacrificio, pero si no era posible ofrecer un animal tan caro, se permitía ofrecer un par de tórtolas o un par de palominos. La ofrenda de María fue la permitida a los pobres. Aunque esta ofrenda parece algo extraño para la mente moderna, nos enseña que los hijos son dádiva de Dios y que tenemos la responsabilidad de cuidarlos y educarlos debidamente.

5. Las profecías de Simeón y de Ana (Lucas 2:25-38). El cuarto cántico de alabanza fue compuesto por Simeón, un anciano "justo y piadoso" que esperaba fielmente en oración el día en el cual Dios consolara a Israel. Su himno recibe el nombre de "Nunc Dimittis"

por sus primeras palabras en latín. Es una confirmación más amplia del mensaje de los ángeles.

Aunque parece que Simeón era de clase humilde, se destaca porque lo guía el Espíritu. Al respecto notamos, a) que "el Espíritu Santo estaba sobre él", pero no como una visitación pasajera, sino de forma permanente, lo cual era muy raro en la dispensación antigua; b) que el Espíritu le reveló que se cumpliría el deseo de su corazón; esto es, que vería al Mesías antes de morir, y c) que el Espíritu lo impulsó a ir al templo. El anciano obedeció, pues vivía en el Espíritu y tenía la costumbre de obedecer cada vez que El le indicaba cuál era la voluntad divina.

Simeón tomó al niño en los brazos y con devota gratitud reconoció al objeto de su esperanza. La expresión "Ahora, Señor, despides a tu siervo en paz" contiene una hermosa metáfora. Es el lenguaje de un esclavo que ha terminado fielmente su servicio y pide ser liberado, o de un vigilante que ha pasado largas horas de vigilancia en la noche y ahora quiere irse a su casa. En realidad, Simeón está diciendo: "Me acabas de presentar la bendita señal de que me ha llegado la hora de retirarme del trabajo terrenal; estoy listo para morir en paz." Llegar a ver a Jesucristo es la preparación más importante para la vida futura.

El anciano predice que Jesús será el Salvador, tanto de los judíos como de los gentiles. Será luz para los gentiles sumidos en tinieblas espirituales. Será quien dé gloria y renombre al pueblo escogido, en esos momentos despreciado y pisoteado, porque se convertirá en el pueblo del cual procede el Cristo.

Simeón ve también las sombras de la oposición. Jesús "está puesto para caída y para levantamiento de muchos". Todo depende de la reacción del hombre ante El. Si le abre el corazón, se levantará espiritualmente; si lo rechaza, caerá. El hombre es juez de sí mismo. En su incredulidad, los judíos tropezaron con su Mesías y cayeron quebrantados al ser destruida la ciudad de Jerusalén. María sentirá también personalmente el rechazo del cual será objeto su Hijo: "Una espada de dolor atravesará tu corazón" (en la crucifixión). En su contacto con los hombres, Cristo revelará el carácter de ellos y pondrá a prueba los motivos que los mueven. Así, los que amen a Dios seguirán a Jesús; los que prefieran andar en la oscuridad de sus malas obras, lo rechazarán.

Apenas termina Simeón de hablar, una piadosa profetisa se une a la pareja y pronuncia palabras similares de agradecimiento a Dios. Ana ha pasado muchas horas en el templo en constante intercesión ante Dios. Nos da un ejemplo de cómo pasar la ancianidad; no meditando en las amarguras de la vida, ni estando ociosos, sino adorando a Dios e intercediendo por los demás.

6. La adoración de los magos (Mateo 2:1-12). El Hijo de Dios se había revelado primero a los judíos humildes y pobres, y ahora se revela a los gentiles, en este caso representantes de los gentiles estudiosos y pudientes. La Iglesia cristiana de los primeros siglos vio el viaje de estos hombres como el cumplimiento de la profecía que dice: "Y andarán las naciones a tu luz, y los reyes al resplandor de tu nacimiento" (Isaías 60:3). Con todo, los magos representan más que los primeros frutos de la gentilidad; nos señalan que en el mundo "hay corazones hambrientos e insatisfechos que anhelan un Salvador divino y que están dispuestos a seguir incluso aquellas señales imperfectas y tenues que los puedan llevar a sus pies".[8]

Los magos no practicaban la magia; es probable que fueran astrólogos pertenecientes a una casta sacerdotal de Persia y Media. La Biblia no nos dice que fueran reyes, ni precisa cuántos eran. El hecho de que trajeran tres regalos no significa que fueran tres personas. Aunque tenían poca luz, procedieron según esa poca luz que tenían y emprendieron viaje en busca de Aquél de quien habían tenido noticias. Hay estudiosos que creen que la estrella que habían visto los astrólogos en el oriente fue la conjunción de Júpiter y Saturno que tuvo lugar en el año 7 a.C., pero el hecho de que "iba delante de ellos", guiándolos hasta la cuna de Jesús, parece indicar que es inútil buscar una explicación natural. Tampoco Mateo arroja luz sobre la fuente del conocimiento bíblico que tenían estos astrólogos acerca del nacimiento del "rey de los judíos".

Como los magos eran investigadores sinceros de la verdad, ni la distancia ni las dificultades significaban mucho para ellos. El viaje a Jerusalén fue una marcha de centenares de kilómetros, gran parte de la cual fue realizada a través de ásperas montañas y áridos desiertos. ¡Qué contraste entre estos gentiles, a quienes los judíos consideraban "perros", y los dirigentes religiosos de Jerusalén, que sabían en qué lugar nacería el Mesías y sin embargo no estaban dispuestos a recorrer los diez kilómetros que los separaban de Belén para encontrarlo! Con frecuencia, aquéllos que gozan de los mayores privilegios espirituales se convierten en los más indiferentes.

Al enterarse del nacimiento del Rey prometido, Herodes se turbó, porque le había llegado un nuevo rival. Su reacción estremeció a Jerusalén. ¡Qué angustia pensar que esto podría significar nuevas medidas de opresión! El rey, alarmado, convocó a los principales sacerdotes y escribas y les preguntó dónde decían las Escrituras que debía nacer el Mesías. Ellos le citaron el texto de Miqueas 5:2, que indica que nacería en Belén. De una insignificante aldea, y no de la orgullosa Jerusalén, saldría el gran Gobernador y Pastor que protegería y apacentaría al pueblo de Dios.

Aunque Herodes creyó por las Escrituras que el Cristo ya había nacido, se puso en contra de El, en un intento por estorbar el plan de Dios, con el fin de que siguiera adelante su propia dinastía. Mandó llamar a los magos para que ellos le informaran acerca del nacimiento del niño. Les dijo que él también quería ir a adorarlo, aunque en realidad su único deseo era asesinarlo, para eliminar un posible competidor.

Los magos encontraron al niño, y se postraron a adorarlo, ofreciéndole los regalos más ricos que le pudieron dar. Orígenes y otros han dicho que el oro simboliza la realeza de Jesús, el incienso su divinidad y la mirra su mortalidad. Sin embargo, Mateo no hace ningún comentario sobre el significado de los regalos. Es posible que los magos no se dieran cuenta de que Jesús era Emanuel, "Dios con nosotros"; lo adoraron a pesar de no tener una comprensión plena de quién era. Al ser advertidos en sueños que no volviesen a Herodes, regresaron por otra ruta.

7. La huida a Egipto y la matanza de los inocentes (Mateo 2:13-23). Mateo, el evangelio del rechazo, presenta primero la reacción de Herodes ante la noticia de que había nacido el Mesías y después la que tuvo al saber que los magos se habían burlado de él. Se puso furioso y decretó la matanza de todos los niños de corta edad en Belén. Esto ocurrió cerca del final de la despiadada y repugnante vida del rey idumeo. Tal vez ya lo hubiera atacado la terrible enfermedad que lo llevó a la tumba.

Aunque la historia secular no confirma la matanza de los niños de Belén, está de acuerdo con el carácter de Herodes, siempre suspicaz, cruel y asesino. Al subir al trono, aniquiló al Sanedrín, el tribunal supremo del mundo judío. Posteriormente, ejecutó a cuarenta y cinco dirigentes del partido contrario a él. Tiempo después hizo ahogar a su cuñado y ordenó la ejecución del abuelo de su esposa, que contaba ochenta años de edad. Hizo asesinar más tarde a su bella esposa Mariamne y a tres de sus propios hijos, porque creyó que conspiraban para derrocarlo.

Mientras agonizaba, Herodes ordenó encerrar a los judíos más prominentes en el circo de Jericó, la ciudad donde se encontraba, con la orden de que los mataran cuando él falleciera. Quería que hubiera luto después de su muerte, aunque no lo guardaran por él. Felizmente, los prisioneros fueron liberados por su hermana Salomé y el esposo de ésta antes que se hiciera pública la noticia de la muerte del malvado rey. Un historiador observó que Herodes consiguió el trono como una zorra, reinó como un león y murió como un perro.

Antes que el decreto de Herodes fuera cumplido en Belén, José y su familia habían huido a Egipto, porque Dios había alertado a José en sueños. Allí se quedaron hasta la muerte de Herodes.

Es interesante notar cómo Mateo emplea citas del Antiguo Testamento para demostrar que Jesucristo es el cumplimiento de las profecías. Por ejemplo, se ve esto en el texto de Oseas 11:1: "De Egipto llamé a mi Hijo." ¿A quién se refiere el profeta? Al Israel histórico, llamado "hijo" por Jehová, que fue liberado de Egipto en su juventud durante la época de Moisés. De esta forma, Jesucristo es presentado como la personificación de Israel, al mismo tiempo que el pueblo elegido del antiguo pacto se convierte en un símbolo profético del verdadero Hijo de Jehová.

Mateo ve también un paralelo entre la deportación de los cautivos de Judá y Benjamín a Babilonia y la matanza de los niños en Belén (Mateo 2:17, 18). Al respecto, cita las palabras de Jeremías, que describen poéticamente a Raquel, una de las madres de la nación de Israel, levantándose de su tumba en Ramá y lamentando lo que parecía ser la destrucción de la nación y de todas sus esperanzas. Fue en Ramá donde Nabucodonosor reunió a los cautivos después de la caída de Jerusalén para llevarlos al exilio en Babilonia. Ahora Raquel llora nuevamente por la tragedia perpetrada por otro tirano, el cual amenaza el futuro de la nación en su intento por matar al Mesías.[9]

La última referencia a las profecías que hace Mateo en esta sección indica que Jesús "habría de ser llamado nazareno" (Mateo 2:23). Sin embargo, esta frase no se halla en el Antiguo Testamento. ¿En qué ha pensado el evangelista? Algunos estudios señalan que las palabras Nazaret y nazareno son derivadas del vocablo hebreo *nezer* ("renuevo" o "retoño"). Isaías había predicho: "Saldrá una vara del tronco de Isaí, y un vástago retoñará de sus raíces. Y reposará sobre él el Espíritu de Jehová" (Isaías 11:1, 2; véanse también Isaías 4:2; Jeremías 23:5 y Zacarías 3:8). Sin embargo, otros comentaristas creen que el término "nazareno" se refiere a la humildad del Mesías y el menosprecio en el cual los hombres lo tenían (véase Isaías 53:2, 3). En aquellos tiempos, Nazaret era un lugar despreciado, y sus habitantes eran tenidos en poco (Juan 1:46). El hecho de que José se estableciera en Nazaret no fue casualidad, sino una decisión tomada según el plan de Dios. Así se cumplió lo anunciado por los profetas.

D. La niñez y la juventud de Jesús
Lucas 2:39-52

1. Jesús de Nazaret (Lucas 2:39-40). Con excepción de las declaraciones generales de Lucas en esta sección (2:40, 51, 52) y el relato de lo sucedido en el templo, no sabemos nada de la vida de Jesús hasta el momento en que aparece para ser bautizado por Juan. En cambio, la arqueología y la literatura de aquellos tiempos arrojan luz sobre numerosos aspectos de la vida cotidiana de los judíos en la época de Jesús. La pequeña aldea de Nazaret, donde Jesús creció, no es mencionada en el Antiguo Testamento. "Está situada en un bello valle en las estribaciones extremas del sur de la sierra del Líbano, donde ésta desciende abruptamente hasta la llanura de Jezreel o Esdraelón, a mitad de distancia entre el puerto de Haifa (al pie del Carmelo) y el extremo sur del mar de Galilea."[10] Las grandes rutas de las caravanas pasaban cerca de Nazaret, pero no se hallaba en ninguna de ellas. Así pues, Nazaret era un lugar aislado dentro de aquella tierra helenizada, y sus habitantes vivían en la tranquilidad y apartados del agitado mundo de los negocios. La población de Nazaret era casi completamente judía y conservaba las costumbres antiguas y la doctrina más ortodoxa. Por eso los habitantes de Judea la tenían en poco, actitud que se reflejó en la pregunta de Natanael: "¿De Nazaret puede salir algo bueno?"

Sin embargo, Nazaret no estaba completamente aislada del mundo externo. Cuando Jesús tenía unos diez años, los romanos sofocaron una revuelta en la región y destruyeron la ciudad cercana de Séforis. Crucificaron a dos mil de sus habitantes y alinearon las cruces a ambos lados del camino, varios kilómetros al norte y al sur de la ciudad. Es posible que las numerosas veces que Jesús habló de "tomar su cruz" y de la crucifixión manifiesten la vívida impresión que hizo este acontecimiento en el muchacho nazareno.[11]

¿Cómo era el hogar en el que vivió Jesús? Era un hogar de aldea, igual a los del resto de la gente humilde y trabajadora de Galilea. Solían estar construidos de piedra caliza o de adobe, eran pequeños, de una sola habitación, y se usaban principalmente para dormir y comer. Algunos eran de dos pisos, siendo el primero para los animales. La vida familiar se desarrollaba en la azotea o en el patio. El interior de las casas era oscuro, pues tenían una sola ventana pequeña. La familia tomaba la comida de la tarde sentada sobre una estera. También se colocaban esterillas de junco unas junto a otras en el suelo para dormir, de modo que la familia compartiera la ropa de cama. "Las referencias de Jesús a las costumbres del hogar reflejan su interés en detalles de la vida diaria como el de poner un remiendo de paño nuevo en un vestido viejo, el de leudar una medida de harina y la angustia de la mujer que había perdido una moneda valiosa. . ."[12]

Los padres judíos instruían a sus hijos, pero también se les impartía enseñanza formal en la sinagoga, a partir de los cinco años. Es probable que Jesús asistiera a una de estas escuelas de rabinos hasta cumplir los doce años. Allí aprendería de memoria porciones del Antiguo Testamento, el único libro de texto en la sinagoga. También es probable que, al igual que los otros muchachos de la aldea, explorara la comarca de Nazaret. En su enseñanza hallamos ejemplos tomados de la naturaleza y la vida del campo, lo cual revela que era buen observador de cuanto lo rodeaba.

Por ser el hijo primogénito, le correspondía a Jesús seguir el oficio de carpintero que tenía su padre. Palestina era un país dedicado a la agricultura y al pastoreo, y muchos de los aperos y utensilios que se empleaban en estas tareas eran de madera; por consiguiente, el trabajo de José y de Jesús era mucho más variado que el de construir casas y hacer muebles.

Lucas nos dice que Jesús se desarrolló normalmente en tres aspectos: físico, mental y espiritual (2:40). "La gracia de Dios era sobre él" en el sentido de que disfrutaba del favor de Dios en todas sus experiencias.

2. Jesús niño entre los doctores (Lucas 2:41-51). ¿Supo siempre Jesús que era el Mesías, o le vino este conocimiento gradualmente? El episodio del templo que se describe en esta sección nos enseña que cuando tenía solamente doce años se daba ya cuenta de que era Hijo de Dios de una forma especial y única. En treinta años, sólo en esta ocasión se levanta un tanto el velo de lo desconocido. Por esa razón se suele llamar a todo ese período "la vida oculta" o "los años de silencio" de Jesús.

Cuando un niño judío cumplía doce años, se convertía en "hijo de la Ley"; es decir, era considerado adulto y debía cumplir con las obligaciones que la Ley le imponía. Por ello, Jesús viajó con sus padres a Jerusalén para observar la fiesta de la Pascua. La ciudad estaba llena de viajeros que habían llegado de muchas partes del imperio romano para celebrar la convocación. Se calcula que habría entre sesenta mil y cien mil visitantes en la ciudad, cuya población normal era de unas veinticinco mil personas.[13]

Podemos imaginarnos la fascinación que ejercería sobre Jesús la ciudad santa; en especial, la escuela del templo donde enseñaban los doctores de la Ley. No es de extrañar que José y María no se preocuparan por Jesús el primer día de su viaje de vuelta. Las caravanas eran largas y gran cantidad de personas viajaban en grupo, tanto por la compañía como por razones de seguridad. Cuando por fin volvieron a Jerusalén, los padres de Jesús lo encontraron entre los eruditos de la Ley, los cuales se maravillaban de su extraordinaria comprensión de las Escrituras.

¿Insinúa la respuesta que dio Jesús a la suave represión de su madre que El ya se sentía independiente de ellos? ¿Manifiesta acaso un cierto grado de rebeldía? No; más bien indica que Jesús comprendía ya lo importante que es dar el primer lugar a las cosas de Dios. Por eso se sorprende de que sus padres terrenales se hayan olvidado de que Dios es su verdadero Padre. Lucas señala que el muchacho estaba sujeto a ellos (versículo 51). Su respuesta revela que ya conocía la existencia de una relación filial exclusiva entre El y el Padre; era Hijo suyo en un sentido que no se puede aplicar a ningún otro ser. En aquellos momentos, José y María no comprendían aún la misión de Jesús, pero María guardaba estas experiencias en su corazón.

3. La juventud de Jesús (Lucas 5:52). La vida de Jesús fue normal y perfecta en todas sus etapas, desde la niñez hasta la juventud. Se llevaba bien con sus semejantes, y su comportamiento se conformaba siempre a la voluntad de su Padre. Es posible que José muriera cuando Jesús era adolescente y recayera sobre el joven la responsabilidad de ganar el sustento para su madre y sus hermanos, ya que era obligación del hijo primogénito. Con todo, debe haber encontrado tiempo para orar y meditar en las Escrituras. El incidente del templo durante la Pascua demuestra que ya había estudiado esmeradamene la Ley y los Profetas; ahora seguiria profundizando en su comprensión.

Citas del capítulo 3

[1] Cook, *op. cit.*, pág. 14.
[2] Erdman, Carlos. *El evangelio de Lucas*, 1974, pág. 28.
[3] *Ibíd.* pág. 29
[4] *Ibíd.* pág. 35.
[5] Jamieson, Robert, A.R. Fausset y David Brown, *Comentario exegético y explicativo de la Biblia*, tomo 2, sin fecha, pág. 134.
[6] Bliss, George R. *Comentario sobre el evangelio según Lucas* en *Comentario expositivo sobre el Nuevo Testamento*, tomo 2, 1966, pág. 252.
[7] Erdman, Carlos. *El evangelio de Lucas*, pág. 41.
[8] Erdman, Carlos. *El evangelio de Mateo*, 1974, pág. 30.
[9] Broadus, John A. *Comentario sobre el Evangelio según Mateo*, sin fecha, pág. 33.
[10] "Nazaret" en *Diccionario ilustrado de la Biblia*, (Wilton M. Nelson, redactor), 1978, pág. 446.
[11] Keyes, Nelson B. *El fascinante mundo de la Biblia*, 1977, pág. 142.
[12] Mariotti, Federico A. P. *La vida de Cristo*, 1971, pág. 31.
[13] Marshall, I.H. "Lucas" en *Nuevo comentario bíblico*. 1977, pág. 669.

CAPITULO 4

EL COMIENZO DEL MINISTERIO DE JESUS

A. El trasfondo

1. La situación histórica. La nación judía en general prestó escasa atención a las profecías que se oyeron durante los días del nacimiento de nuestro Salvador, tanto el anuncio hecho por los ángeles, como lo dicho por los pastores y los magos. No obstante, la situación política imperante en la época inmediatamente anterior a la manifestación pública de Jesús despertó en la nación israelita el anhelo de que llegara el Mesías.

La abierta tiranía de Arquelao, rey de Judea, convenció a los romanos de que debían destruirlo y abolir la etnarquía que César Augusto le había concedido. En el año 6 d.C., Judea se convirtió en provincia romana. De inmediato, los romanos trasladaron el gobierno de Jerusalén a Cesarea, sobre la costa mediterránea, a unos ochenta kilómetros en dirección noroeste.

Para los judíos, perder sus derechos como nación y convertirse en una provincia más del Imperio, gobernada por un procurador romano, fue un golpe abrumador. La tierra que había sido prometida a los patriarcas, y por la cual habían luchado tan heroicamente sus antepasados, especialmente los Macabeos, estaba ahora en manos de los gentiles. Hubo algunos levantamientos que fueron brutalmente reprimidos por los romanos. Los judíos piadosos se aferraron más tenazmente a la esperanza mesiánica. Mientras tanto, en Jerusalén los fariseos, que dominaban las sinagogas, y los saduceos, que controlaban el templo, luchaban entre sí para asegurarse el poder sobre el pueblo.

2. La cronología (Lucas 3:1-2). Sólo Lucas sitúa su narración dentro del cuadro general de la historia, permitiéndonos así ubicar de manera aproximada las fechas en que comenzó el ministerio de Juan el Bautista y en que tuvo lugar la presentación pública de Jesús. Tiberio César sucedió a Augusto el 19 de agosto del año 14 d.C. En el décimoquinto año del reinado de Tiberio, que vendría a ser el año 28 d.C., Juan comenzó su ministerio.

¿Cuánto tiempo duró el ministerio de Jesús? El evangelio de Juan menciona tres celebraciones de la Pascua a las cuales asistió Jesús (Juan 2:13, 23; 6:4; 11:55). Por consiguiente, Jesús ministró al menos durante tres años. Si Juan 5:1 se refiere a otra Pascua más, es posible que su ministerio se prolongara un poco más de tres años. Juan también indica que Jesús murió un viernes, víspera de la Pascua (véase 19:14), que sería el 14 de Nisán en el calendario hebreo. El año en que ese día cayó viernes, parece haber sido el 30 d.C. El 7 de abril de aquel año habría sido la fecha de la crucifixión. Por tanto, podemos decir con cierto grado de seguridad que Jesús ministró desde el año 28 hasta el 30 d.C.;[1] es decir, más o menos tres años.

3. Los personajes históricos (Lucas 3:1-2). Lucas nos presenta un cuadro panorámico de la división del reino que había pertenecido a Herodes. Este reino había quedado dividido entre sus tres hijos: Herodes Antipas, seductor y asesino, gobernaba Perea y Galilea (territorio en que se encontraba Nazaret); Herodes Filipo reinaba en Iturea y Traconite; y Arquelao gobernaba Judea, pero fue depuesto por los romanos y reemplazado con el procurador romano Poncio Pilato. Para completar la lista de las tetrarquías, Lucas menciona la región de Abilinia, el territorio que rodeaba la ciudad de Abila, al norte de Damasco.

Se mencionan dos sumos sacerdotes, Anás y Caifás. ¿Por qué había dos? Anás había actuado como sumo sacerdote entre los años 7 y 14 d.C., y su yerno Caifás era ahora el sumo sacerdote reinante. Sin embargo, Anás seguía siendo todavía el sacerdote de mayor influencia en el país. Por ese motivo Jesús fue llevado primero a él cuando fue detenido. El sumo sacerdocio ya no era un puesto vitalicio, sino que era manejado por los romanos de acuerdo a sus propios intereses políticos.[2] Tanto Anás como Caifás eran del partido de los saduceos, hombres carentes de espiritualidad que negaban lo sobrenatural. No se podía esperar nada bueno de semejantes hombres.

¿Por qué menciona Lucas a estos personajes? Para mostrar que la gloria de Israel se había desvanecido, puesto que gobernaban hombres corruptos, como los hijos de Herodes el Grande y como Poncio Pilato. El sumo sacerdocio mismo era administrado de manera ilegal y dos hombres indignos compartían la autoridad religiosa. Ya era hora de llamar a la nación al arrepentimiento, y se necesitaba un profeta de hierro para hacerlo.

B. La preparación para el ministerio de Jesús

1. La predicación de Juan el Bautista (Mateo 3:1-12; Marcos 1:2-8; Lucas 3:1-18). La aparición de Juan fue como la repentina clarinada de una trompeta de guerra que sacude a todos los que la oyen. Por todo el país corrió la noticia de que había aparecido un profeta en el desierto de Judea; no un hombre como los maestros de Jerusalén, que repetían ideas tomadas de la tradición, sino un hombre áspero que predicaba con autoridad y le hablaba a la gente de corazón a corazón.

Su estilo de vida estaba en armonía con la severidad de su mensaje. Estaba vestido de pelo de camello, y ceñía su manto con un cinturón de cuero. Esta tosca ropa era característica de los profetas (2 Reyes 1:8; Zacarías 13:4). Comía langostas (un tipo de insecto saltador) y miel silvestre, alimento barato y abundante. Era hijo de la soledad. Había vivido con gran sencillez en el escabroso e inhóspito desierto de Judea, lejos de la corrupción urbana, de manera que su vida reflejaba frugalidad y separación de los intereses mundanos. Era una censura al lujo y al materialismo de muchos de sus semejantes.

La ausencia de toda distracción en el desierto hacía que fuera el lugar ideal para tener comunión con Dios y prepararse para su misión. Antes de hablar a los hombres, el predicador debe pasar mucho tiempo en comunión con Dios. Allí en el desierto, "palabra de Dios vino a Juan". Con el mensaje de Dios ardiendo en su corazón, comenzó a actuar con denuedo y con una total seguridad, tal como lo habían hecho los antiguos profetas.

Juan predicaba sobre el pecado, el juicio, el arrepentimiento y el perdón. Poseía un poder extraordinario para escudriñar el corazón humano y despertar la conciencia. El reino de los cielos se acercaba en la persona del Mesías, el cual iba a establecer pronto su dominio; el pueblo se debía preparar para su venida. Multitudes de personas, impulsadas principalmente por la expectación mesiánica, acudían a oír su predicación. Prevalecía una atmósfera saturada por la esperanza de una gran liberación.

Los evangelios señalan que el ministerio de Juan es el cumplimiento de una profecía de Isaías. El bautizador es una "voz que clama en el desierto", que prepara el camino para la llegada del Mesías. Se describe la preparación con una imagen tomada de la vida oriental: cuando un rey pensaba hacer un viaje, enviaba un siervo por delante para preparar el camino; era necesario rectificar las sendas, rellenar los valles y rebajar las colinas. De igual forma, los hombres debemos eliminar los obstáculos morales a través del arrepentimiento (cambio de actitud o de manera de pensar). Juan indica que el arrepentimiento es mucho más que un rito o una confesión de faltas; es algo práctico y profundo que impulsa a la persona a dejar su pecado predilecto y a mostrar amor hacia su prójimo. Se expresa en la vida diaria por medio de la generosidad, la bondad y la honradez; se manifiesta en los hechos.

Juan bautizaba a los arrepentidos como signo y sello de su arrepentimiento. Aquel baño simbolizaba la limpieza moral del alma. Era también el rito obligatorio por medio del cual los prosélitos gentiles eran incorporados al judaísmo. Al insistir en que se bautizaran los judíos que se sintieran arrepentidos, Juan los estaba poniendo al mismo nivel que los gentiles, e indicaba que en la situación en que se hallaban entonces no eran aptos para entrar en el reino de Dios.[3]

No todos los que acudían a Juan eran sinceros. Los fariseos y saduceos, orgullosos líderes religiosos, llegaban con sus conceptos erróneos; creían que el simple hecho de ser descendiente de Abraham bastaba para ser salvo. Además, es probable que consideraran el bautismo como un rito mágico que protegería a los pecadores no arrepentidos a la hora del juicio. Juan llegó a llamarles "generación de víboras", y a preguntarles: "¿Quién os enseñó a huir de la ira venidera?" Eran como las serpientes expulsadas de sus madrigueras por las llamas de un incendio, que huyen para salvarse.[4] Sin vacilación, el profeta destruyó los falsos fundamentos de la esperanza de estos líderes. Era necesario hacer "frutos dignos de arrepentimiento"; los árboles que no produjeran fruto serían cortados y quemados.

Después Juan anuncia la llegada del Mesías. Este será mayor que el Bautista, no solamente por su posición, sino también por su capacidad para efectuar lo que Juan no puede hacer. Juan los bautiza con agua, sólo un símbolo de su transformación interior, pero el Cristo los bautizará con el Espíritu Santo, que es como un fuego que purifica y transforma el alma. El Mesías vendrá también para separar el trigo de la paja, recogiendo para sí mismo a los buenos y castigando a los que no se arrepientan con un fuego que nunca se apagará, lo cual es una referencia al juicio final de los incrédulos. El hombre que no se someta al fuego purificador del Espíritu sufrirá el fuego del juicio divino.

2. El bautismo de Jesús (Mateo 3:13-17; Marcos 1:9-11; Lucas 3:21, 22). Si el bautismo de Juan era símbolo de arrepentimiento, ¿por qué le pidió Jesús a Juan que lo bautizara? Es evidente que Jesús nunca cometió pecado. Aun cuando Juan no sabía en ese momento que Jesús era el Cristo, se dio cuenta de que era superior a él, y que él mismo necesitaba ser bautizado por Jesús.

a) El bautismo de Jesús fue el acto de inauguración de su ministerio público. El bautismo simbolizaba la ruptura con el pasado y la entrada a una vida nueva de santidad y obediencia.[5] Jesús dejaba su vida hogareña para empezar una nueva vida al servicio de Dios. Aquello era como su ordenación al ministerio. Así se convertía en el Siervo de Jehová.

b) Jesús se bautizó como consagración a Dios, para recibir el poder del Espíritu Santo. Deseaba recibir la unción divina, para poder llevar a cabo la obra mesiánica.

c) Jesús se bautizó como un acto público de identificación con su pueblo. Fue bautizado como uno más de los que formaban aquella gran multitud. Se cumple así la profecía que dice: "Fue contado con los pecadores" (Isaías 53:12). Al unirse con los que tenían pecado en su vida, Jesús demostró que estaba dispuesto a llevar la carga de ese pecado. Así cumpliría "toda justicia" (Mateo 3:15). En cierto sentido, fue el momento en que aceptó la cruz como forma de redimir a la humanidad pecadora.

d) Jesús se bautizó para aprobar públicamente la obra de Juan el Bautista. Demostraba así que la misión de aquel profeta no procedía de los hombres, sino de Dios.

Dios Padre aprobó la consagración de Jesús enviando su Espíritu sobre El y confirmando por medio de una voz audible que se trataba del Mesías. Lucas nos dice: "Y orando, el cielo se abrió y descendió el Espíritu Santo sobre él." Insinúa así que el Espíritu descendió como respuesta a la oración de Jesús. Este se daba cuenta de cuánto necesitaba recibir el poder divino para realizar su misión. Su naturaleza humana tenía que ser sostenida, fortalecida y dirigida constantemente por la presencia permanente del Espíritu Santo (véanse Hechos 10:38: Lucas 4:17-19).

¿Por qué escogió el Espíritu la forma de una paloma? Muchos estudiosos señalan que la paloma simboliza la pureza, la delicadeza y la mansedumbre. No cabe duda alguna de que la forma de paloma es un intento por dar a entender la bondad del Espíritu.[6] El testimonio del Padre se puede interpretar de la siguiente manera: "Este es mi Hijo amado a quien he elegido" (véase la Versión Popular). Indica que Jesús es el Mesías prometido (Salmo 2:7) y el Siervo de Jehová (Isaías 42:1). En el umbral del ministerio de Jesús, la voz celestial hace notar que Jesús es a la vez el Hijo de Dios y el Siervo sufriente, una combinación que iba a determinmar gran parte de su ministerio.[7]

3. Las tentaciones de Jesús (Mateo 4:1-11; Marcos 1:12, 13; Lucas 4:1-13). Se manifiesta de inmediato la forma en que obra dentro de Jesús la gran fuerza del Espíritu Santo que lo llena: lo lleva al desierto

para ser tentado. Esto indica que lo relatado en el pasaje siguiente se halla también dentro de los deseos de Dios. Es posible que las tentaciones de Jesús constituyan una de las más misteriosas y menos comprendidas entre todas sus experiencias. Aunque Dios nunca nos tienta para que pequemos, es evidente que permite que seamos tentados, a fin de que se realicen sus propósitos en nuestra vida. En el caso de Jesús, estas tentaciones son el último paso preparatorio, que le permite vislumbrar la lucha constante que tendrá lugar durante su futuro ministerio.

Hay teólogos que ponen en tela de juicio la realidad de estas tentaciones. ¿Era Jesús realmente vulnerable a las tentaciones? Si era Dios en la carne, ¿habría sido posible que pecara? Debemos recordar que Jesús también tenía una naturaleza humana que podía sentir la poderosa atracción del pecado. De no ser así, el relato de los evangelistas sólo sería una ficción indigna del evangelio. Además, la Biblia afirma claramente que Cristo "fue tentado en todo según nuestra semejanza" (Hebreos 4:15). El episodio del desierto no fue una tentación simulada, sino una verdadera lucha contra los poderes de las tinieblas. Jesús fue tentado exactamente de la misma forma en que nosotros somos tentados, pero El triunfó donde nosotros a menudo fracasamos.

¿Por qué quiso Dios que Jesús fuera tentado? Hay varias razones:

a) *Para probar a Jesús.* La palabra griega traducida "tentar" significa "poner a prueba" más que "tentar" en el sentido corriente. Antes de permitir a su Hijo que comenzara su ministerio, Dios puso a prueba la decisión de éste de no vivir para sí mismo, sino para El. ¿Qué métodos iba a elegir para realizar su misión? ¿Rechazaría la senda del poder y la gloria para aceptar la del sufrimiento y de la abnegación? Así es como los siervos de Dios tienen que ser probados antes de ser usados por El.

b) *Para que Jesús experimentara lo que experimentan aquéllos que son tentados por el diablo,* a fin de que se compadeciera de ellos en sus tentaciones. Las tentaciones de Jesús lo prepararon para ser nuestro sumo sacerdote e intercesor (Hebreos 4:15, 16). Era necesario que sintiera lo que nosotros sentimos. Así fue como pasó cuarenta días en el desierto, solo, agotado y hambriento. Cuando un hombre se encuentra en estas circunstancias es más sensible a la voz de Satanás.

c) *Para que esto sirviera como señal y profecía de la derrota de Satanás.* De esta manera, Jesús descargó un golpe sobre el diablo, cuya obra había venido a destruir (1 Juan 3:8).

d) *Para demostrar de qué manera todos los hombres pueden alcanzar también la victoria.* La victoria que Jesús alcanzó en el desierto les da esperanzas a todos los hijos de Adán. En ella podemos aprender mucho con respecto a las armas espirituales que podemos usar contra las tentaciones, y la manera de resistir al diablo.

¿Por qué Mateo y Lucas difieren en cuanto al orden de las tentaciones? Mateo relata las tentaciones en orden cronológico, mientras que Lucas destaca los aspectos topográficos: el desierto, la montaña, Jerusalén y el templo.

Los evangelistas emplean tres términos para describir al autor del pecado: "diablo" (calumniador, acusador), "Satanás" (nombre propio, adversario y acusador) y "tentador". En las dos primeras tentaciones parece que el diablo trata de poner dudas en la mente de Jesús: "Si tú eres Hijo de Dios" (véanse Génesis 3:1; Job 1:9; 2:4, 5). Satanás le está insinuando que si Él es realmente el Hijo de Dios, podrá comprobarlo demostrando sus poderes divinos. No obstante, Jesús no cede a esa tentación, sino que se enfrenta al tentador, empleando "la espada del Espíritu, que es la Palabra de Dios" (Efesios 6:17), y lo vence de manera decisiva. Las Escrituras son la mejor arma en la lucha contra el enemigo. Debemos recordar también que Jesús estaba lleno del Espíritu y completamente consagrado a Dios.

Satanás pone a prueba a Jesús de tres maneras:

a) Le sugiere emplear sus poderes sobrenaturales para aliviar sus necesidades físicas; es decir, quiere que convierta las piedras en panes. ¿Qué hay de malo en satisfacer los apetitos del cuerpo? Hay condiciones y momentos para todo, y la persona puede caer en pecado si no se somete a la Palabra de Dios en asuntos como comer con moderación y satisfacer el instinto sexual sólo dentro del matrimonio.

Esta tentación obliga a Jesús a decidir si usará sus facultades milagrosas para su propio beneficio, o para la gloria de Dios y a su servicio. Estos poderes son intrínsecamente santos, pero pueden ser prostituidos con fines egoístas, tal como lo demuestra la experiencia de los cristianos de Corinto (1 Corintios 12-14). Si Jesús hubiera empleado su poder divino para aliviar sus necesidades, se habría separado de las experiencias humanas y no habría sabido sentir compasión por los que están cargados y tentados (Hebreos 2:10, 11, 18); hasta habría abandonado su misión en la cruz. Tenía que sentir hambre, fatiga, dolor, tentación y pena para ser uno de nosotros, y servirnos de compasivo intercesor. Además, ceder a las sugerencias del diablo habría sido desconfiar de la providencia de Dios.

La respuesta de Jesús indica que la obediencia a Dios debe tener prioridad sobre las necesidades humanas (Deuteronomio 8:3). Señala también que lo que no esté de acuerdo con las Escrituras, tampoco es de Dios. Además, el hombre es superior a los animales y en su vida no está solamente el factor material, sino también el espiritual.

Al resistir a esta tentación, Jesús afirma que Dios le proporcionará todo lo que le falta.

b) *La segunda tentación, la de que se lance del pináculo (lugar más alto) del templo, es para poner a prueba el cuidado providencial de Dios*, puesto que consiste en ponerse en una situación de peligro mortal a fin de ver si Dios lo protege o no.[8] Dios nos protege en la senda del deber, pero no debemos jugar con la providencia divina. El creyente que conduce su auto a una velocidad excesiva no es una persona poseedora de una gran fe, sino una persona que tienta a Dios.

Al parecer, Satanás apela también al orgullo, al deseo de hacer algo notable y sensacional. Escoge un lugar público, el pináculo del templo, con lo que le indica a Jesús que se exhiba ante los judíos. Es como si le dijera: "Puedes inaugurar tu reino mesiánico mediante una señal portentosa. Entonces te seguirá todo el mundo." El diablo cita una promesa de las Escrituras para asegurarle a Jesús que Dios lo protegerá, pero la aplica incorrectamente. Jesús le responde con otra cita, no para contradecir el versículo empleado por Satanás, sino para darle su interpretación correcta. Arriesgarse innecesariamente, confiando en que Dios intervendrá, es tentarlo.

c) *La tercera tentación, la de ofrecerle a Jesús los reinos del mundo a condición de que lo adore, es la de obtener el dominio mundial por medio de un atajo, de una contemporización con Satanás.* Es la tentación de ocupar el trono sin ir primero a la cruz. Jesús la podría haber considerado como una oportunidad de establecer un gobierno justo y pacífico. Un príncipe protestante de Francia fue tentado de manera similar. Para ocupar el trono y lograr la tolerancia religiosa oficial, tendría que hacerse miembro de la religión del estado. Su respuesta fue: "París bien vale una misa." El argumento es que el fin justifica los medios, por más dudosos que sean.

El mal no puede ser vencido por el mal, ni se puede promover el reino de Dios empleando medios satánicos o mundanos. La réplica de Jesús deja establecido que su reino es insobornable: "Vete, Satanás, porque escrito está: Al Señor tu Dios adorarás, y a él solo servirás." Su actitud significa que la cruz es inevitable, pero significa también el triunfo de la justicia y la salvación.

El primer Adán, en las óptimas condiciones del Edén, había cedido al tentador; en cambio, el "postrer Adán", en pésimas condiciones, resistió las más sutiles tentaciones del diablo. Así demostró que era capaz de emprender su ministerio redentor. ¿Cuáles fueron las consecuencias de su triunfo? "Satanás se apartó de él por un tiempo" (Lucas 4:13); los ángeles le servían, probablemente atendiendo a sus necesidades (Marcos 1:13), y Jesús salió de allí más poderoso que nunca (Lucas 4:14). Al igual que sucedió con Jesús, nuestra fuerza moral aumenta cuando resistimos las tentaciones, y en cambio, se debilita cuando cedemos ante ellas.

C. Jesús en Galilea

1. Jesús sale de Judea (Mateo 4:12; Marcos 1:14a; Lucas 4:14, 15). El ministerio de Jesús comenzó en Judea. El cuarto evangelio describe sus contactos con los primeros discípulos, la primera vez que purificó el templo y la conversación con Nicodemo (Juan 1-3). Jesús no pasó a Galilea hasta después del encarcelamiento de Juan. Iba camino de Galilea cuando le ministró a la samaritana.

¿Por qué no mencionan los sinópticos su ministerio en el sur? Tal vez la respuesta a esta pregunta se halle en la importancia que estos tres evangelistas le dan al hecho de que Juan fue encarcelado y después Jesús comenzó sus actividades en el norte (Mateo 4:12). Parece que consideraron que este período de Judea se relacionaba más con los últimos meses del ministerio de Juan que con el ministerio de Jesús. Después que terminó la misión de Juan, empezó la misión especial de Cristo.

En los primeros tiempos del ministerio de Juan, gran cantidad de gente salió conmovida al escucharlo y recibir su bautismo. Jesús mismo fue bautizado, y Juan señaló que era el "Cordero de Dios". En cambio, los líderes religiosos no aceptaron el mensaje de Juan y demandaron de Jesús una señal de su autoridad para purificar el templo. El entusiasmo del pueblo suele enfriarse pronto, por lo que se les endureció de nuevo el corazón.

Su arrepentimiento había sido superficial y de corta vida. Por ello el rey Herodes consideró que ya no había peligro en detener a Juan y encarcelarlo. Jerusalén habría de rechazar al Rey. Si su precursor recibía este trato, ¿qué podía esperar el Mesías? Fue entonces cuando Jesús se retiró a Galilea, región donde los fariseos y saduceos tenían menos influencia.

De las cuatro provincias de Palestina, la zona llamada Galilea es la más bella, la más productiva y la más septentrional. No es muy grande; tiene unos cien kilómetros de norte a sur y unos cincuenta de este a oeste. Está bordeada al este por el Jordán y el mar de Galilea, y la separa del Mediterráneo la llanura sirofenicia. Su topografía es accidentada, ya que es una alta meseta de la cual se elevan varios cerros. La cuenca del mar de Galilea es fertilísima; en tiempos de Cristo había en ella muchas ciudades y estaba densamente poblada. Galilea fue la tierra donde creció Jesús y constituyó su primer campo misionero. Antes de la última semana de la vida terrenal de Jesús, la mayoría de los relatos de los evangelios se sitúan en los alrededores del mar de Galilea.[9]

Los habitantes de la Judea, y especialmente de Jerusalén, menospreciaban a los galileos. Consideraban bárbara hasta la manera de hablar de los norteños, y la región recibía el título de "Galilea de los gentiles", en parte por la gran cantidad de personas de sangre mezclada que vivían allí. Sin embargo, la Galilea le presentó a Jesús grandes oportunidades para proclamar las buenas nuevas. "Las multitudes eran perspicaces, despiertas e inteligentes. . . Allí también Jesús podría reunir un grupo numeroso de seguidores antes de volver a ofrecerse en Jerusalén a la nación como el Mesías prometido".[10]

En el ministerio del Señor en Galilea se destacan tres características: su actividad consiste mayormente en la enseñanza pública; se manifiesta en forma extraordinaria el poder del Espíritu Santo a través de sus milagros, y Jesús es glorificado por todos. Por esto, la noticia de lo que está haciendo se esparce con rapidez en todas direcciones (Lucas 4:14, 15).

2. **Jesús es rechazado en Nazaret** (Lucas 4:16-30; Mateo 13:53-58; Marcos 6:1-6). El primer sermón del Señor que se menciona en los evangelios sinópticos fue predicado en Nazaret. Lucas lo ubica al principio de su relato sobre el ministerio público del Señor, probablemente porque consideró que en éste se presentaban la misión de Jesús y la reacción de los judíos ante su mensaje. Jesús era el Unigido de Dios, que llevaría la salvación no solamente a los judíos, sino a todos los que creyeran en El. También el intento de los habitantes de Nazaret por matarlo presagiaba el final violento de Cristo.

Jesús vuelve a la ciudad donde se había criado y donde todo el mundo lo conoce. Esto nos señala la obligación de predicar el evangelio no sólo a las personas que nos son extrañas, sino también a aquellas que están relacionadas íntimamente con nosotros. A veces no es fácil testificar ante parientes y amigos íntimos, especialmente si no están dispuestos a aceptar la salvación ofrecida por Cristo. Sin embargo, el Espíritu puede capacitarnos para tener éxito aun entre aquellas personas que nos sean más difíciles de alcanzar.

Lucas arroja luz sobre la vida religiosa de Jesús: "Entró en la sinagoga conforme a su costumbre." Las sinagogas eran lugares de reunión. Se oraba, se leían las Escrituras y después se explicaban. El templo continuaba siendo el centro religioso de toda la nación y el único lugar donde se podían ofrecer sacrificios. Aunque los que se reunían en la sinagoga eran, sin duda, imperfectos y apegados al formalismo, no por ello Jesús dejaba de asistir a las reuniones. Al igual que Jesús, debemos desarrollar la buena costumbre de asistir fielmente a las reuniones de oración y a los estudios bíblicos.

Las noticias sobre el ministerio de Jesús lo habían precedido en Nazaret. La sinagoga estaba llena de parientes, viejos amigos y conocidos de Jesús. Todos ansiaban oírlo, puesto que su fama los había alcanzado. Puesto que las sinagogas no tenían predicadores ni maestros oficiales, se permitía que cualquier varón competente dictara la lección del día. Sin embargo, el principal de la sinagoga solía escoger al lector entre los hombres más jóvenes. Por esto, cuando Jesús se puso de pie indicando su deseo de leer, le fue permitido hacerlo.

Entonces eligió una porción tomada del libro de Isaías (Isaías 61:1, 2; 58:6) y afirmó a continuación que este pasaje se cumplía en su persona. En otras palabras, dijo que El era el Mesías tan largamente esperado. Notemos los aspectos del ministerio mesiánico.

a) Un ministerio ungido. "El Espíritu del Señor está sobre mí." La misma palabra "mesías", en griego "cristo", significa "ungido". Jesús realizó la obra de Dios por el poder del Espíritu Santo. Cuando comenzó su ministerio, dejó de usar su propio poder divino. En su lugar, usó el poder que se halla a disposición de todos los creyentes.

b) Un ministerio de evangelización de los pobres, es decir, de los que sufren por su pobreza, tanto física como espiritual. Los fariseos, saduceos y esenios menospreciaban a la gente humilde y sencilla. Enseñaban que todo aquél que contaba con la aprobación de Dios era próspero. Sin embargo, los pobres luchaban bajo un severo sistema de impuestos y a menudo padecían hambre y enfermedades. Jesús vino para ministrar a sus necesidades más profundas.

c) Un ministerio de sanidad y liberación. El Señor sanó por el poder del Espíritu a los abrumados por aflicciones de la mente y del corazón.

d) Un ministerio de libertad para los cautivos. Satanás es el carcelero, mientras que el pecado es la cadena. El maligno "mantiene cautivos a los hombres sin darles esperanza alguna de escaparse por sus propios esfuerzos".[11] Jesús es quien ata al "hombre fuerte" y pone en libertad a sus prisioneros (Mateo 12:29).

e) Un ministerio que les da la vista, tanto física como espiritual, a los ciegos. La frase "vista a los ciegos" es traducción de la Versión de los Sesenta, pero la expresión del texto hebreo es "abrir la prisión a los encadenados". Es posible que llame "ciegos" a los cautivos "encadenados" en la oscuridad de las mazmorras.[12] Estos recuperan la vista al salir de esa oscuridad.

f) Un ministerio que inaugura la era de la salvación. El "año agradable del Señor" es probablemente una referencia al cumplimiento espiritual del año de jubileo (Levítico 25:8-22). Este año era siempre el año quincuagésimo que seguía a cada séptimo año sabático. En éste se proclamaba la libertad de los esclavos; se devolvía la tierra a sus propietarios originales y se concedía una amnistía general a los que tenían deudas. Las bendiciones prometidas a los antiguos israelitas son símbolo de una liberación aún mayor.

La idea que presenta el pasaje de Isaías es que el pecado empobrece, entristece, hace cautivo, esclaviza, ciega y oprime al hombre. En cambio, el Ungido es el evangelizador, sanador, libertador, revelador y restaurador. Jesús se detuvo en la parte que dice "a proclamar el año de la buena voluntad de Jehová", pues la frase siguiente, que dice "y el día de venganza del Dios nuestro", se refiere a su segunda venida.

Cuando Jesús afirmó que en aquel día se había cumplido esta Escritura, los habitantes de Nazaret se maravillaron de sus palabras tan llenas de gracia. Sin embargo, muy pronto su actitud cambió. No podían creer que Jesús fuera el Mesías. Decían: "¿No es éste el hijo de José?" Es como si dijeran: "¿Acaso no es este hombre nuestro vecino, el carpintero?" Además, se desilusionaron porque no obró milagros para satisfacer su curiosidad (Mateo 15:38).

El Señor los oyó y les contestó sacando a la luz lo que albergaban en su mente. El refrán "Médico, cúrate a ti mismo" significa: "Demuéstranos que eres el Mesías, haciendo aquí los milagros que hemos oído que has hecho en Capernaúm." Cristo señala mediante otro refrán que sus antiguos vecinos, los cuales habrían debido ser los primeros que creyeran en El, no lo creen; pero eso no es nuevo. Elías y Eliseo, los profetas más poderosos de Israel, habían encontrado en el pueblo una incredulidad semejante a la de Nazaret, y en cambio habían obrado grandes milagros entre los gentiles (1 Reyes 17:8-16; 2 Reyes 5:1-14). Se trata de una advertencia: si Israel rechaza a los que Dios les envía, entonces El los enviará a los gentiles. Dios concede su misericordia con generosidad, sin hacer acepción de razas.

Los que escuchaban en la sinagoga se llenaron de ira y trataron de matar a Jesús, pero El pasó ileso por medio de ellos. Es probable que la dignidad moral del Señor los avergonzara. De todos modos, no había llegado la hora de su muerte, y hasta ese momento seria inmortal (véase Juan 7:30).

Si los relatos de Mateo y Marcos sobre la visita de Jesús a Nazaret se refieren al mismo episodio narrado por Lucas, entonces sabemos que Jesús jamás volvió a aquella ciudad. Esto nos enseña que la paciencia divina tiene sus límites, y que el rechazo puede ser fatal.

Citas del capítulo 4

[1] Scheider, Johannes *Jesus Christ: His life and ministry.* sin fecha, pág. 24 d.

[2] Lenski, R. C. H. *San Lucas,* en "*Un comentario al Nuevo Testamento*", tomo 3, 1963, pág. 157.

[3] Pearlman, Meyer *The life and teaching of Christ,* sin fecha, pág. 20.

[4] Barclay, William *Mateo I* en *El Nuevo Testamento comentado por William Barclay,* tomo I, 1973, pág. 5.

[5] Erdman, *El evangelio de Lucas,* pág. 55.

[6] Lenski, *op. cit.,* pág. 188.

[7] Morris, Leon. *The Gospel According to Saint Luke,* en "Tyndale New Testament Commentaries", 1980, pág. 100.

[8] Erdman, *El evangelio de Mateo*, pág. 45.
[9] *Diccionario ilustrado de la Biblia*, (Wilton M. Nelson, editor). 1978, págs. 244 y 245.
[10] Erdman, *El evangelio de Mateo*, pág. 50.
[11] Lenski, *op. cit.*, pág. 223.
[12] *Ibíd*, pág. 224.

La Sinagoga

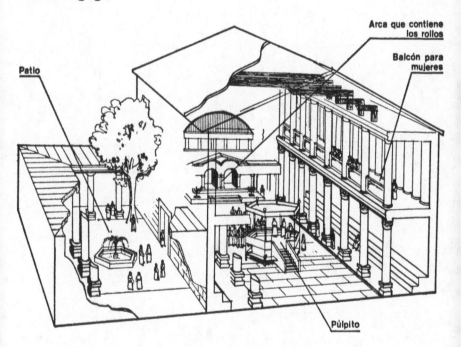

Arca que contiene los rollos

Balcón para mujeres

Patio

Púlpito

CAPÍTULO 5

LA PRIMERA ETAPA DEL MINISTERIO EN GALILEA

Los cuatro evangelios señalan que Jesús pasó más tiempo ministrando en Galilea que en cualquier otra parte de Palestina. Allí realizó sus grandes milagros e impartió la mayoría de sus sublimes enseñanzas. Allí fue donde las grandes multitudes se agolparon para escucharlo. James Salker llama "el año de popularidad" a la primera etapa de su ministerio en Galilea. Durante este período, "su actividad era incesante y su fama resonaba a todo lo ancho del país".[1] Luego disminuyó su popularidad, aumentó la oposición, y finalmente sus enemigos lo llevaron a la cruz.

A. El período de gran popularidad

1. Jesús se instala en Capernaúm (Mateo 4:13-17; Marcos 1:14b-15; Lucas 4:31a). Después de ser rechazado en Nazaret, Jesucristo estableció su residencia en Capernaúm, ciudad situada en la ribera occidental del mar de Galilea. Hasta hace poco se desconocía su ubicación exacta. Era uno de los centros de actividad comercial de la región, por lo que se prestaba a servir de base para las actividades de Cristo en las otras ciudades de la cuenca del lago y para sus viajes a todos los rincones de la provincia.

En el ministerio realizado por Jesús dentro de este territorio, que originalmente había pertenecido a las tribus de Zabulón y Neftalí,

Mateo ve el cumplimiento de una antigua profecía que se encuentra en Isaías 9:1, 2. El profeta había predicho que estas tribus, que habían sufrido terriblemente con las invasiones de los asirios, serían liberadas. Una gran luz resplandecería en medio de las tinieblas.

La imagen que presenta la profecía es la de unos viajeros que se extravían en la densa oscuridad y sobre ellos vuelve a brillar la luz de la aurora. Mateo emplea la figura de las tinieblas para simbolizar la ignorancia espiritual, el pecado y la angustia de los habitantes de Galilea. En Capernaúm había resplandecido la luz de manera especial, pues sus pobladores habían presenciado más milagros que los de ninguna otra ciudad. Sin embargo, no se habían convertido. Por tanto, sobre ésta recaería el juicio más severo del Señor (Mateo 11:23-24).

"Desde entonces comenzó Jesús a predicar." El vocablo "predicar" significa "proclamar", "publicar", "declarar". "No sólo es una nueva doctrina, sino que es una declaración, un pregón que lanza el heraldo, un mensaje que sacude y despierta. Es un mensaje presentado de parte de Dios, que ha de ser transmitido sin falta y tiene su momento determinado."[2] El mensaje de Jesús era el mismo que había predicado Juan. Los hombres debían recordar su conducta, enmendar su vida y volver a Dios, pues el reino de los cielos se había acercado en la persona del Rey.

2. Jesús llama a los primeros discípulos (Mateo 4:18-22; Marcos 1:16-20; Lucas 5:1-11). Jesús estaba consciente de que la permanencia de su obra dependía de que preparara obreros espirituales capaces de continuar lo que Él había comenzado. La conservación de los resultados y el crecimiento del cristianismo dependen siempre de que se consigan hombres preparados para llevarlo adelante. Por tanto, llamó a cuatro pescadores para que lo siguieran y aprendieran de Él.

El escenario de este llamamiento fue la orilla del lago de Genesaret o mar de Galilea. Esta extensión de agua tiene 21 kilómetros de largo por unos 13 de ancho. Se halla a 208 metros bajo el nivel del mar, por lo que tiene un clima casi tropical. En las riberas occidental y septentrional se hallaban las ciudades donde Jesús ministraba; la parte oriental estaba casi deshabitada y ahí era donde solía retirarse para descansar.

Los cuatro pescadores estaban aprovechando el sol de la mañana para limpiar sus redes. Eran dos parejas de hermanos, y tres de ellos (Andrés, Simón Pedro y Juan) ya se habían convertido en discípulos de Jesús en Betania (Juan 1:35-42), pero no habían abandonado totalmente su próspero negocio de pesca. En el pasado habían seguido a Jesús de vez en cuando, retornando siempre a sus quehaceres. Ahora el Señor les exigía una consagración íntegra y permanente. La pesca milagrosa hizo comprender a Pedro que Jesús ejercía dominio sobre la naturaleza; era una manifestación del poder divino y de la gloria de su Maestro. La comprensión de esta realidad hizo que Pedro se sintiera sobrecogido, y adquiriese conciencia de su indignidad y su pecado. Los cuatro pescadores dejaron su trabajo para seguir a Cristo y prepararse a ser pescadores de hombres.

De este episodio se desprenden algunos principios espirituales.

a) *El llamamiento de Cristo se relaciona con la enseñanza de la Palabra de Dios.* Cristo la había enseñado antes de invitar a los pescadores a seguirle constantemente como discípulos. Sólo los que reciben la palabra, oyen el llamamiento divino.

b) *Jesús pide prestadas las cosas pequeñas antes de exigir una consagración total.* Le pidió el uso de su barca de pescador a Pedro antes de hacerle el reto de seguir en pos de El. Si no estamos dispuestos a prestarle al Señor las cosas pequeñas, es improbable que oigamos su llamamiento para servirle de lleno.

c) *Una actitud de fe y obediencia es la mejor preparación para realizar milagros.* Pedro le podía haber dicho: "Mira: tú eres carpintero y no pescador; por eso ignoras que no es hora de pescar." Sin embargo, sólo le dijo: "Hemos trabajado toda la noche y nada hemos pescado, mas en tu palabra echaré la red."

d) *El milagro que tiene lugar sirve como parábola; es una lección objetiva.* La gran pesca milagrosa simboliza el éxito espiritual que tendrían los discípulos. La promesa acompaña siempre al mandato. "Venid en pos de mí, y os haré pescadores de hombres." Dios nos llama a una magna y gloriosa empresa redentora.

3. Jesús realiza milagros en Capernaúm. Jesús comienza ahora una evangelización intensiva y sistemática de Galilea. En este ministerio utiliza las sinagogas de los judíos, las casas particulares, las riberas del lago de Genesaret y las regiones montañosas. Sus milagros apoyan y explican su mensaje. Las multitudes se agolpan para escucharle, pero desgraciadamente poca gente comprende que está ante la presencia del Hijo de Dios. Los evangelistas nos cuentan los incidentes o etapas de su ministerio.

a) *Jesús libera a un endemoniado* (Marcos 1:21-28; Lucas 4:31-37). Lucas y Marcos se interesan en el uso correcto del día de reposo. En un día de descanso, Jesús se encontraba en la sinagoga de Capernaúm enseñando. "Se admiraban de su doctrina, porque su palabra era con autoridad." No enseñaba como los escribas, que explicaban la Ley de Moisés citando las decisiones de los rabíes y tribunales famosos, o las tradiciones de los ancianos que les habían sido transmitidas. Jesús no citaba las enseñanzas de otros, sino que "sacaba el verdadero sentido espiritual de las Escrituras sin alegar más autoridad que la suya propia".[3] Las verdades que hablaba el Señor llegaban hasta la conciencia y el corazón en forma tan directa e inequívoca que los hombres se convencieron de que tenían ante ellos a la sabiduría divina. "¡Jamás hombre alguno ha hablado como este hombre!" (Juan 7:46).

Es de notar que el primer milagro descrito por Marcos y Lucas es el que demuestra el poder del Señor sobre el mundo invisible de los espíritus. El relato señala de dónde procedía la enemistad contra Jesús y muestra su poder irresistible para librarnos de las fuerzas de las tinieblas. También nos hace recordar que el Hijo de Dios "apareció" para deshacer las obras del diablo" (1 Juan 3:8).

La mente moderna encuentra difícil creer en la existencia de demonios y en la posesión demoníaca. Todo esto se atribuye a las supersticiones de aquellos tiempos. Se piensa que los endemoniados del Nuevo Testamento deben de haber sido personas que sufrían de alguna manía o desequilibrio mental, o bien que eran epilépticos o dementes. Se dice entonces que Jesús se acomodó a la opinión popular, aunque sabía que aquellos seres no existían. De ser esto cierto, ¿no quedaría Jesús como un hipócrita? No se puede negar la existencia de demonios sin desacreditar la inspiración de los evangelios y la integridad personal e inteligencia de Jesucristo. Además, actualmente hay tantos casos de posesión demoníaca que no necesitamos más evidencias.

En los evangelios se presenta a los demonios como agentes y ángeles de Satanás, y a los endemoniados como "personalidades invadidas". Los demonios tratan cruelmente a los poseídos, hablan a través de ellos, pueden morar muchos dentro de la misma persona, y tiemblan ante la presencia de Cristo. Ellos reconocieron en Jesús al Mesías mucho antes que los mismos discípulos. Halley los describe como "seres que frecuentan los lugares desiertos en espera de verse forzados a ir a los abismos, y que prefieren hasta habitar en cerdos antes que ir a su propio lugar".[4] Es probable que se les llame "espíritus inmundos" porque cuando moran en una persona suelen intensificar en ella la concupiscencia humana y llevarla a cometer actos inmorales.

La posesión demoníaca a veces está acompañada de síntomas de locura o epilepsia (Marcos 5:2-5; 9:18, 20), pero no debemos atribuir siempre estas enfermedades a la actividad demoníaca. Los evangelistas suelen distinguir entre enfermos y endemoniados. Por ejemplo, Mateo dice que Jesús "echó fuera a los demonios y sanó a todos los enfermos" (8:16, vea también 4:24). "Solamente en algunos casos se atribuye a la posesión demoníaca una enfermedad."[5] La ciencia moderna ha comprobado que las enfermedades están relacionadas con microbios, gérmenes y bacterias. Sin embargo, parece que Satanás a veces causa enfermedades en algunas personas, empleando estas cosas naturales como medio (Lucas 13:16).

El episodio en que el endemoniado es liberado del espíritu inmundo es dramático. Jesús estaba enseñando en la sinagoga, y fue interrumpido de pronto. El poseído comenzó a gritar frenéticamente. Las palabras del demonio expresaban al mismo tiempo odio, terror, desesperación y reconocimiento de la santidad y divinidad de Jesucristo. La palabra que usa el Señor para dirigirse al demonio, traducida como "cállate", en realidad se refiere a la acción de poner un bozal, como se tratara de una fiera cuyas mordidas hay que frenar. Jesús no recibe tampoco un testimonio que proceda de labios impuros. Con todo, el principal motivo por el que Jesús hizo callar al espíritu, era que quería mantener en secreto su carácter mesiánico (Marcos 1:34). Al Señor le bastó una simple orden para echar fuera al demonio. Habló con su propia autoridad, y el espíritu salió, gritando y sacudiendo violentamente al pobre hombre. No es de extrañarse que se maravillasen los espectadores.

b) Jesús sana a la suegra de Pedro (Mateo 8:14-17; Marcos 1:29-34; Lucas 4:38-41). Si la expulsión del demonio manifiesta la autoridad y el poder del Señor, la curación de la suegra de Pedro muestra su ternura. Por el texto de Marcos 1:30 y Lucas 4:38, parece que la familia le rogó que la sanara. Los milagros del Maestro ya habían despertado la fe en sus corazones. Nos dice Marcos que "él se acercó y la tornó de la mano y la levantó, y ella les servía." El gesto de tomar a una persona de la mano indica compasión, ternura e identificación con ella. Su contacto le comunicó la virtud sanadora.

Inmediatamente aquella mujer les sirvió comida a Jesús y a sus discípulos, y los atendió, lo cual evidencia que su curación fue total. Esto es algo extraordinario, porque Lucas describe la enfermedad como "una gran fiebre" (probablemente una fiebre palúdica que es común en las regiones pantanosas situadas entre el lago y el Jordán).[6] Esta índole de fiebre siempre deja débil a la persona; sin embargo, la suegra de Pedro tuvo fuerzas inmediatamente para servir a aquel grupo de hombres. Recordemos que el contacto con Jesús no ha perdido su antiguo poder, y su virtud sanadora está todavía al alcance de los que creen (Santiago 5:14-16).

Los sucesos que siguen se caracterizan por su hermosura extraordinaria. Al ponerse el sol, una gran multitud se reunió alrededor de la casa de Pedro. La noticia de los milagros había corrido por toda la ciudad, por lo que sus habitantes trajeron a los enfermos y endemoniados. Jesús los sanó a todos.

Mateo cita la profecía de Isaías en cuanto al Siervo sufriente: "El mismo tomó nuestras enfermedades, y llevó nuestras dolencias."

¿Qué quiere decir esta expresión? Todo el pasaje de Isaías 52:13 — 53:12 se refiere a los sufrimientos de Jesucristo por los hombres en su condición de sustituto. El término "dolencias" incluye tanto los sufrimientos corporales como los mentales. Al parecer, el evangelista enseña que la expiación hecha por los pecados incluye también el poder para eliminar sus consecuencias; o sea, las enfermedades y las dolencias mentales y físicas.

Notemos que, si Pedro tenía suegra, forzosamente tendría también esposa (véase 1 Corintios 9:5). Por regla general, los líderes de la Biblia y los pastores de la Iglesia primitiva eran hombres casados (véanse 1 Timoteo 3:2; Tito 1:6). El celibato del clero fue impuesto siglos después.

4. Jesús viaja con cuatro discípulos (Marcos 1:35-39; Lucas 4:42-44; Mateo 4:24, 25). Sólo Marcos nos habla acerca de una costumbre de Jesús: madrugar para salir a lugares solitarios donde tener comunión con el Padre antes de empezar las actividades del día. Así podía liberarse del bullicio de las multitudes y orar sin interrupción. De esta forma se cumple otra profecía referente al Siervo de Jehová: "Jehová, el Señor, me dio lengua de sabios, para saber hablar palabras al cansado; despertará mañana tras mañana, despertará mi oído para que oiga como los sabios" (Isaías 50:4). Jesús comprendía que el éxito de su ministerio dependía de una vida en continua comunión con su Padre. Si tan necesaria era la oración para el mismo Señor, ¡cuánto más para nosotros!

El Maestro no daba ninguna muestra de irritación ante la interrupción de su comunión con el cielo. Siempre reaccionaba ante los intrusos con tranquilidad y paciencia. Su respuesta a Pedro manifiesta una pasión misionera que debe ser emulada por la iglesia local: "Vamos a los lugares vecinos para que predique también allí; porque para esto he venido" (Marcos 1:38). Capernaúm había disfrutado del privilegio de oír el evangelio y presenciar sus magnas obras de poder. Ya era tiempo de evangelizar el resto de la provincia de Galilea. Es posible que su primer viaje con los discípulos a las ciudades cercanas durase semanas o meses. Fueron días de intensa labor, enseñando en las sinagogas y obrando toda suerte de milagros.

5. Jesús sana a un leproso (Marcos 1:40-45; Lucas 5:12-16; Mateo 8:2-4). Debemos comprender que este milagro sirve como ejemplo de las muchas otras obras de poder que realizó el Señor en su gira por Galilea. La lepra es una enfermedad repugnante, que conduce paulatinamente a la muerte. Puesto que se consideraba la lepra como una inmundicia y a los leprosos como intocables, se les exigía que viviesen apartados de las ciudades y aislados de la sociedad. Se quedaban fuera de las murallas de las ciudades y a veces vivían en las tumbas.

Tenían que llevar cubierta la boca y gritar a todos los que se les acercaran: "¡Inmundo! ¡Inmundo!" Si violaban estas reglas, el populacho muchas veces los apedreaba.

Se considera que la lepra es un verdadero símbolo del pecado, de su degradación y de su poder destructivo, tanto para el cuerpo como para el alma. Por tanto, la presentación gráfica que hace Marcos de la curación del leproso nos hace ver el poder de Cristo para purificar, sanar moralmente y restaurar al pecador.

Es evidente que el leproso tenía mucha confianza en Jesús. Se atrevió a acercarse a El, a pesar de ser un acto prohibido por la Ley. Había tenido noticia de otras curaciones que el Señor había efectuado y creía que podría sanarlo, pero no estaba seguro de que el Maestro quisiera hacerlo: "Si quieres, puedes limpiarme." Dudó del amor del Maestro. Hoy muchos creen que Cristo puede sanarlos, pero dudan que sea su voluntad hacerlo.

El Señor no se alejó del leproso, ni se inmutó ante él, sino que extendió la mano y lo tocó. Una palabra suya habría bastado, pero le quería comunicar su compasión y amor; "no sólo era el Salvador poderoso, sino el Amigo afectuoso."[7] Le dijo: "Quiero, sé limpio." El contacto de Jesús con el leproso no lo contaminó a El, sino por el contrario, dejó limpio al leproso. Este episodio nos enseña que "ni el poder ni el amor del Salvador tienen límites".[8] Jesús quiere sanar nuestro cuerpo y limpiar nuestra alma, y lo puede hacer si acudimos ante El con confianza en su poder y en su buena disposición.

El hecho de que Jesús le ordenara al hombre ya sanado que fuera a que el sacerdote lo examinara y ofreciera el sacrificio prescrito por la Ley, les demostraría a los judíos que El la respetaba (Levítico 14). También serviría como testimonio ante los sacerdotes.

En cambio, el Señor le prohibió que testificara acerca de aquel gran milagro. ¿Por qué? En primer lugar, porque no quería que la gente viniera a El sólo por curiosidad, con el deseo de presenciar milagros. Sabía que, por encima de todo, el pueblo necesitaba instrucción sobre las cosas espirituales. Además, como los evangelistas observan, la divulgación de las noticias atraía tanta gente que le impedía desarrollar su obra docente, y aun trasladarse de un lugar a otro. El Maestro se veía obligado a retirarse al desierto por un tiempo.

En segundo lugar, con respecto a su identidad mesiánica, Jesús imponía con frecuencia una consigna de silencio que no se levantaría hasta después de su muerte[9] (véanse Marcos 5:43; 7:36; Mateo 16:20; 17:9; 10:27). No quería estimular un entusiasmo mesiánico popular de tipo revolucionario (véase Juan 11:47-48). Los judíos en general creían que el Mesías sería un libertador militar, idea muy distinta de aquello que Jesús quería encarnar. Por esto, Jesús procedía con mucha prudencia, para evitar convertirse en la causa de un levantamiento contra los romanos.

B. Comienza la oposición

Después de terminar su primer recorrido por las ciudades situadas en la cuenca de Galilea, Jesús volvió a Capernaúm, que se había convertido en su base. Las multitudes acudían para escuchar sus enseñanzas, pero no todos sus oyentes las recibieron bien. Los fariseos y escribas se opusieron a los conceptos nuevos del Señor. A Jesucristo le interesaban Dios y la dignidad de las personas, sin importarle su rango social o su situación moral. Mostraba misericordia y aceptación hacia personas consideradas por los fariseos como pecadoras e intocables. Además, hacía insinuaciones veladas acerca de su naturaleza divina y enseñaba los principios de la religión sin preocuparse de las innumerables reglas impuestas por la tradición de los ancianos.

En contraste con Jesucristo, los fariseos y escribas consideraban que la religión era un fin en sí misma. Las observancias externas eran su preocupacin: la circuncisión, los sacrificios, el sábado, los ritos de purificación y el ayuno. Eran legalistas y rechazaban llanamente una religión espiritual. Se consideraban justos y tildaban de pecadores a todos los que no observaban sus normas. En esta sección se señala el conflicto entre Jesús y estos líderes religiosos respecto a la autoridad para perdonar pecados, la aceptación de personas consideradas pecadoras, el ayuno y el día de reposo.

1. **El conflicto por el perdón de los pecados** (Marcos 2:1-12; Lucas 5:17-26; Mateo 9:1-8). La curación del paralítico señala una nueva fase en el ministerio de Jesús. Hasta ese momento, su misión había consistido en sanar a los enfermos y enseñar. Ahora se relacionaría también con el perdón de los pecados. Jesús va a la raíz de todo mal. Vemos por primera vez la hostilidad de los fariseos y escribas. Vienen a la casa de Jesús para espiar y criticar. Siempre están dispuestos a valerse de cualquier cosa que les parezca contraria a sus reglas, a fin de acusar al Señor. A pesar de la presencia de quienes no miran con buenos ojos al Maestro, el poder divino lo acompaña y se producen sanidades (Lucas 5:17).

Cuatro hombres le llevaron un paralítico a Jesús sobre una estera para que lo sanara, pero no podían entrar en la casa a causa de la multitud. Es interesante hacer notar la naturaleza de su enfermedad. La "parálisis" que aquejaba al enfermo era más bien una forma de epilepsia. Carlos Erdman la describe así: "El enfermo perdía el control de los músculos, pero sufría repentinos paroxismos de dolor, durante los cuales caía al suelo contorsionándose en medio de una agonía desesperada. Los ataques se hacían cada vez más frecuentes, y sólo la muerte lo liberaba de sus sufrimientos."[10] Por más terrible que sea este mal, el hombre sufre uno peor: el pecado.

Los amigos del enfermo no se desanimaron al no poder entrar en la casa por la puerta. Subieron con el paralítico al techo plano de la casa, probablemente empleando la escalera exterior. Hicieron un hoyo en el techo, el cual debe de haber estado hecho de tejas o de ramas y barro, algo no muy difícil de romper. A través de la abertura descolgaron la camilla sobre la cual yacía el paralítico. A pesar del daño hecho en el techo y de la manera en que interrumpieron su enseñanza, el Señor los recibió con amor.

"Al ver la fe de ellos" se refiere tanto a la fe del paralítico como a la de sus cuatro decididos amigos. Los enfermos a veces reciben la sanidad física por la fe de sus amigos (véase Marcos 7:29; Mateo 8:13); en cambio, no sucede así con la curación espiritual. En esta ocasión, Cristo sanó primero el alma y luego el cuerpo. Lenski comenta: "Los hombres veían la aflicción corporal, mientras que Jesús veía la culpa y el arrepentimiento en el corazón."[11] El perdón de los pecados a menudo abre la puerta a la curación física. Los judíos creían firmemente que una persona sufría porque había pecado (Juan 9:2), doctrina que no confirmó Jesús. Sin embargo, la purificación de la conciencia es una preparación bíblica para recibir la sanidad (Santiago 5:15, 16). Los sentimientos de culpa apagan la fe.

La afirmación del Maestro no les agradó nada a los fariseos y escribas que lo observaban fríamente. Su razonamiento es correcto. Sólo Dios tiene autoridad para perdonar pecados. Su error consistía en considerar a Jesús como un simple hombre. Si sólo hubiera sido un hombre, sería el peor de los blasfemos. La respuesta de Jesús y la curación posterior del paralítico callan a sus adversarios. No costaba nada decirle al hombre que sus pecados eran perdonados; en cambio, al sanarlo, Jesús estaba demostrando de forma visible que tenía autoridad divina, tanto en la esfera física como en la espiritual. Les daba pruebas de que El era "Dios manifestado en la carne".

Notemos que las palabras de Jesús despertaron la fe en el enfermo. El Señor le mandó hacer lo que un paralítico no puede hacer: levantarse, tomar su camilla e irse a su casa. Si creía que Cristo tenía poder para sanar, trataría de obedecerlo. Mientras que se esforzaba por cumplir la orden, recibió fuerza para levantarse y andar. La prueba de nuestra fe se encuentra en la obediencia.

Esta es la primera ocasión en que aparece el título "Hijo del Hombre" en el evangelio de Marcos (2:10). Jesús se dio este título a sí mismo y lo usó constantemente. ¿Qué significa? Representa dos líneas de pensamiento en el Antiguo Testamento. Por regla general, se refiere a la debilidad y pobreza humanas, en contraste con el poder ilimitado de Jehová (véanse Números 23:19; Job 25:6; Salmo 8:4; 146:3). Se aplica una vez a Daniel (8:17) y muchas veces a Ezequiel (2:1; 3:1,3; 4:1; 5:1), para hacer resaltar la diferencia que existía entre ellos y su Señor.

Por otra parte, en Daniel 7:13-14 la expresión "hijo del hombre" define a un ser transcendente, celestial, revestido de la autoridad divina: "Con las nubes del cielo venía uno como un hijo de hombre. . . y le fue dado dominio, gloria y reino, para que todos los pueblos, naciones y lenguas le sirvieran; su dominio es dominio eterno." Se refiere al oficio mesiánico. Jesús se aplicaba a sí mismo este título cuando hablaba de su segunda venida y del establecimiento de su reino (Mateo 24:27, 37; Lucas 17:30; 18:8; 21:36; 22:69). Sin embargo, empleaba con más frecuencia este título para referirse a su pasión y muerte (Marcos 8:31; 9:9; 14:21; Mateo 26:2). Al parecer, así proclamaba su condición de Mesías divino y su certeza de que triunfaría a pesar de la aparente victoria de sus enemigos y la situación aparentemente crítica de sus discípulos en el momento de la crucifixión.

Algunos estudiosos de la Biblia consideran que este título hace resaltar la encarnación del Verbo; o sea, su humanidad. Como hombre, Jesús conoce al ser humano; como hombre representativo, murió por la humanidad. Otros piensan que manifestaba la creencia interna del Señor de que era el Mesías. Según otros, convergen las dos líneas de pensamiento. Así estaría sosteniendo el Señor que su humanidad era auténtica, y al mismo tiempo, que se consideraba el Mesías, pero en forma velada. Permitiremos que el lector llegue a su propia conclusión.

2. Los milagros de Jesús. Los cuatro evangelios relatan treinta y cinco episodios en los que Jesús obró milagros. Dedican mucho espacio a este aspecto de su ministerio. No se pueden separar de la historia personal de Jesús los milagros, ni se puede negar su realidad, sin afirmar con ello que los escritores del Nuevo Testamento son completamente indignos de confianza. Más de la mitad de estos relatos tienen que ver con la curación de diversas enfermedades. Otra categoría de milagros son aquellos en que expulsó demonios de personas con desórdenes físicos y mentales. En una tercera categoría de milagros vemos a Cristo resucitando a los muertos, pero solamente se relatan tres casos de este tipo, además de la resurrección del propio Jesús. Los demás se refieren a su poder sobre la naturaleza: la multiplicación de los panes y los peces, la ocasión en que caminó sobre el mar, cuando calmó la tormenta, etc. Estos relatos nos dan testimonio de la fuerte impresión que sus milagros hicieron en la gente que los presenció. No cabe duda alguna de que fueron las obras de poder las que atrajeron a las multitudes en la época de Jesús.

¿Cómo efectuó Jesús los milagros? Los hizo mediante su propia autoridad. En el Antiguo Testamento los profetas empleaban el nombre de Dios y le dirigían a El su oración. En cambio, Cristo echaba fuera demonios y sanaba enfermos con su autoridad inherente. No obstante, insistía en su dependencia del Padre (Juan 5:19-20) y en que obraba con el poder del Espíritu (Mateo 12:28).

Jesús sanaba a los enfermos empleando diversos medios y varios métodos: muchas veces sólo hablaba; en otras ocasiones, tocaba al enfermo. Cuando le abrió los ojos al hombre que había nacido ciego, le untó lodo en ellos. Llegó a sanar un enfermo sin verlo siquiera. Sin embargo, exigía fe de parte del enfermo. "No pudo hacer allí" (en Nazaret) "ningún milagro, salvo que sanó a unos pocos enfermos", a causa de la incredulidad de los habitantes de la ciudad (Marcos 6:5, 6).

¿Por qué hizo milagros? Sus obras de poder sobrenatural tenían varios propósitos.

a) Revelar la bondad y misericordia de Dios hacia los que se hallan en desgracia (Marcos 1:41; 8:2). Dios no es indiferente al padecimiento humano; tiene compasión de los que sufren. Al ver estas obras de su misericordia, muchas personas creen en su amor.

b) Servir de credenciales a su persona y misión. Jesús se presenta como Rey universal y divino, digno de confianza y sumisión. En el Evangelio de Juan, se emplea el término "señal" para referirse a sus milagros. Jesús dijo: "Las mismas obras que yo hago, dan testimonio de mí, que el Padre me ha enviado" (Juan 5:36). Sus obras son "señales" de su divinidad y misión. Juan el Bautista le envía mensajeros con una pregunta: "¿Eres tú aquel que había de venir, o esperaremos a otro?" Jesús le contesta señalando sus obras como evidencia de su carácter mesiánico. Los milagros de Jesús, sus incomparables enseñanzas y la perfección de carácter que manifestó se sostienen mutuamente y constituyen el cimiento de nuestra fe en un Cristo divino.

c) Servir de signos o parábolas acerca de la misión salvadora de Jesucristo. Con las curaciones corporales, el Señor quería que los hombres lo aceptasen como Médico de las almas, cuyos pecados venía a sanar. Algunos expositores consideran que ciertas enfermedades representan al pecado. Por ejemplo, la lepra simboliza lo repugnante que es el pecado, mientras que la parálisis representa su consecuencia: la imposibilitación. Jesús obró milagros con el fin de conducir a los hombres a la fe en el poder salvador de Dios que se manifestaba en El (Marcos 9:23,24).

Los modernistas y materialistas niegan la posibilidad de los milagros. David Hume alegaba que los milagros habrían constituido violaciones de las leyes naturales. Contestamos que es más correcto decir

88 *Se hizo hombre*

que los milagros trascienden las leyes naturales. Son actos inteligentes de un Dios personal y soberano. Si Dios estuviera limitado por la ley natural, sería prisionero de ella y dejaría de ser Dios.

Los científicos que rechazan los milagros basan su actitud en la suposición de que todo lo que hay en el universo es material; nada puede acontecer que no pueda atribuirse a causas naturales. Ellos suponen que lo saben todo, pero se equivocan al pensar que toda realidad puede ser examinada con el microscopio, el telescopio y el tubo de ensayo. Ignoran las cosas espirituales. Pasan por alto la contundente evidencia de la resurrección de Cristo, la cual constituye el milagro que confirma la autenticidad de todas sus demás obras de poder.

3. El llamamiento de Mateo; un conflicto por comer con los pecadores (Mateo 9:9-13; Marcos 2:13-17; Lucas 5:27-32). Lucas y Marcos emplean el nombre de Leví cuando se refieren a Mateo, porque es probable que Mateo fuera el nombre con el que era conocido entre los cristianos, así como Simón era conocido como Pedro. Mateo era recaudador de impuestos; indudablemente, despreciado por sus paisanos, pues los publicanos representaban a los odiados romanos y a menudo se aprovechaban de esta representación. Se los cataloga junto a los viciosos y criminales. El hecho de que Jesús llamara a alguien de esa clase social para que fuera su discípulo era un desafío a los prejuicios de los judíos; en particular, a los orgullosos fariseos, quienes se consideraban justos.

Mateo se destaca por su reacción ante el llamado; no formuló ninguna objeción ni pidió una demora, sino que dejó su trabajo y se entregó sin reservas. Después dio un gran banquete en honor de Jesús e invitó a sus viejos compañeros, gente notoriamente mala en la opinión del pueblo. El principal motivo era compartir con ellos las maravillas que había experimentado. El deber del creyente es llevar a sus amigos a Cristo.

El Señor no se avergonzó de reunirse con estos hombres despreciados por la sociedad. Ante las críticas de los escandalizados fariseos, defendió su proceder empleando un proverbio prudente e irrefutable por su claridad: "Los sanos no tienen necesidad de médico, sino los enfermos." Hacía resaltar así que había venido como médico para visitarlos, recibirlos y sanarlos. ¿Quiénes eran los enfermos? Aquellos pobres hombres a quienes nadie tendía la mano ni los sacaba del lodazal. Mostrar misericordia con esta gente valía mucho más que ofrecer costosos sacrificios.

4. El conflicto por el ayuno (Mateo 9:14-17; Marcos 2:18-22; Lucas 5:33-39). Por tercera vez, Jesús ofende a los fariseos. La primera ocasión fue cuando perdonó los pecados del paralítico; la segunda, cuando comió con los pecadores. En este episodio, los discípulos de Juan el Bautista se unieron con los fariseos para criticar a los compañeros del Señor por no ayunar. A ambos grupos no les gusta la alegría de los discípulos del Señor.

En el Antiguo Testamento, el ayuno es una expresión de aflicción o pesar del alma (2 Samuel 1:12; Nehemías 1:4), de arrepentimiento (1 Samuel 7:6; 1 Reyes 21:27) o de humillación (Salmo 69:10). Se ayuna para obtener orientación o ayuda de Dios (2 Crónicas 20:3, 4; Esdras 8:21-23). La Ley mosaica exige que los israelitas ayunen un día al año, el día de la expiación, pero los fariseos multiplicaron su observancia ayunando todas las semanas el lunes y el jueves. Juan les había enseñado a sus discípulos a ayunar, como una forma de "protesta contra la satisfacción en que vivía una sociedad religiosa, pero corrompida".[12]

Jesús contesta las críticas señalando que el ayuno no está de acuerdo con el espíritu festivo de sus discípulos. La figura de las bodas era bien conocida. Las parejas que se casaban no iban de luna de miel, sino que se quedaban en la casa por una semana y disfrutaban con sus amigos como si fueran reyes. En esta figura, el esposo simboliza al Señor; los invitados, a sus seguidores. No es momento de ayunar, sino de regocijarse. El gozo es la nota predominante del cristianismo (Filipenses 4:4).

Sin embargo, el Maestro no prohíbe el ayuno. Prevé su dolorosa partida y predice que habrá ocasión para afligirse. En otra ocasión aprueba también el ayuno como medio para recibir poder (Marcos 9:29; ver también Hechos 10:30; 27:9, 33; 2 Corintios 6:5; 11:27). Lo que Él censura es ayunar como un rito o como una obra meritoria que tuviera virtud en sí misma. El ayuno sólo tiene valor si corresponde a los verdaderos sentimientos de la persona que lo practica. Podríamos parafrasear así las palabras de Santiago: "¿Hay alguien afligido entre vosotros? Que ayune. ¿Hay alguien alegre? Que cante alabanzas."

A continuación, Cristo hace dos comparaciones para demostrar cuán incompatible es el nuevo sistema de la gracia con el antiguo de los ritos y las obras obligatorias. Como nadie usa un parche de tela nueva (tela no encogida) para remendar un vestido viejo, así Jesús no remienda el viejo judaísmo con una nueva doctrina. Tampoco los odres viejos del judaísmo pueden acomodarse al vino nuevo del evangelio, el cual fermentaría y reventaría aquellos moldes inflexibles. Jesús viene para establecer la verdadera forma de culto a Dios, en la cual predomina el espíritu y no la letra. Sin embargo, muchos judíos rechazarán el nuevo vino del evangelio, sosteniendo que es mejor la vieja religión de los ritos y las formas.

5. El conflicto por el día de reposo (Mateo 12:1-14; Marcos 1:23 —

3:6; Lucas 6:1-11). Las actividades de los discípulos de Jesús y también las de El mismo en el día de reposo dan a sus adversarios un nuevo motivo para sus acusaciones. La reinterpretación de la ley sabática hecha por Jesús, como se ve en sus enseñanzas y acciones, provoca en los fariseos y escribas un odio asesino e implacable.

En el primer incidente, los fariseos se quejan de que los discípulos del Señor arranquen las espigas de trigo o cebada y las desgranen entre las manos (Lucas 6:1), lo cual equivalía a trabajar en sábado (véase Exodo 20:10). El hecho de que arrancaran las espigas no era en sí un delito, pues la Ley de Moisés permitía expresamente que los transeúntes saciaran su apetito con las espigas que crecían junto al camino, siempre que no utilizaran una hoz (Deuteronomio 23:25). Los adversarios interpretan la actividad de los discípulos como una forma de cosechar y trillar, trabajo prohibido en el día de reposo. Las escuelas rabínicas habían identificado treinta actividades que eran violaciones de la Ley en su prohibición de trabajar en sábado. Las críticas de los fariseos demuestran que aquellos legalistas siempre tenían como norma de juicio, no la Ley sino su interpretación de ella, al igual que los "superescrupulosos" de hoy en día.

Jesucristo defiende a sus discípulos con cinco argumentos, y al hacerlo enseña principios que son de aplicación universal para todas las edades. Añade otro principio en el episodio en que sana al hombre de la mano seca.

a) Se puede contravenir una ley ceremonial en un caso de necesidad apremiante. El Maestro menciona el ejemplo de David (1 Samuel 21:1-6). Cuando David huía de Saúl, obligó al sumo sacerdote Ahimelec a entregarle los panes santos ofrecidos a Dios, que sólo podían comer los sacerdotes. David no hizo caso de este precepto, porque consideró que esta norma ritual no era tan importante como la obligación de dar sustento para la vida. De igual manera, los discípulos habían violado la Ley ceremonial referente al descanso, pero eran inocentes, pues este principio se refería solamente a las leyes ceremoniales y no a las morales. En cambio, no hay necesidad que justifique la violación de las leyes relacionadas con la rectitud y la pureza.

b) "El día de reposo fue hecho por causa del hombre, y no el hombre por causa del día de reposo" (Marcos 2:27). El día de descanso fue instituido para el bien del hombre y no para perjudicarlo. Le proporcionaba un día cada siete para que pudiera descansar de sus labores y renovar su espíritu adorando a Dios. Sin embargo, no debemos interpretar la libertad que nos da Jesús como excusa para convertirlo en otro día de trabajo, o bien de diversión solamente. Aún debemos "santificarlo". Jesús nos dio ejemplo, asistiendo con fidelidad a la sinagoga en los días de reposo (Lucas 4:16).

c) Las labores religiosas se realizan en el día de reposo. Cristo cita el trabajo que se hace en el templo en sábado porque el culto no debe cesar. Nos enseña que la adoración que se ofrece a Dios tiene prioridad sobre las reglas del día de reposo. El pastor evangélico trabaja más en ese día que en cualquier otro de la semana.

d) Es más importante ser bondadoso que cumplir escrupulosamente las formas externas de la ley. Cita las palabras del profeta Oseas: "Misericordia quiero y no sacrificio." Los sacrificios, ritos y ceremonias de la Ley no pueden agradar a Dios si no van acompañados de un espíritu compasivo, de una fe verdadera y de la rectitud de vida.

e) Jesús es el Señor del día de reposo y tiene autoridad, tanto para definir lo que es un bien para el hombre, como para hacer ciertas cosas (obras de misericordia) en sábado. Esta afirmación insinúa que Jesús es igual al Padre (véase Juan 5:17, 18).

f) Se observa tanto la ley sabática reposando en este día, como haciendo obras de misericordia. La oportunidad para enseñar objetivamente esta verdad se le presenta en la sinagoga donde está un hombre que tiene una mano tullida. Jesús lo mira con compasión divina, pero los fariseos lo observan con malicia, para ver si Jesús lo sana en el día de reposo.

El Maestro contesta la pregunta de ellos con un ejemplo. Es obvia la lógica. A nadie se le ocurre dejar perecer lastimosamente una oveja porque sea sábado, sobre todo si es la única que posee su dueño, por lo que representa para él un alto valor. Ahora viene la conclusión: un hombre es mucho más digno de aprecio que una oveja. Si le acontece algo, se le debe ayudar inmediatamente, aunque sea día de reposo.

Entonces les hace una pregunta: "¿Es lícito en los días de reposo hacer el bien, o hacer el mal; salvar o quitar la vida?" Aunque no existe una emergencia en el caso del hombre con la mano seca, Jesús hace una buena obra en sábado. Nosotros debemos seguir su ejemplo. Santiago señala: "Al que sabe hacer lo bueno, y no lo hace, le es pecado" (4:17).

Sólo Marcos menciona el hecho de que Jesús se indignara y se entristeciera al ver a los fariseos acechándole. Estaban ciegos al sufrimiento del hombre con la mano tullida, y a la compasión y bondad del gran Médico divino. Sólo tenían ojos para ver las violaciones de sus minuciosas reglas referentes al día de reposo. El enojo de Jesús es una revelación de la actitud de Dios en cuanto al frío formalismo religioso. Dios no es indiferente a la malicia y a la maldad (Romanos 1:18).

El enojo de Jesús también es evidencia de la perfección de su naturaleza humana. Dice Alejandro McLaren: "El hombre que no es capaz de indignarse ante la maldad, tampoco es capaz de entusiasmarse."[13]

Por regla general, el enojo es un mal emocional, y a menudo conduce al pecado. Sin embargo, la indignación del Señor es un ejemplo de los motivos que debe tener este sentimiento. En su caso, fue despertado por una causa justa y desinteresada; era una indignación controlada y no tuvo relación alguna con malos sentimientos o venganza personal. Además, lo acompañaba la tristeza. Cristo se compadeció de aquellos hombres endurecidos. La obcecación de este tipo de personas lo acongojaba, porque las seguía amando. Así se cumple el mandato apostólico: "Airaos, pero no pequéis" (Efesios 4:26).

Los fariseos no le contestaron a Jesús, sino que se unieron con sus enemigos, los herodianos, para conspirar contra su vida. Mientras que los fariseos eran un partido patriótico judío, los herodianos apoyaban al gobierno romano. La unión de estas dos facciones opuestas demuestra lo grande que era su enojo y la desesperación que había en su odio. Los herodianos temían que la popularidad del Señor precipitara una revuelta contra Roma; los fariseos temían que Jesús, si no era eliminado, socavara todo el sistema religioso del judaísmo. Juntos, decidieron destruirlo.

6. **La muchedumbre sigue a Jesús** (Mateo 12:15-21; Marcos 3:7-12). Jesús se había retirado muchas veces de las multitudes necesitadas (Marcos 1:38,45). Ahora se retira para evadir la conspiración de los fariseos y herodianos, que tratan de matarlo. No actúa con cobardía, sino con prudencia. No ha llegado todavía su hora. Jesús nunca arriesga su vida innecesariamente. McLaren observa: "Evitar el peligro es prudencia, pero huir de un deber es otra cosa."[14]

Grandes multitudes, procedentes de los rincones más remotos de Palestina, siguen a Jesús atraídas por lo que han escuchado acerca de sus milagros de sanidad. Vienen desde Idumea (Edom), al sur; desde Tiro y Sidón, al norte; desde el Mediterráneo, al oeste, y desde Perea (Transjordania), al este. Llegan casi a atropellarlo, en su afán por recibir sanidad. Se aprietan tanto en torno suyo, que se le hace difícil enseñar. Entonces se ve obligado a tener una barca dispuesta en la playa para utilizarla de púlpito, algo apartado de la gente. Según Marcos 3:20, no tiene tiempo ni para comer. Ha llegado al apogeo de su popularidad.[15]

Jesús sanaba a todos los que se le acercaban. Sin embargo, como era su costumbre, les mandaba que no divulgaran la noticia de los milagros, porque no quería suscitar hostilidades, ni tampoco que se despertara el entusiasmo carnal de los que pensaban que el Mesías sería un libertador militar. Mateo interpreta todo esto como un cumplimiento del primero de los cuatro cánticos del Siervo de Jehová, profecías mesiánicas que en encuentran en el libro de Isaías.

7. La institución del grupo de los Doce (Mateo 10:1-4; Marcos 3:13-19; Lucas 6:12-16). La elección de los doce discípulos se debe a dos razones que parecen contraponerse: la amenaza creciente de los líderes religiosos y el entusiasmo popular de las multitudes. Jesús sabe que tarde o temprano sus enemigos le darán muerte y que necesita preparar hombres que continúen su obra. Por otra parte, necesita también ayudantes para ministrar de manera eficiente a las multitudes que acuden a El.

Lucas dice que Jesús "pasó la noche orando a Dios" y a la mañana siguiente escogió a los doce apóstoles. Cinco de los doce escogidos han sido ya mencionados por Marcos (1:16,19; 2:14) como hombres que Jesús había llamado y habían aceptado esa vocación. Jesús eligió a los apóstoles entre el elevado número de personas que había respondido positivamente a sus enseñanzas. ¿Por qué eligió precisamente doce? Probablemente porque ellos habrían de heredar el puesto de las doce tribus que formaban el pueblo escogido de la antigua dispensación. Parece insinuar con esto que ellos serían los fundadores de la nueva comunidad de Dios.

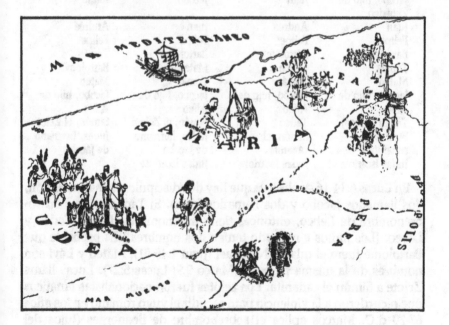

El grupo de los Doce fue establecido con dos propósitos importantes: a) "Para que estuviesen con él", es decir, para que fueran sus acompañantes íntimos y constantes. La palabra "discípulo" significa "persona que aprende". Para aprender las cosas espirituales es imprescindible tener comunión con el Maestro. b) "Para enviarlos a predicar. El término griego y el término latino traducidos respectivamente con las palabras "apóstol" y "misionero" tienen su raíz en verbos de esos dos idiomas que significan "enviar". Después de la debida preparación, los discípulos serían enviados a proclamar el evangelio. Jesús se ocupó de proporcionarles lo necesario para realizar esta obra: primero les entregó un mensaje, y luego los revistió de poder para sanar a los enfermos, lo cual constituía las credenciales con que El los enviaba.

En cuatro de los libros del Nuevo Testamento, se encuentra la lista de los apóstoles.

Mateo 10:2-4	Marcos 3:16-19	Lucas 6:14-16	Hechos 1:13
Simón, Pedro	Simón, Pedro	Simón, Pedro	Pedro
Andrés	Jacobo, hijo de Zebedeo	Andrés	Jacobo
Jacobo, hijo de Zebedeo	Juan	Jacobo	Juan
Juan	Andrés	Juan	Andrés
Felipe	Felipe	Felipe	Felipe
Bartolomé	Bartolomé	Bartolomé	Tomás
Tomás	Mateo	Mateo	Bartolomé
Mateo	Tomás	Tomás	Mateo
Jacobo, hijo de Alfeo	Jacobo, hijo de Alfeo	Jacobo, hijo de Alfeo	Jacobo, hijo de Alfeo
Tadeo (Lebeo)	Tadeo	Simón, el Zelote	Simón, el Zelote
Simón, el cananita	Simón, el cananita	Judas, hermano de Jacobo	Judas, hermano de Jacobo
Judas Iscariote	Judas Iscariote	Judas Iscariote	

En Lucas 6:14-16 se observa que hay dos discípulos llamados Simón, dos llamados Jacobo y dos llamados Judas. Si Tadeo retiene su sobrenombre de Lebeo, entonces tiene tres nombres: Judas, Tadeo y Lebeo. (Los judíos a menudo tenían dos nombres.) Es probable que Bartolomé fuera el mismo Natanael (Juan 1:45-51). Mateo y Leví son nombres de la misma persona (Mateo 9:9; Lucas 5:27). Lucas llama Zelote a Simón el cananita. Los zelotes fueron nacionalistas fanáticos que recurrieron a la violencia para sacudir el yugo romano en los años 67-70 d.C. Marcos aplica el sobrenombre de Boanerges (hijos del trueno) a Jacobo y a Juan, porque eran hombres de naturaleza ardorosa y vehemente (véanse Marcos 3:17; 10:35 y Lucas 9:54). El nombre "Iscariote" probablemente significa "hombre de Queriot", nombre de un poblado perteneciente a la tribu de Judá (Josué 15:25).

Entre los discípulos hay con seguridad dos pares de hermanos: Pedro y Andrés, Jacobo (Santiago) y Juan, y quizá un tercer par: Jacobo, hijo de Alfeo, y Judas, hermano de Jacobo (Lucas 6:15, 16). Es de observar también que Pedro encabeza todas las listas de los Doce discípulos, probablemente porque "era el líder, debido a su impetuosidad y energía".[16]

Los escritores inspirados presentan en sus listas tres grupos de cuatro discípulos cada uno. El primer grupo va siempre encabezado por Simón Pedro, el segundo grupo por Felipe y el tercero por Jacobo, hijo de Alfeo. Los otros tres integrantes de cada grupo son los mismos en las cuatro listas, aunque en orden diferente.

Es interesante observar algunas de las características de los Doce.

a) *Eran hombres corrientes.* Ninguno era rico, erudito, político, intelectual o persona con influencia religiosa. Por regla general, eran hombres de modestos recursos y de clase humilde. Sin embargo, algunos de ellos no eran demasiado pobres. Pedro, Jacobo y Juan tenían su negocio pesquero y eran dueños de barcas y redes. La casa de Pedro era suficientemente grande para acomodar a su familia y también a sus condiscípulos. Mateo dejó un empleo lucrativo para seguir a Jesús.

No tenían estudios especiales, pero tampoco eran ignorantes ni analfabetos. "Aun cuando los líderes de Jerusalén los llamaron 'sin letras y del vulgo', lo que querían decir era simplemente que no habían asistido a las escuelas de los rabinos y que no habían recibido una formación técnica acerca de la Ley."[17] Los escritos de Pedro y de Mateo demuestran que éstos eran hombres inteligentes, poseedores de una profunda comprensión de las cosas espirituales. También reflejan un asombroso conocimiento de las Escrituras del Antiguo Testamento. Señala Erdman:

> Cristo puede usar a su servicio hombres cultos y bien dotados, verdaderos genios como Pablo; sin embargo, sigue siendo verdad que no son llamados "muchos sabios según la carne, ni muchos poderosos ni muchos nobles" a la salvación, ni tampoco a un servicio conspicuo.[18]

Es probable que Jesús eligiera hombres corrientes, porque ellos comprendían el lenguaje, el modo de pensar y las necesidades de la gente común, siempre la más abierta al evangelio.

Observemos también que Jesús escogió hombres desconocidos: los nombres de la mayoría de los discípulos no vuelven a aparecer en las páginas de los escritos inspirados después del día de Pentecostés, y aun en los cuatro evangelios son solamente nombres. A pesar de sus limitaciones humanas, los Doce fueron usados por Dios para establecer su Iglesia universal y cambiar el curso de la historia del mundo. Su gloria es imperecedera, porque sus nombres estarán escritos en los cimientos de la Nueva Jerusalén.

b) *Eran hombres con caracteres muy diversos, pero capaces de cambiar.* Mateo, recaudador de impuestos e instrumento de los romanos en la opresión de su propio pueblo, llegó a ser autor de un inmortal evangelio. El impulsivo e impetuoso Simón fue convertido en Pedro, roca firme. Juan, el rudo pescador llamado "hijo del trueno", se transformó en el "apóstol del amor" que se recostó "cerca del pecho de Jesús" (Juan 13:25). Su evangelio nunca ha sido superado, debido a su profunda teología. Simón el Zelote dejó el camino de resistencia violenta contra Roma para seguir al Príncipe de Paz y predicar un reino espiritual.

Sólo el poder transformador de Cristo puede hacer vivir en armonía a hombres como Mateo y Simón el Zelote, cuyos puntos de vista eran diametralmente opuestos. Aún hoy, Jesús sigue llamando y transformando a hombres distintos en sus conceptos y actitudes, uniéndolos y empleándolos para realizar la tarea más importante de cuantas han sido dadas a los hombres: evangelizar la tierra.

Citas del capítulo 5

[1] Stalker, *op. cit.*, pág. 55.
[2] Trilling, Wolfgang. *El Evangelio según San Mateo*, 1 en *El Nuevo Testamento y su mensaje*. 1980, pág. 76.
[3] Trenchard, Ernesto. *Una exposición del Evangelio según Marcos*. 1971. pág. 26.
[4] Halley, Henry. *Compendio manual de la Biblia*, sin fecha, pág. 415.
[5] *Ibíd.*
[6] Broadus, *Comentario sobre el Evangelio según San Mateo*, pág. 235.
[7] Trenchard, *Una exposición del Evangelio según Marcos*, pág. 32.
[8] *Ibíd.*
[9] Nota de la *Biblia de Jerusalén*, Marcos 1:34.
[10] Erdman, *El Evangelio de Marcos*, pág. 52.
[11] Lenski, *op. cit.*, pág. 262.
[12] Trenchard, *Una exposición del Evangelio según Marcos*, pág. 39.
[13] McLaren, Alexander. *Saint Mark*, tomo 8 de *Expositions of Holy Scripture*, sin fecha, pág. 96.
[14] Ibíd, pág. 105.
[15] Trenchard, *Una exposición del Evangelio según Marcos*, págs. 44 y 45.
[16] Cook, *op. cit.*, pág. 34.
[17] Erdman, *El Evangelio de Marcos*, págs. 75 y 76.
[18] *Ibíd.*, pág. 76.

CAPITULO 6

EL DIVINO MAESTRO

Mateo nos informa que el ministerio de Jesús tuvo tres aspectos: enseñanza, predicación y sanidades (4:23). El más importante de estos tres aspectos fue el de la enseñanza. Stalker observa que "sus milagros no eran más que la campana que llamaba al pueblo a oír sus palabras".[1] La continua asociación de las palabras "enseñar" y "Maestro" al Señor indica que El era ante todo nuestro gran maestro, y que el evangelio promete instruir a los hombres y quitar de ellos el velo de la ignorancia en cuanto a las cosas divinas y morales.

Nada ha arrojado más luz sobre la vida práctica del hombre y su relación con Dios que las enseñanzas y la predicación del Hombre de Galilea. En sus discursos, Jesús pronunciaba palabras tan sublimes, de tan profundo significado y tan llenas de autoridad propia, que sus oyentes quedaban asombrados de su doctrina (Mateo 7:28). Uno de ellos exclamó, "¡Jamás hombre alguno ha hablado como este hombre!" (Juan 7:46). El es el Maestro por excelencia.

A. La fuente de su doctrina

Cuando oyeron las enseñanzas de Cristo, los judíos de Jerusalén se maravillaron al saber que no había pasado por las escuelas rabínicas de aquella ciudad. Entonces preguntaron: "¿Cómo sabe éste letras [sabiduría rabínica] sin haber estudiado?" (Juan 7:15). Jesús les contestó: "Mi doctrina no es mía, sino de aquel que me envió" (Juan 7:16). El se mantenía en comunión con el Padre y era inspirado por el Espíritu Santo (Isaías 50:4; Hechos 10:38).

El examen de la doctrina del gran Maestro revela que su mente estaba impregnada en las Escrituras del Antiguo Testamento. No obstante, y en contraste con los fariseos y escribas de aquellos tiempos, Jesús sabía desentrañar siempre su sentido íntimo y permanente. Aquellos doctores interpretaban de manera incorrecta las Escrituras inspiradas, prestando más atención a las tradiciones de los ancianos que a la Palabra de Dios. Citaban las interpretaciones de los grandes rabinos, y a menudo sus tradiciones invalidaban los principios fundamentales de la Ley (Marcos 7:1-13). El Señor Jesucristo no vacilaba en afirmar su propia autoridad, contradiciendo tales tradiciones. Por eso repitió muchas veces las palabras "Oísteis que fue dicho. . . pero yo os digo. . ." (Mateo 5:21, 22). Cook observa:

> Enseñaba las Escrituras, no como un comentarista, sino como su propio autor. Desechando las glosas, la tradición, las desviaciones y las falsas interpretaciones, hacía relucir la verdadera intención y el espíritu de la Ley de Dios.[2]

No es de extrañar que su doctrina se caracterice por ser tan refrescante y llena de poder.

B. Su método de enseñanza

Como buen maestro, el Señor empleaba aquellas formas de lenguaje y expresiones que les comunicaran mejor la verdad a sus contemporáneos. También sabía variar "sus métodos según el tema, la ocasión y la capacidad y preparación de sus oyentes, pasando por toda la gama de posibilidades de expresión verbal, desde la máxima sencillez de las ilustraciones caseras, hasta la sutileza dialéctica de las discusiones en el Templo, o incluso las majestuosas resonancias del estilo apocalíptico".[3]

1. Jesús hacía uso de los métodos pedagógicos de los judíos. Aunque se destacan las enseñanzas del Señor por su gran originalidad, su método no era enteramente nuevo. Presentaba su pensamiento en forma judaica y empleaba a veces las técnicas pedagógicas usadas por los rabinos más famosos de aquella época, aunque las empleara con mayor efectividad que ellos.

A menudo, Jesús expresaba sus pensamientos con las formas de la poesía hebrea. Gran parte del Sermón del Monte es poesía, aunque no nos parezca que tenga esa forma. La poesía semítica no depende de la rima en los versos, sino de la correspondencia de pensamiento entre sus miembros; esto es, el ritmo lógico que se llama "paralelismo". Nótese el paralelismo en las ideas de los dos versos que contiene Mateo 7:6:

No deis lo santo a los perros,
ni echéis vuestras perlas delante de los cerdos.

He aquí algunas de las formas que toma el paralelismo hebreo:

Paralelismo sinónimo. A una línea o verso se añade otro que expresa el mismo pensamiento. En Isaías 1:3 hallamos un ejemplo:

Israel no entiende,
mi pueblo no tiene conocimiento.

Paralelismo sintético. Aquél en el cual el pensamiento del segundo verso, y los demás si los hay, desarrolla y completa el pensamiento del primero (véase el Salmo 1:3).

Paralelismo antitético. El segundo verso expresa un pensamiento contrapuesto al primero. Por ejemplo:

Todo buen árbol da buenos frutos,
pero el árbol malo da frutos malos (Mateo 7:17).

Otra técnica judaica que empleaba el Señor era el epigrama proverbio (un dicho conciso, ingenioso, penetrante y a menudo mordaz). Con frecuencia, las máximas de Jesús contienen paradojas; o sea, expresiones que parecen contradicciones. A esta categoría pertenece la siguiente afirmación: "El que hallare su vida la perderá; y el que por mi causa la perdiere, la hallará" (Mateo 10:39). Los orientales solían "meditar mucho tiempo sobre un solo punto y verlo desde todos los ángulos; entonces concentraban toda la verdad acerca de él y la expresaban en unas pocas palabras penetrantes y fáciles de grabar en la memoria".[4]

También los discursos de los orientales son muy diferentes a los discursos de occidente, puesto que no son una exposición lógica y sistemática en que se desarrollen las ideas una tras otra, y todas se relacionen como eslabones de una cadena. La forma que suele tener el discurso oriental es la de una gran cantidad de afirmaciones que no tienen relación las unas con las otras. Se asemeja, según Stalker, al "cielo nocturno, lleno de innumerables puntos centelleantes que brillan sobre un fondo oscuro".[5]

2. **Jesús empleaba un estilo gráfico y vívido.** Representaba las verdades abstractas con formas concretas. Empleaba imágenes, figuras retóricas, ilustraciones, comparaciones y parábolas para enseñar la ética y las cosas celestiales. Así era como sus oyentes entendían su pensamiento y lo grababan en la mente. Por ejemplo, no dijo que "el materialismo es un estorbo para la vida espiritual", sino: "Ninguno puede servir a dos señores. . . No podéis servir a Dios y las riquezas".

En vez de referirse a Herodes como un hombre astuto, lo llama "aquella zorra".

En sus enseñanzas abundan ejemplos tomados de la vida familiar, de las costumbres religiosas y de las maravillas de la naturaleza, como las aves, las flores, los árboles y el clima. Cook comenta: "El Señor Jesucristo era un gran observador de todo cuanto sucedía en torno a Él; todo cuanto veía y oía, lo usaba para ilustrar y hacer gráfica su predicación."[6] No es de extrañarse que la gente quedara encantada al escuchar sus enseñanzas y su predicación. El predicador evangélico debe imitar las técnicas del gran Maestro.

Jesús se expresaba en una forma muy vívida. Hacía uso de hipérboles o exageraciones para impresionar el espíritu y aumentar la fuerza de una verdad. Así fue como señaló la hipocresía de los fariseos: "Guías ciegos, que coláis el mosquito y tragáis el camello"; o como dijo que es mejor sacarse el ojo que ofende, que cometer adulterio, o cortar la mano antes que desagradar a Dios. Es obvio que no quería que los creyentes lo hicieran materialmente, sino que trataba de hacer resaltar la gravedad de esos pecados.

3. **A veces el Maestro se valía de preguntas y respuestas en su enseñanza.** El sabía que "las verdades no se asimilan sin la participación activa de quien aprende, y que es necesario no sólo *instruir*, sino *hacer pensar* al discípulo".[7] A veces sus preguntas sondeaban las profundidades de los problemas humanos. "¿Qué aprovechará al hombre, si ganare todo el mundo, y perdiere su alma?" (Mateo 16:26). Al contar la parábola del buen samaritano, preguntó: "¿Quién, pues, de estos tres te parece que fue el prójimo del que cayó en manos de los ladrones?" (Lucas 10:36). Al menos en una ocasión, contestó una pregunta capciosa de sus adversarios haciéndoles otra pregunta que los obligó a callar. Le habían dicho: "¿Con qué autoridad haces estas cosas? ¿Y quién te dio este autoridad?" Entonces Él replicó: "El bautismo de Juan, ¿de dónde era? ¿Del cielo, o de los hombres?" (Mateo 21:23-27). J. Merrill Tenney señala una característica común a las preguntas de Jesús: "Colocaba siempre a sus oyentes ante alguna alternativa, especialmente en aquellas preguntas que se referían a Él mismo. Por ejemplo: "¿Quién dicen los hombres que soy?. . . y vosotros ¿quién decís que soy?" (Marcos 8:27, 29).[8]

4. **Muchas veces Jesús hacía uso de lecciones objetivas.** Así, lo vemos poner a un niño en medio de sus discípulos para enseñarles lo importantes que son la humildad y la fe (Mateo 18:1-6), y señalar la ofrenda de una pobre viuda para indicar el verdadero espíritu de generosidad (Lucas 21:1-4). En cierta ocasión maldijo una higuera estéril para hacer hincapié en que es necesario llevar fruto y tener fe (Marcos 11:12-14; 20-25). Tal vez la lección objetiva más dramática que

empleó el Señor fue el gesto de lavarles los pies a sus discípulos.

5. El divino Maestro empleaba argumentos certeros para demostrar sus afirmaciones. No basaba sus argumentos en premisas abstractas o suposiciones, como hacían los filósofos griegos, ni solamente en la lógica humana. Casi siempre establecía la validez de sus razonamientos sobre la Palabra de Dios. Extraía asombrosos argumentos de ella. Por ejemplo, en una ocasión demostró que habría una resurrección, observando que a Dios se le llama el Dios de Abraham, de Isaac y de Jacob. "Dios no es Dios de muertos, sino de vivos" (Mateo 22:32). Dice Tenney: "Jesús no argumentaba por argumentar. Cuando se enzarzaba en un debate, su lógica era irresistible."[9]

C. El contenido de las enseñanzas de Jesús

Jesús no intentó desarrollar un sistema de teología, ni empleó una fraseología de tipo teológico, como han hecho los teólogos a lo largo de los siglos. Sin embargo, en sus enseñanzas se encuentran casi todas las grandes verdades doctrinales. Puesto que una gran parte del contenido de este libro está dedicada a la exposición de su mensaje, nos limitamos ahora a mencionar unas cuantas doctrinas de Jesús.

1. El reino de Dios. El concepto del reino de Dios ocupa un lugar destacado en las enseñanzas de nuestro Señor. Jesús comenzó su ministerio predicando: "El reino de Dios se ha acercado" (Marcos 1:15). Mateo empleó la expresión "el reino de los cielos" para presentar la misma idea, porque escribía principalmente para los judíos, pues a éstos les parecía demasiado sagrada la palabra "Dios" para usarla con liviandad o con frecuencia.

¿Qué significa la expresión "el reino de Dios"? En el Antiguo Testamento los profetas hablaron muchas veces del reino futuro de Jehová, un reinado mesiánico y universal de justicia, paz y prosperidad. Los judíos creían que Dios establecería un reino material y que reinaría sobre las naciones paganas a través del Mesías y de la nación judía. La noción del reino de Dios que se encuentra en los discursos de Jesucristo difiere mucho de la idea que prevalecía entre los judíos.

Es un reino que llega con Jesús, y que Él viene a instituir. En cierto sentido, la persona de Jesús constituye en sí misma el reino de Dios entre los hombres (Mateo 4:17; 12:28; Lucas 17:20, 21). Todo reino necesita tener un rey, un dominio y unos súbditos. En Cristo Rey, el reino se convierte en una realidad presente. Sin embargo, no es un reino político, territorial o temporal. Jesús afirma: "Mi reino no es de este mundo" (Juan 18:36). Con todo, "tampoco es un reino solamente moral y espiritual, abstracto y enteramente ultraterrestre".[10] Se está refiriendo a la soberanía de Dios en el corazón humano. Así lo expresa en el Padrenuestro: Venga tu reino. Hágase tu voluntad, como en el cielo, así también en la tierra" (Mateo 6:10). Dondequiera que haya hombres que hagan la voluntad de Dios, se encuentra el reino, o más bien, el reinado de Dios.

Jesús enseña que el reino es como la semilla de mostaza, que crece de una manera extraordinaria; como la levadura, que transforma internamente la masa; como un tesoro escondido o una perla de gran precio, y también como una red que recoge toda clase de peces, buenos y malos (Mateo 13).

Aunque el reino de Dios haya llegado en la persona de Jesús, y se desarrolle en el tiempo presente, no se limita a esta época. Tendrá una consumación futura. Nuestro Señor habla acerca de un suceso situado en el porvenir: "El reino de Dios venido con poder" (Marcos 9:1), el cual se relaciona con su segunda venida (Marcos 8:38; Mateo 25:1). Al venir nuevamente Jesús, se establecerá el gobierno de Dios sobre todo el mundo. Por tanto, el reino tiene dos aspectos: el presente y el futuro.

Compara el reino a la fiesta de bodas de un rey oriental (Mateo 22:1-14). Los súbditos del reino disfrutan de todas las bendiciones divinas: perdón, salvación y vida eterna. Entran en el reino al arrepentirse y creer en el Hijo de Dios (Marcos 1:14, 15; Juan 3:1-16). Los milagros de Jesucristo, en especial la expulsión de demonios, "atestiguan el hecho de que el gobierno soberano de Dios está alcanzando al hombre" (ver Mateo 12:38).[11] El triunfo final del reino es escatológico y comprende la derrota y el "juicio de Satanás y sus ángeles" (Mateo 25:41). Entonces Cristo será entronizado y reinará eternamente con los santos (Mateo 25:31; Lucas 19:11-27).

2. Dios, Padre personal. Otro tema importante es que Dios es el Padre de su pueblo; en particular, del creyente. Puesto que la vida espiritual de los seguidores de Cristo se basa en la paternidad de Dios, Jesús les enseña llamarle "Padre nuestro" en su oración (Mateo 6:9). No deben tener miedo, porque Dios es Padre (Mateo 10:8-30; 6:26-32), y pueden orar con verdadera fe en El (Mateo 7:7-11; Lucas 11:9-13). Como Padre que es, Dios conoce las necesidades de sus hijos y cuida de ellos; no es necesario preocuparse de las cosas de la vida (Lucas 12:4-7; 22-32). Puesto que Dios es un Padre de misericordia y gracia, el peor de los pecadores sigue teniendo una esperanza; Dios lo recibirá como al hijo pródigo y lo restaurará a la vida familiar (Lucas 15:11-32). Por otra parte, puesto que Dios es perfecto en amor y gracia, sus hijos deben ser como El (Mateo 5:43-48).

3. La ética. Las enseñanzas de Jesús concuerdan perfectamente con el concepto veterotestamentario de que la ética es inseparable de la soberanía de Dios en la vida de los hombres.[12] Para los hebreos de la época de la antigua dispensación, Dios era el Creador de todo, que

los había escogido y los había redimido de Egipto, y podía ser conocido personalmente. Por lo tanto, el israelita debía llevar una vida justa y buena para darle gracias y serle agradarle. Además, puesto que Dios es santo, su pueblo se debía esforzar en ser como El (Levítico 11:44; 19:2).

Jesús acepta estos motivos para ser justo y bondadoso, pero se identifica con Dios y apela al motivo del amor: "El que me ama, mi palabra guardará" (Juan 14:23). El amor por parte de sus seguidores se relaciona estrechamente con el perdón de pecados. Por ejemplo, la mujer pecadora que lavó los pies de Jesús lo amaba mucho porque sus muchos pecados le habían sido perdonados (Lucas 7:47).

La doctrina de la inmortalidad es otro de los motivos para vivir según los valores bíblicos. Jesús descorre el velo, y revela que todos los hombres serán resucitados y tendrán que comparecer ante su tribunal. De esta manera, cada uno recibirá según lo que haya hecho mientras que estaba en esta vida, sea bueno o sea malo.

Jesús señala sobre todo que la buena conducta es el resultado de una conversión radical: "O haced el árbol bueno, y su fruto bueno, o haced el árbol malo, y su fruto malo" (Mateo 12:33). "Arrepentíos, porque el reino de los cielos se ha acercado" (Mateo 4:17). "Lo que es nacido de la carne, carne es, y lo que es nacido del Espíritu, espíritu es. . . Os es necesario nacer de nuevo" (Juan 3:6, 7).

4. **El mensaje de Jesucristo revela lo que son su persona, carácter y obra.** Cook comenta: "Nadie podría hablar como El lo hace; nadie podría pronunciar palabras tan sublimes, tan llenas de gracia y de virtud, sin que todo el mundo se pregunte: ¿Quién es este Maestro?"[13]

Jesús difiere de los otros grandes maestros de la religión en que no se limita a enseñar verdades acerca de Dios y de la religión. Proclama principalmente que El es el Hijo de Dios y el Salvador del mundo. Desde su niñez, está consciente de que hay una relación única entre el Padre y El. Con sus primeras palabras que aparecen en los evangelios, Jesús le hace recordar a su madre, María, que su verdadero Padre es Dios (Lucas 2:48-50). En sus últimos momentos en la cruz, se encomienda a Dios con estas palabras: "Padre, en tus manos encomiendo mi espíritu" (Lucas 23:46). Al resucitar de entre los muertos, le encarga a María Magdalena un mensaje para los discípulos: "Subo a mi Padre y a vuestro Padre, a mi Dios y a vuestro Dios" (Juan 20:17). Notemos que siempre enseña que Dios es su Padre en un sentido único, y distingue entre su relación con el Padre y la relación que tuvieran sus discípulos. Nunca dijo: "nuestro Padre", sino "mi Padre" o "vuestro Padre".

Tanto las obras de Jesucristo, como sus palabras, demuestran que El es el Hijo de Dios, el Rey soberano, la deidad misma. Jesús reco-

noció su propia preexistencia (Juan 8:58); perdonó pecados; exigió
absoluta obediencia de parte de sus seguidores; predijo que juzgaría
al mundo; resucitó de los muertos, y prometió estar con sus heraldos
todos los días hasta la consumación de esta edad. Todos los hombres
que toman en serio sus afirmaciones se arrodillan ante El, reconociendo que es el Rey de reyes y el Señor de señores.

Citas del capítulo 6

[1] Stalker, *op. cit.*, pág. 77.
[2] Cook, *op. cit.*, pág. 40.
[3] Trenchard, *Introducción al estudio de los cuatro evangelios*, pág. 198.
[4] Stalker, *op. cit.*, págs. 78 y 79.
[5] *Ibíd.*
[6] Cook, *op. cit.*, pág. 40.
[7] Trenchard, *Introducción al estudio de los cuatro evangelios*, pág. 200.
[8] Tenney, *op. cit.*, pág. 256.
[9] *Ibíd.*
[10] Glosario de *Dios habla hoy, la Biblia en Versión Popular*, 1973, pág. 397.
[11] Field, David. "El reino de Dios y el reino de los cielos" en *Manual Bíblico Ilustrado*, pág. 485.
[12] Drane, John W. *Jesus and the four Gospels*, sin fecha, págs. 128 y 129.
[13] Cook, *op. cit.*, pág. 42.

CAPITULO 7

EL SERMON DEL MONTE

El Evangelio de Mateo se caracteriza especialmente por los grandes discursos. El primero y más importante es el llamado "Sermón del Monte" que ocupa los capítulos 5, 6 y 7. En él se establecen los principios fundamentales del reino de Dios. Se le ha llamado también "el discurso inaugural del reino", "el manifiesto del Rey" y "la carta magna del reino". En él se hallan la médula y la quintaesencia de la enseñanza de Jesús acerca del reino de los cielos, sus súbditos y la conducta de éstos. Ha sido descrito como "el discurso supremo de la literatura mundial".[1]

No obstante, este gran discurso no presenta el mensaje de salvación, ni constituye un compendio de la doctrina cristiana. Erdman señala al respecto:

Ciertamente, establece las leyes fundamentales del Reino, pero si se las separase de la persona divina y de la obra redentora de Cristo, llenarían el corazón del oyente de perplejidad y desesperación. Revelan un ideal divino y una norma perfecta de conducta a partir de los cuales todos los hombres son condenados como pecadores, y que sólo con la ayuda divina es posible alcanzar.[2]

La justicia que enseña Jesús es tan profunda, que quita de una vez por todas la esperanza de ganar la salvación mediante las obras de la Ley. Nos conduce a la cruz, puesto que enseña que la justicia que Dios exige es mayor que la simple obediencia externa; más bien, es un asunto de carácter, pensamientos y motivos. Los principios éticos que presenta nuestro Señor son resultado de la posesión del reino y del cambio que obra el Espíritu Santo en el corazón del creyente.

Su discurso va dirigido principalmente a los discípulos (Mateo 5:2), aunque hay otra gente presente (Mateo 7:28). Después de escogerlos, es probable que Jesús los llevara a un lugar tranquilo en una de las colinas próximas a Capernaúm. La palabra "monte" (Mateo 5:1) es una referencia a la región montañosa del norte de Galilea. Una tradición sitúa la acción en una colina ubicada a unos cinco kilómetros al sur de Capernaúm. Según otra tradición, la escena tuvo lugar en los cuernos de Hattin, una pequeña colina terminada en dos picos, que se halla en el camino de Nazaret, a unos dieciséis kilómetros de Capernaúm en dirección sureste.

Jesús les quiere impartir enseñanzas a sus discípulos en cuanto al carácter del reino. Los que van a anunciar el mensaje de Cristo deben entender primero la naturaleza de su reino y manifestar en su vida el poder transformador de su Rey. Jesús no tiene la menor intención de que sus seguidores vivan en el plano de lo ordinario, sino en el de lo sobrenatural. Seguir al Señor Jesucristo significa iniciar una nueva vida, con nuevos hábitos de conducta. Exige desechar las normas acostumbradas en el mundo, incluso el mundo religioso. Las normas establecidas en el Sermón del Monte fueron delineadas para guiar a todos los creyentes en su viaje terrenal hacia el cielo. Por consiguiente, estas enseñanzas van dirigidas a nosotros también, y no hay posibilidad de soslayar sus fuertes exigencias.

Algunos estudiosos de la Biblia piensan que el Sermón del Monte no fue un solo discurso, sino que Mateo había coleccionado los dichos de Jesús que componen el Sermón y los organizó para formar algo que parece un discurso. Observan que es muy largo y que algunos de los dichos que contiene se encuentran repetidos en Lucas, pero en otras ocasiones. Sin embargo, muchos eruditos conservadores observan que el Sermón del Monte se caracteriza por tanta unidad de tema y exposición que es evidente que se trata de un solo discurso. Así lo presenta Mateo (5:1—7:29).

Hay seis temas principales en el Sermón del Monte.

A) Las características de los súbditos del reino mesiánico (5:3-16).
B) Las leyes morales del reino (5:17-48).
C) Las observancias religiosas (6:1-18).
D) El desprendimiento de los bienes y la consagración a Dios, (6:19-34).
E) Las relaciones con el prójimo 7:1-12.
F) Instrucciones referentes a la entrada en el reino (7:13-29).

A. Características de los súbditos del reino
Mateo 5:3-16

1. **El nuevo espíritu y el gozo de los súbditos** (Mateo 5:3-12). En cierto modo, Jesús pronuncia las bienaventuranzas para corregir las ilusiones de sus seguidores con respecto a la naturaleza de su reino y a las características de sus súbditos. Echa un balde de agua fría sobre las expectativas carnales alentadas por los judíos. Ellos aguardan un reino material, establecido por medio de la victoria sobre sus enemigos. Piensan que serán exaltados por encima de todos los pueblos y que disfrutarán de gran prosperidad y gloria. En contraste con esta idea, Cristo señala que los felices en el reino mesiánico no serán los poderosos, los pudientes, los autosuficientes y los que tienen el aplauso del mundo, sino más bien los humildes, los acongojados, los compasivos, los que reconcilian a los que pelean y los perseguidos por causa de Cristo.

Hay dos términos griegos que se traducen como "bienaventurado". La palabra *makarios*, que es la utilizada aquí, se refiere más a una condición interna; por eso "podría traducirse 'feliz' en un sentido más elevado; mientras que la otra, *eloguémenos*, denota más bien la felicidad que nos viene de *afuera*".[3] El apóstol Juan aplica este término a los muertos en Cristo (Apocalipsis 14:13), y Pablo lo aplica al mismo Dios: "El glorioso evangelio del Dios bendito" (1 Timoteo 1:11). En el Sermón del Monte, "bienaventurado" significa que el discípulo posee dentro de sí mismo un gozo celestial, una dicha que no es afectada por las circunstancias cambiantes de la vida. Este gozo brota en el alma del creyente porque es poseedor del reino y de sus dones. No es algo que recibirá en el cielo, sino algo que ya posee. No es una dicha pasajera, como la del mundo, sino una felicidad duradera que nadie ni nada puede quitar.

a) *Los pobres en espíritu*. La expresión "en espíritu" no aparece en Lucas 6:20. Por regla general, son los "pobres de este mundo" los que son "ricos en fe" (Santiago 2:5), pero es probable que Lucas presente el dicho en su forma más breve: "Bienaventurados los pobres." Mateo no se refiere a la pobreza material. Los pobres en espíritu son los que están desilusionados con su propia persona y reconocen su profunda necesidad espiritual. Se dan cuenta de que les faltan la justicia que agrada a Dios y los recursos para llevar una vida santa. Es el espíritu que caracteriza al publicano que oró: "Dios, sé propicio a mí, pecador" (Lucas 18:13).

Lo contrario a este espíritu se encuentra en la actitud sostenida por la iglesia de Laodicea: "Yo soy rico, y me he enriquecido, y de ninguna cosa tengo necesidad" (Apocalipsis 3:17). La pobreza de espíritu nos conduce a buscar el perdón y la ayuda de Dios; nos enseña a confiar sólo en El para vencer las tentaciones, soportar las pruebas, hacer su obra y satisfacer las necesidades más profundas de nuestra alma. O sea, que es imprescindible tener este espíritu para entrar en el reino de Dios y disfrutar de sus riquezas espirituales. Por eso, la bienaventuranza de los súbditos del reino comienza con esta actitud.

b) Los que lloran. El Señor no nos indica el motivo de ese llanto que produce bendición y felicidad, pero es probable que sea lo siguiente: 1) La conciencia de nuestra propia indignidad y nuestro pecado; 2) las penas y los sufrimientos de los demás; 3) el estado de perdición en que se halla el mundo; y 4) las pérdidas, desilusiones y padecimientos que experimentan los que lloran. Los súbditos abren su alma apenada a Dios y El los consuela en esta vida. En el porvenir, "enjugará Dios toda lágrima de los ojos de ellos" (Apocalipsis 21:4).

c) Los mansos. En castellano, el término "manso" corresponde al animal dócil que se somete al control humano. La traducción "los humildes de corazón" (Versión Popular) es más exacta. Se refiere a un espíritu suave, apacible, que no reacciona mal ante el antagonismo o las ofensas de los demás. Es lo opuesto a un espíritu orgulloso, susceptible, impaciente, vengativo y violento. Al igual que el amor descrito por el apóstol Pablo, "no se irrita, no guarda rencor. . . todo lo soporta" (1 Corintios 13:5, 7). El mundo tiene el concepto de que el hombre manso es tímido, débil y sin firmeza de carácter. En cambio, la mansedumbre a la que el Señor se refiere exige dominio propio. Es la fortaleza revestida de suavidad.

Los súbditos del Rey saben que Dios odia la injusticia y juzga a su tiempo a los opresores: por lo tanto, se encomiendan a un Creador fiel y no tienen que tomar represalias. También se dan cuenta de que no reciben ahora la tierra como heredad, pero sí la recibirán cuando los reinos del mundo hayan "venido a ser de nuestro Señor" y "reinarán con él por los siglos de los siglos". Por tanto, tienen paciencia y esperan el día del Señor.

d) Los que tienen hambre y sed de justicia. Estos son los que anhelan ver, tanto el triunfo de Dios sobre la injusticia y la maldad en el mundo, como la conformidad de su propia vida con la voluntad divina. Lamentan la violencia, la corrupción y el pecado que hay en la sociedad. Es de notarse que son bienaventurados los que tienen *hambre* y *sed* de justicia, más que aquellos que alcanzan la rectitud de Dios en su vida. ¿No es esto una insinuación de que la justicia es un don de Dios y no se obtiene por ningún esfuerzo propio? La persona justificada por la fe es la que pone por obra en su vida la justicia práctica que agrada a Dios. Por tanto, es Dios quien satisface el anhelo del creyente.

e) Los misericordiosos. El Señor les promete el reino a los pobres en espíritu, a los que lloran, a los mansos y a los que anhelan apasionadamente la justicia. Estas actitudes los llevan a un conocimiento profundo del amor de Dios y los moldean a semejanza suya. Así, no es de extrañarse que reflejen el espíritu de su Creador en la misericordia hacia su prójimo. Perdonan a los que les hacen injusticias, porque ellos son constantemente perdonados por Dios. Cuanto mayor es su compasión por los demás, tanto mayor es también la misericordia que Dios y los hombres tienen hacia ellos.

Sin embargo, el término "misericordioso" tiene un sentido más amplio que el perdón a los culpables. El vocablo griego traducido "misericordiosos" se refiere a "los que tienen compasión de otros" (véase la Versión Popular). Son los que alivian las necesidades del menesteroso y curan sus heridas. En la Iglesia primitiva estas personas ejercían ministerios que consistían en repartir bienes a los pobres, prestarles ayuda y otras obras de compasión (Romanos 12:8).

f) Los de limpio corazón. El vocablo griego traducido "limpio" significa lo opuesto al "doble ánimo" (Santiago 1:8). Quiere decir "sin mezcla, no adulterado, sin aleación".[4] Se refiere a una motivación pura y sin mezcla de mal alguno. Desgraciadamente, muchas personas sirven a Dios con una mezcla de motivos: algunos buenos y otros interesados. Por ejemplo, es posible que un ministro trabaje en la obra del Señor no solamente para edificar a la congregación, sino para ser reconocido como un gran siervo de Dios. Por regla general, no nos damos cuenta de esa motivación.

Por otra parte, la expresión "de corazón limpio" se refiere al estado en que se halla la fuente de nuestra conducta moral. Jesús nos enseña que del corazón proceden las malas intenciones, los homicidios, los adulterios, las fornicaciones, los robos, los falsos testimonios y las injurias para contaminar a todo el hombre (Mateo 15:18, 19). Un corazón limpio produce pensamientos buenos, amor y buenas obras. Oremos con David: "Crea en mí, oh Dios, un corazón limpio" (Salmo 51:10). Entonces, nos será posible contemplar con los ojos espirituales a Dios, y algún día, en el cielo, tener la plena visión beatífica; es decir, ver el rostro de Dios en toda su hermosura (véanse Salmo 17:15; Apocalipsis 22:4; 1 Juan 3:2).

g) Los pacificadores. Es muy fácil sembrar el descontento contra otros, el odio, la división y el rencor, pero es difícil reconciliar a los que pelean. Cristo nos enseña a no ser contenciosos, sino embajadores de la reconciliación. Bienaventurados los que apagan el odio y ponen paz entre los contendientes. Sobre todo, dichosos los que reconcilian a los hombres con Dios, predicando el evangelio. Ellos serán reconocidos como hijos de Dios, aun por los inconversos. Esta hermosa metáfora de la filiación divina indica que existe una solidaridad entre ellos y el Padre, una relación íntima con El, y presentan de manera visible su imagen espiritual.

h) *Los que padecen persecución por causa de la justicia.* ¿Gozan de popularidad las personas que adoptan las normas de conducta señaladas por Cristo? Al contrario; el mundo no las entiende, las vitupera y las persigue. Es propio de la naturaleza humana sospechar de una persona que sea diferente a las demás, y sentirse agraviado por ella. El mundo persigue al que no se conforma a sus normas. El creyente, además de ser muy diferente, predica un mensaje que el mundo querría silenciar, porque despierta la conciencia del mundano.

Las persecuciones injustas no deben causar en los hijos del reino ninguna tristeza, ira o encono. Antes bien, deben ser motivo de gran alegría; no por causa de las injurias y las humillaciones, sino porque su galardón es grande en los cielos. El creyente perseguido por la causa de Cristo comparte los padecimientos de su Señor y reinará con El (2 Timoteo 2:12). Además, "las aflicciones del tiempo presente no son comparables con la gloria venidera que en nosotros ha de manifestarse" (Romanos 8:18). Finalmente, la persecución que sufren los cristianos demuestra que son sucesores de los profetas, muchos de los cuales sufrieron la muerte por su valiente predicación.

La civilización ha suavizado la manera de perseguir a los hijos del reino, pero todavía existe en el corazón no regenerado "el odio natural de la mentira contra la verdad, de la mundanalidad contra la piedad, del mal contra el bien".[5]

2. **La influencia y la responsabilidad de los súbditos del reino** (Mateo 5:13-16). Jesús ha descrito el carácter de sus seguidores; ahora habla de su influencia sobre el mundo. Emplea dos metáforas, la de la sal y la de la luz, para explicar el papel que han de desempeñar.

Así como la sal evita la corrupción de la carne y otros alimentos, también los hijos del reino impiden la putrefacción rápida y completa de la sociedad en que viven. Aunque la conducta moral del creyente no puede purificar el corazón del mundano, sí tiende a influir sobre él para que se comporte mejor, con lo que detiene el desarrollo de la inmoralidad y del pecado. "Pero si la sal se desvaneciere"; o sea, si el súbdito del reino no mantiene su separación del mundo, perderá su sabor, su influencia como cristiano. La mundanalidad anulará su misión.

Para el mundo que camina en la oscuridad de la ignorancia espiritual y el pecado, los cristianos deben ser como luces. Son la luz por medio de la cual los hombres pueden ver la verdad acerca de Dios. Alumbran el camino que lleva a la casa del Padre celestial; dan ejemplo de cómo comportarse de una manera agradable a su Creador.

Ahora bien, los discípulos de Cristo no deben esconder su luz; no deben ser seguidores secretos del Maestro. En las oscuras casas de Palestina, los israelitas colocaban la lámpara en alto para que alumbrara todo el interior. Al salir de la casa, colocaban la lámpara encendida debajo de un almud (vasija de barro), por razones de seguridad.[6] La misión primordial de la lámpara es que todos la vean, e iluminarlo todo. De igual manera, el creyente debe testificar abiertamente y dar gloria al Padre celestial mediante sus buenas obras.

B. La ley moral del reino
Marcos 5:17-48

1. La Ley mosaica (Mateo 5:17-20). El Señor afirma que no ha venido para abrogar (soltar, disolver, hacer pedazos) la Ley de Moisés, ni a cambiarla. Por el contrario, las enseñanzas de Jesús revelan su verdadero significado y la revisten de manera viva y sublime con el nuevo espíritu del evangelio. Liberan los principios mosaicos del legalismo estéril añadido por los escribas y fariseos. El Maestro ha venido para cumplir la Ley en su propia vida y en la de sus seguidores. Sin embargo, considera que sus propias enseñanzas están tan llenas de autoridad y son tan obligatorias como las del Antiguo Testamento.

Jesús insiste en que los grandes principios y verdades morales son inmutables, y más permanentes que el mundo mismo. La "jota" se refiere a la más pequeña de las letras hebreas, mientras que la "tilde" es un signo o raya que distingue unas de otras a las letras que son parecidas.[7] Estas leyes nunca pueden dejar de estar vigentes, porque es Dios quien ha hablado por medio de ellas. Por tanto, no se debe descuidar el menor detalle de la Ley, sino que es necesario practicarla y enseñarla.

Sin embargo, aunque el Señor consideraba al Antiguo Testamento como autoritativo, indicó que en algunas de sus partes los autores no habían dicho la última palabra. Por ejemplo, señaló que el divorcio permitido por Moisés (Deuteronomio 24:1) sólo era una concesión pasajera "por la dureza de vuestro corazón", pero al principio no había sido ésa la intención divina (Mateo 19:8; véase Génesis 2:24).

Jesús tampoco "mantuvo el criterio cerrado de interpretar literalmente cada palabra y aplicar los preceptos resultantes a las situaciones sin considerar las circunstancias. No creía que la lealtad a la Ley estuviera por encima del bienestar humano".[8] Así, señaló que David había obedecido una ley más elevada — la de la necesidad humana — cuando violó una regla ritual, tomando los panes de la proposición (Marcos 2:25, 26). También hizo notar que el día de reposo fue hecho por causa del hombre y no viceversa, insinuando que la Ley fue dada para el bien de la humanidad (Marcos 2:27).

Jesús contrasta la justicia que El exige con la de los escribas y fariseos. Ellos se contentan con el estricto cumplimiento de la letra de la Ley, cosa externa que no emana del hombre interior. Jesús enseña que la verdadera justicia tiene que ver con los pensamientos, las intenciones y las actitudes. Vemos en las epístolas que ésta es la rectitud que brota de un corazón transformado por el Espíritu Santo.

2. El enojo (Mateo 5:21-25; Lucas 12:57-59). No queda duda alguna de que los discípulos de Jesús se asombraron al oír que ante Dios era tan asesino el hombre que se enojaba contra su hermano como el criminal que mataba a alguien. Es sabido que quien alberga la ira en el corazón le desea toda suerte de desgracias a la otra persona. La violencia brota del enojo y de la ira. El vocablo *raca*, traducido "necio", significa "cabeza vacía, sin cerebro"; en cambio, "fatuo" es más fuerte y se refiere al "renegado" o "rebelde". Equivale a la expresión que usó Moisés cuando reprendió a los israelitas en el desierto, y por eso fue privado del gozo de entrar en la Tierra Prometida (Números 20:10). El que insulta a su hermano con ira y lo degrada, se pone en camino a la "gehenna de fuego" (infierno de fuego).

La palabra "gehenna" se deriva de dos palabras hebreas, *gef Hinnom* (valle del hijo de Hinnom), nombre de un valle de Jerusalén donde los antiguos reyes apóstatas auspiciaban el sacrificio de niños al dios moabita Moloc. Cuando el buen rey Josías abolió terminantemente esta horrenda abominación, también contaminó el valle de Hinnom, convirtiéndolo en un basurero donde se echaban los cadáveres de los criminales y otras inmundicias de la ciudad (2 Reyes 23:10). Allí abundaban los gusanos que comen carroña, y ardía el fuego continuamente para consumir los cadáveres y el resto de los desperdicios; por este motivo, a ese lugar se le llamaba la "gehenna de fuego".

Después de la cautividad babilónica, los judíos, y posteriormente Jesús, empleaban el término como figura del lugar de castigo eterno donde serán arrojados los hombres réprobos y los demonios. Broadus explica: "La idea de fuego es asociada natural y frecuentemente con el tormento futuro."[9] En varias ocasiones más, el Señor habló de la gehenna en términos solemnes y terribles (Mateo 5:29, 30; 18:8; 23:33; Marcos 9:43-48; Lucas 12:5). Esta expresión es sinónimo del "horno de fuego" de Mateo 13:42; del "lago de fuego" de Apocalipsis 19:20; 20:10, 14, 15 y de la "perdición" de Apocalipsis 17:8, 11.

En Mateo 5:23-26, Cristo señala que no basta con refrenar la ira; es necesario también que nos reconciliemos con los hermanos que nos ofendan y con aquellos a quienes nosotros hayamos ofendido. Si queremos estar en buena relación con Dios, debemos mantener buenas relaciones con los hombres, y en particular, con los que forman la familia de Dios. Estar en paz con nuestros semejantes es tan importante que necesitamos interrumpir incluso un sacrificio para reconciliarnos con la persona ofendida. Dios no quiere ni siquiera aceptar la ofrenda del creyente que no resuelve sus desacuerdos con los demás. La desunión entre hermanos rompe el lazo entre ellos y Dios. El culto y el servicio cristianos pierden su valor si no son sostenidos por la armonía y el amor fraternal.

Además, nos conviene reconciliarnos *pronto* con nuestros adversarios. Así como el deudor llega a un arreglo con su acreedor en el camino para no tener que ser juzgado en el tribunal, el creyente debe aprovechar el tiempo para reconciliarse mientras tenga esperanza de lograrlo. Es probable que Jesús insinuara también que nos conviene arreglar cuentas con Dios lo antes posible. Sería tarde para hacerlo si esperáramos hasta el día del juicio. "He aquí ahora el día de salvación" (2 Corintios 6:2).

3. El adulterio (Mateo 5:27-30). El séptimo mandamiento abarca todas las clases de incontinencia y tiene como fin proteger y asegurar el matrimonio. Jesús enseña ahora que la pureza del matrimonio no queda totalmente asegurada por aquella prohibición. Mirando a una mujer con el objeto de estimular el deseo carnal, se quebranta también la fidelidad matrimonial. Wolfgang Trilling observa acertadamente: "El acto externo sólo es la consumación de la concupiscencia interna."[10]

A continuación, el Señor plantea la necesidad de ejercer un vigoroso dominio sobre nuestros deseos pecaminosos. Aunque no debemos interpretar literalmente la admonición de sacar el ojo que transmite la tentación y cortar la mano que peca, sí debemos tomar pasos drásticos para vencer la tentación a fin de no ir a parar al infierno. No es hacerse tuerto o manco lo que vence la tentación.

La palabra griega *skándalon*, traducida "ocasión de caer" (versículo 29) tiene varios significados: a) Los hoyos cavados en los senderos y disimulados con una cubierta superficial que eran usados para atrapar a los animales desprevenidos, que caían dentro, b) El palo de una red o trampa que la ponía en acción y lo hacía caer en ella al tocarlo, c) Una piedra oculta en el camino, con la cual uno puede tropezar. Se emplea la expresión "escándalo" cuando alguien tienta a otra persona a pecar. Por lo tanto, se refiere a aquello que "hace que alguien tropiece y caiga".[11]

4. El divorcio (Mateo 5:31,32; 19:9; Marcos 10:11,12; Lucas 16:18). El Antiguo Testamento permitía que los hombres repudiaran a sus esposas (Deuteronomio 24:1-3). Algunos maestros judíos de la Ley interpretaban este pasaje de tal modo, que un hombre podía disolver su matrimonio casi a capricho. Jesús señala que el vínculo matrimonial es permanente e indisoluble, salvo en los casos de infidelidad por parte de uno de los cónyuges. Si el marido repudia a su mujer siendo ésta inocente, los dos cometen adulterio al volverse a casar con otras personas, puesto que sigue en vigencia la antigua unión matrimonial.

5. **Los juramentos** (Mateo 5:33-37). Los rabinos permitían el juramento, con tal que la persona no perjurara. En cambio, Jesús manda que los hombres no juren en absoluto, sino que hablen sencillamente la verdad. Los súbditos del Rey deben ser gente de palabra.

Se había desarrollado la idea de que casi no era pecado mentir si la persona no había jurado que era cierto lo que decía. Los maestros judíos aun "tenían por obligatorios sólo los juramentos que contenían algún nombre o atributo peculiar de Dios, o alguna cosa que fuera eminentemente sagrada".[12] El resultado fue que los judíos adquirieron el hábito de comenzar cualquier declaración con un juramento. Jesús exige la sencillez y veracidad en nuestro hablar, algo que hace innecesario que juremos.

La costumbre judía de jurar por Dios o por cosas sagradas violaba el tercer mandamiento del código del Sinaí: "No tomarás el nombre de Jehová tu Dios en vano" (Exodo 20:7). Jurar por el cielo, por la tierra o por Jerusalén también es irreverente, porque con estas expresiones se hace alusión a Dios. Sin embargo, al parecer Jesús no se refiere a los juramentos hechos ante tribunales. El mismo consintió en hablar cuando las autoridades lo conjuraron delante del Sanedrín (Mateo 26:63).

6. **El amor a los enemigos** (Mateo 5:38-48; Lucas 6:27-36). La Ley de Moisés les indicaba a los jueces que debían castigar a los malhechores según la ley del talión (un castigo igual al delito) "ojo por ojo, y diente por diente" (Exodo 21:23-25). Sin embargo, esta ley no tenía como intención que la persona ultrajada cobrara venganza, sino evitar que quisiera compensarse más de lo que era justo. Jesus prohíbe no sólo la represalia personal sino también la resistencia ante los malvados. El discípulo agraviado no ha de reaccionar mal, sino que debe estar dispuesto a seguir sufriendo el mal y el abuso, e incluso devolver bien por mal. De esta manera se evitan las riñas y enemistades que acarrean consigo el rencor y la amargura. Los súbditos del reino deben ser pacíficos, y estar dispuestos a soportar el mal antes que cortar su comunión con Dios.

Con todo, no debemos pensar que Jesús haya enseñado que no hay que combatir el mal en el mundo. Algunas personas con ideas extremas tergiversarían la doctrina de la no resistencia para enseñar que los países amenazados por otros no deben prepararse para la guerra y hasta que deben abolir las fuerzas armadas, porque éstas se oponen al mal. Tampoco está indicando que no hay que defender a los inocentes. ¿Acaso el padre de familia no debe defender a los suyos de cualquier ataque criminal? ¿Acaso cumple el precepto de Cristo el hombre que, pudiendo salvar a una persona inocente acusada de un crimen, se niega a presentarse como testigo? Los seguidores del Rey tenemos el deber de colaborar con las fuerzas del orden para reprimir el mal y defender a los inocentes e indefensos. La enseñanza del Señor se refiere al desquite.

A continuación, el Señor explica la ley del amor al prójimo. (Levítico 19:18). Los judíos consideraban que su prójimo era aquél que les agradaba, o al menos, que también era judío. Los maestros judíos habían añadido al mandamiento bíblico otro que no se encuentra en las Escrituras: "Aborrecerás a tu enemigo." Consideraban enemigos a todos los no judíos. En cambio, Jesús indica que todos los hombres son nuestros prójimos, incluso los que son nuestros enemigos.

Así nos ordena amar a nuestros enemigos, bendecirlos, devolverles bien por mal y orar por nuestros perseguidores. Alejandro MacLaren observa que nadie puede odiar a otro si ora por él, ni puede orar por él si lo odia.[13] La mejor manera de destruir la enemistad es amar de verdad al enemigo.

¿Por qué debemos amar a nuestros enemigos? Cristo menciona dos motivos. En primer lugar, Dios recomienda esta índole de amor. No es una gran virtud amar a los que nos aman; los gentiles que no conocen a Dios hacen lo mismo. En segundo lugar, debemos imitar a Dios. Para ser hijos de Dios, debemos ser como nuestro Padre Celestial, el cual derrama sus bondades sobre los hombres sin prestar atención a la dignidad o gratitud de ellos. En este sentido, podemos ser perfectos.

El término "perfecto", que se encuentra en el versículo 49, tiene varios significados. A veces quiere decir solamente *completo, plenamente crecido, maduro*, como en el caso del desarrollo físico y mental de un adulto. En otros contextos, significa *moralmente completo* (Mateo 19:21 y Colosenses 1:28). En el caso del Sermón del Monte, Jesús quiere decir que el hijo de Dios debe ser perfecto, amando a sus enemigos como lo hace Dios. No se refiere a la perfección moral absoluta, algo que nadie puede alcanzar (véanse Génesis 6:9; Job 1:1).

C. Las observancias religiosas
Mateo 6:1-18

En esta sección, como en la anterior, Jesús señala lo importante que es que lo hagamos todo por motivos correctos, incluso las observancias religiosas. A los ojos de los judíos, las principales obras de una vida religiosa eran la limosna, la oración y el ayuno. Nuestro Señor no critica esa idea, sino que pone en tela de juicio la motivación de los líderes religiosos de sus tiempos.

Advierte tres veces: "No seas como los hipócritas" (Mateo 6:2, 5, 16), término que se refería originalmente al "actor", la persona que usaba una máscara para desempeñar un papel en un drama. De igual manera que los actores, los fariseos aparentaban piedad para atraer la atención del pueblo y conquistar su admiración. Al volver a su casa, se "quitaban la máscara".

"De cierto os digo que ya tienen su recompensa" (Mateo 6:2, 5, 16). El vocablo traducido "recompensa" era el que se escribía en las facturas una vez que se había efectuado el pago; significaba que el vendedor había recibido la totalidad del pago convenido.[14] Por tanto, el hombre que realiza acciones religiosas para ganar el aplauso de los demás, ya ha recibido la totalidad de su recompensa. En cambio, el que lo hace por adorar a Dios, y no por recibir gloria de los hombres, será recompensado públicamente. Dios ve el corazón.

1. **La limosna** (Mateo 6:1-4). El Señor describe con sarcasmo la ostentación de los líderes religiosos, diciendo que es como si mandaran "tocar trompeta" delante de ellos cuando dan limosna. Esta expresión significa que tratan de atraer la atención y el aplauso. La admonición "no sepa tu izquierda lo que hace tu derecha" sugiere una figura muy hermosa. Es la de "alguien que pasa junto a un necesitado y le da limosna con la derecha de una manera tan callada, que tal parece que ni su propia mano izquierda se da cuenta de ello".[15] La Versión Popular traduce la expresión de esta forma: "Cuando tú ayudes a los necesitados, no se lo cuentes ni siquiera a tu amigo más íntimo."

Sin embargo, es imposible que hagamos todas nuestras buenas obras en secreto. Jesús ya lo había dicho: "Alumbre vuestra luz delante de los hombres, para que vean vuestras buenas obras, y glorifiquen a vuestro Dios que está en el cielo." Lo que importa es la intención. En palabras del predicador Levertoff: "Aunque los discípulos que hacen buenas obras serán vistos por los hombres, no deben hacer esas buenas obras para ser vistos por ellos." La intención correcta es el deseo de agradar y glorificar al Padre celestial.

2. **La oración** (Mateo 6:5-15; Lucas 11:2-4). Jesús nos enseña ahora dos aspectos de la oración: la forma o manera de orar, y el contenido de la oración que alcanza al cielo. La oración ha de ser hecha en secreto, pero esto no quiere decir que sea incorrecto orar en los cultos; significa simplemente que debemos orar para ser escuchados por Dios y no para despertar la admiración de los hombres.

La exhortación a no usar vanas repeticiones no nos enseña a pedir lo que necesitamos una sola vez y dejar de orar, sino que nos indica que no usemos "vanas" repeticiones, que podrían proceder de un corazón carente de deseo, de fe y de sumisión a Dios. El mero formalismo que consiste en repetir oraciones litúrgicas o convertir las oraciones en discursos llenos de palabras elegantes, no conmueve a Dios. El oye el clamor del corazón de quienes son discípulos. No debemos pensar, como piensan los paganos, que por nuestra palabrería seremos escuchados.

Por otra parte, Erdman ve en esa expresión "una advertencia en contra de la creencia de que la oración es mágica y que por medio de la repetición constante de la petición se puede obligar a Dios a conceder lo que de otro modo negaría".[16]

Decididamente, el Señor no se opone a la persistencia en la oración. En la parábola de la viuda y el juez injusto (Lucas 18:1-8), afirma: "¿Y acaso Dios no hará justicia a sus escogidos que claman a él día y noche?"

Después de esto, el Señor les da a sus discípulos un modelo de oración. Observemos algunos rasgos importantes del Padrenuestro.

a) La oración se basa en la paternidad de Dios y la filiación de los creyentes. Dios es el Padre amoroso que cuida de sus hijos; por tanto, es un Dios accesible. Sin embargo, en la invocación inicial, las palabras "que estás en los cielos" nos muestran al mismo tiempo su majestad, de manera que expresa gran reverencia. No deja lugar al egoísmo, ni da oportunidad a centrarse en el propio "yo", pues insinúa que aquel que ora se siente identificado con los demás miembros de la familia de Dios. No se dirige a Dios llamándolo "Padre mío", sino "Padre nuestro".

b) El orden de las peticiones pone a Dios en primer lugar. El Padrenuestro contiene seis. Las tres primeras se relacionan exclusivamente con Dios, mientras que las tres últimas tienen que ver con las grandes necesidades humanas.

El nombre de Dios es una revelación de su carácter. Santificamos el nombre sagrado cuando reconocemos la santidad de Dios y lo obedecemos; en cambio, lo profanamos cuando desobedecemos sus mandamientos (Levítico 22:31, 32; Isaías 29:23; 48:1-11). La tercera petición, "Hágase tu voluntad. . ." es una aplicación de la segunda, "Venga tu reino", pues probablemente la expresión "reino de Dios" se refiera aquí a su soberanía en el corazón humano y en la sociedad.

c) Dios tiene tanto interés en atender a las necesidades materiales de sus hijos, como en el bienestar espiritual de éstos. El término "cada día" (Mateo 6:11) puede tener varios significados: "el pan diario", "el pan necesario" o "el pan de mañana". Una nota de la Biblia de Jerusalén explica: "De todos modos, la idea es que hay que pedir a Dios el sustento material, pero nada más, no la riqueza ni la opulencia."

118 *Se hizo hombre*

La petición "y perdónanos nuestras deudas" indica que Dios es nuestro soberano Acreedor, al cual debemos rendir cuentas. Indica además que nuestros pecados son deudas. La última petición se puede traducir de la siguiente forma: "No nos expongas a la tentación, sino líbranos del maligno" (Versión Popular). No es Dios quien nos tienta, sino el maligno (Santiago 1:13). El perdón divino tiene por condición que nosotros perdonemos a nuestro prójimo.

d) *La doxología que sigue a la sexta petición,* "Porque tuyo es el reino, y el poder, y la gloria, por todos los siglos. Amén", *no se encuentra en los manuscritos más antiguos.* Es probable que sea una adición litúrgica hecha en el siglo II.

3. **El ayuno** (Mateo 6:16-18). En la época del Antiguo Testamento el ayuno tenía como fin humillarse y dolerse de los pecados, convertirse a Dios, acercarse a El y buscar liberación ante la opresión y los ataques de los enemigos de Israel. Al parecer, la Iglesia primitiva lo practicaba en ocasiones especiales, como parte de su culto, con el propósito de estrechar la comunión con Dios y fortalecer sus oraciones, especialmente la de intercesión (Hechos 13:3). En Marcos 9:29, Jesús indica que el creyente debe orar y ayunar para revestirse del poder divino cuando lucha contra las fuerzas de Satanás.

Los fariseos practicaban con diligencia el ayuno, pero con el fin de hacer alarde de su espiritualidad. Trataban de desfigurar y revestir de espiritualidad su rostro para que todo el pueblo viera cómo se consumían de tristeza. Esa era su recompensa. El discípulo del Señor debe ayunar en secreto, porque es un acto que debe realizar ante Dios y sólo para El.

D. El desprendimiento de los bienes y la consagración a Dios
Mateo 6:19-34

En esta sección, nuestro Señor señala dos debilidades humanas relacionadas con los bienes terrenales: la avaricia y la ansiedad. Por regla general, la primera corresponde a los pudientes y la segunda a los pobres.[17]

1. **Corazones y tesoros** (Mateo 6:19-24; Lucas 12:32-34; 11:33, 34; 16:13). El afán de adquirir bienes es propio de la naturaleza humana. El hombre dedica gran parte de su pensamiento y fuerza a la labor de acumularlos. Sin embargo, es una insensatez amontonar los tesoros de la tierra, porque son pasajeros; carecen de permanencia. La polilla roe las prendas de ropa más preciosas; los insectos y los roedores pueden acabar con una cosecha almacenada durante largo tiempo, y los ladrones perforan las paredes de adobe y entran en las casas para robar. En términos contemporáneos, la inflación, la recesión, la ex-

propiación de inmuebles, los impuestos gravosos, los terremotos y las inundaciones devoran de la noche a la mañana los ahorros y el tesoro de muchas personas. "Así como se gana, se pierde." En contraste con los bienes pasajeros, lo que se invierte en la causa de Dios permanece para siempre.

La peor consecuencia de que alguien se dedique a la acumulación de bienes en este mundo es que la avaricia tiende a alejar el corazón de Dios y de su reino; absorbe nuestros pensamientos y afectos. Los tesoros terrenales se convierten en un ídolo que desplaza al Señor en el corazón. "Donde esté vuestro tesoro, allí estará vuestro corazón."

La ilustración hecha en la parábola (Mateo 6:22, 23; Lucas 11:33-36) hace un contraste entre la visión de un ojo bueno, que llena el cuerpo de luz, y la visión de un ojo enfermo, que llena todo el cuerpo de oscuridad. Los ojos del hombre arrastrado por la avaricia y por los deseos perversos, tergiversan u oscurecen su visión de la realidad. Lo hacen ciego a las cosas eternas. El concepto que nos hagamos de Dios y de su reino depende de los ojos con que los miremos.

El apego a los bienes terrenales esclaviza al hombre y lo aparta del servicio de Dios, porque "ninguno puede servir a dos señores". Si nuestro corazón ama al dinero, entonces aborrecerá a Dios. Ninguna otra persona ha expuesto más claramente que el Maestro de Galilea el poder de los bienes materiales y la fascinación que ejercen sobre los hombres.

2. El antídoto de la preocupación (Mateo 6:25-34; Lucas 12:22-31). Después de demostrar cuán insensato es atesorar los bienes terrenales a costa de lo espiritual, Jesús les enseña a sus discípulos que deben dejar de preocuparse por el sustento diario. No habla contra la previsión prudente y el trabajo, sino contra la ansiedad que quita la paz de la mente y malgasta la energía del cuerpo. Presenta después algunos argumentos que demuestran que ese afán es innecesario.

a) Si Dios nos ha dado lo mayor, ¿acaso no nos dará también lo menor? Aquel que nos dio la vida, la cual es más que el alimento, y el cuerpo, el cual es más que el vestido, ¿no nos dará también lo que necesitamos para existir?

b) Si Dios cuida de las aves y viste las plantas, ¿no cuidará de nosotros? Si Dios provee abundantemente a las criaturas inferiores, que no saben trabajar ni confiar, ¿con cuánta mayor razón hemos de pensar que sostendrá a los hombres creados a su imagen, a los cuales les ha confiado una gran labor en la tierra?

c) Es inútil afanarse. "¿Quién de vosotros puede, por más que se preocupe, añadir un codo a la medida de su vida?" (Mateo 6:27 BJ). Al contrario, el afán angustioso abrevia los días de la vida. (La palabra griega traducida "estatura" en nuestra versión, significa a menudo la "duración de la vida".)

d) Afanarse es de paganos. Los gentiles se preocupan por las cosas materiales, porque no conocen al Padre celestial. En cambio, los discípulos no son huérfanos, sino hijos de ese Padre todopoderoso; pueden estar seguros de que El cuida de los suyos. Además, los seguidores del Rey no deben anhelar las mismas cosas que buscan los gentiles.

e) Lo que debemos buscar es lo espiritual: el reino de Dios y su justicia. Si ponemos a Dios y su voluntad en primer lugar, todas las cosas materiales que necesitamos nos serán dadas por añadidura. La única manera de ser liberado de los deseos paganos por los bienes perecederos es anhelar y buscar lo espiritual y eterno.

f) Por último, nos conviene vivir de día en día (Mateo 6:34). "Basta a cada día su propio mal." Como en el caso de Leónidas el espartano, si combatimos a nuestros enemigos en el desfiladero de hoy, podemos derrotarlos uno tras otro hasta salir victoriosos. Confiemos en Dios, y El nos suplirá todo lo que nos falta.

E. Las relaciones con el prójimo
Mateo 7:1-12

Las enseñanzas de esta sección se sintetizan en la regla de oro: "Así que, todas las cosas que queráis que los hombres hagan con vosotros, así también haced vosotros con ellos" (Mateo 7:12). Esta regla no es nueva, porque ciertos maestros paganos y judíos la habían establecido ya, pero con Jesús adquiere un nuevo sentido. Habla de un amor que cumple todas las enseñanzas de la Ley y de los profetas referentes a la conducta. La actitud del súbdito del reino hacia su prójimo es su ilustración.

1. No juzgar (Mateo 7:1-6). Nuestra naturaleza, afectada del pecado, está propensa a criticar y censurar a los demás. A esto se refiere Cristo cuando nos prohíbe juzgar. No habla contra "aquella facultad de discernir entre el bien y el mal, sin la cual el hombre se convierte en un pobre ingenuo, sino que reprueba el espíritu del que ve la mota en el ojo de su hermano, sólo ve faltas y errores, y halla defectos en todo".[18] En Mateo 7:6, Cristo señala que el súbdito suyo debe discernir el carácter de los hombres y no hacerse objeto de la burla de personas incapaces de recibir las verdades preciosas. Estas personas son comparadas a los perros y los cerdos.

El que juzga ásperamente a los demás será juzgado con la misma sentencia con que él grava a su prójimo. Es de entender que Jesús se está refiriendo al juicio de Dios. El que critica, no solamente peca contra su hermano, sino que también "se inmiscuye en el derecho de Dios, a quien sólo es posible e incumbe juzgar certeramente."[19] Antes de reprender a los demás, debemos mirarnos a nosotros mismos y corregir nuestras propias faltas. Entonces estaremos en mejores condiciones para señalar las debilidades de nuestro prójimo.

¿A qué se refieren "lo santo" y "las perlas" que no debemos echar ante los perros y los cerdos? (Mateo 7:6). Es obvio que no representan las buenas nuevas de la salvación, puesto que las hemos de predicar a toda criatura. Más bien se refieren a verdades preciosas, como las experiencias íntimas con el Señor, que las personas incrédulas no quieren o no pueden comprender ni valorar. Al igual que los perros, que muerden la mano que les da el pan sagrado del templo, y los cerdos, que pisotean en el barro las perlas preciosas, estas personas se burlan de esas realidades y ponen en ridículo al creyente que se las cuenta.

2. La eficacia de la oración (Mateo 7:7-11; Lucas 11:9-13). Para alcanzar el alto nivel de justicia que debe caracterizar la conducta del seguidor de Cristo, éste necesita recibir la ayuda divina y el poder del Espíritu Santo. Esta es la razón por la que el Señor nos anima a orar y pedir el don del Espíritu.

¿Son los vocablos "pedir", "buscar", y "llamar" sólo tres maneras distintas de expresar la misma actividad? MacLaren piensa que "pedir" se refiere simplemente al acto de orar, mientras que "buscar" se refiere al esfuerzo por llevar a cabo la petición, y "llamar" a la perseverancia en la oración.[20] Sin embargo, es probable que Jesús emplee estas tres expresiones descriptivas de la oración para indicar la intensidad y vehemencia progresivas de una oración nacida de una gran necesidad.

Las tres promesas de que Dios siempre oye la oración del creyente son categóricas. Las puertas del almacén divino se abren ante el orador perseverante, a menos que pida algo que sea contrario a la voluntad divina. El que pide un bien necesario, puede tener plena confianza en que Dios no se burlará de él, proporcionándole algo semejante en aspecto, pero completamente inservible. Si los padres humanos de esta tierra, con todas sus imperfecciones, saben dar buenas dádivas a sus hijos, "¿cuánto más vuestro Padre que está en los cielos dará buenas cosas a los que le pidan?" (Mateo 7:11). Se nos hace notar que el Padre nos dará "buenas cosas". Si pedimos una serpiente, no nos la dará, pues todas las cosas que El da son buenas y no malas. Le podemos pedir con confianza.

Lucas escribe de esta forma la promesa de Cristo: "¿Cuánto más vuestro Padre celestial dará el Espíritu Santo a los que se lo pidan?" (Lucas 11:13). Tal vez el Señor dijera ambas cosas: "Dará buenas cosas, incluso el Espíritu Santo. . ." Para el creyente que ya tiene a Cristo en su corazón, el Espíritu Santo es la mejor dádiva que puede recibir, y lo recibe pidiéndoselo al Padre.

F. Instrucciones acerca de la entrada en el Reino
Mateo 7:13-29

Jesús ha presentado ya la naturaleza espiritual del reino de Dios, el carácter de sus súbditos y el elevado nivel de justicia que exige. No es fácil ser súbdito del Rey, porque hay que humillarse, negarse a sí mismo y tener dominio propio. De esta forma, el Maestro destruye las ilusiones del pueblo con respecto al reino.

Ahora les enseña que es necesario tomar una decisión, y los insta a entrar en el reino. Los alerta también contra los falsos maestros. Emplea para ello una serie de contrastes: la puerta estrecha y la ancha; el camino angosto y el espacioso; los falsos profetas y los verdaderos; los cimientos superficiales y los profundos y permanentes. Una mala elección conduce a un destino trágico y desastroso, al juicio y a la perdición, pero la elección prudente produce la salvación y la vida eterna.

1. Los dos caminos (Mateo 7:13, 14; Lucas 13:24). El camino que conduce a la perdición es espacioso y fácil. Es el que toman la mayoría de los hombres instintivamente, casi sin pensar. En cambio, el camino que lleva a la vida es difícil de encontrar y dificultoso de seguir. Esto nos habla de abnegación, dominio propio, lucha, sacrificio y heroísmo. La metáfora del camino estrecho insinúa un largo y arduo peregrinaje, pero su destino final es la gloria de los redimidos.

Lucas emplea la expresión "Esforzaos para entrar en la puerta angosta" para señalar que es necesario luchar, tal como es necesario hacerlo para ganar un gran premio o para vencer a un fuerte antagonista. La puerta angosta sugiere la necesidad de humillarse, arrepentirse y negarse a sí mismo. Jesús no indica en esta circunstancia qué es la puerta, pero en el evangelio de Juan afirma que Él mismo es esa puerta. Por vez primera, señala que serán pocos los salvos.

2. Los falsos profetas (Mateo 7:15-20; Lucas 6:43, 44). No son sólo las persecuciones procedentes de afuera (Mateo 5:11) las que amenazan a los súbditos del reino, sino que también los amenazan desde adentro las enseñanzas de los falsos profetas. ¿Quiénes son esos falsos maestros? Son los que predican por interés; falsifican la Palabra de Dios; "hablan de visión de su propio corazón" y alimentan a sus oyentes "con vanas esperanzas" (Jeremías 23:16-32).

Lo más peligroso de los seudoprofetas es que se disfrazan de cristianos. Se revisten con piel de oveja; es decir, mantienen una apariencia de fe y de una vida al estilo de los hijos del reino, pero en realidad son lobos rapaces, enemigos mortales de las ovejas. Aprovechan la ingenua confianza de ellas para despedazarlas espiritualmente. Las engañan con palabras lisonjeras y persuasivas. ¿Cómo se puede distinguir a los falsos profetas? Observando su vida y los resultados prácticos de sus enseñanzas: "Por sus frutos los conoceréis."

3. **La prueba del verdadero discípulo** (Mateo 7:21-23; Lucas 13:25-27). Al poner al descubierto la hipocresía de los falsos maestros, Cristo hace una solemne advertencia contra la hipocresía religiosa en general. Para El, no basta que los hombres sostengan una teología ortodoxa o que lo llamen Señor (amo absoluto de su vida, con poder de vida y muerte sobre ellos). También es necesario que hagan la voluntad del Padre Celestial. La persona que invoca el nombre del Señor, pero niega su señorío al pecar con pensamiento, palabra y conducta, es peor que un incrédulo. A Jesús le interesan los hechos y no las palabras.

En el gran día del juicio habrá muchos que reclamarán entrar al cielo, sosteniendo que han hecho las obras de Cristo invocando su nombre. Estas obras milagrosas dan testimonio de una dotación especial del Espíritu Santo; o sea, de intimidad con el Señor. Cristo los repudiará por ser "hacedores de iniquidad". Es posible que enseñen por motivos egoístas, o simplemente, que no se esfuercen por obedecer a Dios. Las señales, por más prodigiosas que sean, no sirven de sustituto a la obediencia y el amor. Hay obreros cristianos que interpretan la bendición divina sobre su ministerio como la aprobación incondicional del Señor, por lo que se comportan como quieren. Se engañan a sí mismos. Su falta de santidad, de consagración verdadera, de una relación santificadora con Dios, quedará perfectamente clara en el juicio final. ¡Qué sorpresa tan horrible los espera en aquel día!

En este párrafo, Jesús afirma por primera vez que es el Juez de la humanidad. El tiene las llaves del reino y juzgará los pensamientos y las obras del hombre en el día final.

4. **Los dos cimientos** (Mateo 7:24-29; Lucas 6:46-49). Nuestro Señor termina su discurso con una parábola que pone de relieve lo importante que es poner en práctica sus enseñanzas. En Lucas se encuentran detalles que no se hallan en Mateo. El oyente prudente toma tres pasos: acude a Jesús, oye sus palabras y las pone por obra. De esta forma, Cristo declara tener autoridad divina: oírlo significa oír a Dios; edificar la vida sobre El significa edificarla sobre la Roca, la cual es figura de Dios mismo en el Antiguo Testamento (Deuteronomio 32:4; 2 Samuel 22:2, 3; 23:1-5; Salmo 18:1-3).

El edificador prudente cava, ahonda y pone los cimientos sobre la peña. Es decir, realiza los sacrificios necesarios para tener unos ci-

mientos sólidos e indestructibles. Después sigue edificando mediante
una serie de decisiones correctas, inspiradas por la fe y la obediencia
al Señor. En cambio, el oyente insensato descuida al Señor y su Palabra. Su casa cae convertida en ruinas en el día de la tempestad.
Francisco Cook observa acertadamente: "En este sermón de belleza
suma, en estas palabras llenas de gracia, en estas enseñanzas impon-
derables, hallamos una base, unos cimientos perfectos para edificar
sobre ellos nuestra casa espiritual."[21]

Citas del capítulo 7

[1] Erdman, *El evangelio de Mateo*, pág. 53.
[2] *Ibid.*
[3] Jamieson, Fausset y Brown, *op. cit.*, pág. 26.
[4] Barclay, *Mateo*, tomo 1, pág. 115.
[5] Broadus, *Comentario sobre el Evangelio según Mateo*, págs. 124 y 125.
[6] Barclay, *Mateo*, tomo 1 pág. 133.
[7] Jamieson, Fausset y Brown, *op. cit.*, pág. 31.
[8] Viertel, Weldon E. *La Biblia y su interpretación*, 1983, pág. 151.
[9] Broadus, *Comentario sobre el Evangelio según Mateo*, pág. 136.
[10] Trilling, Wolfgang *El Evangelio según San Mateo*, tomo 1 en *El Nuevo Testamento y su mensaje*, (Barcelona: Editorial Herder, 1980), pág. 122.
[11] Broadus, *Comentario sobre el Evangelio según Mateo*, págs. 143 y 144.
[12] Broadus, *Comentario sobre el Evangelio según Mateo*, pág. 149.
[13] MacLaren, Alexander *Saint Matthew*, caps. I-VIII, en el tomo VI de *Expositions on the Holy Scripture*, 1944, pág. 216.
[14] Barclay, *Mateo I*, *op. cit.*, pág. 199.
[15] Broadus, *Comentario sobre el Evangelio según Mateo*, pág. 166.
[16] Erdman, *El Evangelio de Mateo*, pág. 66.
[17] *Ibid.*
[18] Cook, *op. cit.*, pág. 49.
[19] Trilling, tomo 1, *op. cit.*, pág. 165.
[20] MacLaren, *St. Matthew*, tomo VI, *op. cit.*, pág. 333.
[21] Cook, *op. cit.*, pág. 50.

CAPITULO 8

LOS VIAJES POR GALILEA
Y LA CRECIENTE HOSTILIDAD

En este capítulo se tratan algunos de los numerosos sucesos que ocurrieron en los recorridos de Jesús por la provincia de Galilea. Después de presentar los grandes principios del Sermón del Monte, Jesús volvió a Capernaúm. A continuación, se dedicó a realizar un arduo esfuerzo por establecer el reino espiritual en las numerosas poblaciones de Galilea. Sus discípulos lo acompañaban. Mientras tanto, Juan el Bautista languidecía en la cárcel de Maqueronte, ciudad situada al este del mar Muerto. Al mismo tiempo que se extendía la fama de Jesús, aumentaba también la hostilidad de sus enemigos.

A. El primer viaje por Galilea
Mateo 8:1, 5-13; 11:2-30; Lucas 7:1-50

En esta sección se ve la solicitud de Jesús por toda clase de personas. Les proclama el reino de Dios con su mensaje oral y con sus hechos de salvación. Su misericordia alcanza a los gentiles, representados por el centurión romano; a los acongojados, como la viuda de Naín, y a los pecadores más degradados, como la mujer le enjugó los pies con sus lágrimas.

Jesús habla con los discípulos de Juan el Bautista y les indica que le hablen de sus obras como prueba de que El es el Mesías. Revela también su autoridad divina: en el caso del centurión, demuestra su dominio sobre la distancia; cuando resucita al hijo de la viuda de

Naín, hace notar su autoridad sobre la muerte; cuando aparece la mujer pública, manifiesta su poder para perdonar pecados y transformar al más vil pecador.

1. **Jesús sana al siervo de un centurión** (Mateo 8:5-13; Lucas 7:1-10). Mateo dice que "vino a él un centurión" (8:5). Los centuriones eran oficiales romanos al mando de grupos que tenían un centenar de soldados. Lucas nos cuenta más detalles que Mateo con respecto a este centurión. Una delegación de ancianos de los judíos se presentó ante Jesús para rogarle por el sirviente del militar romano. ¿Contradice Lucas a Mateo? R. C. H. Lenski explica: "Lo que un hombre hace por medio de otros es como si realmente lo hiciera él mismo."[1]

Los líderes judíos consideran que el centurión es "digno", porque les ha edificado una sinagoga. Aunque todos los centuriones mencionados en el Nuevo Testamento actúan en forma honorable, es probable que pocos estimaran a los judíos. Sin embargo, se cree que éste era prosélito del judaísmo. El mismo se considera indigno de que Jesús entre bajo su techo: "Di la palabra y mi siervo será sano. . . Porque también yo soy hombre puesto bajo autoridad, y tengo soldados bajo mis órdenes: y digo a éste: Ve y va; y al otro: Ven, y viene; y a mi siervo, haz esto, y lo hace."

¿Por qué elogia Jesús tanto la fe del centurión? Porque no sólo cree que Jesús tiene poder para sanar sin hallarse en el lugar, sino que también se ha dado cuenta de la gran verdad de que Jesucristo es el Comandante en Jefe del reino espiritual. Tal como le sucede a él, está bajo autoridad y tiene que llevar a cabo las órdenes de sus superiores, y al mismo tiempo ejerce autoridad y sus soldados tienen que obedecerle, así sucede con Cristo. Le basta con decir una sola palabra para que ésta sea cumplida, aun cuando no esté presente. Además, tiene potestad sobre todas las fuerzas de la naturaleza, incluso la enfermedad.

Nuestro Señor ve en el episodio del centurión una profecía de que Israel no logrará tener la fe de este oficial gentil, y será echado del reino, mientras que habrá gentiles, procedentes de lejanos países, que disfrutarán de las bendiciones mesiánicas. Los que tienen la fe del centurión son verdaderos hijos de Abraham, con más propiedad que aquellos que descienden físicamente del patriarca.

2. **Jesús resucita al hijo de la viuda de Naín** (Lucas 7:11-17). En este relato vemos el poder de Cristo expresado en su forma más dramática: el dominio sobre la muerte. Su autoridad traspasa las barreras de la existencia material, de tal manera que los muertos recuperan, no una apariencia fantasmal, sino la vida misma, vibrante y llena de energía. Sólo Lucas nos cuenta el milagro, y el hecho de que

lo relate es evidencia de su interés por los que sufren y por los que la sociedad tiene a menos.

Hasta este punto, Jesús ha sanado enfermos, pero ahora resucita a un muerto. Según los cuatro evangelios, el Señor no resucita a muchos muertos, sino solamente a tres: al hijo de la viuda, a la hija de Jairo y a Lázaro. No lo hace por amor a los fallecidos, sino a los deudos. Para el creyente que parte de este mundo, la muerte no es una tragedia; al contrario, significa la entrada en un estado "muchísimo mejor" (Filipenses 1:23). En cambio, es un golpe y una pérdida para los que quedan detrás.

El motivo que impulsó a Jesús en la resurrección del joven es su compasión por la viuda (Lucas 7:13). Observa Erdman: "No le pidieron que realizase el milagro; lo que lo movió fue la súplica silenciosa del dolor y la angustia humana."[2] El cadáver que se llevaba al cementerio no significaba solamente la pérdida de su único hijo, sino también la de su único sustento. No es difícil imaginar la congoja que embargaba a la viuda.

El Señor le habló al joven fallecido como si éste pudiera oír y obedecer. Su mandato llevaba en sí mismo el poder para que obedeciera. Para Jesús, resucitar un muerto no es más difícil que despertar a alguien que está dormido.[3] Para nosotros, el episodio es una parábola acerca de la esperanza de que en el cielo se enjugarán las lágrimas de los acongojados. "Viene la hora y ahora es, cuando los muertos oirán la voz del Hijo de Dios; y los que la oyeren vivirán" (Juan 5:25).

En el versículo 13, Lucas da a Jesús el título de "Señor" (*kyrios*), término que la versión griega del Antiguo Testamento llamada "Septuaginta" utiliza para sustituir a "Jehová", el nombre propio de Dios. Significa "el que tiene poder sobre alguien o algo; el que ejerce influencia, no por tener mayor fuerza, sino por la fuerza de su personalidad".[4] Cuando se divinizaba a los emperadores romanos, éste era el título que se les daba. Era una confesión de que el emperador era un dios en la tierra, y en particular, en el imperio romano. El vocablo usado por Lucas indica que Jesús es el dueño de todo y tiene toda autoridad para mandar. El milagro de la resurrección del joven demuestra que Él es Señor sobre la vida y la muerte.

3. **La pregunta del Bautista y el elogio de Jesús** (Mateo 11:2-19; Lucas 7:18-35). Al parecer, a estas alturas del ministerio de Jesucristo, aún no hay nadie que entienda la misión verdadera del Mesías. Juan el Bautista, encarcelado en la fortaleza de Maqueronte y aislado del ambiente, ha oído hablar del apacible ministerio del Nazareno. Es probable que se pregunte a sí mismo: ¿Por qué Jesús no pone el hacha a la raíz de árboles podridos como Herodes Antipas? ¿Por qué no separa la paja del trigo? ¿Acaso será que Jesús no es el Mesías? En

vano el austero profeta ha esperado la tempestad del juicio y el establecimiento de un reino de justicia. Ahora le vienen dudas. Entonces hace lo que todos debemos hacer cuando nos vienen dudas acerca de las cosas espirituales: las lleva al Señor.

La respuesta indirecta de Jesús a Juan por medio de sus mensajeros indica que considera sus milagros de misericordia como prueba suficiente de su condición de Mesías, puesto que son el cumplimiento de las profecías mesiánicas de Isaías 29:18, 19; 35:5, 6 y 61:1. Al parecer, el profeta encarcelado por Herodes no vuelve a albergar dudas. Así hoy, las obras poderosas de Cristo, realizadas por medio de sus seguidores, no han perdido su antiguo poder para hacer desvanecer las dudas de la gente sincera y convencerla de la realidad de lo que afirman.

El Señor no censura a su precursor a causa de sus dudas; por el contrario, expresa la gran estimación que siente por el Bautista. El hecho de que éste se encuentre ahora perplejo ante el ministerio de Jesús no merma en manera alguna su valoración; no hay profeta mayor que Juan el Bautista.

Nuestro Señor señala la grandeza de Juan. La expresión "una caña sacudida por el viento" significa "un hombre que se somete a la opinión popular, que cambia con ella, y que por sí mismo no tiene convicciones sólidas".[5] Juan no era un hombre inestable. Al igual que el reformador Juan Knox, el Bautista habría podido decir que no temía al rostro de ningún hombre. Era "como columna de hierro, y como muro de bronce" para todo Israel. Tenía gran fuerza de carácter, era indiferente a las comodidades materiales y a las opiniones de los hijos de su generación. Se vestía con ropa tosca y se alimentaba con la comida de los más pobres. Sobre todo, tuvo el sumo honor de ser el precursor del Mesías, el heraldo del Rey prometido en las profecías.

¿En qué sentido es mayor que Juan el Bautista "el más pequeño en el reino de los cielos"? Esta declaración no se puede referir a la grandeza moral. Es probable que se refiera a los privilegios de los creyentes que han vivido después de la resurrección, que conocen el evangelio en su plenitud y que disfrutan de comunión con el Cristo resucitado.

No sabemos a ciencia cierta lo que significa la expresión "El reino de los cielos sufre violencia, y los violentos lo arrebatan". Una nota de la Biblia de Jerusalén presenta algunas interpretaciones. Es posible que aluda: a) a "la santa violencia de los que conquistan el Reino al precio de las más duras renuncias"; b) a "la equivocada violencia de los que quieren establecer el Reino por las armas (los zelotes)"; c) a "abrirse el camino del Reino con violencia", es decir, establecerse en él "con fuerza a pesar de todos los obstáculos".

Cristo compara su generación con unos niños que rechazaran todos los juegos que se les ofrecieran en la plaza. Un grupo los invita a jugar a las "bodas" y el otro a los "entierros"; el primero tiene aspecto alegre y el segundo triste. Sin embargo, ni el uno ni el otro agrada a estos pequeños observadores, caprichosos y aguafiestas. No quieren unirse a ninguno de los dos. Así era aquella generación, que rechazaba el severo ministerio del Bautista, pero tampoco respondía al ministerio amigable y suavemente persuasivo de Jesucristo. A pesar del rechazo de aquella generación incrédula, la sabiduría divina terminaría por triunfar con el transcurso del tiempo. "La sabiduría es justificada por sus hijos."

4. Jesús reconviene a las ciudades impenitentes (Mateo 11:20-24; Lucas 10:13-16). Se señalan tres ciudades situadas al extremo norte del mar de Galilea como escena principal de los milagros de Jesús: Capernaúm, la sede de la cual partía en sus recorridos, Corazín y Betsaida.

¿Cuál era el pecado de ellas, considerado peor que el de Sodoma y Gomorra o el de Tiro y Sidón? Era el pecado de la incredulidad, de la indiferencia, de la falta de respuesta ante la luz de Cristo. Aunque las ciudades de Galilea no lo habían echado fuera de sus puertas ni lo habían perseguido por las calles, tampoco le habían hecho caso. El castigo de estas ciudades sería peor que el de los antiguos centros de impureza denunciados por los profetas del Antiguo Testamento, porque éstos jamás habían tenido el privilegio de escuchar a Cristo en persona y presenciar sus obras portentosas. Si hubieran tenido esta oportunidad, se habrían arrepentido y no habrían sido destruidas. Ante los ojos de Dios, el peor pecado consiste en rechazar la luz. Cuanto mayor es la luz, tanto mayor es nuestra responsabilidad de actuar bien, y si no actuamos debidamente, tanto mayor es nuestra culpabilidad.

En el año 67 d.C., los romanos aplastaron brutalmente una revuelta en Galilea, destruyendo las ciudades de la región. Muchos de los sobrevivientes fueron vendidos como esclavos. Así sufrieron Capernaúm, Corazín y Betsaida por haber rechazado al Salvador.

5. Jesús ofrece su revelación a los sencillos (Mateo 11:25-30). Después de deplorar la incredulidad de la gran mayoría de sus oyentes, el Señor se consuela a sí mismo, alabando al Padre por haber iluminado el entendimiento de la gente sencilla, y por haber escondido la verdad divina de los sabios y entendidos. Dios es quien abre el corazón, o bien lo endurece, como en el caso del Faraón, en la época de Moisés. "Pero esto no sucede sin una decisión personal del hombre, sino que en cierto modo no es más que la respuesta de Dios a su alma, ya cerrada, que se ha vuelto impenetrable ante su Palabra."[6]

Las palabras de Cristo que se encuentran en Mateo 11:27, hacen eco de algunos de los grandes discursos del Salvador escritos por el apóstol Juan. En ellos se afirma la filiación divina de Jesucristo. Sólo el Padre conoce íntimamente al Hijo, y sólo el Hijo puede dar a conocer verdaderamente al Padre. La relación exclusiva que existe entre ambas Personas es prueba de la divinidad de Cristo.

A continuación invita a venir a El para llevar el yugo del discipulado. Promete aliviar las cargas de quienes lo hagan y se presenta como el gran Maestro bondadoso. ¿A quiénes llama? Contesta Erdman: "A quienes están agobiados con las exigencias legalistas de los maestros profesionales de la religión; a aquéllos cuyo corazón gime bajo el peso de la duda, del pesar y del temor. A todos ellos Jesús les hace este benévolo llamamiento para que acudan a El."[7]

"Tomad mi yugo" quiere decir "Háganse mis discípulos y sométanse a mi instrucción. Mi yugo es fácil". No es como el yugo insoportable que imponían los escribas, que consistía en innumerables reglas y prohibiciones. El yugo del Señor se amolda fácilmente alrededor de la nuca. Aunque las nuevas normas que Jesús enseña son más radicales que las antiguas, las motiva el amor y son hechas realidad en el poder del Espíritu Santo. Además, son escritas en el corazón; por lo tanto, afectan el interior del hombre.

6. **Una mujer pecadora unge los pies de Jesús** (Lucas 7:36-50). Una antigua tradición identifica a esta mujer con María Magdalena. Sin embargo, esa tradición no tiene apoyo histórico y es obviamente errónea. Tampoco debemos confundir a la pecadora arrepentida con María de Betania. La unción de que habla este relato fue realizada en Galilea y es diferente a la que tuvo lugar en Betania, cerca de Jerusalén, más de un año después (Mateo 26:6-13; Marcos 14:3-9; Juan 12:1-8).

La mujer que ungió los pies a Jesús se destaca por su profundo amor y gratitud al Señor. En aquella época se permitía que toda clase de personas entraran en una casa donde estuviera comiendo un rabino famoso, para que pudieran escuchar sus enseñanzas. No obstante, aquella notoria mujer pública necesitó mucha valentía para entrar en el hogar de un fariseo que se creía muy justo y que despreciaba a las personas como ella. Fue la gratitud de aquella mujer, que había sido levantada del lodo de una vida impura, la que le dio ánimos para arriesgarse y acercarse a Jesús. Sólo tenía la intención de ungir con su precioso ungüento los pies del Señor, pero se conmovió al recordar sus pecados y las lágrimas le corrieron por el rostro.

Era fácil llegar hasta los pies de Cristo, porque en las comidas formales los visitantes no se sentaban a la mesa, sino que se reclinaban sobre cojines, apoyándose sobre el codo izquierdo y extendiendo los pies hacia atrás. Es probable que la mujer vertiera sus lágrimas sobre los pies de Jesús sin pensarlo, e impulsivamente las enjugara con su cabello. En aquellos tiempos, soltar el cabello ante la presencia de otras personas era una grave falta de modestia. Barclay explica: "Al casarse, la joven se ataba el cabello y jamás volvía a aparecer con él suelto. El hecho de que esta mujer se soltara el cabello en público demuestra que se había olvidado de todos, menos de Jesús."[8] Todo aquel acto fue una expresión espontánea de amor y gratitud.

En cambio, Simón el fariseo, justo según su propio parecer, se puso a juzgar, tanto a la mujer como al Señor. "Este, si fuera profeta, conocería quién y qué clase de mujer es la que le toca, que es pecadora." Entonces le dijo Jesús: "Simón, ¿ves esta mujer?" El fariseo no veía a la mujer como era entonces, sino como había sido.[9] "Es pecadora", dice. Ciertamente había sido pecadora, pero estaba arrepentida y se había transformado en santa. Al estar limpia en su interior, su pureza era mucho mayor que la del fariseo, cuya limpieza era meramente externa.

Cristo contestó a los pensamientos de Simón con una parábola. En ella señalaba que todos los hombres son deudores de Dios y no tienen "con qué pagar". Sin embargo, no todos han pecado en la misma medida. El pecado de uno es diez veces mayor que el de otro (la proporción entre quinientos denarios y cincuenta). Ahora bien, siendo deudores los dos, fueron perdonados con igual franqueza. Su conclusión es que aquél a quien se le perdona mucho, mucho ama, mientras que "aquél a quien se le perdona poco, poco ama".

El comportamiento de cada uno manifiesta su respectivo grado de amor. Parece que sólo es perdonado uno de los deudores de la casa de Simón. La mujer despreciada por el fariseo ha hecho todo lo que al anfitrión le habría correspondido hacer con un huésped: besarlo con respeto cuando llega a la casa, lavarle los pies y ungirle la cabeza con perfume. ¡Cuánto siente Jesús la falta de amor en el corazón de Simón! En cambio, aquella mujer había expresado su gratitud con toda claridad.

"Sus muchos pecados son perdonados, porque amó mucho." Jesús no quiere decir que el perdón divino dependa de su amor, sino que afirma claramente: "Tu fe te ha salvado." Ella ama, porque sus pecados ya han sido perdonados.

B. El segundo viaje por Galilea
Mateo 8:18—9:34; 12:22—13:58; Marcos 3:19—6:6; Lucas 8:1-56

1. Jesús sale a predicar; las mujeres que le sirven (Lucas 8:1-3). Después del episodio en la casa de Simón, el Señor salió a los pueblos y ciudades de Galilea para anunciar el evangelio del reino de Dios. Lo acompañaban los doce discípulos y algunas mujeres liberadas de demonios o sanadas de enfermedades. Ya se había despertado la hostilidad de los líderes religiosos, y da la impresión de que las sinagogas ya no están abiertas para El. Por tanto, predica al aire libre. No le faltan multitudes de oyentes. Lamentablemente, algunos no vienen para aprender de El ni para ser aliviados de sus desgracias; su propósito primordial es buscarle defectos y oponérsele.

Todos los acontecimientos descritos en esta sección parecen suceder en un solo día, al cual se suele llamar "el día de mucha actividad". En la mañana, vemos a Jesús ministrando a una multitud, en la cual hay algunos hombres que lo acusan de obrar por el poder de Beelzebú, mientras otros le exigen una señal. Después, su madre y sus hermanos tratan de llevárselo, pensando que está fuera de sí. En la tarde, enseña a sus discípulos y a la multitud siete grandes parábolas en las que describe el reino de los cielos (Mateo 13). Al anochecer, cruza el lago en una barca. Vencido por el cansancio, duerme profundamente en medio de una tempestad mientras sus discípulos, atemorizados, no saben qué hacer. Al llegar al otro lado del lago, libera al endemoniado gadareno, y vuelve a la ribera occidental en la barca. Aparentemente, todos estos sucesos ocurrieron en un período de veinticuatro horas. De esta manera se describe uno entre tantos días de actividad semejante durante el ministerio de Jesucristo.[10]

Lucas observa que las mujeres que acompañan a Jesús lo sostienen económicamente. Así demuestran su agradecimiento por haber sido liberadas del poder demoníaco o de las enfermedades que las aquejaban. Esto nos revela dos cosas:

a) *La pobreza de Jesucristo y sus discípulos.* Para dedicarse a su obra espiritual, era necesario que este grupo itinerante recibiera sustento y ayuda de otros. "El Hijo del hombre no tiene donde reclinar su cabeza." "Por amor a vosotros se hizo pobre, siendo rico, para que vosotros con su pobreza fueseis enriquecidos" (2 Corintios 8:9).

b) *Nuestro Señor está libre de los prejuicios de su tiempo contra las mujeres.* Los rabinos de aquel entonces no les querían dar clases a las mujeres; ni siquiera hablarles en público. En cambio, Jesús manifestó una indiferencia absoluta hacia las distinciones de sexo, raza, rango u ocupación.

Tres de las mujeres que sufragan los gastos de mantención del Señor y sus acompañantes son mencionadas por su nombre: a) María Magdalena, quien no era una mujer de mala fama, como la identifica una tradición que se remonta a la Edad Media, sino una persona de la cual habían salido siete demonios. El que haya estado endemoniada no significa que llevara una vida impura; b) Juana, la esposa de Chuza, hombre pudiente por ser intendente del rey Herodes; c) Susana, acerca de la cual no se sabe nada más. Tan intachable era el trato de

Jesús con estas mujeres, que nunca tuvieron sus enemigos motivo alguno para acusarlo de inmoralidad.

Este pequeño grupo de mujeres permanece fiel a nuestro Salvador hasta el fin. En el Calvario, cuando han huido todos los discípulos menos Juan, ellas están presentes. Son las que preparan el cadáver de Jesús para la sepultura, y son las primeras en llegar a la tumba en el día de la resurrección (Lucas 23:55, 56; 24:10). Es alentador también observar que los evangelistas no mencionan ningún acto hostil contra el Señor que procediera de una mujer; todos sus enemigos eran varones. A lo largo de la historia de la Iglesia, la mujer ha desempeñado un papel importante en la vida espiritual.

2. Los fariseos acusan a Jesús de confederarse con Beelzebú (Mateo 12:22-37; Marcos 3:20-30; Lucas 11:14-23). La hostilidad del mundo judío llega a su punto culminante en los pasajes siguientes. Parece ser que los escribas de la provincia de Galilea pidieron la ayuda de doctores de la Ley procedentes de Jerusalén, con el fin de contrarrestar la influencia de Jesús en la región. Al no poder negar la realidad de los milagros realizados por El, los atribuyen a Beelzebú, nombre que identifica a Satanás, el príncipe de los demonios. (El nombre de Beelzebú no se encuentra en las Escrituras hebreas más que en 2 Reyes 1:2: "Baal-zebub dios de Ecrón". Era una deidad cananea cuyo nombre significa "El príncipe Baal", pero los judíos le habían cambiado un poco el nombre con un juego de palabras, convirtiéndolo en "Baal de las moscas", título despectivo aplicado a Satanás.)

Jesucristo tomó muy en serio la acusación de que El arrojaba los demonios con la ayuda del príncipe de los demonios. Por esto la refutó con tres argumentos que hacen ver el antagonismo irreconciliable entre el reino de Dios y el reino de Satanás.

a) Por medio de dos analogías, la del reino dividido y la de la casa dividida, Jesús señala que si Satanás lucha contra sí mismo, prestándole a El su poder para echar fuera a los demonios, su reino caerá hecho pedazos. Por tanto, el argumento de los fariseos resulta absurdo.

b) Apela al caso de los propios "hijos" (ciertos judíos que se declaraban exorcistas) *de sus acusadores* (Mateo 12:27). ¿Arrojan ellos los demonios también por el poder de Satanás? Erdman comenta: "Atacar sólo a Jesús y no a los demás era prueba palpable de injusticia y mala intención."[11]

c) Afirma que sus milagros son una prueba de que el reino de Dios ha comenzado a establecerse (Mateo 12:28-29). En la frase, "ha llegado a vosotros el reino de Dios", el vocablo traducido "llegar" significa más o menos "ha llegado con anticipación". R.E. Nixon explica: "El reino ha llegado, pero no todavía en su plenitud. . . Los milagros de Jesús son un preludio de la gran obra de redención del nuevo pacto."[12]

Jesús insinúa que El es el Mesías, venido para destruir el reino de Satanás y establecer el reino de Dios. Su ministerio milagroso equivale al proceso de ir atando al "hombre fuerte" (Satanás) y despojándolo de sus bienes; es decir, de los cuerpos y de las almas de los hombres. El ha venido para poner en libertad a los cautivos del demonio.

Esta lucha terrible entre el reino de Dios y el del maligno no admite neutralidad: "El que no es conmigo, contra mí es; y el que conmigo no recoge, desparrama." Nadie puede ser amigo de ambos partidos, ni tampoco indiferente a los dos.[13] No hacer nada es ponerse del lado del enemigo.

Cristo amonesta ahora solemnemente a los fariseos sobre el único pecado imperdonable. ¿Qué significa blasfemar contra el Espíritu Santo? No es hablar con ignorancia contra las cosas divinas. No consiste solamente en resistir al Espíritu Santo o rechazar la luz del evangelio. Se refiere a atribuir a Satanás con malas intenciones una obra que es del Espíritu. Los fariseos habían cerrado deliberadamente sus ojos a la evidencia de que Jesús era el Mesías. No querían ver la mano de Dios en las obras de misericordia efectuadas por nuestro Señor. Habían endurecido su propio corazón. Por último, terminaron hablando en forma injuriosa e insultante de la obra del Espíritu Santo. Aun lo dicho contra el mismo Hijo del hombre se podría perdonar, pues todavía El no había anunciado claramente su condición de Mesías, pero atribuir los milagros del Espíritu Santo a Beelzebú era algo que nunca se podría perdonar. Era inexcusable.

Hoy como entonces, se puede cometer el pecado imperdonable. Ross advierte: "Cristo enseña que si una persona peca voluntariamente en contra de la luz y de la verdad revelada por el Espíritu Santo, llegará el tiempo en que ya no pueda distinguir entre el bien y el mal, entre el Espíritu de Dios y el espíritu inmundo, entre las obras de Dios y las obras del diablo."[14] Entonces se atreverá a blasfemar contra el Espíritu Santo. Sin embargo, nunca se arrepentirá ni pedirá perdón. El Espíritu Santo es quien convence al pecador de su pecado (Juan 16:8-11); y esta Persona de la Trinidad lo habrá abandonado definitivamente. La Biblia nos hace saber con mucha claridad que Dios siempre está dispuesto a perdonar a cualquier pecador arrepentido.

En Mateo 12:33-37, Jesucristo señala la causa de las palabras llenas de maldad y odio que dicen sus adversarios. Emplea de nuevo la imagen de dos clases de árboles y sus frutos respectivos. Así como se conoce el árbol podrido por su fruto inservible, de igual manera se da a conocer la maldad del corazón por el lenguaje blasfemo. "Porque de la abundancia del corazón habla la boca".

Nos advierte además que debemos evitar "toda palabra ociosa".

¿Qué significa esta expresión? Se refiere a toda palabra que "no trabaje" y que por lo tanto, sea inútil o inoperante; toda palabra que no tenga la intención de producir efecto alguno.[15] Por supuesto, aquí están incluidas las promesas vanas, los chistes de mal gusto, los chismes, las críticas, las calumnias y las groserías. Es un pensamiento estremecedor el saber que Dios pondera nuestras palabras, y que daremos cuenta de ellas en el día del juicio.

3. **Los adversarios de Jesús exigen una señal** (Mateo 12:38-45; Lucas 11:29-32; 24—26). Puesto que los fariseos y escribas habían presenciado las obras milagrosas de Cristo, su exigencia era en realidad un insulto deliberado y cruel al Señor. Tal vez querían ver algo espectacular, algún prodigio innegable. Jesús los llamó "generación perversa" (incapaz de hacer bien) y "adúltera" (apóstata, que quebranta el pacto de amor concertado con Jehová). No recibirán ninguna señal, salvo la de Jonás, lo cual es una referencia a su resurrección.

Los paganos de Nínive que escucharon la predicación de Jonás pronunciarían sentencia contra esta generación, porque se arrepintieron por la predicación de aquél, que sólo era un profeta, "y he aquí más que Jonás en este lugar". La reina del Sur hizo un largo viaje para conocer la verdad (1 Reyes 10:1-13), pero los hombres de la generación de Jesús no reaccionaron correctamente ante una revelación mucho más grande que se había presentado en medio mismo de ellos.

La generación que rechaza a Jesús es como un hombre que es liberado de un demonio, pero queda vacío. Los judíos se purificaban de los grandes pecados, pero el arrepentimiento sin la presencia del Espíritu Santo significa la caída en un estado espiritual peor que el anterior. La autojustificación, el orgullo, la hipocresía y la indiferencia al Enviado de Dios les llenan el corazón, como si fuesen espíritus peores que el primero. Esta parábola nos sirve de advertencia contra la tendencia a satisfacernos con una simple reforma de vida, sin llenarnos de las cosas espirituales, y en particular, del Espíritu Santo.

4. **La verdadera familia de Jesús** (Mateo 12:46-50; Marcos 3:31-35; Lucas 8:19-21). No cabe duda alguna de que "los suyos" que vinieron para llevarse a Jesús (Marcos 3:21) eran su madre y sus hermanos. Creían que estaba "fuera de sí". ¿Realmente pensaban que estaba enajenado? E. E. Swift explica: "*Está fuera de sí* no significa que hubiera perdido la razón, sino que estaba padeciendo una especie de manía religiosa y se había vuelto un excéntrico. Una acusación similar fue dirigida una vez a Pablo (Hechos 26:24; 2 Corintios 5:13); igual sucede aún con cualquier cristiano fervoroso."[16] Su intento por llevárselo a casa era bien intencionado, pero poco perceptivo.

La contestación de Jesucristo (Mateo 3:33-35) indica que se negó a salir para ir donde ellos estaban. Con estas palabras, el Señor no quería repudiar a sus familiares, ni excluirlos de su familia espiritual. Tampoco estaba rechazando sus deberes naturales de hijo humano, como demostró en la escena de la cruz (Juan 19:25-27). Lo que hace más bien es incluir en su familia a todos los que oyen la Palabra y hacen la voluntad divina. De esta manera da una hermosa definición de su verdadera familia. La madre y los hermanos carnales de Cristo podían entrar en su familia espiritual bajo las mismas condiciones que los demás. En el reino de Dios, los lazos espirituales son mucho más importantes que los familiares y sociales.

La reacción de Jesús nos enseña también que la lealtad más elevada del hombre corresponde a Dios y no a su familia. Si tenemos que escoger entre los dos, debemos seguir el ejemplo de Jesús, y no permitir que los lazos humanos nos impidan hacer la voluntad de nuestro Padre celestial.

5. Cristo enseña con parábolas (Mateo 13). En el mismo día, estando en la ribera del mar de Galilea, Jesús enseñó a sus discípulos y a la multitud, empleando parábolas. No estudiaremos en este momento su discurso en parábolas, sino en el próximo capítulo.

6. Cristo calma la tempestad (Mateo 8:23-27; Marcos 4:24-41; Lucas 8:22-25). En este relato vemos la humanidad del Señor. Jesús había trabajado intensamente, casi más allá de los límites de su fuerza física. Se ha de haber sentido muy fatigado, por lo que dormía profundamente. En ninguna otra ocasión se menciona su sueño, aunque es obvio que tenía que dormir y alimentarse.

En el transcurso del viaje, se levanta una de las repentinas tempestades que caracterizan a esta extensión de agua. El mar de Galilea está circundado de cerros, por lo cual "las tormentas se encajonan en la hondonada, agitan profundamente el mar y hacen casi imposible gobernar la embarcación".[17] Esta tempestad fue tan grande, que espantó a los discípulos, a pesar de estar acostumbrados a tormentas en el mar. Entonces despertaron a Jesús, y le dijeron un poco resentidos: "Maestro ¿no te importa que perezcamos?" (Marcos 4:38 BJ). Sólo Marcos nos dice las palabras que Jesús le dirige al mar: "Calla, enmudece", como si se tratara de un animal feroz. El hecho de que cesa el viento y sobreviene una gran bonanza señala que Jesucristo tiene dominio sobre la naturaleza, lo cual es evidencia de su divinidad.

De esta narración se desprenden algunas lecciones prácticas. La obediencia a Cristo no nos exime de pasar por momentos muy difíciles. Los discípulos estaban en la senda de la voluntad divina cuando los azotó la tempestad. La suave represión del Señor nos enseña que aun en las circunstancias más angustiosas estamos en las manos de nuestro Padre celestial y podemos sentirnos seguros. También el hecho de que Cristo pudo dar reposo a su espíritu nos enseña que al terminar el día debemos aprender a dejar el trabajo a un lado y dar descanso tanto al cuerpo como al espíritu. Así evitamos el quebrantamiento de nuestra salud.

7. **Cristo libera a dos endemoniados gadarenos** (Mateo 8:28-34; Marcos 5:1-20; Lucas 8:26-39). Nuestro Señor y sus discípulos llegaron finalmente a la orilla oriental del mar de Galilea, a la región de los gadarenos o tierra de Gerasa. Mateo afirma que fueron dos los endemoniados que salieron al encuentro de Jesús, pero Marcos y Lucas sólo mencionan a uno, probablemente porque éste era el personaje principal.

Notamos la fuerza sobrenatural del endemoniado. Destroza los grillos y nadie lo puede dominar. Lleva una vida que no le permite descansar ni dormir, sino sólo gritar continuamente y herirse con piedras. ¡Cuán cruel es el demonio! El nombre de "legión" indica la gran cantidad de demonios que ha tomado posesión del pobre hombre. La "legión" era una división del ejército romano, que tenía en aquella época entre tres mil y seis mil soldados de a pie, además de la caballería. Los demonios sabían que se les había señalado un plazo antes de ser arrojados al abismo: "¿Has venido acá para atormentarnos antes de tiempo?" Por eso prefirieron ir a habitar en los cerdos, antes que ir al lugar de castigo (Lucas 8:31). Los cerdos se asustaron y se arrojaron al despeñadero, reacción que no habían previsto los espíritus.

La autodestrucción de los animales es una demostración palpable de que han salido los demonios de aquel hombre. Ahora bien, ¿cómo se justifica la pérdida de aquellos cerdos, propiedad de los gadarenos? La liberación del hombre valía mucho más que un hato de cerdos. Sin embargo, los gadarenos no lo consideraron así. Preferían sus animales impuros al Salvador. (Según la Ley hebrea, el cerdo es un animal inmundo). Así les sucede a muchas personas hoy. No quieren que Cristo interfiera en sus dudosos asuntos, y valoran más los intereses económicos que los espirituales.

8. **La curación de una hemorroisa y la resurrección de la hija de Jairo** (Mateo 9:18-26; Marcos 5:21-43; Lucas 8:40-56). Jesús volvió nuevamente al lado occidental del lago, probablemente a Capernaúm. A su encuentro acudió Jairo, uno de los ancianos de la sinagoga. Este le rogó que fuera a su casa y sanara a su hija de doce años, que estaba agonizando.

Mientras Cristo iba hacia la casa de Jairo, se desarrolló un episodio interesante. En medio de la aglomeración se halla una pobre mujer, enferma con flujos de sangre. Su enfermedad la humillaba y la debilitaba. Además, la ponía en un estado de impureza legal (Levítico

15:25) que le impedía todo trato normal con sus semejantes y la marginaba del culto. Luchó desesperadamente por acercarse al Señor, con la confianza de que si podía tocar aunque fuera el fleco de su túnica, quedaría sana. La multitud se apretujaba junto a Jesús, pero sólo una persona lo tocó con fe, y salió sana. El Señor hizo notar que la fe de aquella mujer era la que la había sanado. La fe siempre es la condición y el fundamento de la acción sanadora y salvadora de Dios en el hombre.

Del relato de la curación de la mujer con el flujo de sangre se desprenden algunas observaciones. Su firme decisión de llegar a Cristo fue un elemento indispensable de su fe. Vemos destacarse la gran diferencia entre tocar simplemente al Señor, y tocarlo con una fe personal nacida de una profunda sensación de necesidad. De Jesús salió como un efluvio físico el poder que obró la sanidad. Este fenómeno puede explicar la debilitante fatiga que Jesus sentía a veces.[18] También, la reacción del Maestro al ser tocado señala lo importante que es dar testimonio de la gracia divina que recibimos. No debemos ocultarnos en la multitud y permanecer callados en cuanto a la liberación que Dios ha obrado en nosotros. "Con la boca se reconoce a Jesucristo para alcanzar la salvación" (Romanos 10:10, Versión Popular).

La noticia de que había muerto la hija de Jairo no desalentó en absoluto a Jesús, quien le dirigió unas palabras de consuelo al afligido padre: "No temas, cree solamente". Entonces eligió a tres discípulos para que lo acompañaran: Pedro, Jacobo y Juan. Son los mismos que estarían con El también en la transfiguración y en Getsemaní. ¿Hace acepción de personas el Señor? No, pero sí elige algunas para que realicen un servicio especial. Hay además ciertas personas que se acercan más a Jesucristo y son más responsables.

El ruido desenfrenado del duelo oriental chocaba con la actitud de nuestro Señor hacia la muerte. Los flautistas alquilados, junto con los plañideros, daban un espectáculo de congoja y luto por dinero. "La niña no está muerta, sino duerme." Así ve Dios la muerte de los suyos; no significa más que un sueño, una separación temporal del alma y el cuerpo que termina con la resurrección. El término "muerte" significa doctrinalmente la separación entre el alma y Dios; o sea, la ruptura de la comunión con El. La separación del alma y el cuerpo sólo es un símbolo visible de una realidad mucho más trágica: la separación de Dios. No debemos interpretar literalmente la muerte como el sueño del alma. El Nuevo Testamento no enseña claramente los detalles de este estado intermedio, pero lo presenta como un descanso (Apocalipsis 14:3) en comunión con Cristo (2 Corintios 5:8; Filipenses 1:23). La muerte física ya no es algo horripilante, sino que es la entrada del alma a la custodia de nuestro amoroso Padre.

Jesús echó fuera a todos, excepto a los padres y a los tres discípulos, probablemente porque la incredulidad de las plañideras a sueldo impediría la realización de un milagro (véase Mateo 13:58). Cuando dijo: "Niña, a ti te digo, levántate", ella se incorporó, con lo que quedó demostrado que el Maestro tenía dominio sobre la muerte.

9. La curación de dos ciegos y un mudo (Mateo 9:27-34). Debemos observar que los dos ciegos conocían algo que permanecía escondido a la masa del pueblo que tenía la vista física. Le atribuyeron a Jesús el título mesiánico de "Hijo de David" (2 Samuel 7:16; Lucas 1:32; Hechos 2:30). Conforme a su fe de ellos, recibieron la vista. Entonces Jesús les encargó severamente que no divulgaran la noticia del milagro, porque no quería que se despertaran expectativas carnales con respecto a un Mesías que fuera un libertador militar.

C. El envío de los Doce
    Mateo 9:35—11:1; Marcos 6:7-13; 9:41;
    Lucas 9:1-6; 12:2-9, 49-53; 14:26, 27

1. La ocasión del envío (Mateo 9:35-38). En forma resumida, Mateo describe el último recorrido de nuestro Señor en Galilea. Enseña, predica y sana en "todas las ciudades y aldeas" (poblaciones sin murallas) de Galilea. Flavio Josefo, el historiador judío de aquella época, nos dice que había nada menos que doscientas cuatro ciudades y aldeas en aquella provincia. Al ver las multitudes y su lamentable situación espiritual, Jesús les envió a los doce discípulos. La labor de ministrar a tanta gente era demasiada para una sola persona. Además, el Señor miraba hacia el futuro, cuando ya El no estuviese en la tierra y otros llevaran a cabo su ministerio. Ya era hora de preparar a sus mensajeros para dicha empresa. La experiencia en el ministerio es tan importante como el aprendizaje teórico. El envío de los Doce se realizó en cuatro pasos: a) darles una visión de la humanidad para inspirar en ellos compasión; b) apremiarlos a orar; c) investirlos de poder y, d) enviarlos a predicar.

Jesús sintió una compasión entrañable por el pueblo, porque lo vio como ovejas que no tenían guía ni amparo. El término traducido "desamparadas" (Mateo 9:36) quiere decir "acosadas" como un animal silvestre acosado por los perros, "vejadas" por quienes carecen de misericordia y "agotadas", como los viajeros cuando están tan cansados que no pueden dar un paso más. La palabra "dispersas" puede traducirse también "postradas", como una persona que está tirada en el suelo después que la han herido mortalmente. Así es la persona azotada por el pecado y sin nadie que la guíe espiritualmente. El pueblo de Galilea necesitaba enseñanza y orientación espiritual, pero los que profesaban ser sus guías carecían de conocimiento, amor y espiritualidad. Eran incapaces de hacerlo descansar en "lugares de delicados pastos" y pastorearlo "junto a aguas de reposo". El primer requisito para ser obrero cristiano es ver claramente el lamentable estado de los que no tienen al Señor, y sentirse movido a compasión.

A continuación, el Señor indica que toda aquella gente era como una gran cosecha de trigo, que se debía segar con toda urgencia para que no se echara a perder. Si no se lleva a los seres humanos a la salvación, y se los recoge después, perecerán como el trigo que no es cosechado. Hacen falta segadores. Por eso hay que rogar al Dueño de la cosecha que "envíe obreros a sus mies". El vocablo traducido "envíe" (Mateo 9:38) significa en realidad "arrojar fuera", "empujar hacia fuera", y es el mismo usado para hablar de la expulsión de demonios (Mateo 9:33, 34; 10:1).[19] Esto nos da una noción de lo urgente que es la labor. La compasión hacia los hombres abatidos por el pecado y en peligro de perecer nos lleva a interceder. Es interesante observar que Cristo contesta esta oración de los discípulos, enviándolos a ellos mismos a predicar.

2. **Instrucciones a los mensajeros** (Mateo 10:1—11:1). El Maestro les dio autoridad sobre los demonios y poder para sanar a los enfermos, pues los milagros de liberación física les servirían de credenciales en su misión. Erdman observa: "Las obras de misericordia y de gracia que los Doce realizarían les atraerían oyentes bien dispuestos y garantizarían una aceptación favorable a las buenas nuevas que anunciarían."[20]

¿Por qué les prohíbe el Señor que vayan a los samaritanos y gentiles? No es que los samaritanos y gentiles estén excluidos del reino. Jesús había insinuado con frecuencia que serían incorporados al reino de los cielos (Mateo 8:11; 21:43; 22:9; 24:14). Aquí sólo dispone el orden de cosas: le ofrece primero el evangelio al pueblo escogido. Así lo hizo siempre en su ministerio terrenal, aun en sus últimas palabras a sus seguidores, al indicarles que deberían comenzar su predicación en Jerusalén, después en Judea, luego en Samaria y finalmente hasta los confines de la tierra (Hechos 1:8). Además, en esos momentos los Doce no tenían todavía un mensaje adecuado para los gentiles. El evangelio es la buena noticia de la salvación por medio de la cruz, y todavía Jesús no había muerto por los pecadores. Sólo predicaban que el reino de los cielos se había acercado, y que los hombres se debían arrepentir (Mateo 10:7; Marcos 6:12).

Las instrucciones de Jesucristo se dividen en dos categorías: algunas son para la misión de los Doce y no tienen valor permanente; otras son parcialmente proféticas y se aplican a los obreros del Señor en todas las épocas. Por ejemplo, es temporal la instrucción de que los mensajeros no debían llevar consigo dinero, bolsa para pan ni ropa de repuesto; en cambio, es permanente el principio de no ministrar por motivos de lucro. "De gracia recibisteis, dad de gracia." El siervo de Dios sí debe recibir su sostenimiento: "El obrero es digno de su alimento", pero no debe considerar que su misión es un medio para enriquecerse. El ministerio cristiano "debe quedar libre de toda apariencia de codicia".[21]

Parece ser temporal la instrucción de salir de "aquella casa o ciudad" que no recibiese a los heraldos del Rey, y sacudir el polvo de sus pies. Este gesto de sacudir el polvo que quedaba pegado a sus sandalias significaba no tener nada más que ver con aquellos que los rechazaran; considerarlos gentiles e intocables. El judío de aquel entonces consideraba impuro el polvo de los países gentiles; por eso, al volver a Palestina sacudía de sus sandalias el polvo de los caminos gentiles. Así se purificaba de una inmundicia contaminadora y no atraía juicio sobre sí mismo.

El evangelista o misionero de hoy en día no debe limitar su predicación ante los inconversos a una sola vez, y luego cesar en su intento por convertirlos, en el caso de que la rechacen. Más bien debe ser "como el labrador" que "espera el precioso fruto de la tierra, aguardando con paciencia hasta recibir la lluvia temprana y la tardía" (Santiago 5:7). Aquí Jesús se refería a los habitantes de Galilea, los cuales ya habían escuchado muchas veces su predicación y habían presenciado sus prodigiosos milagros. No les quedaba excusa alguna para rechazar el mensaje de sus heraldos. Su castigo en el día del juicio sería mayor que el de Sodoma y Gomorra, las antiguas ciudades de notoria impureza.

Las instrucciones referentes al comportamiento ante una cruel persecución tienen que ver con el período posterior a la ascensión. Son profecías destinadas a preparar a los apóstoles para llevar a cabo la evangelización del mundo a pesar de la hostilidad. Sus mensajeros serían como ovejas indefensas que entraran en una manada de lobos. (Por regla general, es el lobo el que entra en la manada de ovejas para arrebatar algunas). Debían ser prudentes como serpientes para no provocar las persecuciones, ni caer en las trampas. Las serpientes muestran gran cautela para evitar los peligros.[22] Con todo, la prudencia no debe convertirse en astucia o en habilidad para las tretas engañosas. Los evangelistas deben ser sencillos, (sinceros y sin engaño) como las palomas. No deben ocultar sus intenciones ni alterar su mensaje.

Dios permitiría que los heraldos del Rey fuesen llevados ante los tribunales y los gobernantes para que de esta forma les diesen testimonio también a ellos (véase Hechos 9:15). Estos testigos no debían preocuparse por preparar su defensa, porque en el momento de su proceso el Espíritu Santo mismo les daría lo que habrían de decir.

El evangelio dividiría hasta las familias; los lazos humanos más estrechos se convertirían en acérrimas enemistades. Los miembros inconversos de la familia perseguirían brutalmente al pariente creyente. "Sólo valen la perseverancia hasta el fin, la persistencia infatigable, la fidelidad que no defrauda, el valeroso e inflexible denuedo del alma a través de todas las enemistades, decepciones y fracasos, lo cual no es poco."[23]

¿Qué quiere decir la expresión "no acabaréis de recorrer todas las ciudades de Israel, antes que venga el Hijo del Hombre"? (Mateo 10:23). Es obvio que no significa que Jesús volvería en *gloria* antes que los apóstoles terminasen su gira de predicación. Hasta ese momento, el Señor no había hablado acerca de su segunda venida. Hay otro dicho similar que arroja luz sobre el uso de esta expresión: "De cierto os digo que hay algunos de los que están aquí que no gustarán de la muerte, hasta que hayan visto al Hijo del Hombre viniendo en su reino" (Mateo 16:28). Marcos presenta la última frase con una pequeña variación: "hasta que no hayan visto el reino de Dios venido con poder" (9:1). Este último anuncio de su venida tampoco parece referirse a la *parusía* (segunda venida al mundo en general), sino a la resurrección o tal vez al derramamiento del Espíritu en el día de Pentecostés (Juan 14:16-19).

Sin embargo, es probable que la venida mencionada en Mateo 10:23 se refiera a la destrucción de la nación judía al caer la ciudad de Jerusalén en el año 70 d.C. El Señor visitó con su juicio por medio de las legiones romanas a su pueblo infiel y puso fin al antiguo sistema y al culto del templo (véanse Mateo 22:7; 23:34-36; 24:34). Por causa de la persecución judía (Hechos 8:1; 1 Tesalonicenses 2:14-16), los apóstoles no iban a poder evangelizar toda la Palestina antes que las poblaciones de este país fueran arrasadas por los ejércitos romanos.

Los mensajeros no debían temer a los hombres, sino predicar valientemente. Lo que Jesús les decía en secreto, lo debían proclamar desde las azoteas o techos planos de las casas. Debían temer a Dios antes que a los hombres, pues éstos sólo los podían matar corporalmente, pero Dios es el Juez y puede "destruir el alma y el cuerpo en el infierno". Otro motivo para no tenerles miedo a los hombres es que el Padre celestial cuidaba de ellos. Si El se ocupa de los pájaros, que son de poco valor, ¿no cuidaría de sus siervos que proclamaban con denuedo su mensaje? El los amaba a tal punto que le interesaban todos los pormenores de su persona; hasta había contado sus cabellos. Por otra parte, es necesario que el creyente declare a favor de Cristo si quiere que el Hijo se declare a favor de él en el tribunal final del cielo. Para ser digno del Señor, es necesario renunciar, ponerlo a El en primer lugar y estar dispuesto a sufrir la crucifixión por él.

¿Cuál es la recompensa del que toma la cruz de Cristo y sigue en pos de El? Aunque pierda su vida terrenal, hallará una vida mucho más amplia, la vida eterna. También Jesucristo se identifica con sus siervos. Recibirlos a ellos equivale a recibir a Cristo, y quien recibe a un profeta recibe el galardón de un profeta. Ni el acto más pequeño de bondad hacia el creyente más humilde quedará sin recompensa.

D. La muerte de Juan el Bautista
Mateo 14:1-12; Marcos 6:14-29; Lucas 9:7-9

El martirio del precursor del Mesías fue un presagio del rechazo y la injusta ejecución de su Señor. Sin embargo, se narran los detalles de cómo murió el Bautista para explicar el estado de alarma del débil tetrarca Herodes. La historia de este gobernador muestra las consecuencias que tiene la violación de la conciencia propia; la conducta de su esposa Herodías nos señala el poder mortal de un espíritu vengativo. En contraste con la maldad de esta pareja, brillan la intrepidez y la grandeza moral de Juan.

El Herodes de este pasaje es Herodes Antipas, hijo menor de Herodes el Grande, quien reinaba cuando nació Jesús. Antipas era tetrarca de Galilea y Perea. El emperador romano no le confirió nunca el título de monarca, aunque los judíos a veces le daban dicho nombre por cortesía. Se casó con la hija de Aretas, un rey árabe, con lo que aseguró la paz entre su país y Arabia, pero un día visitó a su medio hermano Felipe en Roma (no se trata de Felipe, el tetrarca de Iturea y Traconite de Lucas 3:1, sino de otro hijo de Herodes el Grande). Herodías, la esposa de Felipe, y Herodes Antipas entablaron una relación inconveniente, y por fin ella abandonó Roma con Herodes. Este se divorció de la hija de Aretas, y Herodías se convirtió en su mujer. Este matrimonio tenía una complicación más, porque Herodías era al mismo tiempo sobrina de Herodes, hija de su medio hermano Aristóbulo.

Así como los profetas del Antiguo Testamento reprendían a los reyes malos, Juan el Bautista puso el dedo en la llaga del tetrarca. El gobernador ofendido reaccionó contra la censura del profeta y lo hizo encarcelar. Herodías, llena de furia, trató de persuadir al pusilánime Herodes para que lo matara, pero el tetrarca temía al pueblo, que tenía a Juan por profeta. También le fascinaba escuchar la predicación de éste, aun cuando no se había arrepentido. Era como cierta gente de hoy, que escucha gustosamente la predicación, pero sigue pecando.

Con motivo de un banquete para celebrar el cumpleaños de Herodes, la hija de Herodías bailó ante el tetrarca y sus oficiales, los cuales estaban medio ebrios. Herodes no se escandalizó por la inmodesta exhibición de la princesa, sino que expresó su deleite prometiendo darle lo que pidiera. La madre, Herodías, aprovechó astutamente la oportunidad para pedir la muerte del Bautista. Herodes sintió dolor por las consecuencias de su precipitada promesa, pero la cumplió por vergüenza ante los que estaban con él en el banquete. Sin embargo, ¿qué es peor, dejar sin cumplir una promesa completamente mala, o asesinar a un hombre? Cuando se ha hecho una promesa necia, lo mejor es pedir perdón y tratar de compensarla de alguna manera.

Herodes calló la voz del profeta, pero no pudo hacer lo mismo con su conciencia. Al tener noticia de los milagros de Jesús, se espantó creyendo que Juan había resucitado de los muertos y lo destruiría. Con todo, no se arrepintió.

Finalmente, Herodes tuvo que hacer frente a las consecuencias que le acarreó su falta de arrepentimiento. Pocos años más tarde, un nuevo emperador romano nombró a un hermano de Herodías en calidad de gobernador sobre parte de Palestina con el título de rey. La malvada y maquinadora mujer no podía soportar el pensamiento de que su hermano se adelantara a ella y a su esposo. Así fue como Herodes y Herodías se trasladaron a Roma para tratar de conseguir una corona. Sin embargo, en vez de concederles la corona, el emperador los envió al exilio a Lyon, en Francia, donde murieron en la vergüenza y la miseria.

Citas del capítulo 8

[1] Lenski, R. C. H. *La interpretación del Evangelio según San Lucas*, en *Un comentario al Nuevo Testamento*, tomo 3, 1963, pág. 344.
[2] Erdman, *El Evangelio de Lucas*, págs. 96 y 97.
[3] Lenski, *op. cit.*, págs. 353 y 354.
[4] Pop, F. J. *Palabras bíblicas y sus significados*, 1972, pág. 319.
[5] Lenski, *op. cit.*, pág. 361.
[6] Trilling, *op. cit.*, tomo 1, pág. 257.
[7] Erdman, *El Evangelio de Mateo*, pág. 115.
[8] Barclay, *Lucas*, pág. 95.
[9] Morgan, G. Campbell *The Gospel according to Luke*, sin fecha, pág. 104.
[10] Robertson, A. T. *Una armonía de los cuatro evangelios*, 1966, pág. 53.
[11] Erdman, *Mateo*, pág. 120.
[12] Nixon, R. E. "Mateo" en *Nuevo comentario bíblico*, 1977, pág. 624.
[13] Broadus, *Comentario sobre el Evangelio según Mateo*, pág. 347.
[14] Ross, Guillermo. *Evangelio de Marcos* en *Estudios en las Sagradas Escrituras*, tomo 9, pág. 71.
[15] Broadus, *Comentario sobre el Evangelio según Mateo*, pág. 351.
[16] Graham Swift, C. E. "Marcos" en *Nuevo comentario bíblico*, pág. 644.
[17] Trilling, *op. cit.*, tomo 1, pág. 194.
[18] Broadus, *Comentario sobre San Marcos*, pág. 49.
[19] Broadus, *Comentario sobre el Evangelio según Mateo*, pág. 280.
[20] Erdman, *El Evangelio de Mateo*, pág. 96.
[21] Trilling, *op. cit.*, tomo 1, pág. 222.
[22] Broadus, *Comentario sobre el Evangelio según Mateo*, pág. 280.
[23] Trilling, *op. cit.*, tomo 1, pág. 228.

CAPITULO 9

EL METODO PARABOLICO

A. La parábola

El estilo de enseñanza de Jesús se caracteriza por el uso del método parabólico. Marcos afirma: "Con muchas parábolas como estas les hablaba la palabra, conforme a lo que podían oír. Y sin parábolas nos les hablaba" (Marcos 4:33, 34). En el capítulo 6 hemos observado ya que Jesús siempre empleaba el lenguaje figurativo para ilustrar e iluminar sus pensamientos; en sus discursos abundan las figuras retóricas. Sin embargo, la parábola es más que la metáfora; es un símil elaborado. Los evangelios sinópticos presentan en total treinta parábolas, mientras que en Juan no hay ninguna. La mayor parte de ellas se encuentra distribuida en tres grupos: a) las parábolas que se narran en Mateo 13 y los pasajes paralelos de Marcos 4 y Lucas 8; b) las que se hallan en Lucas 15 y 16; y c) las que se encuentran en Mateo 20-22.

1. **Definición de parábola.** Uno de los vocablos griegos que se traducen como "parábola" es *parabolé*, que significa "una cosa colocada al lado de otra"; es decir, una comparación o semejanza. Generalmente se emplea este término en los evangelios sinópticos para hablar de una historia corta que se refiere a la naturaleza o a la experiencia humana y que se usa para ilustrar una verdad espiritual o moral. La definición popular es "una historia terrenal con significado celestial".

La parábola difiere de la fábula en el sentido de que su relato, aunque sea ficticio, es verosímil; o sea, se atiene a la realidad y es factible. En cambio, el relato de la fábula es contrario a la naturaleza y pone en escena animales y hasta seres inanimados, que hablan y se comportan como personas (véase la fábula de Jotam, Jueces 9:7-20).

La parábola se distingue de la alegoría en que aquélla, por regla general, enseña una sola verdad o contesta una sola pregunta. Emplea las palabras en su sentido literal y no traspasa los límites de un hecho verídico, mientras que la alegoría usa continuamente las palabras en sentido metafórico y su relato es manifiestamente ficticio.[1] Tenemos buenos ejemplos de alegorías en la de la vid verdadera (Juan 15:1-10), y la de Sara y Agar (Gálatas 4:21-31).

Jesús no inventó el método parabólico de enseñanza. La parábola es un estilo de enseñanza antiquísimo y corriente en el Antiguo Testamento y en la literatura pagana de aquellos tiempos (véanse 2 Samuel 12:1-4; Isaías 5:1-6; 28:24-28). Con todo, "las parábolas de Jesús sobresalen por su gran sencillez y concisión, por su aspecto simple y por su profundo significado".[2] En sus parábolas siempre se encuentra algo novedoso que llama a la reflexión e inclina a la decisión.[3]

2. La finalidad de las parábolas. ¿Por qué empleó el Señor parábolas para enseñar? Señalamos cuatro razones:

a) Para hacer interesantes y fáciles de entender las verdades morales y espirituales. Las parábolas son ilustraciones llamativas que aclaran la enseñanza.

b) Para poner las verdades en forma fácil de recordar y útil para hacer pensar al oyente. De esta manera, las enseñanzas que en un principio son entendidas de una manera imperfecta, son presentadas de una forma compacta, vívida y fácil de retener, hasta que se lleguen a comprender plenamente. La parábola es de fácil asimilación y provoca a la reflexión, pues generalmente deja al oyente el gozo de descubrir por sí mismo la aplicación. Es una buena manera de estimular la autodidáctica: "Las aplicaciones hechas por el oyente resultan inolvidables."[4]

c) Para no ofender a los oyentes que no estaban en condiciones de recibir la verdad desnuda a causa de sus prejuicios, y para ocultar la verdad de quienes la acechaban. A los primeros, Cristo les presentaba la verdad velada, para que la fueran percibiendo poco a poco; esto era mejor que negársela totalmente.[5] Enseñaba los misterios del reinado mesiánico de una forma que despertara en aquellos que gustaban de investigar y de las cosas del espíritu el deseo de entender más y de buscar su significado, "al mismo tiempo que los sofistas" (insinceros) "no lograran captar la idea" (su significado) "ni se sintieran instigados prematuramente a una hostilidad violenta".[6]

Da la impresión de que al principio de su ministerio, Jesucristo no hizo tanto uso de las parábolas para enseñar.[7] Por esa razón, en este momento los discípulos le preguntaron: "¿Por qué les hablas por parábolas?" (Mateo 13:10). Debido a una creciente precaución para no provocar innecesariamente a sus enemigos, era preciso presentar la verdad en una forma que careciera de significado para ellos. Así les sería difícil emplear una parábola como medio para acusar a Jesús ante las autoridades, y de esa manera, provocar la crucifixión antes de tiempo.

d) *Para traer juicio o castigo sobre los que se mantenían voluntariamente ciegos a la verdad que enseñaba el Señor* (Mateo 13:10-17; Marcos 4:10-12; Lucas 8:9, 10). El pasaje de Mateo indica que el propósito de las parábolas es doble; en primer lugar, revelar la verdad a las personas bien dispuestas, o sea a los discípulos; en segundo lugar, esconderla de las personas mal dispuestas por la dureza de su corazón y el apego a sus pecados y a las cosas materiales.

Todo depende de la actitud del oyente hacia Cristo. Los ojos espirituales y los oídos de los discípulos fueron abiertos y vieron y oyeron lo que los profetas y santos del Antiguo Testamento habían deseado ver y oír (Mateo 13:16, 17), porque tenían el corazón abierto al Señor. Los discípulos pudieron ver quién era Jesucristo realmente. Entonces fueron capaces de entender las verdades que El enseñaba. La enseñanza de otros maestros y moralistas puede ser separada de la persona de ellos, pero Cristo y su verdad son inseparables.[8] De este modo, las parábolas resultaban un misterio para aquellos cuyo corazón no buscaba al Señor. En cambio, para aquellos que querían aprender las verdades espirituales, se convertían en puertas de acceso a la verdad.

Además de esto, las parábolas sirven para endurecer disposiciones ya formadas, y para cegar a las almas que no están dispuestas a aceptar la verdad. El Maestro cita las palabras de Isaías cuando señala la finalidad de las parábolas: "Para que viendo, vean y no perciban, y oyendo, oigan y no entiendan; para que no se conviertan, y les sean perdonados sus pecados" (Marcos 4:12). La circunstancia histórica que sirve de fondo a la cita fue el momento en que el profeta fue enviado por Dios a predicar el camino de la liberación divina, pero a causa del endurecimiento voluntario y culpable del pueblo, su ministerio se convirtió en ocasión de males mayores. Dios les retiró su luz a los apóstatas, y el mensaje profético sólo sirvió para endurecerlos más. Así es el castigo divino a los que rechazan la verdad; la luz no hará sino cegarlos más (véase 2 Tesalonicenses 2:10-12). En cambio, "el que quisiere hacer la voluntad de Dios, conocerá si la doctrina es de Dios" (Juan 7:17).

3. **La interpretación de las parábolas.** ¿Cómo podemos interpretar correctamente las parábolas? Hay ciertas reglas que nos pueden guiar.

a) Buscar la idea principal o verdad central que quería enseñar el Señor. Por regla general, la parábola encierra un pensamiento central. Por ejemplo, la parábola del buen samaritano fue narrada para enseñar qué significa el amor al prójimo. A veces el Señor indica cuál es la idea central. En otras ocasiones, el mismo contexto señala el propósito. Jesús contó las tres parábolas de las cosas perdidas (Lucas 15) para contrarrestar una censura dirigida a El por los fariseos y escribas: "Este a los pecadores recibe, y con ellos come" (Lucas 15:2, 3). Las parábolas manifiestan el gran valor que tienen los que aún están perdidos ante los ojos del Padre celestial; de esta forma justifican el trato entre Jesús y los pecadores.

b) Interpretar los detalles a partir de la idea central. No debemos atribuir significado a todos los detalles, pues algunos son parte del relato o sirven simplemente de adorno. Por ejemplo, las aves que menciona la parábola de la semilla de mostaza (Mateo 13:32) no tienen otro significado que dar a comprender el tamaño de la planta.

c) Tener precaución al apoyar una doctrina sobre alguna parábola. Las parábolas son principalmente ilustraciones de la verdad, y debemos usarlas para apoyar las doctrinas que se enseñan con claridad en otras partes de la Biblia, más que para extraer doctrinas nuevas. No debemos usar las parábolas para formar doctrinas nuevas o para contradecir algo que forme parte de la enseñanza general de la Biblia.

B. Las siete parábolas sobre el reino
Mateo 13; Marcos 4:1-20; 30-34; Lucas 8:4-15; 13:18-21

Las siete parábolas que se encuentran en Mateo tienen un mismo tema: el reino de los cielos. Este reino se ha convertido en una realidad viva con el ministerio de Jesús. Sus milagros, sobre todo sus exorcismos, señalan el hecho de que el gobierno soberano de Dios está alcanzando al hombre (Mateo 12:28). No obstante, el reino mesiánico va más allá de su aspecto presente. También es un reino que será establecido físicamente en la tierra al volver el Rey.

Por medio de estas parábolas, Jesús enseña que el reino crecerá de una manera asombrosa, pero que también será rechazado por muchos; que en su etapa terrenal habrá en éste buenos y malos, y que vendrá un día en que los malos serán echados fuera y los buenos serán glorificados. Así se describen las consecuencias de la predicación del evangelio desde el tiempo de la siembra, que empieza con el ministerio de Jesús, hasta el momento de la siega; o sea, el fin del mundo (Mateo 13:39).

Al clasificar las seis últimas parábolas de Mateo 13, notamos que se pueden agrupar en tres pares, cada uno de los cuales presenta un aspecto particular del reino. Los tres aspectos con sus pares de parábolas correspondientes son: a) los obstáculos al crecimiento del reino; parábolas de la cizaña y de la red; b) la expansión del reino: parábolas del grano de mostaza y de la levadura; c) el valor incalculable del reino: parábolas del tesoro escondido y de la perla de gran precio.[9]

Analizaremos primero la parábola del sembrador y luego los tres pares de parábolas.

1. La parábola del sembrador (Mateo 13:1-9; 18-23; Marcos 4:1-9; 13:20; Lucas 8:4-8; 11:15). Sería mejor que le llamásemos a este relato "la parábola de las cuatro clases de terreno", porque la nota central no se refiere al sembrador ni a la semilla, sino al estado de la tierra. La productividad de la semilla no difiere a causa del sembrador, puesto que él siembra en todas partes; ni de la semilla, porque siempre es la misma. La diferencia tiene que ver con los diferentes tipos de suelo. La eficacia del evangelio depende principalmente del estado del alma del oyente. El mensaje de Cristo sólo surte un efecto perdurable cuando el oyente está dispuesto a recibir la verdad.

Es probable que el Señor les haya contado esta parábola a sus discípulos con el objeto de enseñarlos a no desilusionarse cuando vieran que gran parte del pueblo rechazaba el evangelio, y hacerlos sentirse seguros de que habría una cosecha abundante si ellos eran fieles en su labor de sembrar la Palabra. Para la verdadera Iglesia, que es una manada pequeña en comparación con los millones que aún viven en la incredulidad, esta parábola constituye un verdadero estímulo. Los buenos terrenos existen. Al mismo tiempo, necesitamos hacer frente a la realidad y no desanimarnos cuando nos encontremos sembrando en suelo pobre.

Veamos lo que significan las cuatro clases de terreno.

a) El terreno que está "junto al camino" representa al oyente indiferente, o de mente cerrada. La figura se refiere a un sendero transitado por innumerables caminantes. Estos senderos eran frecuentes en los campos de Palestina. La semilla quedaba tirada sobre su dura superficie hasta que las aves se la comían.

Es posible que este tipo de oyente ya haya escuchado muchas doctrinas erróneas y piense que el evangelio sólo es una más de ellas. También los prejuicios pueden cegar al hombre. En otros casos, son el orgullo y el temor a la opinión de los demás los que estorban su receptividad. Con frecuencia, el amor al pecado y a una vida desordenada hacen que el oyente se sienta renuente a meditar con seriedad en el mensaje de Cristo. Muchos oyentes no captan la verdad porque no le ponen cuidado; tienen la mente ocupada en otras cosas. En tales casos, el maligno no tarda en arrebatar la semilla.

b) El terreno pedregoso representa al oyente superficial. Esta figura es típica de Palestina. Se refiere a una fina capa de tierra sobre una base de roca caliza. Puesto que este terreno se calienta muy pronto con el sol, la semilla germina rápido. Sin embargo, puesto que tiene roca debajo, la planta no puede hacer que su raíz profundice en el suelo en busca de humedad, y pronto se marchita y muere por falta de agua.

Así son cierta clase de oyentes. Reciben el evangelio con gozo, pero su reacción es puramente superficial, emocional. La verdad no se adueña nunca de su corazón. Mientras todo marcha bien, parecen estar convertidos. Sin embargo, cuando las dificultades y la persecución se interponen en su camino, tropiezan y caen de nuevo en el mundo.

c) *El terreno espinoso representa al oyente mundano.* La tierra es fértil, puesto que produce una cosecha de espinas, pero no tiene la fuerza suficiente para producir espinas y trigo a la vez. ¿Quiénes son aquellos que son ahogados por las espinas? Son los cristianos que tratan de vivir en dos mundos. Quieren ser espirituales, pero no consagran por completo su vida a Dios. De ahí que los asalten los cuidados y las preocupaciones de este siglo. Tienen escaso tiempo para las cosas de Dios, porque están demasiado ocupados con lo material. Por consiguiente, no producen fruto.

d) *El terreno bueno representa al oyente que reacciona debidamente ante la Palabra.* Este abre el corazón y la mente con amplitud al evangelio, comprende el significado del mensaje, y lo experimenta y aplica en su vida. La Palabra se convierte en una semilla viva, que lleva fruto, porque el Espíritu Santo ha aplicado la verdad en el corazón del oyente, quien la ha aceptado y la ha hecho suya.

El suelo que recibe la semilla no puede hacer nada acerca de su propia calidad. No puede hacer nada contra los pájaros, el calor del sol o los espinos. Sin embargo, la gente es diferente a la tierra; es responsable del estado de su alma. Por lo tanto, "el que tiene oídos para oír, oiga". Cook observa acertadamente: "Debemos recordar siempre que por la eficaz operación de la gracia de Dios, los corazones empedernidos pueden ser quebrantados y los espinos de este siglo pueden ser arrancados, para que también ellos puedan recibir la Palabra de Dios."[10]

2. **Los obstáculos al crecimiento del reino: las parábolas de la cizaña y de la red** (Mateo 13:24-30; 36-43; 47-50). Estas dos parábolas sólo se encuentran en Mateo. En la parábola de la cizaña, Jesús advierte que habrá una oposición satánica al desarrollo del reino. En ambas parábolas señala que permitirá que haya una amalgama del bien y el mal en el mundo, incluso entre aquéllos a quienes ha llegado el evangelio. No habrá justicia y paz universales hasta que llegue el día final.

Analicemos primero la parábola de la cizaña. Las figuras empleadas en la parábola del sembrador tienen ahora un significado distinto. La semilla, o mejor dicho, "el trigo", no es la Palabra predicada, sino "los hijos del reino"; la "tierra" no es el corazón del hombre, sino el mundo, y la "siega" no es el fruto que se produce en la vida de los hijos del reino, sino la consumación del siglo. La referencia a la hora en que obra el enemigo, es decir, *a la noche*, durante la cual sembró la cizaña mientras "dormían los hombres", no tiene significado aparte de completar la historia.

De esta parábola se desprenden algunas enseñanzas:

a) *Jesucristo es el dueño del mundo y tiene el plan de establecer su reino en todas partes.* El sembrador sembró en su campo y "el campo es el mundo" entero. El diablo no es el dueño del mundo, sino un intruso en él. En estos momentos, Jesús está viendo mucho más allá del pueblo que constituía el antiguo pacto. Esto nos debe servir de acicate para llevar a cabo la evangelización del mundo.

b) *Hay un malvado adversario que siempre trabaja para estorbar la extensión del reino y estropear el trigo.* Este es quien siembra la cizaña en el campo de cereal. Se cree que la cizaña de la parábola es una planta cuya semilla es similar a la del trigo, y no se distingue fácilmente de él antes de su madurez, pero su grano es dañino y no sirve de alimento humano.

De manera similar, el diablo siembra una imitación de los creyentes y de la Iglesia de Cristo. La cizaña representa a los hombres que "sirven de tropiezo a los hijos del reino" y "hacen iniquidad" (Mateo 13:41). Entre ellos estarían incluidos los herejes y todos aquéllos que tratan de sembrar discordia, causar confusión, tentar a los creyentes y llevarlos a la apostasía. No cabe duda alguna de que las sectas falsas caen dentro de esta categoría.

c) *Dios es paciente y permite que permanezcan juntos la cizaña y el trigo hasta la siega.* No quiere que el trigo sufra ningún daño; por tanto, soporta la cizaña y también el daño que le causa al trigo. ¿Nos enseña esto que la iglesia local debe tolerar que haya en su seno miembros inmorales o perturbadores, o falsos maestros? El apóstol Pablo indica que las congregaciones cristianas deben disciplinar a aquéllos de sus miembros que vivan desordenadamente, y que deben llegar a expulsar a los que se manifiesten impenitentes entre ellos (1 Corintios 5). El "campo" de la parábola no se refiere a la Iglesia, sino al "mundo" (Mateo 13:38). No es misión de la comunidad cristiana la persecución o destrucción de los pecadores flagrantes y los herejes que se hallen fuera de sus filas. El Hijo del Hombre es el que los juzgará (véase 1 Corintios 5:10-12), y toda separación violenta o juicio realizado sobre ellos por la Iglesia significa una intromisión en el plan divino.

d) *Jesús revela aquí el drama del fin del mundo.* Por medio de sus ángeles, el Hijo del Hombre purificará al mundo de todos los elementos corruptores. La separación será completa y permanente. La expresión "lloro y crujir los dientes" indica que los condenados se sumergirán en la desesperación y en una rabia impotente. En cambio, "los justos resplandecerán como el sol en el reino de su Padre".

La parábola de la red tiene un significado similar a la anterior. Sin embargo, la red no parece abarcar toda la sociedad, sino sólo la Iglesia visible. Predicar es como arrojar una gran red al mar. Dentro de la malla de la red hallaremos peces de todas las especies, buenos y malos. De igual manera, dentro del seno de la Iglesia encontramos personas de diversas clases: convertidos verdaderos y no nacidos de nuevo; seguidores de Cristo e hipócritas. Los ángeles apartarán a los malos de los justos al final del siglo. Esta parábola nos enseña el carácter mixto que tiene la Iglesia visible.

3. **La expansión del reino: las parábolas del grano de mostaza y de la levadura** (Mateo 13:31-33; Marcos 4:30-32; Lucas 13:18, 19; 13:20, 21). El segundo par de parábolas que aparece en Mateo 13 nos enseña el gran crecimiento del reino. A partir de unos humildes comienzos en la época de los apóstoles, el reino se convierte en una Iglesia grande y extendida por casi toda la faz del globo terráqueo.

G. Campbell Morgan ve en esta parábola un crecimiento anormal, malsano, de algunas ramas demasiado grandes que proporcionan abrigo a los pájaros, los cuales son animales inmundos, según esta interpretación. Esto se referiría a la existencia de una iglesia nominal de grandes proporciones, pero dominada por un espíritu de orgullo y poderío.[11] Aunque es cierto que la Iglesia cedió en cuanto a sus exigencias y se incorporaron a sus filas muchos paganos no convertidos cuando cesaron las persecuciones de Roma, es probable que la primera interpretación sea la correcta: Jesús describe el desarrollo asombroso que tendría su Iglesia a lo largo de los siglos.

La parábola de la levadura habla de la fuerza interna y del poder de penetración que tiene el reino. Un poco de levadura completamente escondida en la masa la leuda por completo. De la misma forma, el evangelio transforma paulatinamente el corazón del hombre, y como resultado, ejerce una influencia creciente en las comunidades y en las costumbres de la sociedad. Toda la justicia, la libertad, la igualdad y la bondad que existen en el mundo se deben en gran parte a la influencia de los cristianos. Aun en los lugares donde el evangelio de Cristo no ha sido aceptado, la ética cristiana ha ejercido una influencia transformadora. Ningún país o religión pagana han seguido siendo los mismos después de recibir el impacto de la religión cristiana.

Otros eruditos limitan el significado de la levadura a la difusión del mal en la Iglesia. Dicen que la levadura simboliza siempre el mal. Sin embargo, en la Biblia el significado de un símbolo no es siempre el mismo. Por ejemplo, el agua es símbolo del Espíritu Santo en unos pasajes de la Biblia, y de la Palabra en otros. La figura del león se usa para simbolizar al diablo en 1 Pedro 5:8, mientras que Jesús es llamado León de la tribu de Judá en Apocalipsis 5:5. Es mejor pensar que la levadura de la parábola se refiere al poder transformador de Cristo, que interpretarla como símbolo de la maldad que opera dentro del reino de Dios.

4. **El inmenso valor del reino: las parábolas del tesoro escondido y de la perla de gran precio** (Mateo 13:44-46). Es obvio que la parábola del tesoro escondido en un campo, y la del mercader en busca de buenas perlas, presentan una misma lección. Sin embargo, se diferencian en un detalle: el tesoro fue encontrado por alguien que no lo buscó, mientras que la perla fue hallada por alguien que se dedicaba a comprar perlas finas. Tanto el tesoro escondido como la perla preciosa representan el reino de los cielos. En ambas parábolas, los que hicieron el hallazgo vendieron todo lo que tenían para obtener lo que habían encontrado. Este último pensamiento es la idea central de las dos parábolas.[12] Su fin es dar a comprender el valor incalculable que tiene el reino.

En la antigüedad, los hombres enterraban sus tesoros antes de emprender un viaje o cuando corrían peligro debido a una invasión, o simplemente por el hecho de que no existían bancos ni cajas fuertes. Con frecuencia sucedía que la persona moría o era llevada cautiva con el secreto sepultado en el pecho. De esta manera, algún pobre labriego podía encontrar un tesoro por casualidad y convertirse en persona adinerada de la noche a la mañana. Este es el fondo histórico de la parábola del tesoro escondido.

El labriego halló por casualidad el tesoro, reconoció su valor y compró el campo para tomar posesión de él. El campo era caro; lo tuvo que vender todo, lo tuvo que entregar todo para llegar a poseer su valioso hallazgo. Sin embargo, lo hizo con alegría, sabiendo que "en comparación con este tesoro, todo lo demás que poseía no era nada; no había proporción entre su valor y el del tesoro".[13] La imagen que nos da es la de un pecador que deja todo lo que tiene con gozo para ganar a Cristo y sus riquezas inescrutables. Este es el testimonio del apóstol Pablo (Filipenses 3:7-9). Este concepto no está en conflicto con la doctrina que enseña que la salvación se consigue por gracia y no por obras (Efesios 2:8, 9), puesto que sigue siendo cierto que la salvación no cuesta nada, ya que la vida eterna es un don. En cambio, ser seguidor de Cristo lo cuesta todo (Mateo 10:37-39; Lucas 14:33).[14]

La interpretación de la parábola de la perla es similar. Los comerciantes de perlas siempre están a la pesca de buenas perlas. El tema principal no es tanto la búsqueda realizada por el hombre, sino que estuvo dispuesto a renunciar a todo lo que tenía, a fin de conseguir esa perla que le daría tan grandes ganancias. La compra y la venta parecen detalles de la historia y no tienen nada que ver con la lección.

Nuestro Señor concluye su discurso con una referencia probablemente dirigida a sus discípulos (Mateo 13:51, 52). Los entendidos en los misterios del reino son como los escribas de la Ley de Moisés. Sin embargo, no se limitan a sacar las verdades del antiguo pacto, sino que extraen también cosas nuevas del tesoro.

Citas del capítulo 8

[1] Berkhof, Luis.*Principios de interpretación bíblica*, sin fecha, pág. 107.
[2] Trilling, *op. cit.*, tomo 2, pág. 14.
[3] *Diccionario ilustrado de la Biblia*, (Wilton, M. Nelson, redactor) 1977, pág. 486.
[4] *Ibíd.*
[5] Nota en la *Biblia Nácar-Colunga*, 14 edición, Mateo 13:3.
[6] Broadus, *Comentario sobre el Evangelio según Mateo*, pág. 363.
[7] Schoddle, C. H. "Parable" en *International Standard Encyclopedia*, tomo IV, (James Orr, redactor), 1962, pág. 244.
[8] "Parable" en *New Bible Dictionary* (J.D. Douglas, redactor) 1962, pág. 934.
[9] Cook, *op. cit.*, págs. 63 y 64.
[10] *Ibíd.*, pág. 63.
[11] Morgan, G. Campbell.*The parables and metaphors of our Lord*, 1953, págs. 54-58.
[12] Ryle, J. C. *Los evangelios explicados*, Mateo, tomo 1, sin fecha, pág. 110.
[13] Trilling, tomo 2, *op. cit.*, pág. 46.
[14] Cook, *op. cit.*, pág. 64.

CAPITULO 10

PREPARACION ESPECIAL DE LOS DOCE DISCIPULOS

Llegamos en este estudio al último año de la vida terrena de Jesucristo. Durante este período, el Señor abandonó en gran parte su trabajo de predicar y obrar milagros. También se retiró de la provincia de Galilea para realizar largos viajes con sus discípulos hasta las partes más distantes del país, evitando la publicidad en lo posible. De esta manera lo hallamos en Tiro y Sidón, al noroeste; en Cesarea de Filipo, al norte, y en la Decápolis al este y sureste del mar de Galilea.

¿Por qué se retiró el Mesías de Galilea y dejó en gran parte el ministerio público? Son cuatro las razones:

1) *La hostilidad de sus adversarios.* Herodes Antipas había dado muerte a Juan el Bautista, su precursor. ¿No intentaría matar también a Aquel que era el tema central en el mensaje del profeta? Además, había llegado a su colmo el antagonismo de los fariseos y saduceos, y Jesús no quería precipitar su muerte antes de la hora debida.

2) *El entusiasmo carnal de las multitudes que Cristo ha alimentado con panes y peces.* Quieren tomarlo por la fuerza y coronarlo rey. Pretenden que encabece una revuelta contra Roma para establecer el reino mesiánico.

3) *Descansar de sus arduas labores.* Cook observa: "No podemos imaginarnos todo lo que el Señor experimentó durante estos meses, especialmente al pensar que se acercaba cada vez más el día fatal en que sería entregado en manos de sus verdugos. La tensión física,

mental y espiritual debe de haber sido casi insoportable." [1] Además, la región de Galilea está en un nivel bajo con respecto al mar, lo que nos hace pensar que sea muy cálida. Su calor puede haber debilitado las fuerzas físicas del Maestro. Yendo hacia la cordillera, evitaba ese calor.

4) *Estar a solas con sus discípulos a fin de instruirlos acerca de su propia persona y prepararlos para la prueba suprema de su fe: la crucifixión.*

A. La crisis en Galilea
Mateo 14:13—15:20; Marcos 6:30—7:23; Lucas 9:10-17

1. **Jesús alimenta a cinco mil hombres** (Mateo 14:13-21; Marcos 6:30-44; Lucas 9:10-17). Al volver los apóstoles de su primera misión, le contaron al Señor lo que habían enseñado y hecho. También llegaron a El los discípulos de Juan el Bautista para informarle de la muerte de éste, que debe de haber significado un golpe terrible para ellos. Si Jesús era el poderoso Mesías que ellos pensaban, ¿cómo podía permitir que su heraldo tuviese un fin semejante? El Maestro se apresuró a ir con sus discípulos a un lugar situado fuera del alcance de Herodes; deseaba sobre todo hallar descanso para El y para sus discípulos. Cruzando hacia el noreste del lago, llegaron a una región escasamente poblada, gobernada por el buen tetrarca Felipe, pero las entusiasmadas multitudes, viendo que la barca se dirigía al lado oriental del mar de Galilea, llegaron allí antes que El, rodeando a pie al extremo septentrional de aquella extensión de agua. Este es el escenario de la primera multiplicación de los panes y los peces.

Este milagro tiene un significado extraordinario, puesto que es el único milagro de Cristo que aparece en los cuatro evangelios (véase Juan 6:1-15). Encierra varias lecciones.

a) *Demuestra la profunda compasión que siente el Señor al ver la necesidad humana.* Aunque la gente que vino a El era tan superficial en los conceptos que tenía sobre su persona como el terreno pedregoso de la parábola del sembrador, El tuvo compasión de ella y ministró a sus necesidades. Cristo se sigue interesando hoy por nosotros, y deseando satisfacer todas nuestras necesidades (Filipenses 4:19).

b) *Revela su poder creador.* Al parecer, el alimento se multiplicó en sus manos al partirlo. Comenta Ernesto Trenchard: "La realidad fue aquella provisión que salió de sus manos creadoras. Cuando los discípulos le llevaron las canastas al Señor, y El depositó un fragmento en cada una de ellas, han de haber quedado llenas en el acto, pues los fragmentos no eran nada, pero el poder del Señor lo era todo."[2]

c) *El milagro se realiza a través de la bendición de Cristo.* "Levantando los ojos al cielo, bendijo, partió y dio los panes a los discípulos." Su bendición sigue siendo hoy capaz de multiplicar nuestros recursos, talentos y empeños cuando se los ofrecemos a El.

d) El milagro muestra la importancia de que sus seguidores colaboren con El en la obra de ministrar a las necesidades físicas y espirituales de la humanidad. Jesús les dijo a los suyos: "Dadles vosotros de comer." El multiplicó los panes, pero fueron los discípulos quienes los repartieron.

Este mundo cansado, hambriento y lleno de necesidades espirituales es semejante a aquella multitud en medio de despoblado. Sólo Cristo puede salvar; sólo sus seguidores pueden llevar su mensaje de poder y amor a las almas que agonizan. A nosotros nos toca compartir lo que Jesús nos ha entregado.

e) El pan partido es un elocuente símbolo de Cristo (Juan 6:25-59). El ministerio del Señor se acercaba a su fin. Iba a ser crucificado. Su cuerpo sería quebrantado para lograr la vida espiritual de la humanidad. Por eso dijo: "Yo soy el pan de vida; el que a mí viene, nunca tendrá hambre; y el que en mí cree, no tendrá sed jamás" (Juan 6:35).

f) Este milagro nos enseña que Dios quiere satisfacer con abundancia nuestras necesidades. "Y comieron todos, y se saciaron: y recogieron lo que sobró de los pedazos, doce cestas llenas." Sobró más de lo que había al principio. Jesús podía satisfacer necesidades sin agotar su poder ni sus recursos.

g) El Señor no quiere que se desperdicien sus bendiciones. Los discípulos recogieron lo que sobró. El desperdicio o mal uso de los recursos naturales o espirituales no está en armonía con el proceder divino.

La alimentación de los cinco mil fue uno de los milagros más dramáticos e impresionantes de Cristo. Provocó una nueva ola de entusiasmo entre los galileos. Tan plenamente estaban convencidos de su grandeza y de su poder, que estuvieron a punto de tomarlo y hacerlo su monarca (Juan 6:15). Al día siguiente, Jesús echó un balde de agua fría sobre su entusiasmo, enseñando que El mismo es el pan de vida y que es necesario comer su cuerpo y tomar su sangre (aceptar su muerte por fe). La multitud lo abandonó ofendida. Sólo los Doce lo siguieron.

2. Jesús camina sobre el mar (Mateo 14:22-36; Marcos 6:45-56). Al parecer, existía el peligro de que los discípulos se contagiaran con el entusiasmo carnal de la multitud. ¿Querían aclamarlo rey, y encabezados por El, levantarse contra Roma? El Señor se apresuró a enviarlos por mar hasta la ribera opuesta, para alejarlos de esa tentación. Es posible que Satanás lo tentara en esta ocasión (véase Lucas 4:13) a establecer un reino terrenal y así librarse de la cruz. Cuando subió a una colina para orar, es probable que lo hiciera con el doble objetivo de fortalecerse y de interceder por los discípulos. Por fin, regresó a ellos durante la cuarta vigilia (entre las tres y las seis de la madrugada).

Algunos estudiosos de la Biblia ven en este relato una alegoría de la Iglesia en los períodos de persecución.[3] Los seguidores de Cristo son azotados por la tempestad en el mar de este mundo hostil, y parece que la barca está a punto de hundirse. Están solos, puesto que el Señor ya no está corporalmente con ellos. No obstante, El sí está en el cielo intercediendo por los suyos. No es indiferente a su situación, ni carece de poder para ayudarlos. Ve la situación difícil en que se hallan y los libera a tiempo.

Aunque el episodio no es una verdadera alegoría, recordarlo puede ayudar a los cristianos en momentos de gran dificultad o persecución. Es probable que Jesucristo mandara a los discípulos a cruzar a solas el mar para acostumbrarlos a enfrentarse al peligro sin contar con su presencia física. El partiría pronto de este mundo y entonces ellos tendrían que seguir adelante con la fe puesta en un Cristo invisible, pero presente.

El deseo de Pedro de caminar sobre el mar manifiesta su impetuosidad. También nos enseña que la fe que obedece y mira sólo a Cristo emprende y lleva a cabo grandes hazañas, pero cuando vacila, puede terminar en el desastre si el Señor no interviene. Si el creyente se deja impresionar por los peligros, se desmorona su fe y puede convertirse en presa de las fuerzas que lo amenazan.

"Verdaderamente eres Hijo de Dios." ¿Habían entendido realmente los discípulos quién era el que había caminado sobre las aguas y calmado el viento? Es dudoso que conocieran el significado profundo de esas palabras, pero era el principio de una definición más clara y amplia que luego sería enunciada por Pedro en Cesarea de Filipo (Mateo 16:16).[4]

3. La discusión sobre las tradiciones fariseicas (Mateo 15:1-20; Marcos 7:1-23). Para los fariseos, el más grave de los pecados era descuidar la tradición de los ancianos. Esta colección de interpretaciones rabínicas de la Ley de Moisés se había ido formando a través de los siglos y llegó a ocupar más de cinco mil páginas. Los judíos la consideraban de mayor importancia que la Ley misma. Se refería principalmente a normas externas, no a lo moral o lo espiritual.

Jesús no contestó a la acusación (Marcos 7:5) con una explicación ni con una excusa, sino haciendo a su vez una pregunta. Así les demostró que ellos quebrantaban un mandamiento de Dios por seguir una tradición suya, y que esa tradición de los ancianos era opuesta a él. Usó como ejemplo el hábito de declarar "corbán" los bienes, o sea, "dedicados a Dios". De esta manera adquirían carácter sagrado y nadie podía reclamarlos, ni siquiera los padres de la persona en medio de su necesidad. Un erudito observa: "Este voto, que por otra parte era ficticio y no suponía ninguna donación verdadera, era una detestable manera de librarse de un deber sagrado." [5] Mientras ponía al descubierto la hipocresía de aquellos formalistas, Cristo citó un pasaje del profeta Isaías: "Este pueblo de labios me honra; mas su corazón está lejos de mí. Pues en vano me honran, enseñando como doctrinas, mandamientos de los hombres."

A continuación, Jesús afirmó que no son las cosas externas las que contaminan al hombre, sino las malas actitudes, los malos pensamientos, y las palabras y formas de conducta irreverentes e inmorales. Los fariseos, que les daban tanta importancia a tradiciones meramente humanas y carecían de una espiritualidad verdadera, eran como maleza crecida en el jardín de Dios. Tarde o temprano habría que arrancarlos.

De esta manera, Jesucristo indica cuán vacía es la religión que consiste en ritos y reglas humanas. Advierte que si se agrega alguna cosa a la Palabra divina, "se corre gran riesgo de extraviarse del verdadero camino." [6]

B. Los viajes de Jesús para apartarse de sus enemigos
Mateo 15:21—16:12; Marcos 7:24—8:26

1. Jesús va a Fenicia; la curación de la hija de una sirofenicia (Mateo 15:21-28; Marcos 7:24-30). Jesús emprende ahora su segundo viaje para apartarse de sus enemigos. Ahora marcha hacia Fenicia, territorio pagano situado al noroeste, saliendo así de la jurisdicción de Herodes.

La fe de la mujer sirofenicia contrasta con la actitud de la delegación de fariseos que viaja a Galilea para censurar la enseñanza del Maestro (Mateo 15:1). Aun cuando ella era gentil, reconoció en Jesús al Señor, al Hijo de David prometido. Insistió en su petición de su ayuda, a pesar de ser aparentemente rechazada por Cristo. Al igual que el centurión, la sirofenicia se consideraba indigna (Mateo 8:8) y aceptó que se la tratara como si su raza fuera inferior a la judía. A estos dos paganos les bastó que el Señor les dijera que estaba sanada la persona por la cual habían rogado. Ambos fueron elogiados por su gran fe.

Ya hemos notado que la expresión "no soy enviado sino a las ovejas perdidas de la casa de Israel" (véase Mateo 10:5, 6) no se refiere a la exclusión de los gentiles, sino a la prioridad de los judíos en cuanto al tiempo. El ministerio de Jesús entre los judíos prepara el camino para una bendición sobre los gentiles (Romanos 15:8-10).

Siendo esto así, ¿por qué Jesús trató tan ásperamente a la sirofenicia? Al parecer, quería probar su fe. Además, sabía lo que había en el corazón de ella, y quería que se manifestara delante de todos. Sin duda, le costó causarle pena, pero el ejemplo de ella ha inspirado la fe de innumerables personas a lo largo de los siglos.

2. El tercer viaje; la curación del sordo y tartamudo; la alimentación de los cuatro mil (Mateo 15:29-39; Marcos 7:31—8:9). Es de notar con qué cuidado Jesús se mantiene lejos del territorio gobernado por Herodes Antipas. De Fenicia pasa al Monte Hermón, al este, y luego al sur. Sigue buscanso aislamiento para estar a solas con sus discípulos. La curación del sordomudo (Marcos 7:31-37) difiere de sus milagros anteriores en algunos aspectos. Los amigos del sordomudo le ruegan a Jesús que le imponga las manos, pero El obra de una forma muy diferente. ¿Por qué le mete los dedos en las orejas al sordomudo, escupe y le toca la lengua? Porque quiere despertar su fe. Puesto que el enfermo no puede oír, le comunica por medio de señas lo que va a hacer: "Le promete curarlo, le promete abrir sus oídos embotados, y humedecer y soltar su lengua inútil." ⁷ Con estos gestos, Jesús subraya la necesidad de tener fe para recibir la sanidad. Gime porque siente profundamente las dolencias y sufrimientos que aquejan a la humanidad por causa del primer pecado del Edén. El mayor milagro de lo que sucedió en este momento y otros similares es que estas personas pudieron hablar normalmente, sin antes haber podido oído bien.

En el hombre sordo y tartamudo vemos una imagen gráfica de las consecuencias espirituales que tiene el pecado en el hombre. El sordo no puede oír, y por tanto, no pronuncia bien las palabras. De igual manera, el pecado ensordece espiritualmente al hombre, y éste no puede escuchar la voz de Dios. Tampoco sabe alabarlo, porque su lengua está atada.

Jesús prohibió que los testigos oculares divulgaran la noticia del milagro, porque durante este período quería aislarse y evitar la atención popular. "Pero cuanto más les mandaba, tanto más y más lo divulgaban."

La segunda multiplicación de los panes se realizó probablemente en la región montañosa situada al oriente de la parte meridional del lago, entre quince y dieciocho kilómetros al sur del lugar donde Jesús les dio de comer a los cinco mil. Los relatos de ambos milagros reproducen, en lo esencial, los mismos acontecimientos, pero se diferencian entre sí por los detalles. En el caso de la alimentación de los cinco mil, la multitud había estado con Cristo un solo día: en cambio, los cuatro mil llevaban tres días con El. En la primera multiplicación, un muchacho tenía cinco panes y dos peces; en la segunda había siete panes y unos pocos pececillos. Parece extraño que los discípulos contestaran la pregunta de Jesús sin insinuar ninguna esperanza de que repitiese el milagro de alimentar a la multitud. Sin embargo, los evangelios sinópticos los presentan desde el principio hasta el fin como muy lentos para comprender a Jesús. No es un doble relato del mismo suceso, puesto que el Señor se refirió a las dos ocasiones (Mateo 16:9, 10; Marcos 8:19, 20).

3. Demandan una señal; la levadura de los fariseos (Mateo 16:1-12; Marcos 8:11-21; Lucas 14:54-56). Jesús y sus discípulos viajaron nuevamente por vía marítima hasta Galilea, llegando a región de Dalmanuta o Magdala (Mateo 15:39; Marcos 8:10). Por vez primera, los fariseos se unieron con sus enemigos los saduceos para atacar al Señor. Le pidieron una señal del cielo como prueba de su autoridad. Es probable que la señal que exigían consistiera en algún portento celestial, como el trueno y la lluvia de Samuel en la estación de seca (1 Samuel 12:17, 18), o el fuego del cielo de Elías (1 Reyes 18:38; 2 Reyes 1:10). Exigían que Dios mismo se manifestara de la manera y en el momento que ellos quisieran. Querían dominar a Dios e "indicarle lo que tenía que hacer".[8] De esta forma tentaron al Señor.

La respuesta de Cristo es similar a la que había dado en una ocasión anterior (Mateo 12:38-42; Lucas 11:29-32). El nunca hizo un milagro cuando se le hacía este tipo de exigencias. "Pedir otra señal es una manera hipócrita de arrojar duda y descrédito sobre los milagros que Jesús ha realizado ya, y de sugerir que sus enemigos están totalmente dispuestos a aceptar lo que El afirma de sí, con tal que ofrezca pruebas suficientes."[9] La incredulidad de ellos no se debía a falta de pruebas, sino a que no estaban dispuestos a creer; estaban obcecados. Desgraciadamente, son muchos hoy los que caen dentro de la misma categoría. Son buenos ejemplos de lo cierto que es el dicho: "No hay peor ciego que el que no quiere ver."

A continuación, el Señor y sus discípulos cruzaron el mar rumbo a Betsaida Julia, en la ribera oriental (Marcos 8:13). ¿Cruzarían de nuevo el lago? Los evangelios no nos dicen que hayan vuelto a pasar por aquella extensión de agua. Jesús dejaba Galilea triste y meditabundo, probablemente pensando en la incredulidad y el rechazo de los hombres. Fue entonces cuando amonestó a sus discípulos acerca de la levadura de los fariseos y de los saduceos (Marcos añade la "levadura de Herodes"). Ellos interpretaron su advertencia como si hablara de que no habían traído pan para el viaje. Por eso tuvo que reprender su falta de discernimiento.

Jesús había acusado a los fariseos y los saduceos de ceguera espiritual. Ahora encontraba la misma falta en sus propios acompañantes. No estaban preparados para captar el significado espiritual de las cosas que decía en lenguaje figurado. En medio de todos aquellos prodigios de poder y enseñanzas espirituales, la mente de ellos todavía estaba ocupada en lo material y vulgar. Eran tardos para entender lo espiritual.

¿Qué son la levadura de los fariseos, la de Herodes y la de los saduceos? En el Antiguo Testamento la levadura era símbolo de maldad y corrupción. Simboliza en especial a la maldad secreta, insidiosa y sutil. La levadura de los fariseos consiste en su formalismo y su hipocresía (Lucas 12:1). Estos líderes fingían ser muy religiosos, pero estaban espiritualmente ciegos. Al igual que los fariseos, los saduceos eran formalistas, pero también eran materialistas, puesto que negaban lo sobrenatural y la inmortalidad. En contraste con ellos, Herodes representa la mundanalidad más absoluta y la tendencia a hacer concesiones en sus convicciones, e incluso negarlas, por amor a las cosas materiales y carnales.

4. La curación del ciego de Betsaida (Marcos 8:22-26). De camino hacia las aldeas cercanas a Cesarea de Filipo, el Señor y los Doce pasaron por Betsaida. Allí le llevaron un ciego, con el ruego de que lo tocara. Al igual en que la curación del sordomudo, sólo Marcos narra este suceso.

Hay una notable similitud entre el milagro de la sanidad del sordo y tartamudo y el de este ciego. En ambos casos, Jesús separó al enfermo de la multitud, utilizó su saliva y lo tocó con las manos. La diferencia principal es que la curación del ciego es progresiva.

En ambos episodios, Jesús se apartó de la gente porque quería instruir a sus discípulos, a fin de prepararlos para los días difíciles que les esperaban. ¿Por qué echó mano de medios naturales para sanar a los dos enfermos? Porque quería despertar la confianza en ellos, ya que sin fe no serían sanados. Es interesante observar que la curación del ciego es el único milagro de Jesús en que la sanidad es gradual. En la primera etapa ya veía a los hombres, aunque borrosos, como si fueran árboles caminando. Entonces el Señor le puso las manos sobre los ojos y comenzó a ver perfectamente.

En la Biblia, la ceguera física simboliza a menudo la ceguera o la ignorancia espiritual (véanse 2 Corintios 4:4; Juan 9:39, 40). Al igual que en la curación del ciego de Betsaida, muchos recién convertidos van comprendiendo las verdades espirituales y se van entregando al Señor de una manera paulatina. Trenchard observa: "Ciertamente, no pueden faltar en ningún caso los elementos del arrepentimiento y la fe, pero es igualmente cierto que la 'visión celestial' se recibe de muchas maneras, y que a veces la claridad perfecta no llega a las almas, sino a través de largas y penosas etapas."[10]

C. La gran confesión de Pedro
Mateo 16:13-20; Marcos 8:27-30; Lucas 9:18-21

Jesús había llegado al momento cumbre en la preparación de sus discípulos. ¿Cuáles eran sus convicciones acerca de Él? Quedaba poco tiempo antes de la cruz y era necesario que estuviesen plenamente convencidos de que El era el Mesías. Esta convicción era imprescindible para que siguieran su obra cuando El se fuera, porque el cristianismo es inseparable de un concepto correcto de la persona del Maestro. El teólogo William Evans dice con toda razón: "De principio a fin, la fe y la vida cristianas en todas sus fases, aspectos y elementos quedan determinadas por la persona y la obra de Jesucristo." [11]

La importancia de la conversación que estaba a punto de tener lugar se ve en el hecho de que nuestro Señor lleva a sus discípulos a un lugar tranquilo y apartado, distante de Galilea y de las multitudes. Cesarea de Filipo estaba situada al pie del monte Hermón y en el extremo noreste de Palestina. Su antiguo nombre era Paneas, y era centro de los cultos paganos; hoy recibe el nombre de Bania. Había sido restaurada por el tetrarca Filipo, único hijo de Herodes el Grande a quien puede calificarse de bueno. "La ciudad fue llamada Cesarea de Filipo: primeramente en honor de César, y en segundo lugar, por el nombre de su restaurador, con el fin de distinguirla de tantas otras Cesareas que existían." [12]

1. Pedro confiesa su fe en que Jesús es el Mesías. ¿Por qué les preguntó Jesús a sus discípulos cuál era la opinión popular sobre su persona? Quería que expresaran las ideas erróneas del pueblo, de manera que se enfrentaran a ellas con la firmeza de sus propias convicciones.

Algunos, como Herodes, pensaban que El era Juan el Bautista resucitado de los muertos; otros creían que era Elías, puesto que éste habría de aparecer otra vez como precursor del Mesías, según Malaquías 4:5. (En realidad, esta profecía se cumplió en Juan el Bautista: Marcos 9:13.) Otros opinaban que era Jeremías. Según una tradición, Jeremías había escondido el arca y el altar del incienso en una cueva del monte Sinaí cuando Nabucodonosor destruyó el templo. Los judíos esperaban que este profeta reapareciera y les restaurara estos objetos sagrados.

Aunque Jesús tenía ciertas características en común con los grandes profetas, era superior a todos. No era la débil figura que pintaron los grandes artistas de la Edad Media, sino un hombre varonil, del mismo corte que los fuertes portavoces del Antiguo Testamento.

¿Por qué creían los hombres de aquellos tiempos que Jesús era solamente un profeta y no el Mesías? Porque esperaban a un mesías conquistador. Aún hoy no faltan personas, incluso famosos teólogos, que piensan que Jesús sólo era un profeta; tal vez el más grande de los profetas, pero no un ser divino. Cristo no acepta esta evaluación. El primer paso para ser cristiano es reconocerlo como Señor (Romanos 10:9, 10).

Cuando Jesús hizo la segunda pregunta, es probable que Pedro expresara la opinión de los doce discípulos. Mateo nos da la confesión de Pedro en su forma más completa: "Tú eres el Cristo, el Hijo del Dios viviente." "El Cristo" significa que es el "Ungido" profetizado en el Antiguo Testamento. "Hijo del Dios viviente" es una referencia a su divinidad; "es verdaderamente Dios; un ser único al que podemos dirigir nuestra oración, en cuya presencia invisible podemos confiar, ante quien podemos postrarnos para exclamar como Tomás: 'Señor mío, y Dios mío' ".[13]

Este reconocimiento de Jesús como el Mesías no fue dictado por el discernimiento humano, sino por el Padre Celestial, que les había revelado el conocimiento de este misterio (véase Mateo 11:27; 13:11).

¿Es ésta la primera vez que uno de los discípulos reconoce en Jesús el Mesías prometido? ¿No afirma el cuarto evangelio que desde el principio sus primeros seguidores creyeron que era el Mesías? (Véase Juan 1:41). A. T. Robertson explica: "Es fácil suponer que la fe inicial de los discípulos, por la que vieron en Jesús al Mesías, había flaqueado porque El nunca había organizado ejércitos para establecer el esperado reino temporal; así, aunque creían aún que El tenía una misión divina, se habían preguntado, tal como Juan el Bautista lo había hecho en la prisión, si Jesús era el Mesías".[14]

2. La roca y las puertas del Hades. Sólo Mateo nos narra las palabras del Señor que siguen a la gran confesión de Pedro (Mateo 16:17-19). Estas palabras contienen algunas metáforas que no son interpretadas con claridad en las Escrituras. ¿Qué significan las expresiones "esta roca", "las puertas del Hades", "las llaves" y el poder de "atar y desatar"?

Analizaremos primero la "roca" sobre la cual Jesucristo edificará su iglesia. ¿A qué se refiere? Las interpretaciones son diversas.

a) Se refiere a Cristo mismo. En más de una ocasión, el Señor indica que El es la piedra angular del edificio. Pablo dice que "nadie puede poner otro fundamento que el que está puesto, el cual es Jesucristo" (1 Corintios 3:11). Sin embargo, esta interpretación presenta el problema de que da una imagen muy confusa. ¿Es Jesús a la vez el edificador y el fundamento de la Iglesia?

b) Se refiere a la confesión de que Jesús es el Mesías divino. Ya hemos notado que la fe se basa sobre su divinidad. En el idioma griego se emplean dos palabras distintas, una traducida "Pedro" (*petrós*, una piedra móvil) y otra traducida "roca" (*petra*, una roca firme). Por tanto, el término "roca" no puede referirse a Pedro. Este fue un hombre inestable, que llegó a negar a su Señor en una ocasión; en cambio, la confesión de la divinidad de Jesús es un fundamento sólido sobre el cual Cristo sí puede edificar su Iglesia.

c) Se refiere a Pedro, como representante de los otros apóstoles. No cabe duda alguna de que Jesús hablaba el idioma arameo. En aquella lengua no existe diferencia entre "Pedro" y "roca"; es el mismo término, "cefas": "Tú eres Cefas y sobre esta cefas edificaré mi iglesia." Es obvio que se trata de un juego de palabras. Sin embargo, "es un juego de palabras más forzado aún si entendemos que la piedra es Cristo; y es un juego de palabras muy débil y casi sin significado si la piedra es la confesión de Pedro".[13]

La interpretación más natural es que Jesús edificaría su Iglesia sobre Pedro. Sin embargo, Pedro no es la única piedra fundamental, pues Jesús dirigió su pregunta a todos los discípulos, y todos compartían la misma convicción. Pedro fue solamente el portavoz de los Doce. Hay varios versículos más que señalan que la Iglesia está edificada sobre los apóstoles (Efesios 2:20; Apocalipsis 21:9 y 14).

Por vez primera se encuentra la palabra "iglesia" en el Nuevo Testamento. Esta aparece solamente dos veces en el Evangelio según San Mateo (16:18; 18:17), y nunca en los otros tres. Da la idea de que Jesús reuniría alrededor de sí mismo un grupo fiel, el cual sería el principio de una nueva comunidad de creyentes. En la Versión Griega del Antiguo Testamento, el vocablo quiere decir "la asamblea del pueblo elegido".

Contra esta comunidad no prevalecerán las "puertas del Hades". La palabra griega "Hades" (Seol en hebreo) se refiere al lugar donde iban los espíritus de los difuntos. Los creyentes fallecidos no estarían allí para siempre. Cristo estaba proclamando así su victoria sobre el último enemigo. Habría una resurrección y Jesús arrancaría a los suyos del imperio de la muerte. Las puertas del Hades no pueden retener a los que están en Cristo.

3. **Las llaves del reino y el poder de atar y desatar.** La expresión "llaves" sugiere la autoridad de abrir puertas y cerrarlas. El amo de llaves de una ciudad o palacio era quien decidía si alguien podía entrar o no (Apocalipsis 9:1-2; 20:1-3). Ahora bien, es contrario al sentido del Nuevo Testamento enseñar que Pedro tenía autoridad para admitir a ciertas almas en el cielo y excluir a otras. Tales atribuciones sólo corresponden a Cristo (Apocalipsis 1:18).

El uso de la expresión en otras partes del Nuevo Testamento arroja luz sobre su significado. Jesús acusa a los intérpretes de la Ley: "Habéis quitado la llave de la ciencia; vosotros mismos no entrasteis, y a los que entraban se lo impedisteis" (Lucas 11:52). Aquí la "llave de la ciencia" se refiere a las condiciones para entrar en el reino. De igual manera, las llaves del reino se refieren al mensaje del evangelio, ya que éste abre las puertas del cielo a todos los que lo creen. Pedro tuvo el privilegio de abrir la puerta de la salvación a judíos y gentiles, lo cual se cumplió cuando les predicó a los judíos en el día de Pentecostés y cuando visitó la casa de Cornelio. No le fue dada autoridad para perdonar pecados, sino para proclamar las condiciones para obtener ese perdón. La autoridad que recibió Pedro en esta ocasión la recibieron también los demás discípulos (Mateo 18:18; Juan 20:23); y no en forma absoluta, sino declarativa.

El significado de la autoridad de atar y desatar no está completamente claro. Existen dos interpretaciones evangélicas.

a) Se refiere al poder de permitir y prohibir reglas en la iglesia. En el Talmud y otros escritos rabínicos, esta expresión significa "interpretar y aplicar la ley y las tradiciones sobre algún asunto estrictamente o con *laxitud*, de donde tiene en general el sentido de prohibir o permitir. En la estricta escuela de Shammai se ataban muchas cosas que la escuela de Hillel desataba".[16] Vemos un ejemplo del uso de esta autoridad en la decisión tomada por el concilio de Jerusalén, que dispensó a los gentiles de la obligatoriedad de la circuncisión (Hechos 15:19-29). Lo que la Iglesia desató en la tierra, fue aprobado en el cielo.

b) Se refiere a la autoridad para disciplinar (Mateo 18:18). Es obvio que el contexto de este versículo indica una relación con la imposición de disciplina: "Si no oyere a la iglesia, tenle por gentil y publicano" (Mateo 18:17). Dios apoya a la Iglesia cuando ésta disciplina a sus miembros por su mala conduca. Sin embargo, la autoridad para disciplinar no es exclusiva de Pedro, sino que pertenece a todas las iglesias locales (Mateo 18:17, 18; 1 Corintios 5:1-5).

Sea cual fuere la interpretación correcta de estas expresiones, es mejor atribuir la autoridad mencionada aquí a la Iglesia y no a Pedro solamente. En esta ocasión, Pedro representaba a los Doce y habló por ellos. También en su carácter de representante del grupo, recibió el poder que Jesús les confiaba a todos.

D. Jesús prepara a los Doce para su muerte
Mateo 16:21—17:13; Marcos 8:31—9:13; Lucas 9:22-36

Cuando llevó a sus discípulos a las circunstancias en que confesaron creer que Él era el Mesías, Jesús los estaba comenzando a preparar para que soportaran la sacudida de su crucifixión. A continuación les anunció su pasión y resurrección. Pocos días después reforzaría por medio de la transfiguración la fe de ellos en su divinidad.

1. **Jesús anuncia su muerte.**(Mateo 16:21-28; Marcos 8:31—9:1; Lucas 9:22-27). Si bien la doctrina de que Jesús es el Mesías y el Hijo de Dios es fundamental para la fe cristiana, también es primordial la de su muerte expiatoria. En estos momentos, el Señor les comenzó a

enseñar a sus discípulos que "le era necesario" ser desechado, sufrir y morir. En otras ocasiones ya había insinuado que moriría (Juan 2:19; Mateo 9:15; 12:40), pero esta era la primera vez que lo enseñaba claramente.

La primera reacción de Pedro fue la de todos los demás discípulos. ¡Morir en lugar de establecer un reino terrenal! No lo podían creer. No podían concebir al Hijo de Dios, si no era rodeado de gloria. Morir significaría la derrota, algo incompatible con el carácter mesiánico del Maestro. Por eso creyeron que su anuncio sólo era una parábola, con algún significado misterioso. Hasta después de la resurrección de Jesús y de la venida del Espíritu Santo, no pudieron comprender que el reino de Dios estaría en los corazones de los hombres.

"¡Quítate de delante de mí, Satanás!" Pedro se había convertido en partidario inconsciente del mismo diablo. Al tratar de persuadir a Cristo para que no fuera a la cruz, estaba haciendo el papel de tentador; se ponía del lado de los hombres, y no de Dios. La "roca" se convertía así en "tropiezo". Las ideas de Pedro no venían de Dios, sino de los hombres. "Sálvate a tí mismo" es la doctrina humana, pero ¿cómo podría Jesús salvar a los demás, si no moría por los pecados de ellos?

Aunque Pedro tenía buenas intenciones, estaba tratando de obligar a Jesús a tomar su propio camino. El teólogo Orígenes interpretó la represión de Cristo así: "Pedro, tu lugar es *detrás* de mí, no *delante*. Tu obligación consiste en *seguirme* en el camino que yo elija, no en *conducirme* por el que tú quisieras que yo fuera." [17] De igual manera, muchas oraciones están pensadas de tal manera que tratan de persuadir a Dios para que haga la voluntad de la persona que ora, en vez de buscar la voluntad divina. La persona piensa inconscientemente que sabe más que el mismo Dios lo que le es bueno y conveniente.

¿Qué quiere decir la expresión "Si alguno quiere venir en pos de mí, niéguese a sí mismo, y tome su cruz y sígame"? Negarse a sí mismo significa renunciar a sí para poner a Cristo como el objetivo central de la vida. El que quiere servir al Señor tiene que dejar de vivir para sus propios deseos, intereses y ambiciones, y aceptar la voluntad de El. Esto nos habla de la negación y muerte del propio yo. Tomar la cruz significa hacer todos los sacrificios necesarios por amor a Cristo como siervo suyo, incluso sufrir la muerte física si es necesario. Este es el espíritu de sacrificio, de martirio y de fidelidad del que trabaja y sufre por la causa del Señor.

Jesús menciona tres razones por las cuales vale la pena negarse a sí mismo, tomar su cruz y seguirle.

a) Ese es el camino que conduce a la vida verdadera. El que quiere salvar su vida temporal, es decir, que no está dispuesto a sacrificar sus bienes materiales y las satisfacciones del mundo presente, perderá la vida verdadera, la espiritual y eterna. "En cambio, el que está dispuesto a poner todo lo que es y todo lo que tiene a disposición del Maestro, salvará la vida por medio de esa pérdida aparente."[18] La consagración que exige Jesús tiene que ser total. Solamente la persona entregada a Cristo y dispuesta a servirle a todo precio, vivirá verdaderamente en este mundo y en el venidero.

b) *El alma vale mucho más que las cosas temporales.* ¿Qué aprovechará al hombre si ganare todo el mundo, y perdiere su alma? ¿O qué recompensa dará el hombre por su alma? La muerte no acaba con todo. El hombre tiene que elegir entre lo pasajero y lo eterno, y su decisión es irrevocable. Tanto la ganancia como la pérdida son eternas. En el día de juicio, nadie podrá dar nada en rescate de su alma. ¿De qué nos sirven todos los bienes y riquezas del mundo, si nosotros perecemos?

c) *Cristo volverá en gloria algún día y "pagará a cada uno conforme a sus obras".* Entonces se avergonzará de los que se avergüencen de El.

Algunos estudiosos creen que la predicción "Hay algunos de los que están aquí, que no gustarán la muerte hasta que hayan visto el reino de Dios venido con poder" (Marcos 9:1), o "hasta que vean al Hijo del Hombre viniendo en su reino" (Mateo 16:28) se refiere a la transfiguración. Sin embargo, es mejor interpretarla como una predicción de la destrucción de Jerusalén en el año 70 d.C. Según esta interpretación, la ruina de la ciudad santa fue el juicio terrible de Cristo, el cual es descrito como su "venida con poder". El Señor empleó a los romanos para llevar a cabo este juicio; murieron seiscientos mil judíos, noventa mil fueron vendidos como esclavos y la nación dejó de existir durante unos diecinueve siglos.

2. La transfiguración (Mateo 17:1-13; Marcos 9:2-13; Lucas 9:28-36). La transfiguración de Jesús sucede alrededor de una semana después de la gran confesión de Pedro. Este suceso confirma a Jesús como el Mesías y el Hijo de Dios. La clave de su interpretación se encuentra en la voz celestial, la cual no se dirige a Jesús, sino a los tres discípulos. La expresión "Este es mi Hijo Amado" señala que Jesús es el Mesías (véase el Salmo 2:7), mientras que las palabras "a él oíd" lo identifican con el gran profeta anunciado por Moisés (Deuteronomio 18:15).

La primera predicción del Maestro acerca de su pasión y muerte en la ciudad de Jerusalén dejó perplejos a los discípulos. En ese momento se hizo imprescindible animarlos por medio de una demostración visible y convincente de su gloria y majestad. Al menos, tenían que vislumbrar su gloria antes de que las sombras de la pasión los envolvieran.

Presenciar su gloria y oír la voz divina sirvieron para fortalecerlos grandemente, no sólo durante la pasión de Cristo, sino también durante los días en que sufrieron persecución. Muchos años después de este episodio, el apóstol Pedro alude a esta experiencia como prueba de que el Señor volverá (2 Pedro 1:16-18). No cabe duda alguna de que la transfiguración es una anticipación de la gloria plena de Cristo, que será revelada cuando El vuelva.

Nuestro Señor eligió a tres de sus discípulos, Pedro, Juan y Jacobo, en calidad de representantes de los Doce, con el objeto de que fueran testigos oculares de aquel sublime acontecimiento. ¿Acaso estaba demostrando favoritismo? Al parecer, estos tres apóstoles tenían mayor penetración espiritual que el resto, y estaban más preparados para comprender el significado de la transfiguración. Así fue como subieron a un alto monte para orar. El monte Tabor, situado en Galilea, es considerado tradicionalmente como el cerro de la transfiguración, pero muchos eruditos piensan que se trata más bien del monte Hermón, de unos tres mil metros de altura. Los cansados apóstoles fueron presa del sueño muy pronto, mientras Jesús oraba.

"Y entre tanto que oraba, la apariencia de su rostro se hizo otra, y su vestido blanco y resplandeciente." Cristo no reflejaba ninguna gloria exterior, sino que la gloria partía de su mismo ser. Debe de haber sido un espectáculo sublime en medio de la oscuridad de la noche. Moisés y Elías, el primer legislador y el más grande de los profetas, hablaron con El de su "partida" ("exodo" en griego). El pensamiento de su muerte agobiaba el corazón del Salvador, por lo que es probable que los dos visitantes fueran enviados por el Padre con el objeto de animarlo y fortalecerlo ante la cruz.

Cuando los discípulos despertaron, quedaron deslumbrados y confundidos por aquella gloria. Moisés y Elías se alejaron y Pedro tomó la palabra. Quería detenerlos. ¿Qué tuvo de malo la impulsiva declaración de Pedro? A pesar de la gran confesión que había hecho una semana antes, puso al Señor Jesús en el mismo nivel que a los otros dos personajes. Además de esto, su deseo era prolongar tan feliz y beatífica visión. Estaba equivocado en este deseo, puesto que tanto Jesús como los apóstoles tenían trabajo que hacer. El peligro del misticismo siempre consiste en que el hombre pierde contacto con el mundo y sus necesidades.

El Padre celestial puso fin al superficial razonamiento de Pedro cubriendo la escena con una nube. La voz divina señaló que no era necesario retener a Moisés y Elías, pues había llegado Aquél de quien ellos mismos habían dado testimonio por medio de profecías y símbolos proféticos. Para nosotros, la gran verdad es que los grandes hombres vienen y se van, pero Cristo queda con nosotros, y su presencia nos basta. En aquellos momentos, el Padre mismo ratificó la confesión de Pedro y dio gloria al Hijo. Ni siquiera la muerte podría extinguir esa gloria divina. Los seguidores de Jesús debían escuchar lo que éste decía acerca de la cruz.

En la conversación que sigue a la transfiguración, Jesús les mandó a sus discípulos que no divulgaran lo que habían presenciado. El mundo no lo comprendería y probablemente no lo creería tampoco. Sería como echar perlas delante de los cerdos. De creerlo, es probable que hubiera despertado una falsa expectativa mesiánica, la cual a su vez habría provocado una revolución contra Roma.

Convencidos de que Jesús era el Mesías, los discípulos se maravillaron de que Elías no hubiera venido a preparar el camino del Mesías, como lo había profetizado Malaquías (4:5, 6). El les explicó entonces que dicha profecía ya se había cumplido en Juan el Bautista, pero no lo habían reconocido como el precursor del Mesías, sino que lo habían matado. De igual manera tratarían al Hijo del Hombre.

3. **Jesús sana a un muchacho lunático** (Mateo 17:14-23; Marcos 9:14-32; Lucas 9:37-45). Después de la sublime experiencia de la transfiguración, Jesús y su pequeño grupo se enfrentan nuevamente con los problemas y las frustraciones humanas. En ausencia del Maestro, un hombre angustiado había pedido a los otros discípulos la curación de su hijo, pero ellos no habían conseguido liberarlo del cruel poder de un demonio. Una multitud los observaba. Había también escribas que disputaban, indudablemente poniendo en tela de juicio los intentos de los discípulos. Lo que interesa a los escritores inspirados no es tanto el exorcismo hecho con el demonio, como la instrucción dada por el Maestro sobre la fe.

"¡Oh generación incrédula! ¿Hasta cuándo he de estar con vosotros?" ¿Quiénes eran esos incrédulos? Todos, incluyendo los nueve discípulos que no tenían suficiente fe para ejercer la autoridad que nuestro Señor les había dado sobre los espíritus inmundos (Mateo 10:1). Tenían una medida de fe (Mateo 17:20), pero su fe era débil, porque habían descuidado la oración. Posiblemente el anuncio de la muerte de Jesús los desalentara y debilitara su deseo de tener comunión con el Padre. "Este género no puede salir sino con oración y ayuno." (Los manuscritos Sinaítico y Vaticano omiten las palabras "y ayuno", y algunos eruditos piensan que fueron añadidas por los cristianos años después, aunque las evidencias en su contra no son concluyentes.)

"Si tuvieres fe como un grano de mostaza. . ." ¿Se refiere al minúsculo tamaño del grano de mostaza, o a su capacidad para desarrollarse? La semilla de mostaza tiene vida y es capaz de brotar y crecer. Al igual que el grano de mostaza, la fe verdadera puede desarrollarse hasta que llegue el momento en que pueda trasladar montes.

Podemos notar cómo se desarrolla la fe del padre del endemoniado. Comienza con una fe fluctuante. El leproso había dudado que el Maestro quisiera limpiarlo (Marcos 1:40), pero no tenía dudas en cuanto a su poder para hacerlo. El padre del muchacho endemoniado no dudaba que lo quisiera hacer, pero dudaba en cambio de su poder: "Si puedes hacer algo." La Biblia de Jerusalén traduce mejor la respuesta del Señor, que la Versión de Casiodoro de Reina revisada: "¡Qué es eso de si puedes! ¡Todo es posible para quien cree!" (Marcos 9:23). No es que a Cristo le faltara poder; más bien era cuestión de que aquel padre tuviera fe. Entonces el hombre afirmó que tenía fe, pero pidió que le fuera aumentada.

¿Por qué somos tan débiles frente a la posesión demoníaca? ¿Le falta poder a Cristo? ¿Le falta compasión? ¿Acaso no es nuestra poca fe la razón de que callemos? Sin embargo, podemos desarrollar la fe que ya tenemos, por medio de la comunión con Dios. "Jesucristo es el mismo ayer, y hoy, y por los siglos" (Hebreos 13:8). Revistámonos de toda la armadura de Dios para librar la guerra contra las fuerzas de las tinieblas.

Camino de Capernaúm, Jesús volvió a predecir su muerte. Era necesario seguir insistiendo en su próxima pasión, porque los discípulos no eran capaces de comprender la razón de ella.

4. Jesús paga el tributo del templo (Mateo 17:24-27). Una vez llegados Cristo y sus discípulos a Capernaúm, se les acercaron unos cobradores de impuestos y le preguntaron a Pedro si su Maestro pagaba el impuesto prescrito en el templo. Esto es una referencia al rescate que tenía que pagar todo israelita como expiación por su persona (Exodo 30:11-16). Este dinero era usado para el mantenimiento del templo.

El Señor hace una comparación para contestar a su pregunta. Los reyes terrenales recaudan sus impuestos de los extraños, pero no de los que pertenecen a su propio pueblo; mucho menos de los miembros de su propia familia. ¿Qué significa la comparación? Los hijos estaban exentos, y en especial lo estaba el Hijo. De esta manera se declaraba el Hijo de Dios, y por lo tanto, afirmaba no estar obligado a contribuir al sostenimiento de la casa de Dios. En El había "uno mayor que el templo" (Mateo 12:6). Podemos añadir que el Maestro, que nunca había pecado, no tenía que hacer expiación por su propia alma. El había venido para dar su vida "en rescate por muchos". Entonces, ¿era necesario que pagara un rescate simbólico? Puesto que los discípulos formaban parte de la familia mesiánica, ellos también estaban exentos de aquel impuesto.

Sin embargo, "para no ofenderles", Jesús pagó el impuesto del rescate. La gente de Galilea no se daba cuenta de que El era el Hijo de Dios. Si no pagaba el rescate, lo tomarían como una irreverencia. La reacción del Señor nos sirve de ejemplo en cuanto a nuestros deberes civiles. Cumplamos con nuestras obligaciones, aunque a veces nos parezcan injustas. También en la sociedad y en la Iglesia es mejor ceder ciertos derechos que ofender a alguien.

El milagro de la moneda en la boca del pez para pagar el tributo presenta un problema. De todos los milagros de Jesús, sólo éste y la maldición lanzada sobre la higuera estéril no tuvieron por propósito ministrar a las necesidades de otras personas. Cristo nunca obró un milagro para su propio beneficio. Algunos estudiosos de la Biblia ven en este milagro una parábola de la muerte sustituta de Cristo, lo cual armonizaría con la idea original del impuesto: "Dáselo por mí y por ti." Jesús no tenía pecado; por tanto, no había razón alguna para que pagara el precio del rescate, pero lo hizo en la cruz a favor de Pedro y de todos.

Citas del capítulo 10

[1] Cook, *op. cit.*, pág. 66.
[2] Trenchard, *Una exposición del Evangelio según Marcos*, pág. 77.
[3] Gibson, John M. *The Gospel of Matthew* en *The Expositor's Bible*, (W. R. Nicoll, redactor), 25 tomos, 1903, pág. 199.
[4] Cook, *op. cit.*, pág. 67.
[5] Nota de la *Biblia de Jerusalén* en Mateo 15:6.
[6] Ryle, *op. cit.*, pág. 122.
[7] Erdman, *El Evangelio de Marcos*, pág. 137.
[8] Trilling, tomo 2, *op. cit.*, pág. 89.
[9] Erdman, *El Evangelio de Marcos*, pág. 159.
[10] Trenchard, *Una exposición del Evangelio según Marcos*, pág. 97.
[11] Evans, William *Las grandes doctrinas de la Biblia*, sin fecha, pág. 54.
[12] Nota en la *Biblia Nácar-Colunga*, 14 edición, Mateo 16:13.
[13] Erdman, *El Evangelio de Mateo*, pág. 164.
[14] Robertson, A.T. *op. cit.*, pág. 83.
[15] Broadus, *Comentario sobre el Evangelio según Mateo*, pág. 453.
[16] *Ibíd*, pág.461.
[17] Citado en Barclay, *Mateo*, tomo 2, *op. cit.*, pág. 158.
[18] Trenchard, *Una exposición del Evangelio según Marcos*, pág. 103.

CAPITULO 11

LOS DISCURSOS EN EL CAMINO A JERUSALEN

Este capítulo comienza con los discursos de Jesús sobre la vida en la comunidad mesiánica. En ellos enseñaba algunas virtudes necesarias para la armonía dentro de la fraternidad con Cristo. El Maestro divino seguía preparando a los apóstoles con el fin de capacitarlos para edificar la Iglesia. Se encontraban en Capernaúm de Galilea.

Posteriormente partieron de Galilea rumbo a Jerusalén, pasando por Samaria. Sólo el cuarto evangelio narra su ministerio en Samaria y en la Ciudad Santa (Juan 7:11—10:39). Su dedicación a la instrucción de los discípulos había hecho que pospusiera la enseñanza al pueblo. En estos momentos volvió a enseñar a las multitudes. Todavía no había evangelizado bien a Judea ni había viajado a Perea. Le quedaban solamente seis meses antes de ser crucificado. Desde la fiesta de los tabernáculos, en octubre (Juan 7), hasta la fiesta de la dedicación, a fines de diciembre (Juan 10:22), Jesús y sus discípulos trabajaron arduamente evangelizando Judea. En los evangelios se destacan más los discursos que los incidentes en esta etapa del ministerio de Cristo.

A. Los discursos sobre relaciones personales
   Mateo 18:1-35; Lucas 9:46-50.

   1. Los grandes del reino (Mateo 18:1-5; Marcos 9:33-37; Lucas 9:46-48). Después de su viaje privado, Jesucristo y sus apóstoles regresaron a una casa de Capernaúm. Los apóstoles habían entendido muy poco

lo que significaba aquel anuncio hecho en el camino sobre quién sería mayor en el reino. Todavía pensaban que el reino era terrenal, y cada uno de ellos deseaba tener la posición más próxima al trono. La disputa motivada entre los Doce por la ambición aparece aquí por primera vez, pero se manifiesta a menudo en lo sucesivo. Sin embargo, revelan que están plenamente convencidos de que Jesús es el Mesías y de que pronto inaugurará su reino.

La pregunta de Jesús les causó vergüenza y se callaron (Marcos 9:33). Al igual que los discípulos, nosotros buscamos a veces los primeros lugares en la obra del Señor, y si no los conseguimos nos llenamos de envidia, celos o ira. Sin embargo, cuando nos hallamos en la presencia del Señor nos avergonzamos de nuestra ambición y de nuestras indignas reacciones.

"Si alguno quiere ser el primero, será el postrero de todos, y el servidor de todos." Es decir, la verdadera grandeza consiste en tener un espíritu humilde, en estar dispuesto a tomar el lugar de menor importancia y en servir desinteresadamente en lugar de esperar que otros nos sirvan. Para grabar la lección en el corazón de los suyos, Jesús tomó un niño y lo puso en medio de ellos, diciéndoles: "Si no os volvéis y os hacéis como niños, no entraréis en el reino de los cielos" (Mateo 18:3). La palabra "volvéis" habla de conversión y se refiere a una "reorientación de la vida hacia Dios".[1] "Hacerse como niños" significa ser sencillos, humildes, dependientes y sin pretensiones. Si alguien quiere entrar en el reino de Dios, tiene que renunciar a sus ambiciones carnales y volverse humilde como los niños.

En segundo lugar, debemos recibir a las personas que son tan humildes como niños, y servirlas desinteresadamente. "Recibir en el nombre de Jesús" significa aceptarlas, tener compasión de ellas y ayudarlas en nombre de Cristo. Debemos recibirlas por amor a Cristo, más que por tener una personalidad atrayente, una posición elevada o riquezas. El Señor se identifica con los suyos. Acoger a uno de ellos equivale a recibir a Cristo mismo. En cambio, maltratarlos es ofender al Señor (véase Hechos 9:5).

2. El trato con quienes no son de los nuestros (Marcos 9:38-41; Lucas 9:49-50). La instrucción de Jesús sobre recibir a los que tienen espíritu de niños despertó la conciencia de Juan, quien le contó que los discípulos habían visto a un exorcista obrar milagros en el nombre del Salvador, aunque no pertenecía al grupo apostólico y le habían prohibido seguir ministrando así, según él "porque no nos seguía".

Jesús descargó en esos momentos un fuerte golpe sobre el espíritu sectarista. En esta conducta de los discípulos se halla ya el germen de la intolerancia eclesiástica que ha perjudicado a la Iglesia a través de los siglos. ¿Cuántas veces hemos visto en la historia del cristianismo que una organización eclesiástica no tolera a las demás, sino que exige que todas formen parte de su doctrina y sistema? Más de una denominación cristiana ha afirmado que es necesario pertenecer a su organización para ser de Cristo.

En el caso de los discípulos, se pasa por alto el hecho de que hay que estar en contacto con Cristo para obrar milagros en su nombre (véase Hechos 19:13-16). Sin duda, todo el que hace las obras de Cristo en el nombre de Cristo tiene al menos un cierto grado de fe en El. "No se lo prohibáis; porque ninguno que haga milagro en mi nombre, luego puede decir mal de mí."

"Porque el que no es contra nosotros, por nosotros es." ¿No contradicen estas palabras a la expresión "El que no es conmigo, contra mí es"? No, porque éstas últimas advierten que nos es imposible ser neutrales en nuestra actitud hacia el Señor. Los que quieren ser neutrales, no reconociendo a Cristo ni oponiéndose a El, son en realidad sus enemigos. Declararse neutral equivale a ponerse del lado de sus adversarios. En cambio, los que ayudan a su causa, por más irregular que sea su posición, están a favor del Señor. Trenchard observa: "La lección para nuestros días es que hemos de reconocer las manifestaciones del poder del Espíritu Santo dondequiera que se produzcan (y ese poder no se manifestará donde no se exalte a Cristo en obediencia a su Palabra), sin escandalizarnos porque los siervos del Señor en cuestión 'no nos siguen'."[2] Por otra parte, sí debemos insistir en que enseñen las verdades bíblicas, y no herejías (Hechos 20:29-50), y en que la vida de esas personas corresponda con lo que enseñan. Hay quienes obran milagros en el nombre del Señor y ayudan por un tiempo a la causa de Cristo, pero al final serán rechazados por El porque son "hacedores de maldad" (Mateo 7:22, 23).

Jesús promete a continuación recompensar a los que ayuden a los creyentes porque le pertenecen a El (Marcos 9:41). Por más insignificante que sea el acto bondadoso de un simpatizante (como dar un vaso de agua), recibirá su recompensa. Sin embargo, no debemos creer que esa recompensa será la vida eterna. Parece más bien que se refiere a una bendición temporal.

3. El trato con los pequeños en el reino (Mateo 18:6-14; Marcos 9:42-50). El Señor recompensará al que ayude a los pequeños del reino; también castigará severamente al que los haga tropezar. Advierte solemnemente que mas valdría ser atado por el cuello a una enorme piedra y ser echado al mar como un perro, que vivir y hacer caer a un recién convertido o a un sencillo seguidor de Cristo.

¿Cuáles son los tropiezos? Las enseñanzas erradas, los consejos carnales, y una vida fría, inconsecuente o mundana. Todos ellos sirven para hacer tropezar a los "pequeños". Marcos 9:49, 50 parece referirse también a los antagonismos y roces entre creyentes como uno de esos tropiezos. Así como todos los sacrificios del Antiguo Testamento se tenían que sazonar con sal (un preservativo), también los cristianos deben ser sazonados con gracia y armonía en sus relaciones.

En el Antiguo Testamento la sal simboliza amistad, pacto y lealtad. Comer pan y sal con otra persona era hacer una alianza de amistad inquebrantable. También el Apóstol Pablo emplea la figura de la sal para simbolizar la "gracia": "Sea vuestra palabra siempre con gracia, sazonada con sal. . ." (Colosenses 4:6). Ambas ideas están relacionadas con el pensamiento de Jesús. Nada desalienta más al recién convertido o al hermano débil que ver contiendas entre otros creyentes. La vida de todo cristiano debe estar sazonada con gracia y con un espíritu de amistad hacia los demás hermanos en la fe.

No debemos menospreciar a otro seguidor de Cristo, por más insignificante, humilde o débil que parezca, pues siendo de Cristo, es inmensamente valioso para Él. Ciertos cristianos tienden a tener en poco a aquéllos de sus hermanos espirituales que son pobres, incultos o ignorantes. Sin embargo, éstos también tienen una gran dignidad. Los ángeles son sus acompañantes, y para el Padre tienen tanto valor como lo tiene una oveja para su pastor. Si la oveja se descarría, el pastor deja las noventa y nueve para buscar la perdida. El Padre celestial no quiere que nadie se pierda. Por tanto, los seguidores de Cristo deben evitar a toda costa ser motivo de tropiezo para los pequeños. Deben tomar medidas drásticas para quitar de su vida las cosas que tientan a otros a caer. Por muy dolorosa que sea esta operación de cirugía moral, es preferible hacerla que terminar en la gehena de fuego.

4. **El trato con un hermano que nos perjudica** (Mateo 18:15-20). El cuarto tema del discurso se podría titular "La corrección del pecado en la comunidad de creyentes." En este punto, Jesús echa los cimientos de la disciplina eclesiástica. Sobre todo, presenta unas admirables reglas destinadas a subsanar las disensiones entre hermanos en la fe.

El primer paso es un paso de amor. Si un creyente es ofendido por otro, debe visitarlo a solas para manifestarle la falta que ha cometido. No debe publicar la falta, para no humillarlo. Este proceder está de acuerdo con lo prescrito en el Antiguo Testamento: "No aborrecerás a tu hermano en tu corazón; razonarás con tu prójimo, para que no participes de su pecado. No te vengarás, ni guardarás rencor a los hijos de tu pueblo, sino amarás a tu prójimo como a ti mismo" (Levítico 19:17, 18). Según Broadus, el término traducido "reprender" significa "más estrictamente, convencerle de su falta, como en Juan 8:46; 16:8 y Santiago 2:9".[3] Se gana poco con una represión hiriente.

El gran motivo por el que debe tratar de convencerlo de su pecado no es castigarlo, sino "ganarlo". ¿Qué quiere decir la expresión "ganarlo"? Conservarlo como miembro de la iglesia y restaurarlo a la comunión con su hermano ofendido, con la congregación, y en especial, con Dios. Al igual que en este caso personal, el objetivo principal de toda disciplina eclesiástica es restaurar al caído. El pecado rompe la comunión con Dios y con los hermanos en la fe.

Si el miembro que peca rechaza la corrección en privado, el creyente al que ha ofendido debe llamar a dos o tres testigos, probablemente para establecer antecedentes y efectuar una reconciliación entre los dos. Si esta tentativa tampoco surte efecto, se debe presentar el caso a la iglesia local, la cual repetirá "la advertencia con todo el peso de su autoridad".[4] Todo lo que la comunidad de creyentes ate en la tierra, será atado en el cielo; es decir, la disciplina que disponga la congregación será apoyada en el cielo, a menos que sea injusta o inmisericorde. Si el que ha cometido la falta no quiere escuchar a la iglesia, debe ser expulsado ("tenerlo por gentil y publicano"). En realidad, la acción de la congregación sólo confirma lo que ya ha hecho el miembro no arrepentido, puesto que con su pecado ya ha roto sus vínculos espirituales con la familia de Dios.

Afortunadamente, la congregación también tiene autoridad para desatar al arrepentido. El apóstol Pablo instó a la iglesia local de Corinto a que perdonara a un pecador arrepentido, presumiblemente expulsado con anterioridad de la comunidad de los hermanos (2 Corintios 2:5-11).

Además del objetivo de restaurar al hermano caído, la disciplina tiene el propósito de mantener la pureza de la iglesia y de enseñar a los demás miembros que no es cosa ligera pecar notoriamente y traer oprobio al cuerpo de Cristo. El apóstol Pablo indica que la iglesia no puede pasar por alto los pecados que se cometen en su medio (1 Corintios 5:1-13). Por regla general, les corresponde a los dirigentes de la congregación la responsabilidad de disciplinar a los miembros que andan en desorden, puesto que son los representantes de la iglesia local. El juicio de un grupo de creyentes, en cuanto a determinar la culpa y administrar la disciplina, suele ser más objetivo y justo que el de un solo individuo. Durante todo el proceso, la congregación debe buscar en oración la dirección de Dios y su ayuda para restaurar al que ha pecado. La disciplina es un asunto delicado, y puede ser contraproducente si se administra mal o con un espíritu incorrecto.

El Señor promete después su presencia "donde están dos o tres congregados en mi nombre". Por supuesto, Cristo está con todos los creyentes, pero se manifiesta de una manera especial en medio de un grupo que se reúne en su nombre para buscar su rostro y adorarlo.

Además de prometer su presencia de una manera especial en medio de los creyentes congregados en su nombre, Jesús les garantiza que cuando se pongan de acuerdo en lo que deben pedir, su oración conjunta tendrá un poder muy especial. Ciertamente, se da por supuesto que pedirán cosas dignas de ser atendidas y que estén de acuerdo con la voluntad divina. Hagamos la observación de que se debe orar en el nombre de Jesús. El es el Mediador perfecto, puesto que es el Dios-Hombre. Sólo por medio de El tenemos acceso al trono de la gracia.

5. El perdón a un hermano que nos haya ofendido (Mateo 18:21-35). La solicitud de Cristo por lograr que un hermano descarriado encontrara arrepentimiento y perdón, hizo pensar a Pedro, quien al parecer razonó: "¿Qué pasaría si un hombre me escuchara y yo lo perdonara, pero después me volviera a ofender? ¿Cuántas veces tendría que perdonarlo?" Los rabinos de aquella época pensaban que la paciencia tenía sus límites, y que nadie debía ser perdonado más de tres veces. Por tanto, es muy posible que Pedro se sintiera muy generoso cuando le preguntó a Jesús: ¿Serían suficientes siete veces?

La respuesta del Maestro contrasta vívidamente con el cántico de la espada de Lamec (Génesis 4:23-24). Según el contexto de este antiguo canto, Dios había protegido a Caín, poniendo sobre él una señal y advirtiendo a cualquiera que quisiera asesinarlo, que su muerte sería vengada siete veces. Esto significa que el castigo divino sería muchísimo más grave que el delito. En su arrogante canto, Lamec intenta sobrepujar a Caín: "Si siete veces será vengado Caín, Lamec en verdad setenta veces siete lo será." En cambio, en la comunidad de los creyentes, es el perdón el que debe ser ilimitado.

El expositor bíblico Stanley Horton afirma:

> En la Biblia, el perdón en la Biblia comprende la cancelación completa, la remisión absoluta. También exige:
>
> 1) Perdonar tanto lo grande como lo pequeño.
>
> 2) Dar el primer paso. No esperar a que sea el ofensor el que se humille y se nos acerque. Jesús nos perdonó cuando aún éramos pecadores y enemigos de Dios (Romanos 5:8, 9).
>
> 3) Perdonar antes que el ofensor se arrepienta, como lo hizo Jesús en la cruz (Lucas 23:34).
>
> 4) Olvidarnos de las ofensas.[5]

Con el objeto de demostrar lo razonable que es no tener límites en el perdón, Jesús narra ahora la parábola de los dos deudores. Su significado es obvio. Un monarca, movido a compasión, le perdonó a un esclavo una deuda que hoy habría significado más de nueve millones de dólares, y que le era imposible pagar. La razón por la que llegó a acumular semejante deuda carece de importancia. Cristo relata así la historia para recordarnos cuán inmensa es la deuda que el pecador ha contraído con Dios, y qué inútiles son todos nuestros intentos por liquidar nuestra deuda mediante buenas obras.

Sin embargo, el esclavo perdonado no sintió agradecimiento. No quiso hacer lo mismo con la deuda que otro esclavo tenía con él, por más que éste le rogó. Esta deuda equivalía a cerca de quince dólares, suma insignificante comparada con la primera. De esta forma, el Señor señala que lo que nuestros hermanos nos deben es ínfimo si lo comparamos con lo que le debemos a Dios. La aplicación de la parábola es que el hombre que no perdona a su prójimo tampoco será perdonado por Dios. Puesto que su deuda es colosal y tendrá que pagar todo lo que le debe a Dios, se pasará toda la eternidad en cadenas. En cambio, "bienaventurados los misericordiosos, porque ellos alcanzarán misericordia". El hombre perdonado por Dios debe mostrar su gratitud hacia El, perdonando a los que le ofenden.

B. La subida a Judea
Lucas 9:51-61; Mateo 8:18-22

Mateo dice: "Cuando Jesús terminó estas palabras, se alejó de Galilea, y fue a las regiones de Judea. . ." (19:1; véanse también Marcos 10:1 y Lucas 9:51). El cuarto evangelio nos proporciona más detalles. El Señor fue a Jerusalén para asistir a la fiesta de los tabernáculos (Juan 7:1-13) y para evangelizar la región de Judea. Los evangelios sinópticos narran algunos acontecimientos y diversos discursos del Maestro mientras se dirigían a la ciudad santa.

1. Los samaritanos rechazan a Jesús (Lucas 9:51-56). Lucas interpreta el viaje de Cristo a Jerusalén como el primer paso hacia la cruz: "Cuando se cumplió el tiempo en que él había de ser recibido arriba, afirmó su rostro para ir a Jerusalén." Decidió enfrentarse a la muerte con valiente resolución, y con el pensamiento puesto en su regreso al Padre.

El Señor y sus numerosos acompañantes tomaron el camino más directo entre Galilea y Jerusalén, que atraviesa Samaria. Por largo tiempo había existido una fuerte disputa religiosa entre judíos y samaritanos (Juan 4:9), pero no lo era tanto como para impedir estos viajes. Sin embargo, en este caso se les negó alojamiento a Jesús y a su grupo de seguidores porque iban a Jerusalén. Probablemente presentían que Jesús, el famoso profeta, pasaría cerca de su santuario sobre el monte de Gerizim sin prestarle ninguna atención. De esta manera manifestaban unos prejuicios mezquinos y provincianos, y un enojo injustificado.

Hay algo admirable con respecto a la pregunta de Jacobo y Juan (versículo 54). En ella pusieron de manifiesto su gran fe en Jesús y su ardiente celo por su honor. "Esto contrasta marcadamente con la indiferencia con la cual muchos de los seguidores de Jesús ven y oyen actualmente cómo los hombres deshonran abiertamente su santo nombre." [6] Sin embargo, Jesús tuvo que reprenderlos, porque demostraron que no entendían su espíritu, ni la actitud que debían tener sus seguidores. No debían vengarse, sino amar a sus enemigos. El no había venido para destruir a las almas, sino para rescatarlas.

Anteriormente, Cristo les había llamado "Boanerges" (hijos del trueno) a Jacobo y a Juan (Marcos 3:17). Es probable que lo haya hecho por el ardiente celo y el espíritu de violencia que los caracterizaron en este relato y en otras ocasiones. Sin embargo, con el transcurso de los años, Juan se convirtió en el "apóstol de amor" y sus cartas hablan de esta virtud más que cualquier otro libro del Nuevo Testamento.

2. **Las exigencias del ministerio apostólico** (Mateo 8:18-22; Lucas 9:57-61). Los tres hombres que quisieron seguir a Cristo eran candidatos, no sólo al discipulado, sino también al ministerio de anunciar las buenas nuevas del reino (Lucas 9:60). Jesús, quien conoce a todos los hombres (Juan 2:24-25), le señaló a cada uno los obstáculos que podían perjudicarlos en el ministerio.

El primer hombre, escriba y experto en la Ley (Mateo 8:19), era impulsivo y tenía un concepto muy superficial de lo que era servir a Cristo. Pensaba en la gloria, pero no se daba cuenta de que tendría que sacrificarse y sufrir por la causa del Maestro. Carecía de espíritu de abnegación.

El segundo ya era discípulo (Mateo 8:21), pero no tenía sentido de urgencia en su consagración. No debemos imaginarnos que su padre ya hubiese muerto, ni tampoco que estuviera a punto de morir. Es probable que el hombre haya querido decir: "Te seguiré después que mi padre haya fallecido." La respuesta de Jesús parece indicar que los espiritualmente muertos se pueden dedicar a sepultar a los físicamente muertos. El creyente no debe permitir que nada ni nadie se interponga entre él y su Dios. Jesús había expresado este mismo principio cuando dijo: "El que ama a padre o madre más que a mí, no es digno de mí" (Mateo 10:37). La obra de Cristo es urgente; no debemos demorarla, ni permitir que otras cosas tengan prioridad en nuestra vida.

El tercer hombre se caracterizaba por su distracción. La respuesta del Señor indica que era como el agricultor que mira atrás mientras arara, por lo que le salen torcidos los surcos. Dejaba que su mente divagara, pensando en los problemas a los que la gente tendría que enfrentarse debido a su ausencia. Quería servir a Cristo, pero también quería aferrarse a su vida vieja. La mente dividida y la distracción vuelven inservible al hombre. "No es apto para el reino de Dios." Tampoco es apto el discípulo que es incapaz de separarse del mundo y de abandonar a sus viejos amigos mundanos que rechazan al Señor.

C. La misión de los setenta
Lucas 10:1-24

Al llegar a Jerusalén, Jesús enseñó a la multitud y también sanó a un hombre que había nacido ciego. Los evangelios sinópticos omiten esta etapa de su ministerio, de la que sólo Juan nos proporciona detalles (Juan 7:11—10:39). Después salió de Jerusalén para ministrarles a las multitudes en Judea.

Su ministerio en esta región comenzó con el envío de los setenta. Además de los Doce, el Señor llevaba consigo otros discípulos. Había elegido a los Doce para que realizaran un ministerio y una misión especiales. Quería que fuesen los primeros testigos de sus enseñanzas y de su resurrección y que se convirtiesen en el núcleo de la Iglesia, pero necesitaba muchos obreros más para realizar su labor.

Puesto que el tiempo apremiaba y El quería que sus discípulos aprendiesen con la práctica, escogió a setenta y los envió de dos en dos a los pueblos y aldeas de la Perea, región situada al este del Jordán. Ellos prepararían el camino, de manera que cuando Cristo visitara esos lugares, la gente ya supiera algo de El y de su mensaje.

Jesús envía a los setenta (Lucas 10:1-16). Aunque hay muchas semejanzas entre la misión de los Doce (Mateo 10:1-42; Lucas 9:1-6) y la de los setenta, hay también diferencias notables: a) Los Doce recibieron la indicación de no ministrarles a los gentiles, mientras que el ministerio de los setenta no estaba limitado a los judíos. Muchos de los habitantes de Perea eran mestizos y gentiles. Al parecer, el Señor quería señalar con esto la universalidad de su misión. b) La misión de los Doce era permanente, mientras que la de los setenta fue momentánea. Por esto Cristo les predijo persecución a los Doce y no lo hizo con los setenta. c) Cristo les ordenó a los setenta que apresuraran su obra, por lo que no debían malgastar su tiempo con interminables saludos en el camino (Lucas 10:4).

2. El regreso de los setenta (Lucas 10:17-24). Los setenta volvieron animados de un profundo gozo. Habían salido con fe y habían visto resultados muy superiores a sus esperanzas. Ni los demonios se les habían podido resistir cuando hablaban en el nombre y con la auto-

182 Se hizo hombre

ridad de Jesús. A pesar de esto, el Señor les aconsejó que no se regocijaran en sus victorias sobre las fuerzas demoníacas, sino más bien porque sus nombres estaban escritos en el libro de la vida (véanse Exodo 32:32, 33; Filipenses 4:3; Apocalipsis 3:5 y 21:27).

¿Qué quiso decir Cristo al afirmar que había visto a Satanás caer del cielo? (Lucas 10:18). No se refería a la caída inicial de su exaltada posición en el cielo (Isaías 14:12), ni tampoco a su expulsión del cielo (Apocalipsis 12:7-11) o a su destino final (Apocalipsis 20:10). Más bien, Jesús veía en las modestas victorias de sus discípulos sobre los agentes de Satanás una señal de la derrota final del Maligno mismo.

La autoridad para "hollar serpientes y escorpiones" se debe interpretar simbólicamente a la luz de la expresión "y sobre toda fuerza del enemigo". Los engaños y las trampas mortales de la "serpiente antigua" (Apocalipsis 12:9), y la picadura venenosa de sus agentes, los demonios, no pueden nada contra los mensajeros del Rey divino, mientras éstos trabajen para El. El poder de Cristo puede destruir estos poderes espirituales de las tinieblas a través de la fe de sus seguidores.

El Señor se regocijó al pensar en lo que el Padre había hecho por aquellos discípulos, en ellos y a través de ellos. La palabra traducida "se regocijó" significa algo más fuerte que nuestro vocablo. Quiere decir, "se llenó de un exaltado gozo". Lucas hace la observación de que es el Espíritu Santo quien causa este entusiasmo extraordinario. También le causa alegría ver cómo Dios revela las cosas espirituales a los hombres sencillos y humildes, mientras que los hombres cultos e intelectuales a menudo no las entienden.

Las palabras que aparecen en Lucas 10:22-24 demuestran que Jesús se daba cuenta de su relación única con el Padre, de que El era el cumplimiento de las profecías mesiánicas del Antiguo Testamento, y de que el Padre le había entregado todas las cosas: su sabiduría y autoridad divinas, y la misión de revelar las verdades espirituales.

D. Incidentes y enseñanzas en Judea
Lucas 10:25—11:13; 12:13-21, 35-53; 13:1-17

1. El buen samaritano (Lucas 10:25-37). Un doctor de la Ley trató de entablar un debate con Jesús con la finalidad de ostentar sus conocimientos y ponerlo en apuros. Esta fue la ocasión en que El relató una de las parábolas más hermosas e instructivas que se encuentran en los evangelios sinópticos. El Señor terminó la encantadora historia preguntando: "¿Quién fue el verdadero prójimo del que estaba necesitado?" Es decir, centró la atención en la necesidad de ser prójimo de los demás, más que en la de identificar quién es nuestro prójimo.

Jesús neutralizó la pregunta del erudito, haciéndole a su vez otra pregunta: "¿Qué está escrito en la Ley?" El experto en la Ley citó inmediatamente lo que el Señor llamaría "el gran mandamiento" (véanse Deuteronomio 6:5; Levítico 19:18, 34). Demostró así que tenía conocimiento de la Ley. Al responderle Jesús "Haz esto y vivirás", ¿quería decir que es posible ganarse la vida eterna amando perfectamente a Dios y al prójimo? Erdman contesta: "Sin duda, el amor perfecto a Dios y a los hombres es el camino de la vida; pero ¿quién es capaz de vivir un amor tan perfecto?"[7] Es necesario nacer de nuevo.

Al parecer, cuando el intérprete de la Ley preguntó: "¿y quién es mi prójimo?", estaba reconociendo que carecía de amor verdadero hacia sus semejantes. Sabía bien la teoría, pero no la ponía en práctica. Entonces trató de justificarse, buscando límites a su obligación de amar. Jesús describió el amor en acción, contándole una parábola.

La forma en que los salteadores trataron al viajero de la parábola corresponde perfectamente a la realidad de aquel entonces. Más de un escritor judío menciona cuán infestados de ladrones y malhechores estaban los caminos de Palestina en aquella época. El camino que bajaba a Jericó encerraba peligros especiales por lo escabroso del terreno y las muchas cuevas que lo bordeaban. Los bandidos que asaltaron a este viajero no se contentaron con despojarlo de su dinero y los demás bienes. Lo desnudaron y apalearon, dejándolo en estado grave. Para salvarle la vida, era necesario prestarle ayuda inmediatamente.

A los bandidos no les importaba si el hombre estaba aún con vida o no. Sin embargo, su falta de sentimientos humanitarios no es tan impresionante como la manifestada por los dos representantes de la religión que acertaron a pasar por allí poco más tarde. ¿Podemos decir que el sacerdote y el levita hicieron algo malvado? Fue un pecado de omisión. Para Jesús, los pecados de omisión fueron un tema más importante que los mismos pecados de comisión. ¿No es cierto que la mayoría de nuestros pecados caen generalmente en esa categoría?

A diferencia de los dos representantes de la religión, el samaritano no perdió el tiempo haciéndose preguntas: ¿Cómo podría yo, un samaritano, ayudar a un judío, enemigo de mi pueblo? ¿Merece ayuda o no? No pensó en la raza ni en el credo del hombre. La compasión y la bondad le inundaron el corazón. Le echó una mezcla de vino y aceite en las heridas al infeliz. El aceite sirvió para aliviar el dolor, mientras que el vino actuó como antiséptico. Al poner al herido en su cabalgadura, el samaritano retrasó su marcha, haciendo imposible toda huída si volvían los ladrones. Después de esto, lo dispuso todo para que el hombre se pudiera recuperar.

Había llegado el momento de que el Señor hiciera la aplicación de la verdad. El experto en la Ley había preguntado: "¿Quién es mi prójimo?" Jesús le contestó haciéndole una pregunta muy diferente: ¿Quién fue el verdadero prójimo? Prójimo es aquél que muestra un amor práctico, un amor que no conoce límites ni hace acepción de personas. Nosotros debemos preguntarnos: ¿Qué clase de prójimo soy yo? ¿Realmente amo y ayudo yo al necesitado, quienquiera que sea?

2. Marta y María (Lucas 10:38-42). El relato acerca de las dos hermanas sirve para completar algo que falta en la parábola del buen samaritano. Al leer esta parábola, hay quienes llegan a la conclusión de que la religión verdadera sólo consiste en ministrar a los necesitados. Sin embargo, el episodio que tuvo lugar en la casa de Marta y María nos enseña que servir, sin tener comunión con Cristo, no basta.

Marta y María vivían en Betania, sobre la vertiente oriental del monte de los Olivos, a unos tres kilómetros de Jerusalén. Algunos estudiosos de la Biblia hacen una comparación entre las dos mujeres. Dicen que Marta era enérgica y muy trabajadora, pero carecía de un amor profundo; en cambio, María amaba mucho al Señor, pero de una manera sentimental e indolente. La verdad es que ambas poseían cualidades admirables, amaban profundamente al Señor y deseaban agradarle.[8] La Iglesia necesita tanto de sus Marías, como de sus Martas.

Por intuición, María supo lo que Jesús deseaba de ellas: que se sentaran a sus pies y oyeran su palabra. Marta, deseosa de ministrar a las necesidades de Jesús, se dedicó a preparar un banquete. "Afanada y turbada con muchas cosas", reconvino tanto a Jesús como a su hermana. Entonces Jesús le indicó muy atinadamente: "Sólo una cosa es necesaria; y María ha escogido la buena parte." Marta habría actuado mejor si hubiera preparado una comida sencilla y se hubiera dedicado el resto del tiempo a escuchar a Jesús. En el cristianismo hay lugar amplio para las buenas obras, pero éstas no son sustituto de la vida de devoción. Se necesita un equilibrio entre la vida activa y la contemplativa.

Podemos aprender mucho observando la actitud de Marta. Los creyentes que trabajan mucho y con gran fidelidad en la iglesia, a menudo lo hacen con cierto orgullo por sus logros y poca tolerancia hacia los que no colaboran. También son propensos a criticar a los que sólo ocupan espacio en el templo. A veces están ansiosos y turbados. Necesitan saber que mirando al Señor solamente, y no a los demás, es como se puede trabajar tranquila y serenamente.

3. Jesús y la oración (Lucas 11:1-13). Gran parte de las enseñanzas que están en esta sección parecen ser repetición de otras que se encuentran en el Sermón del Monte (Mateo 6:9-15; 7:1-11). Sin embargo, es probable que el Maestro repitiera sus ideas porque les estaba hablando a los setenta discípulos, los cuales no habían estado con El en la ocasión descrita por Mateo. Lucas emplea una forma abreviada del Padrenuestro.

Cristo les enseñó a sus discípulos tanto con su doctrina como con su ejemplo, el deber de orar y la manera de hacerlo. Toda su vida dependió del Padre, en comunión y sumisión a El. Solía reservar ciertos momentos del día para orar. Se levantaba de madrugada e iba a un lugar solitario para hablar con el Padre (Marcos 1:35). Antes de elegir a los Doce había pasado la noche orando (Lucas 6:12, 13). Después de ministrarle todo el día a la multitud, había subido al monte a solas para orar (Mateo 14:23). Da la impresión de que la comunión con el Padre era un medio de renovar sus fuerzas espirituales. Oraba en los momentos de victoria (Lucas 10:21, 22). Pasó un tiempo en la presencia de su Padre como medio de prepararse para su pasión (Marcos 14:32-42). Incluso murió orando (Mateo 27:46; Lucas 23:46). Es probable que orase de pie, según la costumbre judía (Lucas 18:11-13). Su vida de oración impresionó tanto a sus discípulos, que uno de ellos le suplicó: "Señor, enséñanos a orar como también Juan enseñó a sus discípulos."

Puesto que ya hemos analizado el Padrenuestro al estudiar el Sermón del Monte, pasamos ahora a la ilustración del amigo que llegó a medianoche pidiendo pan (Lucas 11:5-8). Esta tiene por objetivo enseñarnos a perseverar en la oración. Es posible hacer un contraste entre el dueño de la casa y el Padre celestial.

a) El dueño de la casa sólo es un amigo, mientras que Dios es un Padre bondadoso y los creyentes son sus hijos.

b) La hora es la medianoche, el momento en que más cuesta atender a ótra persona y da una excusa mejor para rechazar su petición. Con Dios no hay hora inconveniente. El no se adormece ni se duerme.

c) El que llegó a pedir lo hizo a favor de un visitante hambriento; nosotros pedimos por nuestras propias necesidades.

Barclay comenta: "Si el dueño de la casa es un hombre rudo y poco bondadoso, el final es posible que la abierta persistencia del amigo lo obligue a darle lo que desea. *¿Cuánto más Dios, que es un Padre amoroso, atenderá a las necesidades de sus hijos?*"[9]

4. La parábola del rico insensato (Lucas 12:13-21). En un momento en que Jesús enseñaba verdades solemnes, un hombre lo interrumpió bruscamente con una demanda que no tenía nada que ver con lo que El estaba hablando. Es obvio que no les había prestado mucha atención a las palabras del Señor, sino que estaba ocupado en sus asuntos materiales.

¿Por qué se negó el Maestro a actuar como juez en este caso? Porque

El no había venido para legislar, ni para actuar de árbitro en asuntos seculares. Esto lo dejaba en manos de las autoridades civiles. El había venido para que fuera posible el cambio de corazón que haría que el hombre procediese correctamente. Había venido para sentar grandes principios basados en la justicia, la misericordia y el amor, pero se negó a obligar a los hombres a aplicarlos, porque no es posible hacer ninguna aplicación permanente o real de ellos, a menos que sea voluntaria. A la Iglesia le conviene tomar en serio este principio de actuación de Jesucristo, en lugar de tratar de obligar al mundo a reformarse. La misión de la Iglesia no es secular, sino espiritual. Debe convertir a los hombres en discípulos, y luego enseñarles a observar los principios de justicia y bondad (Mateo 28:19, 20).

Cristo hace una advertencia contra la codicia, contando la parábola del rico necio. ¿Cuáles fueron los errores de este hombre?

a) Pensaba que sus bienes eran suyos, sin reconocer que eran dádivas de Dios: "Mis frutos", "mis graneros", "mis bienes". En realidad, el hombre no posee nada, sino que todo se lo debe a su Creador.

b) Era egoísta, codicioso, avaro y mezquino. No veía su prosperidad como una oportunidad de aliviar las necesidades de los demás, ni de ser generoso con la causa del reino de Dios. Sólo le preocupaba ampliar sus graneros para guardar su abundante cosecha. Pensaba únicamente en sí mismo.

c) No tenía interés alguno en Dios. Actuaba como si su vida y su futuro estuviesen solamente en sus propias manos. A veces pensamos en el infierno como un lugar para los borrachos, los asesinos y los grandes pecadores. Sin embargo, muchas personas de elevada moralidad irán allí por haber excluido a Dios de su vida.

d) No le preocupaba la eternidad. Actuaba como si éste fuera el único mundo para el cual debía prepararse. Confundía su alma con su vida física.

El hombre rico no dijo nada en voz alta. Razonaba consigo mismo, pero Dios lo oyó y actuó. En el mismo momento en que el hombre hacía planes para el porvenir, Dios le habló, lo llamó "necio" y le acortó la vida. Lo perdió todo en un instante. Así es el que amontona riquezas para sí mismo, pero no atesora para Dios ni es generoso con los demás.

5. Estar preparados para cuando vuelva Cristo (Lucas 12:35-48). Jesús refuerza ahora su enseñanza acerca del uso correcto de las riquezas. Señala que los bienes son temporales; en cambio, el regreso del Hijo del Hombre es un hecho cierto. Sin embargo, insinúa que puede demorar mucho en volver otra vez.

El Maestro emplea la figura de los siervos de palacio que esperan el retorno de su Señor, para enseñar que sus discípulos siempre deben estar vigilantes y listos para su segunda venida, por mucho tiempo que tarde en regresar. Deben tener ceñidos los lomos para servirlo con eficacia. Parte de las vestiduras orientales de aquellos tiempos era un manto largo, suelto y flotante. Para que el cuerpo tuviera libertad de movimientos, era necesario ceñírselo alrededor de la cintura. Las lámparas encendidas hablan de la prontitud para encontrar a su Señor y darle la bienvenida.

Los judíos dividían la noche (desde las seis de la tarde hasta las seis de la mañana) en tres vigilias de cuatro horas cada una. El Señor podría prolongar su ausencia hasta las horas de la madrugada. Entonces, a los siervos fieles que vivían en constante esperanza y en la expectación de su regreso, los convertiría en huéspedes. En vez de hacerles servir, Él les prepararía un banquete. Se convertiría en siervo de ellos y les serviría. Lenski comenta: "Lo que esto significa realmente está velado para que lo sepamos cuando llegue el gran momento."[10]

En cambio, los que no aguardaran su venida serían como el dueño de la casa, sorprendido por la intrusión de un ladrón. Estaba durmiendo en vez de vigilar, porque no sabía la hora en que el ladrón entraría a robar. Esta figura habla de juicio para el que no vigile. La enseñanza moral es que, como nadie sabe la hora en que regresará Cristo, es necesario que todos estemos siempre preparados para ese glorioso acontecimiento.

La tercera parábola (Lucas 12:41-48; Mateo 24:45-51) habla de la responsabilidad de los líderes espirituales en el reino de Dios. Estos deben mostrar fidelidad en dar a los fieles su ración, su alimento. Manifestarán su vigilancia sirviendo fielmente a los demás. Un juicio espantoso amenaza al que descuide su cargo, lleve una vida licenciosa e incluso maltrate a los criados (o "consiervos", Mateo 24:49). No cabe duda de que la figura del mayordomo fiel representa tanto a los pastores como a otros maestros religiosos. Los que alimentan bien a su grey serán recompensados con mayores oportunidades de servir.

En esta parábola se enseña que habrá distintas medidas de castigo. La medida de retribución dependerá del conocimiento y de la consiguiente medida de responsabilidad de la persona: "Aquel siervo que conociendo la voluntad de su señor no se preparó, ni hizo conforme a su voluntad, recibirá muchos azotes."

6. Jesús ante su pasión (Lucas 12:49-53). No es completamente claro qué pueda significar el "fuego" que Cristo vino a echar en la tierra, pero es probable que se refiriera al fuego de la disensión entre mundanos y creyentes que produciría el evangelio (Lucas 12:51-53). El momento de encender el fuego sería el de su pasión, la cual es presentada aquí como un bautismo. Es de notar que la sombra de la cruz

siempre caía sobre sus pensamientos en estos últimos meses de su ministerio terrenal.

7. La necesidad de arrepentirse (Lucas 13:1-9). En estos momentos le llegó a Jesús la noticia de que algunos peregrinos de Galilea habían muerto en el recinto del templo de Jerusalén. Mientras ofrecían sacrificios, Pilato había mandado que sus soldados entrasen allí y les dieran muerte. No fue la única vez durante sus diez años de gobierno que este romano perpetró semejantes atrocidades. Es posible que le llevaran la noticia a Jesús para ver cuál sería su reacción.

La respuesta del Señor contradijo la idea común entre los judíos de que los desastres siempre son castigos de Dios a pecadores notoriamente perversos. Para ilustrar más su idea, el Maestro aludió a la caída de la torre de Siloé. Esta torre se había derrumbado, probablemente por agrietamientos y por la acción del tiempo, sepultando a dieciocho hombres.[11]

El principio que enseña Jesús en estos momentos es que no hay una relación directa entre falta y calamidad. A menudo suceden accidentes imprevistos y desastrosos que nada tienen que ver con los pecados de los hombres. Sin embargo, debemos considerar toda calamidad como una invitación de la providencia divina al arrepentimiento. Jesús indica que tenemos necesidad impostergable de cambiar nuestra actitud y volvernos hacia Dios. El que no se arrepienta, morirá igualmente. La muerte de la que habla aquí puede ser el castigo del día final, pero es muy posible que se estuviera refiriendo a la destrucción de Jerusalén por los romanos.

Cristo propuso la parábola de la higuera como una advertencia a Israel de que la oportunidad de arrepentirse estaba a punto de concluir. Dios, como el viñador, había hecho todo lo que habría podido beneficiar a la planta (Israel), pero ésta no había producido fruto. Con todo, al igual que el viñador, que estuvo dispuesto a aflojar la tierra alrededor de sus raíces, abonarla y darle nueva oportunidad, Dios también estaba dispuesto a darle a Israel más tiempo para arrepentirse. Si no se arrepentía y producía fruto, sería cortado; es decir, destruido por los romanos (véase Mateo 23:32-36), o posiblemente rechazado por Dios. Dejaría de ser el pueblo de Dios.

Al igual que en el caso de Israel, la paciencia de Dios es grande con el hombre ingrato que no corresponde a la acción repetida de la gracia divina sobre él, pero esa paciencia tiene sus límites. Cuando Dios le concede al hombre un privilegio tras otro, y él sigue sin dar fruto, Dios le puede retirar sus bendiciones, cortarlo y dar su lugar a otro, que producirá frutos dignos de arrepentimiento.

8. Jesús sana en el día de reposo a una mujer encorvada (Lucas 13:10-17). Lucas parece relatar este episodio, no tanto para mostrar la misericordia del Señor, como para poner al descubierto la ceguera espiritual y la dureza de los líderes religiosos del judaísmo. Estos afirmaban velar por el cumplimiento de la Ley, cuando en realidad violaban su principio primordial, que es el amor.

El jefe de la sinagoga no se atrevió a atacar al Señor directamente, sino que dirigió su censura a la gente que estaba allí reunida. La respuesta de Jesús puso de manifiesto la hipocresía de los rabinos, cuya interpretación de la ley del sábado permitía mostrar más compasión con los animales irracionales, que con seres humanos que eran víctimas de la opresión satánica.

De este incidente se desprenden varias lecciones. *a) Notemos la fidelidad de aquella mujer en asistir a los cultos de la sinagoga, a pesar de su larga enfermedad.* Con frecuencia, este tipo de enfermedades llenan a los que las sufren de incredulidad y amargura. En cambio, Jesús llamó "hija de Abraham" a aquella mujer, con lo que hizo notar que seguía los pasos de aquel gran hombre de fe. *b) Satanás es el autor de muchas desgracias.* Era él quien la había atado durante dieciocho años. Probablemente, a través de lo que llamaríamos "causas naturales", el maligno obra para atar a los seres humanos. *c) El milagro es en realidad una parábola que habla de una liberación mayor.* Hay muchos cuyo cuerpo está sano, y sin embargo, andan espiritualmente encorvados. Cristo les puede enderezar el alma y capacitarlos para que caminen rectamente por las sendas de Dios.

Más o menos en este momento de su ministerio, Jesús volvió a la ciudad de Jerusalén para celebrar la fiesta de la Dedicación. Sólo Juan narra los detalles de esta etapa en la vida de Cristo (Juan 10:22-39).

Citas del capítulo 11

[1] Nixon, R. E. *op. cit.*, pág. 629.
[2] Trenchard, *Una exposición del Evangelio según Marcos*, pág. 115.
[3] Broadus, *Comentario sobre el Evangelio según Mateo*, pág. 494.
[4] Trilling, tomo 2, *op. cit.*, pág. 143.
[5] Horton, Stanley *La guía dominical*, julio a diciembre de 1980, págs. 26 y 27.
[6] Lenski, *op. cit.*, pág. 486.
[7] Erdman, *El Evangelio de Lucas*, pág. 143.
[8] *Ibíd.* pág. 145.
[9] Barclay, *Lucas*, *op. cit.*, pág. 143.
[10] Lenski, *op. cit.*, pág. 615.
[11] *Ibíd.* pág. 631.

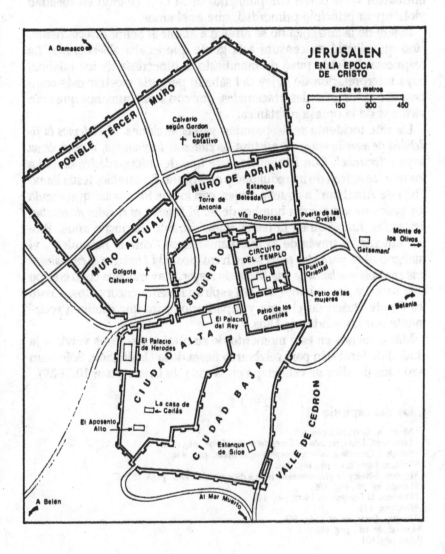

JERUSALEN
EN LA EPOCA
DE CRISTO

Escala en metros

0   150   300   450

A Damasco

POSIBLE TERCER MURO

MURO DE ADRIANO

Calvario
según Gordon
Lugar
optativo

Estanque
de
Betesda

Torre de
Antonia

Vía Dolorosa

Puerta de las
Ovejas

MURO ACTUAL

Golgota
Calvario

Monte de
los Olivos

Getsemaní

SUBURBIO

CIRCUITO
DEL TEMPLO

Puerta
Oriental

Patio de las
mujeres

A Betania

El Palacio
del Rey

Patio de los
Gentiles

El Palacio
de Herodes

CIUDAD ALTA

La casa de
Caifás

El Aposento
Alto

CIUDAD BAJA

VALLE DE CEDRON

Estanque
de Siloé

A Belén

Al Mar Muerto

CAPITULO 12

EL MINISTERIO DE CRISTO EN PEREA

En las primeras etapas de su ministerio, nuestro Señor había hecho varias giras evangelísticas por toda Galilea. También había predicado en Decápolis y aun hasta Cesarea de Filipo, lugar situado muy al norte de Palestina. Con la ayuda de los setenta discípulos, acababa de evangelizar la región de Judea. Ahora sólo le quedaba Perea por evangelizar, y allí ministró durante varios meses.

Lucas nos cuenta que "pasaba Jesús por ciudades y aldeas, enseñando y encaminándose a Jerusalén" (13:22). Juan agrega otros detalles. Con el fin de alejarse de sus enemigos de Jerusalén, fue al lugar donde había estado primero Juan y se quedó allí. "Muchos venían a El, y decían: Juan, a la verdad, ninguna señal hizo; pero todo lo que Juan dijo de éste, era verdad. Y muchos creyeron en él allí" (Juan 10:39-42). Estos versículos nos enseñan tres aspectos de su ministerio en Perea: llegaron grandes multitudes a escucharlo, obró milagros, y muchos de los que lo oyeron se hicieron creyentes.

Al igual que el capítulo anterior, esta sección está dedicada principalmente a las enseñanzas de Cristo, las cuales se encuentran mayormente en Lucas y Mateo.

A. Jesús y los fariseos
Lucas 13:23—14:24

1. **¿Son pocos los que se salvan?** (Lucas 13:22-30). Tal vez, el oyente

que hizo esta pregunta era dado a las especulaciones. Aunque no había consenso entre los rabinos, la idea general sobre este asunto era que todo Israel entraría en el reino celestial, con excepción de los grandes pecadores y los herejes. El Maestro no contestó directamente la pregunta, pero su respuesta indica que muchos judíos que se consideraban salvos, no lograrían entrar en el reino, mientras que muchos gentiles que los judíos consideraban perdidos, se sentarían a la mesa en el reino mesiánico.

El Señor compara el reino de Dios a un banquete en un palacio. Es necesario esforzarse para entrar por la puerta estrecha, la cual representa, según la generalidad de las enseñanzas del Nuevo Testamento, el arrepentimiento y la fe en Jesucristo solamente. Además, esta puerta estrecha no estará siempre abierta. Vendrá el momento en que el Padre de familia cerrará la puerta. Los hacedores de maldad serán dejados fuera y echados al infierno, mientras que en el cielo habrá gentiles procedentes de todos los rincones del mundo. Ellos disfrutarán de las bendiciones del cielo. De esta manera, Jesús extiende el reino para incluir en él creyentes de todas las razas. Habrá muchos gentiles, postreros en oír el mensaje de salvación, pero primeros en el reino; y habrá muchos judíos, primeros en oírlo, pero postreros en el reino por no obedecerlo.

Se trata de una solemne advertencia: no basta con escuchar el evangelio, participar en las actividades de los creyentes o incluso ser miembro de una iglesia. Es necesario entrar por la puerta estrecha, dejando atrás los pecados y depositando nuestra fe en el Salvador.

2. El mensaje a Herodes (Lucas 13:31-33). Algunos fariseos le advirtieron en este momento a Jesús que le convenía salir del territorio de Herodes. Es probable que estuvieran colaborando con Herodes, el hombre que había mandado matar a Juan el Bautista, en una maniobra para ahuyentar al Señor de sus dominios. Sin embargo, Jesús no hizo caso de aquellas amenazas, porque sabía que sus enemigos no podían quitarle la vida mientras no hubiera acabado su tarea; no había llegado su hora. Sabía que sólo podría morir en Jerusalén. Estaba consciente de que no es el hombre quien dispone todos los sucesos de su vida, sino Dios.

Cristo expresó su desprecio por el reyezuelo Herodes, llamándolo "aquella zorra". Con esto lo tachaba de astuto, cruel y cobarde. No debemos interpretar literalmente la frase "hoy y mañana", puesto que Jesús no murió tres días después de decir estas palabras, ni cesó de obrar milagros. La expresión indica solamente que le quedaba poco tiempo.

3. Los consejos dados en un banquete (Lucas 14:7-14). Al notar cómo los invitados buscaban los asientos de honor en la mesa, Jesús les presentó una enseñanza sobre la humildad. El camino a la exaltación verdadera es la humillación de sí mismo. Por otra parte, "cualquiera que se enaltece será humillado".

Después de esto, el Señor le sugirió a su anfitrión que no empleara la hospitalidad como medio de promover sus propios intereses personales. En vez de invitar habitualmente a los amigos, parientes y vecinos pudientes, que le podían devolver la cortesía, debía invitar a los pobres, los lisiados, los cojos y los ciegos, porque éstos no podían hacer nada para retribuirle. Dios mismo le pagaría la deuda en el día de la resurrección. "A Jehová presta el que da al pobre, y el bien que ha hecho, se volverá a pagar" (Proverbios 19:17).

4. **La parábola de la gran cena** (Lucas 14:15-24). El regocijo de la fiesta le sugirió la felicidad celestial a uno de los invitados al banquete en la casa del fariseo. Sus palabras prepararon así el escenario para la parábola de la gran cena.

¿Qué significan los detalles de esta narración hecha por Jesús? Los invitados representan a la nación de Israel. Durante muchos siglos, los profetas habían estado haciendo la primera invitación, al predecir la venida del Rey y del reino. Finalmente Juan el Bautista y Cristo mismo habían comenzado a extender la segunda invitación, al declarar que el reino abría sus puertas a los judíos que quisieran arrepentirse. Sin embargo, los dirigentes religiosos de la nación habían rechazado la invitación. Entonces se había invitado a los pobres, mancos y ciegos (la gente más despreciada por la sociedad entre los judíos). Aun así, quedaba lugar en la mesa, por lo que el amo envió nuevamente a los siervos por los caminos y los callejones de las afueras de la ciudad. Es probable que esto signifique la invitación extendida también a los gentiles (véanse Mateo 8:11, 12; Hechos 13:46 y Romanos 11:11, 12).

En aquellos tiempos se acostumbraba enviar una segunda invitación a los invitados como recordatorio. Rechazar esta invitación era considerado un grave insulto. El hecho de que "todos a una comenzaron a excusarse" parece insinuar que hubieran hablado entre sí y se hubieran puesto de acuerdo para excusarse.

¡Cuán débiles eran las excusas! ¿Acaso un agricultor habría comprado cinco yuntas de bueyes sin probarlas primero? ¿O hay alguien que compre una hacienda sin haberla visto antes? El recién casado, ¿no podría acaso llevar consigo a su esposa a la cena? El motivo de sus excusas era que no tenían aprecio por el que los había invitado. Habían resuelto no seguir el camino de Dios.

"Enojado el padre de familia." Estas palabras nos indican que la ira de Dios caerá sobre los que rechazan a Cristo. El rechazo del evangelio no es cosa ligera. Constituye un desprecio al amor de Dios y al sacrificio de Cristo en el Calvario. Es obvio que aquellas personas merecían la ira y el juicio divinos. En la actualidad son multitud las personas que se imaginan que serán aceptadas en el cielo porque han asistido a los cultos de una iglesia. Sin embargo, no han respondido jamás al llamado de Dios. Nunca han tomado la decisión de aceptar a Cristo. Esas personas no tendrán parte en lo que Dios ha preparado para su pueblo.

B. Jesús y las multitudes
Lucas 14:25—15:32

A medida que el Señor seguía su recorrido por Perea, las multitudes que se congregaban para verlo se entusiasmaban y aumentaban en número. Probablemente pensaban que pronto Jesús establecería un reino material. En este momento les enseña sobre el precio que hay que pagar por el discipulado y el valor que tienen para el Padre las almas perdidas.

1. Lo que cuesta seguir a Jesucristo (Lucas 14:25-35). Nuestro Señor sabía lo superficial e irreflexivo que era el entusiasmo de la multitud que lo asediaba. Se consideraban discípulos suyos, pero no entendían lo que era el discipulado. Pensaban más en los beneficios materiales que El les podría brindar que en la consagración necesaria para seguirlo.

Con el fin de tranquilizar su entusiasmo, Jesús les señala ahora tres requisitos imprescindibles para ser un verdadero discípulo:

a) *Es necesario poner a Cristo en primer lugar en la vida.* ¿Qué significa esto de aborrecer a sus familiares, parientes y hasta su propia vida? Es un hebraísmo que no significa odiarlos literalmente, sino amar tan intensamente al Señor que el cariño familiar parezca odio en comparación. Nuestra lealtad hacia El debe ir por delante de todo afecto y toda lealtad humana.

b) *Es necesario llevar la cruz constantemente y seguirle de cerca.* La cruz era el símbolo del vituperio, el sufrimiento y la muerte. Significaba también la renuncia a todo aquello que fuera egoísmo o que tendiese a satisfacer la carne. El discípulo debe estar dispuesto a pagar el precio que sea necesario para seguir a Cristo. El Señor quiere que lo anhelemos a El más que a ninguna otra cosa, y que lo amemos más que a ninguna otra persona.

c) *Es necesario calcular el precio antes de hacerse discípulo.* Casi nunca, la clase de consagración que perdura es consecuencia de una decisión precipitada. El Señor Jesús compara ahora al buen discípulo con el hombre que antes de comenzar un edificio se sienta primero a calcular lo que le llevaría terminarlo. También lo compara con un rey que estudia detenidamente lo que necesitará para alcanzar la victoria sobre su enemigo. Por consiguiente, el verdadero discípulo es aquél que determina primero cuáles son sus recursos y dónde se apoya su esperanza de victoria.

Solamente cuando entendemos lo que la cruz significó para Jesucristo, y lo que nuestra cruz debe significar para nosotros, podemos consagrarnos a El de tal manera que esa consagración pueda resistir las vicisitudes del tiempo y dure toda la vida. También debemos darnos cuenta de que volver a caer será algo que nos causará vergüenza a nosotros y constituirá una afrenta al nombre del Señor. Conviene calcular el precio antes de tomar la decisión de seguir a Cristo.

¿Por qué incluye Lucas en este discurso la figura de la sal que pierde su sabor? Carlos Erdman explica: "Nada hay más sin valor que un seguidor de Cristo mundano, egoísta y obstinado; es como la sal que ha perdido el sabor; le falta la esencia misma del discipulado; no le puede servir para nada a su Señor".[1]

2. Las tres parábolas de las cosas perdidas (Lucas 15). Las parábolas de la oveja perdida, la moneda perdida y el hijo perdido enseñan esencialmente la misma lección: la grandeza de la misericordia de Dios hacia los pecadores. Hacen ver también el profundo gozo que se produce en el cielo por cada pecador que se arrepiente.

La parábola del hijo pródigo es un complemento a las enseñanzas de las dos anteriores. En ninguna otra parábola brilla más la insondable gracia divina. Una nota de la Biblia Nácar-Colunga (14 edición, año 1963) hace esta observación: "La meditación de esta parábola habrá convertido más almas pecadoras que todas las amenazas de los profetas antiguos."

Jesús contó estas parábolas para responder a las críticas de los fariseos. Estos orgullosos líderes religiosos despreciaban a los pecadores. Cuando observaron el elevado número de parias sociales que se reunían alrededor del Señor Jesús, lo criticaron acerbamente. No entendían cómo Jesús podía ser defensor de la justicia divina y a la vez ser amigo de pecadores y de personas que vivían al margen de la Ley. Les costaba creer que un amigo de Dios pudiera acoger con cordialidad a sus enemigos. Los fariseos conocían la santidad de Dios y su justicia, pero les faltaba el concepto de su gracia, o sea, su favor inmerecido para con los pecadores.

Las parábolas de la oveja perdida y de la moneda perdida señalan el gran valor que tiene cada ser humano ante los ojos de Dios; revelan la solicitud de Dios por el pecador. Cristo ilustra esta actitud divina haciendo una comparación entre Dios y un pastor que busca una oveja perdida. Ningún pastor diría: "¿Por qué afligirme por una oveja perdida, cuando aún me quedan noventa y nueve?" El amor conoce el valor que tiene una sola oveja. Todo buen pastor deja las noventa y nueve en un lugar seguro del campo para buscar a la perdida. Por muchos que fuesen los peligros en las montañas, ese pastor persistiría en su búsqueda hasta encontrar a la oveja perdida.

Después el pastor se regocija más por la recuperación del animal perdido que por la seguridad de aquéllos que están en el redil. De igual manera se regocija la mujer cuando encuentra la moneda perdida e invita a sus amigas para que se alegren con ella. ¿Nos enseña esto que Dios se deleita más en un pecador arrepentido que en un creyente cuya vida es intachable? Parece que aquí la oveja encontrada se refiere a los publicanos arrepentidos; en cambio, "los noventa y nueve justos" son una alusión irónica a los fariseos, que se consideraban justos por la exactitud con que observaban los aspectos externos de la Ley. "Un pecador arrepentido que comprende la gracia y misericordia de Dios le es siempre más agradable que el fariseo orgulloso, criticón y despiadado, por muy correcta que sea su conducta moral."[2]

Se cree que las diez dracmas formaban parte de un adorno de mujer. Una dracma valía el precio de una oveja. Para encontrar la moneda, le fue necesario encender una pequeña lámpara de aceite con el fin de iluminar el piso de su hogar, porque las casas corrientes en aquella época tenían una sola puerta baja y carecían de ventanas.

La tercera parábola enseña la misma lección que las otras dos, pero en forma más extensa. El hijo menor, como muchos jóvenes de la actualidad, deseaba la independencia y la libertad de poderse divertir fuera del control paterno. Al igual que nuestro Padre celestial, este padre respetó el libre albedrío de su hijo y lo dejó que se fuera; aun llegó a darle la parte que le correspondía en la herencia familiar. A Dios no le interesa que lo sirvamos a menos que lo hagamos voluntariamente, e inspirados por el amor.

El joven no tardó en descubrir que los placeres carnales y el pecado siempre salen muy caros y causan lamentables pérdidas: honor, salud, paz y recursos económicos. Los nuevos amigos del pródigo lo abandonaron cuando éste había gastado todo su dinero. Entonces quedó sumido en una profunda soledad: la misma que cae tarde o temprano sobre todos aquellos que viven apartados de la comunión con Dios.

El joven se vio obligado a tomar el empleo más degradante y humilde que un judío podía tener: apacentar cerdos, animales considerados inmundos por los hebreos (Levítico 11:7). Aun así, ese trabajo no le dio lo suficiente para mantenerse. En aquella triste situación, le llegó a parecer apetecible hasta el alimento que comían los puercos.

"Y volviendo en sí." Había estado fuera de sí cuando decidió seguir los placeres pecaminosos. El pecado siempre es una locura que tergiversa el sistema de valores de la persona de tal manera que le presta más atención a la gratificación inmediata de sus deseos que al bienestar de su alma. El hijo perdido recuerda a su padre, reconoce que ha pecado contra Dios ("el cielo" es un hebraísmo que representa a Dios) y contra su padre, y regresa al hogar. Arrepentirse de verdad significa cambiar de actitud, humillarse, abandonar el país lejano y volver a Dios para comenzar una vida nueva.

Cuando el padre reconoce al joven a la distancia, siente compasión por él. En vez de esperar su llegada, corre a recibirlo, lo abraza y le da el beso del perdón. Le devuelve el lugar que le corresponde como hijo. ¡Qué imagen tan clara de la restauración de un pecador arrepentido! Es de notar que el padre abraza al joven antes que él pueda reconocer su culpa. ¿Por qué? G. Campbell Morgan sugiere que ésta habría sido la respuesta del padre a esa pregunta: "A mi hijo le va a ser más fácil confesarlo todo con la cabeza recostada sobre mi pecho mientras yo lo cubro de besos."[3] Todo esto señala el gran amor y solicitud de Dios hacia la humanidad perdida.

En contraste con la actitud del padre hacia el hijo arrepentido, vemos la actitud del hermano mayor, que no comparte el gozo paterno. Se queja de la generosidad de su padre con aquel hijo indigno. Protesta porque su padre no lo ha tratado a él de la misma manera y ni ha recompensado su fidelidad. Estas palabras son una imagen de los fariseos, que se consideraban justos a sí mismos, y de los escribas, que murmuraban porque Jesús recibía a los pecadores. Al igual que el hijo mayor, los fariseos tenían espíritu de esclavos, y no de hijos. Les faltaban la comunión con el Padre, el amor a sus hermanos y el gozo de hijos. No sabían que las cosas espirituales no se ganan, puesto que son gratuitas. Envidiaban el gozo de los pecadores arrepentidos. Todavía existen hoy este tipo de personas en la Iglesia. Son sinceras, pero están equivocadas en cuanto a la gracia divina. No les agrada que Dios reciba a los pecadores arrepentidos.

De estas tres parábolas se desprenden algunas verdades acerca de la gracia de Dios.

a) *Las personas se pierden por diversas razones.* Las almas, como las ovejas, se pueden extraviar por descuido, negligencia o imprudencia. Hay otras personas que son como la moneda, que cayó debido a la fuerza de gravedad y se perdió; éstas son arrastradas por el atractivo de este mundo. En cambio, el hijo perdido se había apartado de su padre por decisión propia.

b) *El valor comparativo de lo que se ha perdido no es factor determinante en el esfuerzo que hace Dios para recuperarlo.* Notemos los cambios en las proporciones: en la primera parábola, la proporción es de uno entre cien; en la segunda, uno entre diez; en la última, uno entre dos. Sin embargo, la solicitud divina es la misma en los tres casos.

c) *Aunque Dios ama a todos por igual, no emplea siempre el mismo método para salvar a los perdidos.* El pastor buscó la oveja y la mujer buscó la moneda, pero el padre no buscó al hijo, sino que lo recibió al volver éste. Así quedan presentadas las dos caras de la moneda: la iniciativa de Dios, que busca al pecador, y la responsabilidad del ser humano, que debe volver a Dios.

C. Jesús y los ricos
Lucas 16

Después de justificar su trato con los despreciados por la sociedad, Jesús les hizo una advertencia a algunos de sus oyentes, cuya avaricia y riquezas perjudicaban su vida espiritual. En dos parábolas que hablan de la administración de los bienes, el Señor les presentó una serie de enseñanzas acerca del uso prudente de las riquezas y los alertó sobre los peligros que encierra abusar de ellas. Estas enseñanzas iban dirigidas principalmente a sus seguidores, pero también alcanzaron los oídos de ciertos fariseos que "eran avaros" (Lucas 16:14).

1. El mayordomo infiel (Lucas 16:1-15). La historia del administrador injusto es considerada como la más extraña de todas las parábolas que relató Jesucristo. El mayordomo había manejado mal los asuntos de su amo y éste le ordenó dar cuenta de su trabajo. Mientras aún tenía autoridad para negociar a nombre de su patrón, el administrador actuó rápidamente para congraciarse con los deudores de éste, a fin de poder pedirles favores cuando se quedara sin empleo. Todo esto lo hizo a expensas de su patrón.

En esta parábola, ¿nos enseña acaso Cristo a tolerar este tipo de astucia, e incluso emplearla si lo justifica algún buen propósito? Bien sabemos que el Señor jamás justifica el pecado en ninguna forma. Lo que elogia Jesús no es la falta de honradez del mayordomo sino su previsión y su prudencia. Hay ocasiones en que Cristo emplea una imagen para animarnos a imitar uno de sus rasgos, aunque los demás no sean buenos. Por ejemplo, nos dice: "Sed prudentes como serpientes." Esto no quiere que seamos como las serpientes en todos los aspectos sino sólo en su prudencia. Es decir, que el Señor no nos insta en este relato a ser injustos, sino a actuar con previsión, prudencia y prontitud como administradores de los bienes terrenales de nuestro Amo celestial.

¿Por qué dice Cristo que los hijos de este siglo ("los que pertenecen al mundo", Versión Popular) son más sagaces que los hijos de la luz? El hombre del mundo sabe lo que desea. Ve cuáles son sus intereses mundanos, y emplea con rapidez todos los medios posibles para fomentarlos. En cambio, a menudo el creyente no ve con claridad los valores eternos y se preocupa demasiado en otras cosas, por lo que no saca provecho de las oportunidades que se le presentan ante Dios.

Si somos juiciosos, emplearemos las "riquezas de maldad" (los recursos pasajeros de este mundo) para conseguir "amigos" (convertir a las personas y atender sus necesidades) que nos darán la bienvenida cuando lleguemos a las moradas eternas. Es decir, debemos emplear sabiamente el dinero, los bienes y las cosas materiales para promover la causa del reino de los cielos. De esta forma seremos buenos mayordomos de las cosas del Señor, a la vez que nos preparamos una gloriosa entrada en los cielos.

"El que es fiel en lo muy poco, también en lo más es fiel". El administrador prudente, además de ser previsor, es leal. La mayor prueba de su fidelidad consiste en la atención esmerada de las cosas pequeñas. La vida está formada principalmente por cosas pequeñas. Si alguien no es fiel en administrar las cosas materiales de este mundo, ¿pondrá Dios en sus manos las cosas espirituales? Esto parece indicar que la fidelidad en la mayordomía de los bienes terrenos es una preparación para un servicio más amplio en el cielo.

Finalmente, el creyente tiene que elegir entre ser esclavo del materialismo o ser siervo de Dios. Nadie puede servir a ambos a la vez.

La reacción de los fariseos demuestra cuán impopulares son la abnegación, el desprendimiento y el sacrificio entre los que aman el dinero. Jesús les señala que ellos se justifican a sí mismos, pero ésto es sólo una apariencia que engaña a los hombres. Lo que los hombres tienen por sublime (las riquezas, los honores y las aspiraciones), ante Dios es abominable. No es suficiente aparecer como bueno y justo ante los hombres. Para satisfacer a Dios, hay que ser como Jesucristo.

2. El rico y Lázaro (Lucas 16:19-31). Puesto que el Señor le puso nombre a uno de los personajes de la parábola, algo poco corriente para El, algunos eruditos bíblicos sostienen que en realidad estaba relatando una historia verídica, no una parábola. Otros señalan que Jesús lo llamó Lázaro ("Dios ayuda") para indicar que el pobre mendigo, que parecía desamparado, tenía a Dios a su lado.[4] Su nombre sugiere confianza y gratitud hacia Dios. No nos importa si el relato es verídico o no, pues las parábolas por regla general se ajustan a la realidad, aunque algunas la representen figuradamente. Ninguna parábola presenta de manera errónea la realidad, tanto en general como en sus detalles.

Esta historia se relaciona estrictamente con la reacción de los fariseos ante la parábola de la mayordomía (Lucas 16:13, 14). Los fariseos se habían burlado de su enseñanza acerca del uso del dinero para ayudar a los demás y fomentar los intereses del reino de los cielos. Consideraban las riquezas como una señal de aprobación divina y la pobreza como prueba de que la persona no era agradable ante Dios. Por eso

Cristo les presentó la escena de un rico que no era justo, y un pobre que sí lo era.

Algunos teólogos modernos piensan que esta parábola indica que los pobres son los hijos de Dios, mientras que los ricos son sus enemigos. Sin embargo, el Señor no presenta a este hombre como injusto por poseer riquezas sino por usarlas con egoísmo y no ser compasivo. No lo condenó por vestirse de púrpura y de lino fino, ni por celebrar todos los días espléndidas fiestas, sino por no hacer nada por Lázaro, que estaba tirado junto a su puerta, hambriento y enfermo, sin fuerzas siquiera para ahuyentar a los perros salvajes, que llegaban a lamerle las llagas. Aunque la manera en que usemos los bienes terrenales no sea el único factor que determine nuestro destino eterno, los que no practican la misericordia a favor de los necesitados, terminarán inexorablemente en el infierno (véase Mateo 25:31-46).

Tanto Lázaro como el hombre rico murieron. La muerte es la gran igualadora. El rico fue sepultado. No cabe duda alguna de que hubo un pomposo cortejo fúnebre y el cadáver fue puesto en una costosa tumba, mientras que probablemente el cuerpo de Lázaro fuera arrojado a la fosa común. Para Lázaro, su larga noche de sufrimiento había terminado; Dios envió ángeles para escoltar su espíritu hasta un lugar de felicidad. El contraste continúa, pero ahora a la inversa. En su vida, el rico había alcanzado riquezas y fama, pero al final su perdición fue eterna.

Jesucristo descorre el velo que cubre el estado de los que han traspuesto los umbrales de esta vida. ¿Debemos interpretar literalmente los detalles con que describe la vida de ultratumba? Henry C. Thompson nos hace observar que "los muertos sin cuerpo no tienen dedos, ojos ni lengua, ni tampoco los refresca el agua".[5] Por tanto, se cree que el Señor estaba empleando términos figurados que tomó de este mundo para darnos alguna idea de las realidades del mundo invisible. "Si Jesús hubiera utilizado un lenguaje distinto para hablar de ese mundo, ninguna mente humana lo habría comprendido."[6]

Tanto si interpretamos la parábola literalmente, como si no lo hacemos así, se destacan en ella varias verdades importantes:

a) *Actualmente sólo existen dos lugares a donde van los seres humanos al pasar al otro mundo: el Seol o Hades y el Paraíso.* En el Antiguo Testamento, el Seol es la morada de los espíritus de los difuntos, tanto justos como injustos (véase 1 Samuel 28:19). Sin embargo, el Nuevo Testamento nunca señala que los justos vayan a este lugar. El Señor parece referirse al destino final del rico, y no a un estado intermedio, pues dice que se encuentra "en tormentos", "sufriendo mucho en este fuego" (Lucas 16:24; Versión Popular). Es lógico que pasara por alto las etapas intermedias para referirse a su destino final, pues lo que le interesaba era señalar cuál sería su retribución.

El Maestro emplea la expresión figurada "seno de Abraham" para indicar el destino de los justos. No sabemos si "la idea es la de un niño puesto en el regazo de Abraham"[7] o si es la imagen de un banquete en el cual el invitado de honor está recostado junto a Abraham, el padre de los creyentes (véase Juan 13:23). En ambos casos nos hablaría de consolación, comunión íntima con Dios y felicidad.

b) *El espíritu sigue recordando en la otra vida.* Es probable que el tormento más doloroso del infierno sea el remordimiento.

c) *En el otro mundo, la separación entre los elegidos y los condenados es completa e irrevocable.* La gran sima o abismo simboliza que es imposible, tanto para los justos como para los injustos, cambiar su destino. No habrá una segunda oportunidad para arrepentirse.

Los hombres que cierren los oídos deliberadamente a la voz de Dios que les llega a través de las Escrituras, también rechazarán a todos los mensajeros de Dios, aunque sus palabras sean apoyadas por milagros grandiosos. "Si no oyen a Moisés y a los profetas, tampoco se persuadirán aunque alguno se levantare de los muertos."

D. Jesús y sus discípulos
Lucas 17:1—18:14

Cristo se dirigió sobre todo a sus discípulos en esta sección (Lucas 17:1). Les enseñó a ser humildes y agradecidos, a esperar anhelantes su venida y a orar con fe y sinceridad.

1. El deber del siervo (Lucas 17:7-10). En esta parábola, censura el orgullo y el deseo de ser elogiado y recompensado, que se encuentran con frecuencia en buenos obreros cristianos. El término "inútil" aquí no quiere decir "sin valor", sino que indica que el siervo se ha limitado a cumplir con un deber u obligación.

No debemos gloriarnos por nuestro trabajo para el Señor, por nuestros sacrificios ni por nuestra fidelidad. Nunca podremos pagar nuestra deuda con Dios: solamente hacemos lo que debemos hacer. Sin embargo, hay otra parábola que nos enseña que el Señor mismo, cuando venga, recompensará a los que le hayan sido fieles. "Se ceñirá, y hará que se sienten a la mesa, y vendrá a servirles" (Lucas 12:37).

2. Jesús sana a diez leprosos (Lucas 17:11-19). El Señor sale ahora de Perea con rumbo a Jerusalén; toma la ruta situada entre Samaria y Galilea para llegar al valle del Jordán y bajar hasta Jericó. Su ministerio de evangelización está en su última etapa. Es ahora cuando sana a los diez leprosos.

¿Por qué no tocó ni sanó inmediatamente a los leprosos sino que les mandó presentarse a los sacerdotes? Quería aumentar su fe; quería que dieran un paso de fe. En aquellos tiempos, los sacerdotes tenían entre sus funciones la de ser una especie de inspectores de salud, que examinaban a los leprosos para ver si se habían sanado (Levítico 14:2,3). Aquellos leprosos acudieron a los sacerdotes como si ya estuvieran sanos, para que declarasen que estaban limpios. Hacía falta fe para un acto así. "Mientras iban, fueron limpiados."

Aunque los diez leprosos fueron sanados, sólo uno volvió a Cristo para darle las gracias, y éste era samaritano. Con frecuencia, a los creyentes les falta gratitud. A menudo dan por supuestas las bendiciones divinas. También hay muchos convertidos que son ingratos en cuanto a su salvación. Se esfuerzan poco por demostrar su agradecimiento sirviendo al Señor.

En este relato se ve el interés de Jesús por llevarles el evangelio a los no judíos, y la reacción de gozo y agradecimiento de uno de ellos. Lucas, en particular, señala que las buenas nuevas son para todo pueblo.

3. **La venida del reino** (Lucas 17:20-37). Más adelante veremos con detenimiento la profecía del Señor acerca de su segunda venida. Esta profecía se encuentra también en Mateo 24, aunque con más detalles. Por tanto, veremos rápidamente el discurso que recoge Lucas, con la excepción de los versículos 20 y 21, de los cuales hablaremos algo más extensamente.

La pregunta de los fariseos en el versículo 20 no tiene que ver tanto con la fecha en que se establecerá el Reino, como con las señales visibles que acompañarán a este acontecimiento. Los judíos esperaban la venida de un gran rey, así como un reino militarmente poderoso y materialmente glorioso. Por esto rechazaban a Jesús. Para contrarrestar tales ideas erróneas, Cristo les anunció la venida de un reino diferente. "No vendrá con advertencia"; o sea, "en forma visible" (Versión Popular).

Las palabras "el reino de Dios está entre vosotros" (versículo 21) se pueden traducir "está en vosotros". ¿Qué quiere decir esta expresión? Hay varias interpretaciones.

a) El Reino es algo espiritual e interno, algo que se encuentra dentro del hombre. Por ejemplo, el apóstol Pablo dice que "el reino de Dios no es comida ni bebida, sino justicia, paz y gozo en el Espíritu Santo" (Romanos 14:17). El problema de esta interpretación es que Jesús se estaba dirigiendo a los fariseos, y es evidente que el reino de Dios no estaba en ellos.

b) El Reino no estaba lejano, sino al alcance de todos.

c) El reino estaba allí presente, en la persona y el ministerio de Jesucristo. Es probable que ésta sea la verdadera interpretación.

Después de esto, Jesús se dirigió a sus discípulos para hablarles de su segunda venida. Debido a las persecuciones, éstos suspiraban por el advenimiento y la inauguración de la nueva era. En cambio, el Señor les indicó en estos momentos que El sería rechazado, desaparecería de la vista de los suyos y estaría ausente por largo tiempo. Les advirtió que no les hicieran caso a los "expositores" de profecías que gritan "aquí está" o "allí está" cada vez que estalla una guerra u ocurre una gran calamidad.

Su venida no sería oculta, sino visible para todos, como el relámpago que ilumina el cielo de un extremo a otro del horizonte. También sería repentina y tomaría por sorpresa a los habitantes de la tierra, tal como sucedió en el diluvio y en la destrucción de Sodoma y Gomorra. Por tanto, los seguidores del Señor no debían estar apegados a las cosas materiales, no fuera a ser que sufrieran la suerte de la esposa de Lot, cuyo corazón se había quedado en Sodoma. Hasta el fin de la edad, los creyentes deben vivir apoyados en la fe y en la esperanza de la gloriosa venida de Cristo.

4. **La parábola de la viuda y el juez injusto** (Lucas 18:1-8). Es probable que el Maestro haya contado esta anécdota para alentar a los suyos a estar en constante oración durante la prolongada espera de su segundo advenimiento. Ante la persecución, los creyentes estarían en gran peligro de descorazonarse y abandonar la fe (Lucas 18:8). El remedio estaría en la oración incesante y la seguridad de que el justo Juez hará "justicia a sus escogidos, que claman a él día y noche".

El Señor empleó deliberadamente la imagen del juez injusto para hacer un contraste entre éste y el Juez celestial. Si la perseverancia de la pobre viuda puede vencer la indiferencia de un hombre completamente carente de fe, justicia y misericordia, cuánto más la perseverancia de los elegidos en la oración puede mover la mano de Dios, que no es inicuo ni indiferente. El no tardará en responder.

5. **La parábola del fariseo y el publicano** (Lucas 18:9-14). La parábola de la viuda y el juez injusto nos enseña a perseverar en oración; la del fariseo y el recaudador de impuestos nos enseña a orar con un espíritu humilde y contrito.

El fariseo que oraba en el templo era ejemplo del espíritu de una oración que no llega más arriba del techo. Su oración giraba alrededor de sí mismo y sólo una vez mencionó a Dios. Demostró no tener noción alguna de su dependencia con respecto a Dios, y ser abiertamente autosuficiente. Con sus palabras, se estaba felicitando a sí mismo, en lugar de orar. No fue capaz de inclinar humildemente la cabeza, ni confesar sus pecados. Confiaba en sí mismo y en que Dios le tendría la consideración debida a un hombre justo. De esta manera, manifestaba su desprecio por los demás hombres, sobre todo por aquel publicano que tenía el rostro inclinado, se agitaba como un junco y se golpeaba angustiado el pecho.

Aquel líder religioso quería ganar méritos extraordinarios. No se limitaba a ayunar un día del año, en el día de la expiación, como estaba establecido en la Ley (Levítico 16:29), sino que ayunaba dos días a la semana. No sólo daba los diezmos de lo que mandaba la Ley, sino de todas sus entradas. Sin embargo, no obtuvo la aprobación del cielo. "Cualquiera que se enaltece, será humillado."

En cambio, aquel hombre que cobraba los impuestos para Roma ni siquiera se atrevía a levantar los ojos al cielo. No se comparaba con los demás hombres. No mencionaba ningún mérito suyo, sino que pedía misericordia. Barclay comenta: "Las versiones comunes no hacen justicia a su humildad, puesto que en realidad su oración era: 'Dios, sé propicio a mí, el pecador', como si no se considerara solamente un pecador, sino el pecador por excelencia." [8] La afirmación de Jesús es ésta: "Os digo que éste descendió a su casa justificado antes que el otro."

E. El último viaje por Perea
Mateo 19:1—20:28; Marcos 10:1-45; Lucas 18:15-34

Jesús y sus discípulos salen ahora de los límites de Galilea para entrar nuevamente en Perea (Mateo 19:1, 2). La expresión "al otro lado del Jordán" indica que el Señor no tomó el camino directo a través de Samaria, sino que dio un rodeo por el lado este del Jordán. Es decir, que pasó por Perea con rumbo a Jericó. Había emprendido resueltamente el camino que lo llevaría a Jerusalén, y finalmente al Calvario. Pronto profetizaría de nuevo sobre su propia muerte (Mateo 20:17-19). En aquellos momentos lo seguía mucha gente. El les enseñaba y sanaba a sus enfermos.

1. **El matrimonio, el divorcio y el celibato** (Mateo 19:3-12; Marcos 10:1-12; Lucas 16:18). La enseñanza del Señor en estos momentos sobre el matrimonio es ocasionada por una pregunta de los fariseos. Estos lo querían enredar con una cuestión muy polémica. Según la respuesta que el Maestro diera, lo podrían tachar de laxismo, o de excesiva rigurosidad en la interpretación de la Ley. En ambos casos, les sería posible desacreditarlo ante la multitud, e incluso conseguir un posible pretexto para detenerlo.

Los rabinos de aquella época estaban divididos en dos escuelas de pensamiento sobre la interpretación de Deuteronomio 24:1. El famoso rabino Hillel sostenía que este versículo permitía el divorcio, prácticamente por cualquier motivo. Por su parte, el rabino Shammai establecía con toda claridad que el único motivo por el cual un hombre podía repudiar a su mujer era la infidelidad moral. Todos estaban de acuerdo con la noción de que el divorciado podía casarse con otra persona, pero no se podía volver a casar con la repudiada.

Jesús contestó indirectamente la pregunta de los fariseos. Fue al fondo de la cuestión, mencionando los comienzos del matrimonio, tal como fue establecido por Dios en la creación. Lo que instituyó Dios al principio no puede ser invalidado por lo que el hombre legisle después.

Trilling explica acertadamente esta enseñanza de Cristo.

> El ser humano no fue creado por Dios como un ser de forma única, sino que tiene dos formas, la de hombre y la de mujer. Estas dos formas están mutuamente relacionadas, y tan dispuestas la una para la otra, que tienden a constituir juntas una sola entidad.[9]

"Los dos serán una sola carne", tanto en el sentido físico como en el espiritual. Aunque el instinto sexual es el factor más poderoso en la unión de una pareja, su satisfacción no constituye la finalidad de la unión. Barclay comenta: "El matrimonio no es para que dos personas hagan una sola cosa juntos, sino para que las hagan todas juntos".[10] Es decir, que el matrimonio es la unión total de dos personas que aceptan compartir todas las circunstancias de la vida.

Es también una unión indisoluble: "Lo que Dios juntó no lo separe el hombre." Sin embargo, el Señor menciona una excepción a esta regla; es posible romper el vínculo matrimonial cuando existe adulterio (Mateo 19:9). Algunos creyentes que quieren deshacer su unión dicen que la elección de su cónyuge fue errónea y que no fue Dios quien los unió. Yerran al pensar que es Dios quien une a cada pareja. Lo que significan las palabras de Jesús es que Dios estableció el matrimonio como una institución. Sin embargo, a cada persona le toca elegir su propio consorte.

Los fariseos le hicieron entonces una objeción a Jesús: "¿Por qué, pues, mandó Moisés dar carta de divorcio, y repudiarla?" Se estaban refiriendo al pasaje de Deuteronomio 24:1. Jesús les contestó que Moisés no había *ordenado* divorciarse, sino que lo había *permitido* "por la dureza de vuestro corazón; más al principio no fue así". Moisés había tolerado el divorcio para evitar mayores males, como el homicidio o el maltrato físico por parte del marido descontento, pero el deseo de Dios no era que se rompiese la unión matrimonial. Sólo se trataba de una concesión a la debilidad humana.

Después el Señor acusó de violar el séptimo mandamiento a los que contrajeran matrimonio después de haberse divorciado. ¿Permite Cristo que el cónyuge inocente vuelva a casarse en casos de infidelidad? (Véase Mateo 19:19.) Muchos evangélicos sostienen que Jesús enseña que la fornicación ("adulterio" en griego) es el único motivo justificado para divorciarse, pero que esto no disuelve realmente la unión. Por consiguiente, no está autorizado casarse nuevamente mientras viva el consorte infiel. En cambio, hay teólogos cristianos que interpretan la expresión "salvo por causa de fornicación" de esta forma: sólo la inmoralidad rompe el vínculo matrimonial. Si son ellos los que tienen razón, entonces el cónyuge inocente sí queda libre para casarse de nuevo.

Los discípulos reaccionaron con sorpresa ante una interpretación tan estricta de la Ley. Su comentario fue: "Si así es, no conviene casarse." El Señor les contestó que algunos hombres son incapaces de tener un matrimonio normal por una imposibilidad física, mientras que otros han sido castrados por acción humana. Además de éstos, hay personas que renuncian al matrimonio y a la familia "por causa del reino de los cielos". En algunos casos, el matrimonio podría ser un serio estorbo para los que sirven al Señor. Sin embargo, "no todos son capaces de recibir esto, sino aquéllos a quienes es dado". Sólo aquéllos a quienes se ha concedido "don de continencia" son capaces de llevar una vida de celibato, y únicamente para un tipo especial de ministerio (véase 1 Corintios 7:7-9). La regla general es que al hombre le conviene casarse.

2. Jesús y los niños (Mateo 19:13-15; Marcos 10:13-16; Lucas 18:15-17). Al parecer, los discípulos no les concedían gran importancia a los pequeños, o tal vez pensaran que el Maestro no tenía tiempo para ellos, ya que tenía tantas otras cosas de importancia que hacer. La santa indignación del Señor puso de relieve esta gran verdad: "No existe en el Reino obra de mayor importancia que la de llevar a los niños a los pies de Jesús."[11]

La expresión "porque de los tales es el reino de Dios" no significa que ellos estén libres de nuestra naturaleza pecaminosa y del pecado original. Más bien se refiere a la actitud general de los niños: sencillez, humildad, dependencia, ingenuidad y fe absoluta.

3. El joven rico (Mateo 19:16-30; Marcos 10:17-31; Lucas 18:18-30). El episodio del joven rico ilustra unas palabras de Jesús: "¡Cuán difícilmente entrarán en el reino de Dios los que tienen riquezas!" Señala también que Cristo les exige a sus discípulos una lealtad absoluta.

Lucas indica que se trataba de un hombre de elevada posición, un príncipe. Tal vez fuera el presidente de una sinagoga u ocupara otro puesto importante. Aunque aquel joven poseía muchas cualidades deseables, Jesús le indicó que le faltaba una cosa. En realidad, le faltaban cuatro:

a) Un concepto adecuado sobre la persona de Jesús. Le había llamado "maestro bueno", pensando que Jesús era un simple rabino, un bondadoso maestro y nada más. ¿Negó El con su respuesta que fuera bueno, o afirmó que era divino? El nunca confesó pecado, ni fue acusado de pecado por sus adversarios. Sus palabras ponían a aquel hombre ante dos alternativas: o Cristo no era bueno, o era Dios.

b) *Un concepto adecuado de la bondad.* ¿Qué quería decir el joven al llamar "bueno" a Jesús? ¿Pensaba solamente en la bondad humana, en la rectitud externa? ¿O pensaba en la justicia del Sermón del Monte? El se consideraba intachable. Le dijo que había guardado los diez mandamientos desde su juventud. Sin embargo, por supuesto, no había cumplido con el espíritu de la Ley; su justicia era superficial.

c) *Un concepto claro del camino de la salvación.* Pensaba que podía ganar la vida eterna por medio de las buenas obras, o tal vez por medio de un gran sacrificio. "¿Qué haré para heredar la vida eterna?" No sabía que la vida eterna es un don de Dios que reciben los que creen en Cristo.

d) *Una entrega total a Dios.* Cuando habló de guardar los mandamientos, Jesús sólo mencionó seis de ellos. Omitió deliberadamente los tres primeros, que se relacionan con nuestros deberes para con Dios. Después puso a prueba su amor a Dios, pidiéndole que lo sacrificara todo para ganar un tesoro en el cielo. ¿Amaba a Dios más que a sus posesiones? ¿Estaba dispuesto a darles preferencia a los tesoros celestiales por encima de los terrenales? En realidad, aquel joven había tenido a sus posesiones como un dios extraño delante del verdadero Dios. Entonces, por decisión propia, le dio la espalda a Jesús para regresar a sus bienes.

Mientras el joven se alejaba, Jesús hizo la observación de que las riquezas dificultan la entrada al reino. Esto asombró y sorprendió tanto a los discípulos, que se quedaron sin habla. Desde su niñez se les había enseñado que las riquezas eran prueba del favor divino.

A continuación el Señor afirmó que poner nuestra seguridad en las riquezas es algo que hace tan imposible la entrada al Reino como imposible es que un camello pase por el ojo de una aguja. El Maestro empleó en su comparación al animal más grande que se conocía en Palestina, en contraste con la abertura más pequeña conocida. Quiso dar a entender que se trataba de una imposibilidad total.

Los asombrados discípulos dijeron: "¿Quién, pues, podría ser salvo?" Para responder a su pregunta, Cristo volvió su atención a Dios. El es el Dios de los imposibles. Cuando acudimos a El, descubrimos que su poder es mayor que el de las riquezas.

La pregunta de Pedro (Mateo 19:27) parece poco noble; refleja un espíritu comercial que busca recompensa por los sacrificios y por el servicio espiritual. Sin embargo, el Señor no lo reprendió. En la parábola que sigue, la de los obreros en la viña (Mateo 20:1-16), Jesús explicó la manera en que opera la gracia divina en cuanto a recompensas. Después les prometió galardón en la "regeneración", el reino glorioso que se manifestará cuando El vuelva, y también en el presente.

No debemos interpretar literalmente la promesa de dar cientos de hermanos, hermanas, hijos y tierras a los que se sacrifican por la causa de Cristo. Estas palabras se refieren a la gran familia de la fe; es decir, a los hermanos, padres e hijos espirituales. En realidad, en la Iglesia del Señor recibimos en amor y comunión cien veces más de lo que damos. En este mundo tendremos también persecuciones, pero las recompensas serán mayores.

Jesús agregó a continuación unas palabras de advertencia para corregir el espíritu interesado de Pedro. "Muchos primeros serán postreros y los postreros, primeros." Erdman explica: "Es posible que muchos de los que han tenido como Pedro la oportunidad de estar más cerca de Cristo en esta vida, no reciban la recompensa mayor."[12] Los siervos del Señor serán juzgados según sus intenciones y su fidelidad. En el cielo serán exaltadas ciertas personas que son poco estimadas en la tierra, mientras que posiblemente, algunos grandes personajes de la Iglesia aquí abajo serán humillados allá arriba.

4. **La parábola de los obreros de la viña (Mateo 20:1-16).** Esta anécdota se relaciona con una pregunta de Pedro: "Hemos dejado todo, y te hemos seguido; ¿qué pues tendremos?" Cristo previó hasta dónde podría llegar este espíritu interesado. Los discípulos tenían la tentación de sentirse orgullosos y satisfechos de sí mismos, por ser "socios fundadores" del Reino. Tal vez asumirían una actitud arrogante hacia aquellos que, según su punto de vista, eran menos dignos que ellos. Para alertarlos contra este espíritu, el Maestro les contó la parábola. Con ella ilustraba el principio de que muchos "primeros serán postreros y los postreros, primeros".

¿Nos enseña esta parábola que todos los obreros cristianos recibirán el mismo galardón? Esta deducción sería contraria a lo que afirma el apóstol: "Cada uno recibirá conforme a su labor" (1 Corintios 3:8). Tampoco es imprescindible entenderla como que aquéllos que han trabajado once horas recibirán la misma recompensa que los que han trabajado sólo una hora. Más bien señala que la intención que inspira a los obreros es más importante que sus sacrificios, o la cantidad de tiempo que hayan trabajado. Indica que una hora de trabajo realizada con espíritu de fe y amor es más importante ante Dios que once horas de trabajo realizadas con un espíritu de legalismo o de negocio.

La lección principal de la parábola se encuentra en la generosidad mostrada por el propietario de la viña, el cual es figura de Dios mismo.

Su bondad sobrepasa la justicia. Les da la misma recompensa a los que, por falta de oportunidad, no han trabajado largas horas; esto, sin disminuir el jornal de los demás. La murmuración de los obreros descontentos no se debió a que recibieran igual cantidad que ellos. Se escandalizaron ante la generosidad del dueño de la viña. Los que son llamados en la última hora de la edad de gracia pueden ser recompensados, igual que aquéllos que han soportado el peso y el calor del día.

5. **Cristo y las aspiraciones personales** (Mateo 20:17-28; Marcos 10:32-45; Lucas 18:31-34). Inmediatamente después de haber anunciado Jesús su pasión por tercera vez, Salomé le hizo la petición de que sus hijos Jacobo y Juan ocuparan puestos importantes en el reino mesiánico. En esta ocasión, el Señor había agregado crueles detalles que no había mencionado anteriormente. No sólo iba a morir, sino que sería escarnecido, azotado y crucificado. Sabía perfectamente lo que tenía que padecer, y puso su rostro "como el pedernal" para cumplir su misión. Al ver el aspecto resuelto del Señor, que marchaba con paso firme delante de ellos, los discípulos se sintieron sorprendidos y llenos de miedo (Marcos 10:32).

Marcos dice que Jacobo y Juan se acercaron al Señor para hablarle de sus deseos de ocupar los puestos principales en el reino venidero. En cambio, Mateo indica que fue la madre de los dos discípulos quien le hizo esta petición. ¿Cómo podemos armonizar los dos relatos entre sí? Es probable que Jacobo y Juan se avergonzaran de pedirle directamente algo así, por lo que enviaron a su madre como portavoz. De cualquier forma que fuese, la respuesta de Jesús se dirigió a los dos hermanos, y la indignación de los demás discípulos iba dirigida a ellos. Es obvio que la petición tuvo su origen en los deseos de ambos, por lo que Marcos les atribuye a ellos la petición.

La súplica de los dos discípulos revela cuán poco entendían lo que el Señor les había anunciado. Jesús pensaba en su propia humillación, mientras ellos pensaban en su exaltación. El iba al encuentro de la cruz, mientras ellos soñaban con ocupar un trono. Para poder alcanzar un puesto elevado en el Reino, primero tendrían que beber el cáliz del padecimiento. No sabían lo que pedían. Jacobo (Santiago) sería uno de los primeros mártires de la Iglesia (Hechos 12:2), mientras que Juan sufriría persecución y luego exilio en la isla de Patmos (Apocalipsis 1:9). A pesar de esto, en ningún otro episodio brilla más claramente la fe de los discípulos. No les cabía la menor duda de que Cristo establecería su reino en la tierra.

"El sentaros a mi derecha y a mi izquierda, no es mío darlo, sino a aquellos para quienes está preparado." Es decir, "todos los arreglos del reino mesiánico ya han sido hechos por el Padre",[13] y El no tiene favoritos. Los puestos de honor en el Reino se los otorga a quienes los merezcan realmente.

Después de esto, Jesús hizo un contraste entre lo que el mundo considera verdadera grandeza y lo que Dios piensa al respecto. En el mundo es un gran hombre el que se enseñorea sobre otros, tiene autoridad de mandar, y tiene satisfechas hasta sus necesidades más ínfimas. En cambio, quien quiera ser grande en el reino mesiánico debe despojarse de su poder y hacerse pequeño. La verdadera grandeza está en servir. La nueva ley del reino consiste en entregarse a los demás. El mismo Cristo vivió de acuerdo a esta ley, y nosotros debemos seguir su ejemplo.

Llegamos ahora a la verdad cardinal de los evangelios sinópticos. El Hijo del Hombre murió en expiación del pecado (Mateo 20:28; Marcos 10:45), para redimirnos de la maldición y satisfacer la justicia divina. "Padeció una sola vez por los pecados, el justo por los injustos, para llevarnos a Dios" (1 Pedro 3:18).

F. De paso por Jericó
Mateo 20:29-34; Marcos 10:46-52; Lucas 18:35—19:10

1. Jesús sana a dos ciegos (Mateo 20:29-34; Marcos 19:46-52; Lucas 18:35-43). Lejos ya de Perea, Jesús se hallaba de paso por Jericó, camino de Jerusalén. Jericó fue el lugar donde el Señor curó a los dos ciegos y llamó a Zaqueo.

Al leer el relato de los dos ciegos en los tres evangelios sinópticos, nos encontramos con un problema. Mateo menciona que eran dos, mientras que Marcos y Lucas hablan de uno solo. ¿Cómo podemos explicar esta aparente discrepancia? Es probable que fueran dos, aunque Bartimeo fuera el portavoz de ambos. También parece ser que Bartimeo se convirtió en una figura conocida dentro de la Iglesia primitiva, ya que Marcos conocía su nombre y el de su padre.

El episodio tiene un interés especial por varias razones:

a) Los ciegos reconocieron que Jesús era el Mesías. Lo llamaron "Hijo de David", palabras que constituyen un título mesiánico. En aquellos momentos, muy pocos de sus oyentes se daban cuenta de esta verdad.

b) Perseveraron en pedir misericordia, a pesar de que muchas personas los reprendían.

c) Bartimeo estuvo dispuesto a dejar su capa para acercarse a Cristo. Es probable que su capa fuera su única posesión.

d) Cuando quedaron sanos, su agradecimiento fue tan grande que decidieron seguirlo por el camino.

G. Jesús y Zaqueo
Lucas 19:1-10

No es de extrañarse que sea Lucas quien narra este episodio. El se deleitaba en contar incidentes en los cuales brillara el amor de Cristo hacia los despreciados por la sociedad. El relato termina con una declaración acerca de la misión de Jesucristo (versículo 10). El fin primordial que animó al Señor a venir a este mundo fue el de buscar y salvar a los perdidos; es decir, a los que no van por el camino de la salvación. También este episodio sirve para ilustrar un gran principio que acabamos de leer: Aunque es difícil que un rico se salve, todo "es posible para Dios" (Lucas 18:27).

Si alguien les hubiese preguntado a los habitantes de Jericó quién era la persona con menos posibilidades de ser salva, es muy probable que habrían respondido que esa persona era Zaqueo. Este era el jefe de los cobradores de impuestos, y era considerado como un traidor a su pueblo. Los publicanos le daban al gobierno romano una cantidad fija de dinero a cambio del privilegio de cobrar los impuestos. Los romanos les permitían determinar las cantidades al hacer su recolección. De esta manera, los recaudadores cobraban todo cuanto podían y se enriquecían pronto. El ejército romano los apoyaba en cualquier queja que hubiese contra ellos. Zaqueo había llegado a ser muy rico, pero esto no lo hacía feliz. Su espíritu estaba inquieto.

¿Por qué Jesús le pidió a Zaqueo que se bajara del árbol y le diera alojamiento, en vez de censurarlo por su corrupción? Sabía que la manera de salvarlo era aceptarlo tal como era; lo tenía que amar incondicionalmente. El Señor no tenía una fórmula fija o un sistema uniforme para relacionarse con los pecadores. Trataba a cada uno según su personalidad y sus necesidades. Sabía que si censuraba a Zaqueo, éste se iba a sentir rechazado y se iba a colocar a la defensiva. Sólo podría enfrentarse a sus pecados y arrepentirse si se sentía aceptado primero.

¿Cómo sabemos que fue genuino el arrepentimiento del publicano? Zaqueo demostró que estaba transformado cuando les entregó la mitad de sus bienes a los pobres y les hizo restitución a todos aquéllos a quienes había defraudado. En esta restitución superó las demandas de la Ley. Esta exigía que se restituyera el cuádruplo, pero sólo si se trataba de un robo deliberado y violento con el propósito de destruir (Exodo 22:1). En los demás casos, sólo había que dar el ciento veinte por ciento de lo robado (Números 5:7). Nosotros también tenemos la obligación de respaldar nuestro testimonio con una restitución adecuada, si hemos ofendido o defraudado a nuestros semejantes.

212 *Se hizo hombre*

Citas del capítulo 12

1 Erdman, *El Evangelio de Lucas*, pág. 184.
2 *Ibid*, pág. 187.
3 Morgan, G. Campbell. *Los grandes capítulos de la Biblia*, 1938, tomo 1, pág. 178.
4 Bliss, C. R. *El Evangelio según Lucas*, tomo 2, *Comentario expositivo sobre el Nuevo Testamento*, 1966, pág. 417.
5 Thompson, Henry C. *La vida de Jesucristo, basada en los cuatro evangelios*, sin fecha, pág. 351.
6 Lenski, *op. cit.*, pág. 740.
7 *Ibid.*, pág. 739.
8 Barclay, *Lucas*, pág. 219.
9 Trilling, *El Evangelio según San Mateo*, tomo 2, pág. 161.
10 Barclay, *Mateo II*, pág. 210.
11 Trenchard, *Una exposición del Evangelio según Marcos*, pág. 122.
12 Erdman, *El Evangelio de Mateo*, pág. 200.
13 Broadus, *Comentario sobre el Evangelio según Mateo*, pág. 532.

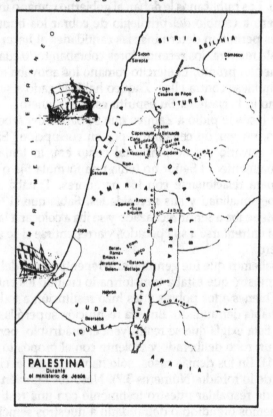

PALESTINA
Durante
el ministerio de Jesús

CAPITULO 13

EL FINAL DEL MINISTERIO PUBLICO DE JESUS EN JERUSALEN

En este capítulo veremos algunos acontecimientos, así como los últimos discursos que Jesús pronunció en público. Había llegado para El la hora de regresar a la Ciudad Santa y de ser entregado a la muerte. Sabía que en el Concilio ya se había dado la orden de aprehenderlo y matarlo (Juan 11:54, 57). Esta es la semana final de la vida terrena de nuestro Señor. El presente capítulo abarca los cuatro primeros días de esa última semana, en los cuales Jesús dio fin a su ministerio público.

Colocamos al principio de este capítulo el episodio de la unción en Betania. Mateo y Marcos lo incluyen inmediatamente antes del día de la Santa Cena; sin embargo, parecen haber tenido la intención de disponer los acontecimientos por tema, y no cronológicamente. Juan indica que ocurrió seis días antes de la Pascua (Juan 12:1).

A. María unge a Cristo en Betania
Mateo 26:6-13; Marcos 14:3-9

Rumbo a Jerusalén, Jesús llegó a Betania, pueblo situado a las afueras de aquella ciudad. Es el lugar donde había resucitado a Lázaro. Allí asistió a una cena en la casa de Simón el leproso, al cual es probable que hubiera sanado. El relato que hace Juan del episodio arroja luz sobre algunos detalles (12:1-8). El es quien precisa que la mujer era María, y que Judas fue quien la criticó. Lázaro estaba presente. No debemos confundir a María con la mujer pecadora que le empapó los pies al Señor con sus lágrimas (Lucas 7:38), ni tampoco con María Magdalena (Marcos 16:1, 9).

El acto de derramar perfume sobre la cabeza de Jesucristo fue un gesto de amor y de suprema devoción. El perfume era un ungüento de nardo puro, hecho de una planta importada de la lejana India. Era de tan alto precio que sólo los ricos lo usaban. Impulsados por las críticas de Judas (Juan 12:5), algunos de los discípulos se quejaron. Insinuaron que María era imprudente, derrochadora e indiferente a las necesidades de los pobres.

Nuestro Señor la defendió, y así nos enseñó verdades profundas. MacLaren las presenta.[1]

a) Nada que se le haya dado a Jesús con amor y devoción es demasiado grande: "Buena obra me ha hecho." Un acto puede tener hermosura moral, aunque le falte utilidad.

b) La caridad con los pobres, y otros deberes que son una obligación permanente, pueden ceder ante una oportunidad de servir que se presente una sola vez en la vida: "Siempre tendréis pobres con vosotros, pero a mí no siempre me tendréis."

c) Cuando lo servimos, Cristo ve en ese servicio más de lo que nosotros podemos comprender. "Se ha anticipado a ungir mi cuerpo para la sepultura." No es necesario creer que Jesús estuviera indicando que María entendía perfectamente todo lo que El había dicho. Aunque no pensara en la sepultura del Maestro, había presentido en su corazón que El iba a morir, y se dio cuenta de que ésta era su última oportunidad para expresarle su amor.

d) La influencia que tiene un acto de sacrificio cristiano no termina nunca. A través de los siglos, la fragancia de la impulsiva generosidad de María sigue inspirándonos a la consagración. "De cierto os digo que dondequiera que se predique este evangelio, en todo el mundo, también se contará lo que ésta ha hecho, para memoria de ella."

María recibió el elogio más grande que se puede hacer de un siervo del Señor: "Esta ha hecho lo que podía." Dios no nos exige más que esto. El ejemplo de María forma contraste con la codicia, la mezquindad, el egoísmo y la traición de Judas.

B. Cristo presenta su condición de Mesías en tres escenas dramáticas.

Hasta estos momentos, Jesús nunca había dicho en público que El era el Mesías. Así había evitado que se despertara el entusiasmo carnal del pueblo, que esperaba a un libertador militar, el cual inauguraría un glorioso reinado terrenal. Ahora declara abiertamente que El es el Rey prometido por el profeta Zacarías, pero lo hace en forma dramática: entra triunfante en Jerusalén. Luego dramatiza las funestas consecuencias que sufrirá Israel por haber rechazado al Cristo: maldice la higuera estéril y ésta se seca desde las raíces. Finalmente cumple al pie de la letra la profecía de Malaquías 3:1-3, limpiando la casa de Dios. Nunca podrán decir los judíos que Jesús no se ha manifestado como el Mesías anunciado por los profetas.

1. La entrada triunfal (Mateo 21:1-11; Marcos 11:1-11; Lucas 19:28-44). Por fin había llegado para Jesús la hora de presentarse ante la nación judía como el Rey predicho en el Antiguo Testamento. Se acercaba la crucifixión y no quedaba motivo alguno para ocultar su condición de Mesías. Ahora le quiso dar a Jerusalén una última oportunidad de que le abriera las puertas del corazón y preparó esmeradamente una manifestación mesiánica. No dejó nada a la casualidad, sino que planificó todos los detalles.

Antes de salir de Betania, mandó a dos discípulos en busca de una cabalgadura para su entrada a Jerusalén. "Eso es muy inusitado, porque de ordinario, los peregrinos que se reúnen en la ciudad para la fiesta de la Pascua, van a pie."[2] Además, al elegir Jesús un pollino de asna como bestia de silla, demostró que estaba cumpliendo en forma deliberada la profecía de Zacarías 9:9. No entraría a Jerusalén como un orgulloso conquistador, montado en un corcel blanco, sino como Rey pacífico y humilde, cabalgando sobre el animal que usaban los profetas antiguos (véanse Números 22:21; 1 Reyes 13:13). El uso de esta bestia y su relación con Zacarías indica la naturaleza de su dominio: la paz universal.

Es probable que el dueño del pollino fuera seguidor de Cristo, y por eso estuvo dispuesto a prestárselo (Lucas 19:31). Por primera vez se menciona que Jesús usase para sí el título de "Señor", que expresa soberanía divina (en griego, *kyrios*, término usado en la Versión Griega de los Setenta para traducir el nombre de Jehová). Había llegado el momento de revelarse como Dios, aunque sería crucificado al cabo de seis días.

Una vez traído el pollino a Jesús, los discípulos no tardaron en relacionar el suceso con la profecía de Zacarías. Inmediatamente hicieron todo lo posible para tratarlo como Rey. Quitándose sus túnicas y mantos, los pusieron sobre el pollino y ayudaron a Jesús a subir a él. Mientras el Señor avanzaba por la cima del monte de los Olivos, los Doce colocaron sus vestiduras externas en el camino a manera de alfombra real.

La multitud de peregrinos se contagió con el entusiasmo y se comenzó a colocar con ramos de palmas por delante de El. Entonces comenzaron todos a alabar a Dios a gritos, diciendo: "¡Hosanna (salva ahora) al hijo de David! ¡Bendito el que viene en el nombre del Señor!

¡Hosanna en las alturas!" La expresión "Hijo de David" es un inconfundible título mesiánico. La entrada a Jerusalén es un verdadero desfile real.

Sin embargo, no todo el mundo sintió regocijo. Los fariseos, considerando que aquellas alabanzas eran una blasfemia, le pedían al Maestro que reprendiese a sus entusiastas seguidores. (Los formalistas del presente también detestan cualquier manifestación de sentimiento genuino, puesto que éstas revelan cuán superficial es su propia religión). La respuesta de Jesús indicó que aquellos homenajes no sólo eran apropiados, sino también necesarios. Si la gente se callaba, clamarían las piedras para darle al Rey la bienvenida que se merecía.

Al tener delante de sí el panorama de la Ciudad Santa, Jesús lloró por ella. Podía ver el juicio que se avecinaba. Si los habitantes de Jerusalén se hubieran dado cuenta de las cosas referentes a su paz, es decir, el evangelio y el Salvador, le habrían dado la bienvenida, como se hacía con los peregrinos que vienen de lejos. Sin embargo, cerraron los ojos obstinadamente y persistieron en su ceguera. Al cabo de pocos días crucificarían al Príncipe de gloria. Puesto que los dirigentes religiosos de la nación habían resuelto permanecer en la ignorancia espiritual, no tendrían otra oportunidad de escapar al juicio que debía caer sobre Jerusalén. En este momento, el Señor hizo una vívida descripción del sitio y la destrucción de la ciudad que tendrían lugar en el año 70 d.C.

Después lo vemos entrar a Jerusalén y al templo, aunque se limitó a observar todo lo que le rodeaba. Puesto que ya era tarde, volvió con los Doce a Betania (Marcos 11:11).

2. La maldición de la higuera estéril (Mateo 21:18-22; Marcos 11:12-14; 20-26). Durante la semana que precedió a la crucifixión, Jesús y sus discípulos se hospedaron en Betania, probablemente en casa de Marta y María, regresando a la ciudad todas las mañanas. Cuando se dirigían a Jerusalén el lunes siguiente al domingo de su entrada triunfal, ocurrió el incidente en que el Señor maldijo la higuera sin frutos. Este es el único milagro negativo que se encuentra en los evangelios.

¿Por qué maldijo Jesús aquella higuera? Marcos hace la observación de que no era aún tiempo de higos; por tanto, no era de esperar que los tuviese. Sin embargo, el no halló en ella nada más que hojas; es decir, que ni siquiera tenía el *taqsh*, el brote precursor del higo. Este milagro tiene un sentido parabólico. El Señor no se disgustó porque el árbol no tuviese fruto, sino que quiso enseñar una lección. La higuera representaba a Israel, espiritualmente estéril, que no había aprovechado la oportunidad de arrepentirse y recibir a su Mesías. Como consecuencia, sería juzgado y destruido (véase Lucas 13:6-9). Israel incrédulo nos presenta un ejemplo y una advertencia: cualquier institución "cristiana" que no dé el fruto debido se secará y dejará de existir tarde o temprano.

El Maestro empleó también el episodio para enseñarles a sus discípulos el poder de la fe. Sin embargo, no quería que se usara la fe para maldecir, sino para llevar fruto. Trenchard observa: "Las palabras del Señor indican que la fe es el único remedio contra la esterilidad espiritual y la maldición que es su consecuencia."[3] La fe y la oración nos unen con la omnipotencia de Dios y hacen posible que sean trasladadas las montañas que se nos enfrentan como obstáculos (véanse Isaías 41:15, 16; Zacarías 4:7). Esa oración debe ir acompañada por un espíritu dispuesto a perdonar.

3. **La purificación del templo** (Mateo 21:12-17; Marcos 11:15-19; Lucas 19:45-48). Jesucristo había inaugurado su ministerio en Judea con la purificación del templo de Jerusalén (Juan 2:13-17), y ahora pone fin a su obra pública con otro acto similar. No debemos suponer que "el templo" en este relato sea el lugar santo mismo, sino el patio de los gentiles, el cual era "una gran explanada rodeada de hermosos pórticos que cercaban los patios interiores."[4] Sin embargo, el Señor consideraba que todas las partes del templo se debían utilizar para actividades espirituales, no para comerciar.

El comercio en el recinto del templo había comenzado así: cada año, millares de judíos acudían a Jerusalén para celebrar las fiestas y para hacer sacrificios en el templo. Con el fin de proveerlos de todo lo que necesitaban, los comerciantes y cambistas montaron puestos en el patio de los gentiles. Los comerciantes les vendían allí el vino y los animales que necesitaban, mientras que los cambistas cambiaban su moneda en la moneda especial del templo que exigía la Ley. Estos comerciantes y cambistas profanaban el recinto sagrado con su avaricia, su extorsión, sus regateos y sus ruidos.

Los saduceos, y en especial la jerarquía sacerdotal constituida por ellos, tenían el monopolio de ese comercio lucrativo. Puesto que todo animal presentado para sacrificio tenía que ser perfecto según la Ley, los sacerdotes los inspeccionaban. En la celebración de la Pascua, cuando había una gran muchedumbre que quería ofrecer sacrificios, era imposible inspeccionar los animales de todos los peregrinos. Los sacerdotes inspeccionaban los animales con anterioridad y los guardaban para venderlos a los que llegaban a sacrificar, al precio que ellos dispusieran. Los peregrinos se veían obligados a comprar en aquel mercado, puesto que si compraban el animal en otro lugar, corrían el riesgo de que las autoridades religiosas lo rechazaran como indigno.

El templo debía ser llamado "casa de oración para todas las naciones" (véase Isaías 56:7), pero los líderes religiosos y comerciantes lo habían convertido en "cueva de ladrones". ¿Cómo podrían rendir culto al Dios verdadero los prosélitos del judaísmo en medio de semejante bullicio y distracción? ¿Qué impresión tendrían de la religión de Jehová los convertidos a la fe de Israel cuando presenciaban la codicia de los dirigentes espirituales de la nación? No es de extrañarse que el Señor expulsara violentamente a los comerciantes y cambistas y luego reprendiera a los líderes responsables del negocio. Aquí vemos que Cristo era capaz de indignarse grandemente en casos de esa naturaleza.

Al limpiar el templo, Jesús procedió con autoridad, como quien es el dueño del edificio, y como Aquél que es más que la casa de Dios. También demostró su condición mesiánica sanando a los enfermos. Los dirigentes judíos no se daban cuenta de quién era, y se le oponían; en cambio, los niños sí lo sabían. Jesús los defendió citando el Salmo 8:2. Dios no busca alabanza de boca de los instruidos y sabios, sino de boca de los sencillos y niños de pecho. Estos hacen enmudecer a sus enemigos.

C. Cristo hace una advertencia a sus adversarios mediante tres parábolas
Mateo 21:23—22:14; Marcos 11:27—12:12; Lucas 20:1-18

1. La ocasión: los adversarios ponen en duda la autoridad de Cristo (Mateo 21:23-27; Marcos 11:27-33; Lucas 20:1-8). Los gobernantes religiosos se sentían contrariados porque los peregrinos escuchaban gustosamente las enseñanzas del Maestro y estaban de parte de El. Aunque ya habían decidido darle muerte, temían al pueblo, por lo que buscaban un pretexto para condenarlo. Los evangelistas inspirados describen ahora las últimas confrontaciones de Jesús con sus enemigos.

El martes, tercer día de la semana final de la vida terrena del Mesías, una delegación del Sanedrín ("los principales sacerdotes y escribas", título que se solía dar a esta organización) llegó al templo. Hicieron un gran esfuerzo por hacerlo caer en alguna trampa, pero Jesús demostró poseer una sabiduría de origen divino, y para cada pregunta tuvo una respuesta desconcertante.

Cuando sus adversarios le exigieron que dijera de dónde procedía su autoridad para expulsar a los comerciantes y sanar a los enfermos en el mismo templo, lo quisieron poner en un dilema. Si decía que la había recibido de los hombres, lo podrían acusar de no someterse a los dirigentes debidamente reconocidos en el pueblo judío. Si afirmaba que la había recibido del cielo, lo podrían acusar de blasfemia. Jesús les contestó preguntándoles si Juan había sido un enviado de Dios, o no. Aquella pregunta constituía una prueba para la sinceridad de ellos, puesto que Juan había vivido en estricto cumplimiento de la Ley, y el pueblo lo había considerabo un profeta.

Ahora bien, los jefes religiosos sabían que Juan había presentado a Jesús, y reconocer a Juan habría sido en cierto sentido como reconocer a Jesús. No podían negar que Juan había sido enviado por Dios, pero tampoco lo querían admitir. En consecuencia, se negaron a enfrentarse con este asunto, con lo que demostraron su insinceridad. Entonces Jesús relató tres parábolas que sirvieron como un triple espejo en el cual sus adversarios pudieron ver reflejada su propia naturaleza. A través de ellas puso al descubierto el verdadero estado de sus corazones.

2. La parábola de los dos hijos (Mateo 21:28-32). Un padre les pidió a sus dos hijos que trabajaran en su viña. ¿Qué representa el llamado a trabajar en la viña? Para los dirigentes judíos podía representar el llamado divino a una vida justa, hecho por medio de la Ley y la predicación de Juan el Bautista. La respuesta del primer hijo es seca, casi insolente, pero luego se arrepiente y va a trabajar. En cambio, el segundo hijo, que acepta ir, no va. Esta ilustración pone de relieve *el contraste entre lo que se dice y lo que se hace*. No basta con prometer que vamos a obedecer la voluntad divina; tenemos que obedecerla de verdad. Las acciones de una persona son siempre las que permiten juzgar su sinceridad. Así vemos cómo los publicanos y las rameras demostraron más sinceridad que los dirigentes judíos, puesto que creyeron en el mensaje de Juan, mientras que los dirigentes no lo creyeron ni se arrepintieron.

3. La parábola de los labradores homicidas. (Mateo 21:33-46; Marcos 12:1-12; Lucas 20:9-19). La segunda parábola describe tan vívidamente el proceder de los sacerdotes y escribas, que habría sido imposible que éstos no se vieran claramente reflejados a sí mismos en el relato. Podemos interpretar su simbolismo comparándola con la parábola de Isaías 5:1-7 y con otras parábolas similares. La viña simboliza la nación israelita, el dueño es Dios, el fruto apetecido representa la justicia y la rectitud, y los otros detalles, como el cerco, el lagar y la torre, indican el esmero que pone el dueño para hacer que produzca fruto. En la parábola contada por Cristo, los viñadores son los dirigentes religiosos, los cuales persiguen a los profetas y terminan por matar al Hijo de Dios. Es probable que el castigo de los malos se refiera a la destrucción de Jerusalén que tendría lugar en el año 70 d.C. El privilegio de ser pueblo de Dios pasa de Israel a los gentiles, los cuales "le pagarán el fruto a su tiempo".

De esta forma, Jesucristo predijo que sería rechazado y muerto. Sin embargo, "su muerte culminaría en su exaltación y triunfo",[5] pues El era la piedra desechada que se convertiría en piedra angular (Salmo

118:22, 23). El nuevo pueblo estaría fundado sobre la sangre del pacto de Cristo (Mateo 26:28). A continuación, el Señor advirtió solemnemente que todos los que "por incredulidad tropezaran con esa piedra. . . serían 'hechos pedazos', y todos los que intentaran hundir esa piedra serían triturados y esparcidos como polvo".[6]

4. La parábola del banquete nupcial (Mateo 22:1—14). Con una anécdota más, el Maestro insiste en el tema de su rechazo por parte de los judíos y sus funestas consecuencias. Describe el reino de Dios como una fiesta de bodas, puesto que les ofrece a los hombres el sumo gozo de la comunión con el Rey divino y el gozo de recibir lo mejor de la vida que Dios tiene para sus súbditos. La parábola sigue la costumbre oriental de enviar dos invitaciones. La primera es de carácter general, y la segunda es un aviso de que la fiesta ya está preparada.

¿A quién representan los invitados? A la nación de Israel. Durante muchos siglos, los profetas fueron portadores de la primera invitación, al predecir la venida del reino de Dios. Finalmente, Juan el Bautista y Jesús hicieron la segunda invitación, al declarar que las puertas del Reino quedaban abiertas para los que se arrepintieran. Más tarde, los apóstoles seguirían extendiendo la invitación, pero los judíos los insultarían y llegarían hasta matarlos. Mediante este rechazo los invitados demostraban una falta total de afecto y lealtad por su monarca. En realidad, estaban demostrando que lo despreciaban.

El rey no tardó en castigar a los malvados. Envió sus ejércitos, que dieron muerte a los homicidas, y le prendieron fuego a su ciudad. ¿Cómo se cumplió en la historia esta predicción? El general romano Tito destruyó a Jerusalén en el año 70 d.C. y sus soldados incendiaron el templo. Las tropas romanas son llamadas "ejércitos del rey" en el mismo sentido en que Dios había hablado de los asirios como la vara de su furor para castigar la hipocresía de Judá (Isaías 10:5, 6). Dios emplea con frecuencia a las naciones impías para castigar a su pueblo.

Después de sucedido todo aquello, los siervos del rey fueron enviados a buscar nuevos invitados, sin hacer distinciones. Como los sacerdotes, los escribas y los fariseos, que se consideran justos, se habían negado a entrar en el reino de Dios, sus lugares serían ocupados por los social y moralmente despreciados. Cuando el pueblo judío rechazara en conjunto el evangelio, Dios se volvería a los gentiles (véanse Mateo 8:11, 12; Hechos 13:46). El reino de Dios pasaría al nuevo pueblo de Dios, el cual no estaría edificado sobre una base nacional, sino espiritual.

Sin embargo, en el día del juicio, no todos los "llamados" habrán cumplido con los requisitos exigidos para disfrutar de las bendiciones del reino mesiánico. El anfitrión de la fiesta (Dios) observa que hay allí a un hombre a quien le falta el traje de boda, y lo echa fuera. Es probable que el rey le proporcionara a cada invitado un vestido de boda, por lo que no tenerlo puesto indica una falta deliberada de respeto. ¿Qué simboliza aquel vestido? Carlos Erdman explica: "Quienes hayan de gozar de la gloria del Reino deben estar ataviados con el vestido de justicia que el Rey exige y que El mismo está dispuesto a dar a todos los que aceptan a Cristo."[7] En la actualidad, son muchos los que desean participar de las bendiciones celestiales sin revestirse de la justicia de Cristo que se recibe por fe, sin recibir un nuevo corazón, y sin tener santidad en su vida. Estas personas no tendrán con qué responder cuando se hallen ante la augusta presencia de Dios.

D. Cuatro preguntas para probarlo
Mateo 22:15-46; Marcos 12:13-34; Lucas 20:20-40

En el templo, la atmósfera seguía hostil y tensa. Así fueron entrando en escena uno tras otros los distintos grupos de adversarios de Cristo: una delegación del Sanedrín, los discípulos de los fariseos y los herodianos (Mateo 22:15, 16); los saduceos (Mateo 22:23); los fariseos y los saduceos (Mateo 22:34) y finalmente los fariseos solos (Mateo 22:41). Enfurecidos porque las parábolas del Señor los habían expuesto al ridículo, sus enemigos trataron de "sorprenderle en alguna palabra", haciéndole tres preguntas malintencionadas. Sin embargo, Cristo aprovechó la ocasión para impartir algunas enseñanzas de primordial importancia. Después de esto, fue El quien los puso a prueba con una pregunta suya.

1. La cuestión del tributo al César (Mateo 22:15-22; Marcos 12:13-17; Lucas 20:20-26). El gobierno romano había gravado a los judíos con un impuesto que cada uno de ellos tenía que pagar anualmente al tesoro imperial. Este tributo era ofensivo para muchos judíos religiosos, porque opinaban que el pago de impuestos a un monarca pagano equivalía a una deslealtad con Dios, que era el verdadero Rey de Israel. Los saduceos se resignaban al dominio romano y cumplían sus decretos sin poner objeción; los fariseos se oponían en espíritu pero se sometían. Sin embargo, los zelotes se resistían y hasta se rebelaban contra los romanos (véase Hechos 5:37). Amplios sectores del pueblo sentían indignación contra el tributo, porque les recordaba el dominio pagano al que estaban sometidos.

Los herodianos y los fariseos, enemigos tradicionales, se unieron para ponerle una trampa a Jesús. Le hicieron la pregunta, creyendo que cualquiera que fuera la respuesta que diera, se metería en apuros. Si contestaba que era lícito dar tributo al César, perdería el apoyo del pueblo, ya que todos lo considerarían partidario de los odiados romanos. Si contestaba que no era lícito pagarlo, entonces los partidarios de la dinastía de Herodes lo denunciarían ante las autoridades romanas y sería detenido por rebeldía contra Roma.

El Maestro les hizo ver que se daba cuenta de su hipocresía. Las palabras con las cuales ellos habían comenzado la conversación no eran sinceras, sino aduladoras; ellos no estaban allí para conocer la verdad, sino para enredarlo a El en un sutil lazo. Pidió que le mostraran la moneda del impuesto y le dijeran de quién eran la figura y la inscripción. Al oír su respuesta, les dijo con salomónica sabiduría: "Dad, pues, a César lo que es de César, y a Dios lo que es de Dios."

La contestación del Señor nos enseña que El apoya la institución del gobierno civil. Los creyentes tienen deberes civiles que cumplir, no obstante el gobierno sea extranjero, tirano, pagano o ateo. El que acepta los beneficios de un gobierno, como su protección policial y sus servicios públicos, debe también pagar sus impuestos y obedecer sus leyes. "Dad, pues, a César lo que es de César."

Sin embargo, las obligaciones humanas no terminan con el cumplimiento de los deberes civiles. "Dad a Dios lo que es de Dios." El ser humano fue hecho a imagen de Dios y le pertenece a El. Por tanto, debe amarlo con todo su corazón, su alma y su mente; le debe una lealtad completa a la voluntad divina.

2. **La pregunta sobre la resurrección** (Mateo 22:23-33; Marcos 12:18-27; Lucas 20:27-40). Los saduceos sólo aceptaban como inspirado el Pentateuco, y no creían en los milagros, en los ángeles ni en la inmortalidad. Su pregunta estaba basada sobre la ley del levirato, relacionada con el matrimonio (Deuteronomio 25:5, 6). Cuando un hombre casado moría sin haber engendrado hijos, el hermano del difunto u otro pariente cercano suyo tenía la obligación de casarse con la viuda. El propósito era que naciera un hijo, el cual llevaría el apellido del difunto y sería considerado hijo suyo. De esta forma no se extinguiría su nombre. Los saduceos le hicieron la pregunta con el fin de poner en ridículo la doctrina de la resurrección. Es probable que ya hubiesen utilizado este argumento para burlarse de los fariseos, los cuales sostenían que habría una resurrección. Habían decidido que Jesús sería la próxima víctima de sus sutilezas.

No obstante, el Señor deshizo de inmediato sus pretensiones, haciéndoles ver que ignoraban tanto el significado de las Escrituras como el poder de Dios. Los saduceos no conocían bien su *Torah* o Pentateuco, del cual El les citó las palabras de Exodo 3:6. En ellas, Jehová habla de sí mismo como el Dios de los tres patriarcas, los cuales habían fallecido hacía muchos años. Puesto que El se identifica con ellos, deben estar todavía vivos en algún sentido. De no ser así, Jehová sería el "Dios de los muertos".

También es absurdo pensar que la vida celestial será igual a la vida terrena. Tanto las relaciones matrimoniales como la reproducción se limitan a esta edad. En palabras de Agustín: "Donde no hay muerte, no hay tampoco nacimientos ni sucesión de hijos." Los creyentes en el cielo serán como los ángeles, que carecen de sexo.

Finalmente, la doctrina de los saduceos era una negación del poder de Dios. Todavía existe en el mundo la levadura de los saduceos, que es la incredulidad. Ross observa: "Muchas de las enseñanzas de las que se burlan los incrédulos porque dicen que contradicen las leyes de la ciencia. . serán aclaradas un día, mediante el descubrimiento de leyes más elevadas."[8]

3. La pregunta sobre el gran mandamiento (Mateo 22:34-40; Marcos 12:28-34). Los rabinos de la época de Jesús pasaban mucho tiempo en discusiones sobre el valor relativo de los mandamientos. Trataban de dividirlos en categorías de "leves" y "graves". El escriba de este relato quería saber cuál era el mandamiento mayor en la Ley. La respuesta de Cristo fue contundente. No porque fuera desacostumbrado responder a esta pregunta mencionando el mandamiento de amar a Dios, o citando el relacionado con el amor al prójimo, sino porque el Maestro los relacionó y equiparó entre sí, combinando el *Shemá* o credo judío (Deuteronomio 6:4, 5) con Levítico 19:18.

Esto nos enseña que el amor a Dios y el amor al prójimo son inseparables. No se puede amar a Dios sin amar también al prójimo, puesto que este último amor es en realidad una consecuencia del primero. Lamentablemente, muchos creyentes fundamentalistas sólo insisten en el primer gran mandamiento, mientras que muchos de sus hermanos liberales tienden a hacer énfasis en el segundo, sustituyendo de esta manera la fe vital en Cristo y la consagración a Dios por la obra social.

El amor debido a Dios es mucho más que un sentimiento. Las palabras "corazón", "alma" y "mente" abarcan todo el ser humano; indican que el creyente debe amar a Dios con toda su personalidad y con todas sus fuerzas. Trenchard nota que el término "mente" no se encuentra "en las palabras de Moisés, siendo el Señor mismo quien adelanta el hermoso concepto de amar a Dios con la inteligencia".[9] Estos dos mandamientos sintetizan todos los deberes del hombre hacia Dios y hacia el prójimo que se encuentran en el Antiguo Testamento, esto es, en "la Ley y los profetas".

El escriba admitió que era cierta la respuesta de Cristo, agregando además que ese amor tenía más importancia que todos los sacrificios. Así demostraba darse cuenta de que las ceremonias y el formalismo de los fariseos no bastaban para agradar a Dios. Se necesitaba una renovación espiritual. Jesús reconoció su sinceridad y comprensión de las Escrituras aunque estas cualidades no bastaban para darle entrada al reino de los cielos; el escriba estaba cerca del Reino, pero no en él.

4. La cuestión acerca del Hijo de David (Mateo 22:41-46; Marcos 12:35-37; Lucas 20:41-44). Los adversarios del Maestro no pudieron atraparlo con sus tres preguntas. Fue entonces cuando El les hizo a su vez una pregunta a ellos, con el objeto de hacer ver la divinidad del Mesías. Este fue el problema que les planteó: "¿Cómo pudo David hablar del Mesías que habría de venir, llamándolo Hijo y Señor suyo al mismo tiempo?"[10] Sólo la doctrina de la Encarnación puede dar una solución a esta pregunta. Jesucristo es Dios y hombre al mismo tiempo.

Los adversarios del Señor quedaron reducidos a silencio y se retiraron derrotados. No pudieron vencerlo en el campo de la discusión. Su próxima manifestación de hostilidad sería violenta (véase Mateo 26:47).

E. Jesús denuncia a los escribas y fariseos
Mateo 23:1-39; Marcos 12:38-40; Lucas 11:37-54; 20:45-47

Había pasado el día de gracia para los líderes religiosos de Israel, por lo que el Señor se dirigió ahora a sus discípulos y a la multitud de peregrinos y les advirtió contra sus guías espirituales. Sin embargo, es posible que algunos fariseos y escribas se quedaran para escucharlo. A ellos les dirige una serie de "ayes" solemnes. Estas palabras constituyen la denuncia más severa salida de los labios de Cristo. El nunca les habló en este tono a los pecadores, o al pueblo común. Era muy paciente con los publicanos y las rameras, pero no podía soportar el fingimiento religioso, la excesiva escrupulosidad en las cosas triviales, el alarde de erudición y el orgullo de los escribas y fariseos por considerarse justos. En este discurso, hace resaltar lo repugnantes que son la religión hueca y la hipocresía.

En la estructura del evangelio de Mateo se puede considerar este discurso como un notable contraste con el Sermón de la Montaña, que empieza con las bienaventuranzas (capítulos 5-7). En éste proclama la doctrina de la verdadera justicia, mientras que ahora pone al descubierto la falsa justicia del fariseísmo y de los rabinos. En él también pronuncia las "bienaventuranzas", mientras que en estos momentos pronuncia los "ayes".

1. La advertencia a los discípulos sobre el ejemplo de los dirigentes judíos (Mateo 23:1-12; Marcos 12:38-40; Lucas 20:45-47). Nuestro Señor comenzó su discurso exhortando a sus oyentes a guardar las enseñanzas de los doctores de la Ley, sin imitar por ello su ejemplo. A través de la lectura de otros pasajes, sabemos que Jesús había rechazado las tradiciones que los fariseos le añadían a la Ley, porque así despojan a ésta de su significado (Mateo 9:13; 15:2). Lo que el Maestro estaba indicando aquí es que obedecieran a los fariseos cuando proclamasen la Ley de Moisés, y sólo entonces.

En este discurso, Cristo denunció varias faltas de los escribas y fariseos.

a) Eran hipócritas: "dicen y no hacen". Sus enseñanzas tenían validez, pero su ejemplo era objetable, ya que su conducta contradecía a sus enseñanzas (Mateo 23:2, 3).

b) Le añadían a la Ley la pesada carga de sus tradiciones. Para demostrar que eran muy religiosos, habían inventado numerosas reglamentaciones que constituían "una serie agobiante y confusa de observancias rituales que ataban la conducta humana a todas horas y en todos los actos de la vida"[11] (Mateo 23:4).

c) No levantaban ni un dedo para ayudar a los demás a soportar aquella intolerable carga, ni a cumplir lo que la Ley enseñaba realmente (Mateo 23:4).

d) Hacían alarde de todas sus acciones piadosas ante los hombres (Mateo 23:5). Muchas de las formalidades y ceremonias que practicaban los líderes religiosos de Israel eran motivadas por el deseo de ser vistos por los hombres (véanse Mateo 6:2, 5, 16). Por ejemplo, desplegaban de manera particularmente ostentosa sus filacterias para impresionar. Las filacterias son estuches de cuero donde se ponen pequeños rollos de pergamino que llevan escritos los textos de Éxodo 13:1-10, 11-16; Deuteronomio 6:4-9 y 11:13-21. Los varones judíos se los colocan en la parte superior del brazo o en la frente durante la oración de la mañana. Las filacterias son símbolos de la Ley, pero los fariseos las empleaban para llamar la atención sobre sí, y no sobre la Ley.

e) Amaban la notoriedad (Mateo 23:6-12). Trataban de obtener los mejores lugares, tanto en las reuniones de carácter religioso como en los acontecimientos sociales. Le exigían al pueblo que los saludara con respeto y les otorgara títulos honrosos. Su religión no estaba motivada por el amor a Dios, sino por el deseo de alcanzar posición, autoridad y notoriedad.

¿Por qué insistió el Señor en que sus seguidores renunciasen a los títulos de maestro, rabí y padre? Erdman explica que no debemos interpretar en forma demasiado literal la prohibición de Cristo. "Estas mismas palabras (maestro, rabí, padre) se podrían emplear como títulos de respeto o con el fin de indicar deberes concretos y puestos de responsabilidad y confianza." El peligro se encuentra en la tentación de "desear un reconocimiento especial o querer que se nos considere superiores a los demás seguidores de Cristo".[12] Jesús afirma: "Todos vosotros sois hermanos" y "El que es mayor de vosotros, sea vuestro siervo".

Además existe el problema de que los hombres que se arrogan estos títulos también toman para sí una autoridad que Dios no otorga dentro de la Iglesia. Los fariseos que tomaban el título de rabí ("mi maestro") afirmaban poseer una autoridad decisiva en sus enseñanzas. No es Wesley, Calvino o Lutero el que tiene esa autoridad decisiva, sino Cristo y la Biblia. Ningún ser humano debe erigirse en guía infalible de la verdad espiritual. Tampoco debe asumir nadie el puesto de Padre espiritual, pues sólo Dios Padre imparte vida espiritual, y lo hace por medio de su Hijo Jesucristo. En el cristianismo no hay lugar para mediadores humanos.

2. Los siete ayes contra los fariseos (Mateo 23:13-39). Llegamos a la denuncia más terrible del Nuevo Testamento. Es el momento en que el Señor pronunció una serie de ayes que A. T. Robertson describe como "los truenos de la ira de Cristo". Sin embargo, los ayes de Jesús son más expresiones de dolor que maldiciones. Revelan el dolor de su corazón; señalan la tristeza que le producía ver que los fariseos habían pervertido de tal manera la religión. Las faltas de los fariseos que le quebrantaban el corazón eran:

a) Obstaculizar la entrada al Reino, con lo que se estaban excluyendo de él a sí mismos (Mateo 23:13).

b) Disfrazar con largas oraciones su insaciable y desalmada codicia material (Mateo 23:14).

c) Hacer prosélitos con gran celo, pero sin convertirlos a Dios, sino haciéndolos adeptos de un fariseísmo cada vez más corrupto y cruel (Mateo 23:15).

d) Ser maestros en la ciencia de evadir responsabilidades (Mateo 23:16-22). Siempre dejaban una puerta abierta cuando pronunciaban una solemne promesa respaldada por un juramento, por si cambiaban de idea más tarde. Recurrían a sutiles argucias con el fin de absolverse de los votos hechos con imprudencia. Enseñaban que sólo los juramentos en que se mencionaba el nombre de Dios eran obligatorios. De esta forma, podían hacer promesas con la intención deliberada de quebrantarlas.

e) Les daban inmensa importancia a las cosas insignificantes y externas de la religión, pero descuidaban la vida espiritual y sus verdaderas expresiones (Mateo 23:23-28). Jesús hizo notar la meticulosidad de los fariseos en diezmar hasta las semillas más pequeñas, al mismo tiempo que carecían de fe en Dios, y eran duros y arrogantes con los demás.

Lo interno y lo externo no concordaban en los fariseos. Estaban muy atentos a la limpieza de los objetos empleados en sus ceremonias religiosas, pero no le prestaban atención alguna al triste estado de su propio corazón. Actuaban con extremo cuidado para cumplir con los requisitos de la vida religiosa, pero no había vida espiritual en su interior.

f) Eran asesinos y merecían un terrible castigo (Mateo 23:29-36). El ay final de Jesús se refirió a la honra que los fariseos decían dar a los profetas. Sin embargo, en vez de predicar el mensaje de los profetas y vivir según sus preceptos, se limitaban a construir sus tumbas y adornar sus monumentos. Se declaraban superiores a los antiguos asesinos de los profetas, al mismo tiempo que conspiraban para darle muerte al Profeta que vivía en medio de ellos. Después de la muerte de Cristo seguirían persiguiendo a sus mensajeros. Por su actitud hacia Jesús, los fariseos llenaban el mismo vaso de culpa que sus padres ya habían comenzado a llenar. Por esto merecían el juicio preparado para el diablo y sus ángeles.

El Señor terminó su discurso de censura hacia los fariseos lamentando la actitud tan negativa de los habitantes de Jerusalén: ¡Cómo quisiera protegerlos del juicio que está a punto de caer sobre ellos! "No quisiste", es su lamento. No podía hacerlo, porque lo rechazaban. Ahora era demasiado tarde. No habría nada que salvase a Jerusalén de la terrible destrucción que causarían las legiones romanas en el año 70 d.C. No habría salvación espiritual para los judíos hasta que reconociesen al Mesías, al que "viene en el nombre del Señor". Estas son las últimas palabras que pronunció el Señor en público.

Lamentablemente, el espíritu del fariseísmo no ha dejado de existir. Todavía hay personas que se esmeran en asistir a los cultos de la iglesia, manifiestan gran respeto por la Biblia y llevan una vida de elevada moralidad, pero hacen alarde de sus buenas obras, confían en su propia moralidad como señal de vida justa y tienen en poco a los creyentes cuya vida no es tan constante como la suya. Les falta compasión; son legalistas. Hay otros que también cumplen con sus deberes en la Iglesia, pero son astutos en sus negocios y egoístas y duros en el trato con los demás. Saben que es más fácil cumplir las reglas externas de su iglesia que sentir verdadera solicitud y manifestar amor genuino hacia Dios y sus semejantes. Es necesario hacer aquello sin dejar de hacer esto.

F. La ofrenda de la viuda
Marcos 12:41-44; Lucas 21:1- 4

El episodio de la viuda contrasta marcadamente con la conducta de los escribas y fariseos egoístas, que devoraban las casas de las viudas (Mateo 23:14). No debemos fijarnos en las dos moneditas que ofrendó la viuda como una excusa para dar poco; más bien fijémonos en el espíritu que motivó su ofrenda. Lo que cuenta delante de Dios no es

228 *Se hizo hombre*

la cantidad que ofrendemos sino la cantidad de amor y sacrificio que esa ofrenda representa.

Citas del capítulo 13

1. MacLaren, *St. Matthew*, tomo 2, págs. 221-225 y *St. Mark*, págs. 162-170.
2. Trilling, tomo 2, *op. cit.*, pág. 194.
3. Trenchard, *Una exposición del Evangelio según Marcos*, pág. 143.
4. *Ibíd.*, pág. 141.
5. Erdman, *El Evangelio de Mateo*, pág. 219.
6. *Ibíd.*
7. *Ibíd.*, pág. 221.
8. Ross, *op. cit.*, págs. 171 y 172.
9. Trenchard, *Una exposición del Evangelio según Marcos*, pág. 156.
10. Erdman, *El Evangelio de Mateo*, pág. 228.
11. *Ibíd.*, págs. 230 y 231.
12. *Ibíd.*, pág. 231.

Fariseo

CAPÍTULO 14

EL DISCURSO SOBRE LOS SUCESOS FUTUROS

Llegamos ahora al gran discurso escatológico de Cristo, que se encuentra en los capítulos 24 y 25 de Mateo, con textos paralelos en Marcos 13 y Lucas 21. A modo de comparación diremos que el Sermón del Monte comprende tres capítulos, mientras que éste sólo comprende dos. En el Sermón del Monte hay muchos temas; en cambio, en el discurso pronunciado en el monte de los Olivos sólo hay profecías. El expositor inglés Juan Gibson lo llama "las profecías del monte de los Olivos".[1]

Nuestro Señor hizo este discurso después de haber salido del templo por última vez. Las profecías se relacionan con la ruina de Jerusalén, las pruebas por las que pasaría la comunidad cristiana, la gran obra de la evangelización del mundo y su propio regreso. En éste le advirtió al pueblo de Dios que debía prepararse para su segundo advenimiento. El final del discurso es una majestuosa descripción del juicio final de las naciones, en la cual se presenta a sí mismo como Rey y Juez del universo.

En este momento tan cercano ya a su muerte, sus palabras revelan que estaba consciente de que la crucifixión no acabaría con su misión, sino que abriría el camino para su glorificación y su triunfo final.

Aquí aparece por primera vez en el Nuevo Testamento el vocablo griego *parusía*, traducido como "venida" (Mateo 24:3). Significa también "presencia", y se usaba en el mundo grecorromano para señalar la llegada solemne de un rey o emperador. Broadus observa que "la idea no es sólo llegar, sino permanecer presente. La palabra sugiere la idea de que Jesús vendrá y permanecerá con su pueblo".[2] Cristo regresará en gloria a la tierra, donde establecerá para siempre el reino de Dios.

En la exposición que sigue, estudiaremos primordialmente el relato de Mateo y emplearemos los de Marcos y Lucas para aclarar o ampliar algunos conceptos. No intentaremos adaptar la exposición a ningún esquema profético. Más bien trataremos de dar una exégesis del relato de los evangelios sinópticos y agregar detalles con los pasajes paralelos de otras partes de la Biblia.

A. La caída de Jerusalén y la segunda venida
Mateo 24:1-31; Marcos 13:1-27; Lucas 21:5-28

1. La ocasión del discurso (Mateo 24:1-3; Marcos 13:1-4; Lucas 21:5-7). Mientras salían del templo, los discípulos de Jesús le llamaron la atención sobre sus magníficos edificios, construidos con mármol blanco, cubierto en gran parte por láminas de oro que brillaban al sol. Todos los judíos estaban orgullosos de su fabulosa suntuosidad. No obstante, el Señor les anunció tristemente que toda aquella magnificencia sería demolida hasta los cimientos.

Y así sucedió. Transcurridos cuarenta años, los romanos tomaron la Ciudad Santa. La profecía se cumplió al pie de la letra cuando un soldado arrojó una tea encendida por una ventana del edificio y el fuego se propagó a todas las estructuras internas.

Mientras descansaban en la ladera occidental del monte de los Olivos, los discípulos le hicieron dos preguntas a Jesús: "¿Cuándo serán estas cosas?" (la destrucción de Jerusalén y del templo), y "¿Qué señal habrá de tu venida, y del fin del siglo?" El Señor aprovechó su interés para darles, a grandes rasgos, una visión panorámica del tiempo que pasaría entre su crucifixión y su segunda venida. Es en este momento particular cuando les habló de las señales que precederían a la ruina de Jerusalén y a su segundo advenimiento.

2. Los principios de interpretación. El discurso escatológico del monte de los Olivos es uno de los textos más difíciles de interpretar en los evangelios sinópticos. Las explicaciones de los expositores bíblicos son muy divergentes entre sí. Además, el hecho de que el discurso de Jesús sólo esté reproducido en parte dificulta la interpretación.[3] También el uso de figuras de tipo oriental exige entenderlas primero para poder interpretar correctamente los pensamientos.

Sin embargo, el problema principal es que estas profecías hablan de dos sucesos: la caída de Jerusalén y el regreso de Cristo. Algunas de las descripciones se refieren a uno de los acontecimientos, y otras al otro. A veces ambas perspectivas aparecen tan entremezcladas y fusionadas que es difícil saber a cuál suceso se refieren.

Para entender bien el significado de los detalles en el discurso de Cristo sobre las cosas que habrían de suceder, hay que aplicar los principios de interpretación de las profecías bíblicas. Veamos algunas de las características de las profecías, con el fin de poderlas interpretar correctamente.

a) Muchas veces las profecías no presentan los sucesos en orden cronológico. Las profecías revelan lo que hay en la mente de Dios, y para Él no hay pasado ni futuro, sino que lo ve todo como nosotros vemos el presente.

b) A veces las descripciones proféticas pasan de un suceso cercano a otro muy lejano, sin indicar que habrá un gran intervalo de tiempo entre los dos. Esto recibe el nombre de "perspectiva profética".

c) Con frecuencia, los profetas emplean un acontecimiento cercano como símbolo profético de algo de mayor trascendencia. Por ejemplo, "el día de Jehová" se refiere al juicio histórico de las naciones (Isaías 13:6, 9; Jeremías 46:10; Joel 2:31), pero también se refiere al día final en que Dios juzgará al mundo entero (Joel 3). La cuarta bestia descrita en Daniel 7:7-27 se refiere primeramente al imperio romano histórico, y después a la confederación del anticristo. Las dos potencias son vistas como si en realidad fuesen una misma cosa.

De igual manera, Jesús usa la ruina de Jerusalén como preámbulo y prefiguración del fin del mundo. Fusiona los dos acontecimientos. Erdman explica: "Nuestro Señor. . . profetiza la destrucción literal de la Ciudad Santa a manos de los ejércitos de Roma, pero emplea los colores de esta trágica escena para pintar el cuadro de su propia venida gloriosa."[4] También describe la caída de Jerusalén con los rasgos característicos del "día de Jehová" anunciado por los profetas del Antiguo Testamento (véanse Amos 5, 8 y 9).[5]

d) Algunos profetas emplean figuras apocalípticas; es decir, usan símbolos extravagantes o grotescos para anunciar los acontecimientos finales. No los debemos interpretar literalmente. Por ejemplo, cuando Jesús dijo que "el cielo y la tierra pasarán" (Mateo 24:35), es probable que quisiera decir que el viejo orden pasará cuando se inaugure el nuevo orden que constituirá su Reino. Pedro empleó el vocablo "perecer" al referirse a la limpieza del mundo antiguo por el diluvio (2 Pedro 3:6), aunque la tierra no dejó de existir. Juan se refirió al nuevo orden, definiéndolo como una nueva creación: "Vi un cielo nuevo y una tierra nueva; porque el primer cielo y la primera tierra pasaron" (Apocalipsis 21:1). Pablo predijo que hasta la misma naturaleza sería redimida (Romanos 8:19-22). En el nuevo orden establecido por la venida de Jesús no habrá pecado, pecadores, muerte ni congoja "porque las primeras cosas pasaron" y Cristo hará "nuevas todas las cosas" (Apocalipsis 21:1-8).

e) *Con frecuencia, los pasajes paralelos de un pasaje oscuro de la Biblia arrojan luz sobre su interpretación.* Es necesario comparar el discurso profético del evangelio de Mateo con los relatos paralelos de Marcos y Lucas para poderlo interpretar correctamente. Nunca debemos interpretar una expresión oscura en un sentido contrario al que enseñan claramente otros pasajes de la Biblia. Tampoco debemos formular nunca una doctrina importante con el apoyo de un solo versículo.

3. **El tiempo de angustia** (Mateo 24:4-8; Marcos 13:5-8; Lucas 21:8-11). El Señor se dio cuenta de que sus seguidores tendrían la tendencia de interpretar las convulsiones sociales y políticas y las grandes catástrofes como portentos relacionados con el día del Señor. Por eso les advirtió que éstos no serían presagios de la consumación de esta era, sino cosas que acontecerían durante todo el tiempo que transcurriría entre su muerte y su segunda venida. Serían el comienzo de los dolores del parto del nuevo orden, pero no serían señales de que se aproxima el fin. También los alertó contra todo embaucador que se presentara afirmando ser el Mesías.

4. **La persecución contra el evangelio; la evangelización del mundo** (Mateo 24:9-14; Marcos 13:9-13; Lucas 21:12-19). Jesús predijo que sus seguidores tendrían gran éxito en la labor de divulgar el evangelio por todo el mundo, pero que también habría una gran persecución. El mensaje del amor divino chocaría con el egoísmo, el orgullo, la codicia y la violencia que caracterizarían al mundo que no tiene a Cristo.

Lo más penoso de la persecución contra los creyentes sería que, en ciertos casos, sus propios parientes, o bien cristianos caídos, los entregarían a sus perseguidores. Sin embargo, la persecución al evangelio les daría a los seguidores del Rey la oportunidad de testificar ante los funcionarios que los juzgarían. Al llegar la hora de su proceso, el Espíritu mismo les daría las palabras que debían decir.

Los creyentes que sufriesen persecución no deberían aterrorizarse: "Ni un cabello de vuestra cabeza perecerá" (Lucas 21:18). ¿Quiere decir esto que los creyentes no sufrirían daño físico? No; el Señor dijo que algunos serían muertos (Lucas 21:16). Lenski nos da la idea que significa esta expresión. El creyente "está bajo el cuidado y la salvaguardia de Dios hasta el último de sus cabellos. Nada, absolutamente nada nos pasa, sin que intervenga la voluntad de Dios".[6]

"Por haberse multiplicado la maldad, el amor de muchos se enfriará" (Mateo 24:12). Prevalecerá el desenfreno entre los mundanos y esto hará disminuir el celo y el amor de la gran mayoría de los que se declaran seguidores del Señor. También lo que se llama "libertad cristiana" degenerará en un desenfreno y una anarquía totales. A pesar de la persecución externa y el enfriamiento interno de la Iglesia, la salvación seguirá siendo posible. "El que persevere hasta el fin, éste será salvo." "Con vuestra paciencia [constancia en mantenerse firme] ganaréis vuestras almas."

Jesús predijo también que el evangelio triunfaría y sería difundido por todo el mundo "para testimonio a todas las naciones". El fin sólo podrá llegar cuando se cumpla esta señal. ¿Quiere decir esta profecía que todos los humanos del mundo deberán oír el evangelio antes de que venga Cristo? No es esto lo que dijo Jesús; más bien indicó que el evangelio sería predicado a todas las naciones para testimonio. Al parecer, esta señal de su venida se está cumpliendo en nuestra época. Pronto vendrá la consumación de esta edad.

5. **La desolación de Jerusalén y la gran tribulación** (Mateo 24:15-28; Marcos 13:14-23; Lucas 12:20-24). Inmediatamente antes de que nuestro Señor regrese a la tierra, la persecución dirigida contra sus seguidores y las angustias de éstos llegarán al colmo en la "gran tribulación". Dice Erdman: "Describe este acontecimiento de manera tan vívida con colores tomados de la destrucción de Jerusalén a manos de los romanos, que es difícil distinguir cuándo se está refiriendo a un suceso, y cuándo al otro."[7]

Al señalar que la instalación de la "abominación desoladora" en el santuario constituirá una señal de que se acerca la ruina de Jerusalén, Jesús parece haber indicado que la descripción siguiente (con la excepción de Mateo 24:16-20; Marcos 13:14-18; Lucas 21:20-23, los cuales corresponden exclusivamente al sitio de la Ciudad Santa) se refería tanto a la caída de Jerusalén como a su propio regreso.

En el libro de Daniel hay menciones de esta abominación (9:27; 11:31; 12:11). La expresión alude a la profanación del templo por el rey sirio Antíoco Epífanes en el año 168 a.C.. Este colocó un altar pagano sobre el altar de holocaustos, sacrificó cerdos en el templo y convirtió en burdeles las habitaciones de los sacerdotes que vivían en el recinto del santuario. De esta manera intentaba erradicar la religión judía. Esta espantosa profanación del templo provocó la lucha apasionada de los judíos en favor de las cosas sagradas y de su independencia nacional. Otra profanación semejante tendrá lugar y será una de las señales de que se aproxima la destrucción de la Ciudad Santa.

No es claro el cumplimiento de esta señal. Lucas dice: "Cuando viereis a Jerusalén rodeada de ejércitos, sabed entonces que su destrucción ha llegado" (21:20). La abominación desoladora parece ser una referencia a algún objeto relacionado con el ejército romano. Broadus sugiere la siguiente solución: "El estandarte militar romano con su águila de plata o bronce, y debajo de él un busto del emperador, a quien los soldados estaban acostumbrados a adorar, puestos ambos en algún lugar de la Ciudad Santa. . . serían una abominable violación del segundo mandamiento ante los ojos de todos los judíos devotos."[8] Tal vez la presencia misma de los soldados romanos profanara el templo.

Aunque no estamos en condiciones de decir con seguridad de qué hablaba al mencionar este suceso, el apóstol Pablo parece aludir a Antíoco Epífanes como símbolo profético del "hombre de pecado", el anticristo (2 Tesalonicenses 2:3, 4; véase Daniel 11:31). Epífanes profanó el templo, colocando en él una imagen de Zeus. La profanación del lugar sagrado por el "hombre de pecado" será una de las señales más patentes de que Cristo vendrá pronto. Por tanto, llegamos a la conclusión de que Jesús unió en su discurso la caída de Jerusalén con la tribulación que acontecerá inmediatamente antes de que venga el Señor. De esta forma, el sitio de Jerusalén, con el espantoso padecimiento de sus habitantes, constituye un símbolo profético de la gran tribulación.

Jesús les advirtió a los que vivieran en Judea, la zona de guerra, cuando se cumpliera esta señal, que huyeran a toda prisa. En el año 66 d.C., el odio de los judíos contra los romanos llegó a su colmo y hubo una sublevación. Después de una dura campaña, los romanos se retiraron para volver más tarde. Tito, general romano que más tarde llegó a ser emperador, sitió la Ciudad Santa en el año 70. Como era la época de Pascua, la ciudad estaba repleta por la presencia de millares de peregrinos que habían llegado para celebrar la fiesta, lo cual hizo mucho peores los indecibles sufrimientos de sus habitantes.

La advertencia de Jesús no fue dada en vano. Según el historiador Eusebio de Cesarea, Dios les reveló el peligro de guerra a los profetas de la comunidad cristiana de Jerusalén. Al comenzar la revuelta judía, los creyentes huyeron a Pella, en Perea, al otro lado del Jordán. Así se libraron de las calamidades de la guerra judía. Puesto que los seguidores de Cristo se negaron a participar en la sublevación, los judíos los odiaron aún más, y se hizo más patente la separación entre cristianismo y judaísmo. A partir de este momento, los judíos no permitieron que los cristianos entrasen en las sinagogas.

El sitio de Jerusalén duró ciento cuarenta y tres días. El historiador judío Flavio Josefo hizo una vívida descripción de aquellos espantosos días. El hambre azotó al pueblo, llenando casas y calles con cadáveres de mujeres, niños y ancianos. "Los jóvenes caminaban por las plazas como sombras, hinchados por el hambre, y caían muertos en el mismo lugar donde los sorprendía la agonía."[9] Con frecuencia, las personas que sepultaban a los muertos fallecían ellas también por el esfuerzo hecho al cavar las fosas. Hubo casos de canibalismo. Cuando los romanos tomaron finalmente la ciudad y entraron en las casas para saquearlas, encontraron en ellas familias enteras muertas. "Se paralizaron por el horror del espectáculo y se retiraron sin llevar nada."[10]

Según las cifras de Josefo, un millón cien mil judíos perecieron en el sitio de Jerusalén y noventa y siete mil fueron llevados cautivos. Aunque es probable que Josefo exagerara la cantidad de muertos, el número debe de haber ascendido a un mínimo de seiscientas mil personas. Israel dejó de existir como nación con un territorio y los sobrevivientes fueron esparcidos entre los gentiles del imperio romano. Así se cumplió al pie de la letra la profecía del monte de los Olivos (Lucas 23:23, 24).

Jesús dijo: "Jerusalén será hollada por los gentiles, hasta que los tiempos de los gentiles se cumplan" (Lucas 21:24). ¿A qué se refiere la expresión "los tiempos de los gentiles"? Algunas teorías tratan de explicar su significado:

a) El período durante el cual los creyentes gentiles reemplazarían al pueblo judío, que no había sabido ser fiel. La Iglesia substituye a Israel como pueblo de Dios durante la dispensación actual, y este período recibe el nombre de "tiempos de los gentiles". Según esta idea, dicha época terminará cuando vuelva Jesús; entonces todo Israel lo aceptará como Mesías (Romanos 11:25-27).

b) Se refiere a la dominación de las potencias gentiles sobre Palestina y Jerusalén. Sin embargo, este dominio gentil sobre la Tierra Santa es algo más que un gobierno. La expresión "Jerusalén será hollada por los gentiles" señala que el dominio será humillante y aflictivo. Este triste estado de la Ciudad Santa continuará mientras se siga predicando el evangelio al mundo gentil; es decir, hasta que venga el Señor. Al parecer, ésta es la explicación más correcta.

Jerusalén y Palestina estuvieron ocupadas y dominadas por los gentiles durante casi dos milenios. Sin embargo, en el presente siglo se desarrolló el movimiento sionista, y en 1948, después de la Segunda Guerra Mundial, se proclamó la existencia del moderno Estado de Israel. El retorno de los judíos a Palestina y su control sobre Jerusalén nos hace creer que nos aproximamos al segundo advenimiento de Cristo.

Su segunda venida acontecerá inmediatamente después de la tribulación que Él describe en Mateo 24:21-28 y Marcos 13:19-23. La perspectiva profética del Señor parece pasar inadvertidamente de la angustia del sitio de Jerusalén a la gran tribulación, la cual ocurrirá al llegar la consumación de la edad (Mateo 24:21; Marcos 13:19). Jesús echó mano de las características que tuvieron los sufrimientos de los judíos en el año 70, para pintar la agonía de la humanidad en la última época del mundo (véanse Daniel 12:1; Apocalipsis 7:14). "Habrá entonces un sufrimiento tan grande como nunca lo ha habido desde el comienzo del mundo, ni lo habrá después" (Mateo 24:21, Versión Popular).

En las profecías del monte de los Olivos, Jesús no hizo distinción entre la aflicción de los creyentes y la del mundo que rechaza a Cristo. Sin embargo, en el Apocalipsis vemos que habrá un anticristo, el cuál hará guerra contra los santos y los vencerá (Apocalipsis 13:7). Como consecuencia, habrá una multitud innumerable de mártires "de todas naciones y tribus y pueblos y lenguas" (Apocalipsis 7:9, 13, 14). Por otra parte, Dios lanzará espantosos juicios sobre la humanidad incrédula que persigue a los suyos (Apocalipsis 6, 8-11, 15-18). En cambio, a aquéllos cuyo nombre está inscrito en el libro de la vida (Daniel 12:1; Apocalipsis 7:3) los protegerá de sus juicios.

Uno de los medios que Dios empleará para salvar de la muerte a los suyos será acortar los días de la tribulación (Mateo 24:22; Marcos 13:20). Según Daniel y el Apocalipsis, ésta durará solamente "tres tiempos y medio", probablemente tres años y medio (Daniel 7:25; 12:7; Apocalipsis 12:14). Dios no permitirá que los malvados exterminen completamente a los creyentes. Habrá un remanente, un "resto". Las riendas de la historia seguirán en las manos de Dios. Cuando Cristo venga, lo hará en "llama de fuego, para dar retribución a los que no conocieron a Dios" (2 Tesalonicenses 1:6-8). Así abreviará los días de angustia y acabará con las fuerzas del mal.

Se presentarán falsos profetas y falsos mesías a lo largo de la época que transcurrirá entre la crucifixión y la segunda venida, pero en la época final llegarán a ser una plaga. Obrarán prodigios; su poder de seducción será tan grande, que "engañarán, si fuere posible, aun a los escogidos". Por eso, el Señor les advierte a sus discípulos que cualquier manifestación que no sea visible para todos, no es la *parusía*, sino un engaño. El verdadero Cristo no vendrá a un lugar solitario como el desierto, ni en secreto a alguna habitación de un edificio. Su regreso será tan visible para todos, como el relámpago que resplandece en el horizonte de la noche. La figura del relámpago insinúa también que su retorno será repentino, inesperado y sin advertencia previa.

¿Qué significa la expresión "dondequiera que estuviere el cuerpo muerto, allí se juntarán las águilas"? Algunos expositores creen que "las águilas" se refieren a los ejércitos romanos, puesto que uno de sus emblemas era la figura de un águila. Según esta interpretación, el cadáver espiritual, Jerusalén, atrajo a los ejércitos romanos, los cuales llevaron a cabo el juicio divino sobre la ciudad.

Sin embargo, numerosas versiones de la Biblia no emplean aquí el término "águilas" sino "buitres". El vocablo griego no es muy claro, pero la idea que se destaca en estos momentos es que el águila prefiere matar a su presa, mientras que el buitre sólo come carroña. La figura querría decir que, así como un cadáver en descomposición atrae a los buitres, también una sociedad que llega al colmo de su maldad atrae el juicio de Dios. La expresión se aplicaría tanto al mundo malvado de los últimos días como a la Jerusalén que crucificó al Príncipe de la gloria.

6. **El regreso del Hijo del Hombre** (Mateo 24:29-31; Marcos 13:24-27; Lucas 21:25-28). La gran tribulación concluirá con la venida de Cristo. ¿Cómo debemos interpretar las convulsiones de la naturaleza: el oscurecimiento del sol y de la luna, la caída de las estrellas y el bramido del mar? ¿Se refieren a la caída de reyes y reinos? ¿Serán tal vez figuras apocalípticas que representan la agonía del viejo orden de cosas y la inauguración del nuevo? Es probable que se refieran a verdaderos trastornos cósmicos que anunciarán "la grandeza de la majestad con que vendrá el Hijo del Hombre a juzgar al mundo".[11] En la crucifixión, Dios cubrió la escena de tinieblas. ¿Acaso no se manifestará con extraordinarias señales naturales cuando venga Jesús por segunda vez? Lucas habla de la reacción de los seres humanos ante dicho fenómeno. Menciona "la angustia" y el desfallecimiento de los hombres "por el temor y expectación de las cosas que sobrevendrán en la tierra" (21:25, 26).

¿A qué se refiere "la señal del Hijo del Hombre en el cielo" (Mateo 24:30)? La Biblia no nos da ninguna indicación. Puesto que la segunda venida tendrá lugar sin aviso previo (Mateo 24:37-39), muchos expositores creen que la señal del Hijo del Hombre no será otra cosa que el regreso del Salvador mismo en las nubes, como fue predicho en Daniel 7:13.

El regreso de Cristo será el suceso más impresionante de la historia mundial. Sonará una trompeta, como la de un heraldo que anuncia la llegada de un gran monarca. Aparecerá Cristo en las nubes "con poder y gran gloria". Huestes de ángeles resplandecientes lo acompañarán y reunirán a los creyentes de todas las partes de la tierra.

En ese momento se hará la separación entre los escogidos y los malos (Mateo 13:41-43). Para los enemigos de Cristo será un día de terror, clamor y juicio; para los santos será la hora de la liberación y el triunfo, puesto que "resplandecerán como el sol en el reino del Padre" (Mateo 13:24). La manifestación gloriosa de nuestro gran Dios y Salvador Jesucristo "es la esperanza bienaventurada de la Iglesia". ¡Maranathá! "Sí, ven, Señor Jesús!"

B. Jesús exhorta a la vigilancia
Mateo 24:32-51; Marcos 13:28-37; Lucas 21:29-36

1. **Prestad atención a los presagios** (Mateo 24:32-36; Marcos 13:28-

32; Lucas 21:29-33). En Mateo 24:32, Jesús habló de la higuera, la cual se suele considerar como un símbolo de Israel. Algunos expositores creen que "los brotes de la higuera representaban la renovación de la vida nacional de Israel que estamos viendo en nuestros días".[12] Sin embargo, Lucas expone más ampliamente lo que dijo Jesús: "La higuera y *todos los árboles*" (21:29, 30). Por tanto, es mejor interpretar la expresión de esta manera: Así como las hojas del árbol, al brotar, son un presagio de que la primavera está a punto de llegar, también las señales de las cuales Él habló serán indicaciones de que se acerca el fin del mundo.

¿A qué se refiere la expresión "no pasará *esta generación* hasta que todo esto acontezca"? Algunos comentaristas piensan que "esta generación" es la raza judía; es decir, que los judíos no dejarán de existir como raza antes de la segunda venida del Señor. Algunos Padres de la Iglesia creían que se refería a la generación de los creyentes, que sobreviviría a las persecuciones. Sin embargo, es más natural interpretarla como la generación de los tiempos de Jesús, sobre la cual caería la destrucción llevada a cabo por el ejército romano.

Al parecer, este pasaje corresponde a la caída de Jerusalén. La generación que rechazó al Mesías presenciaría la retribución de su pecado (véase Mateo 23:35, 36). Ni Mateo 24:33 ni Marcos 13:30 identifican aquello que "se acerca a las puertas". En cambio, Lucas dice: "Sabed que está cerca el reino de Dios." Es probable que se refiriese a la ruina de Jerusalén, la cual es expresada también como la venida del Hijo del Hombre a su reino (Mateo 10:23; 16:28; véase en este mismo libro la explicación de estos versículos).

La advertencia de que les prestasen atención a las señales que servirían de preludio a la destrucción de la Ciudad Santa, también es aplicable a su segundo advenimiento, puesto que la ruina de Jerusalén es un símbolo profético de la consumación de esta edad. No obstante, nadie más que el Padre sabía nada acerca del día y la hora del regreso de Cristo. Tampoco convenía anunciar la fecha: "No os toca a vosotros saber los tiempos o las sazones que el Padre puso en su sola potestad" (Hechos 1:7). Los creyentes siempre debemos estar preparados para este gran acontecimiento.

Si Jesucristo es Dios, ¿cómo es posible que ignorase la hora de su regreso? Aunque Cristo era omnisciente por su naturaleza divina, su mente *humana* era limitada. Es probable que en su encarnación se despojara a sí mismo de este conocimiento, con el fin de no perjudicar a los creyentes (véase Filipenses 2:7). Tal vez nos convenga confesar que hay enigmas y misterios que no podemos explicar.

2. Mirad por vosotros mismos (Mateo 23:37-42; Marcos 13:33; Lucas 21:34-36). Puesto que la segunda venida será inesperada y repentina como el diluvio, conviene vigilar y orar. En la época de Noé, la vida siguió su curso normal. Nadie más que el patriarca tuvo conocimiento de la catástrofe que los amenazaba, ni preparó la liberación de su familia. Su terrible despertar llegó cuando ya era demasiado tarde.

Habrá personas íntimamente asociadas que serán separadas por el inesperado regreso de Cristo. De dos campesinos que trabajen en un cultivo, "el uno será tomado, y el otro será dejado". En su actividad no habría nada que los distinguiese entre sí, pero en su corazón serán muy diferentes. El uno creerá en Cristo y esperará su venida, mientras que el otro será indiferente ante el Señor y estará espiritualmente desprevenido.

La separación de los dos grupos será efectuada por el "rapto", o sea, el "arrebatamiento" de la Iglesia (1 Tesalonicenses 4:17). Gran parte de los fundamentalistas creen que la segunda venida tendrá dos fases, las cuales estarán separadas por la gran tribulación:

a) La venida secreta de Cristo a los suyos, o arrebatamiento de la Iglesia. Los muertos serán resucitados y los creyentes que vivan serán transformados. Todos ellos serán llevados juntos al cielo antes que se manifieste el anticristo. Por tanto, la mayor parte de las profecías acerca de la tribulación que hay en Mateo 24 y en el Apocalipsis tendrían que ver con Israel, y no con la Iglesia.

Los fundamentalistas fundamentan principalmente esta doctrina en la enseñanza del apóstol Pablo que se encuentra en 2 Tesalonicenses 2. El anticristo se manifestará solamente después que sea quitado aquello "que detiene la acción del misterio de la iniquidad". ¿Cuál es esta fuerza que impide la aparición del anticristo? Según una interpretación fundamentalista, estas palabras se refieren al poder del Espíritu Santo manifestado a través de la Iglesia, porque Dios dijo: "No contenderá mi espíritu con el hombre para siempre" (Génesis 6:3). Es necesario que la Iglesia sea arrebatada antes de que se manifieste el "inicuo", el cual desatará la gran tribulación.

b) La revelación de Cristo al mundo siete años después del rapto de la Iglesia. El Señor vendrá en gloria, acompañado por los santos, para juzgar a las naciones y establecer su reino milenario en la tierra.

La mayoría de los evangélicos conservadores que no son fundamentalistas entienden que la venida de Cristo será un solo acontecimiento, y ocurrirá después de la gran tribulación (Mateo 23:29-31). Señalan que nadie sabe a ciencia cierta a qué se refieren las palabras "lo que detiene el misterio de la iniquidad". De esta manera ponen en tela de juicio la interpretación fundamentalista de que estas palabras se refieren a la obra del Espíritu Santo a través de la Iglesia. Algunos conservadores suponen que se refiere a la obra del Espíritu Santo a través del gobierno civil. Cuando un gobierno cae, la ley ya no restringe a las fuerzas de maldad.[13] Sin embargo, a los conservadores se les presenta el problema de explicar qué tendría de inesperado el regreso del Señor, si la Iglesia ya habría pasado por la gran tribulación antes de su venida. De ser así, todos los creyentes lo estarían esperando.

3. **Sed fieles** (Marcos 13:34-37; Mateo 24:43-45). Los creyentes no deben limitarse a vigilar y orar; también deben trabajar a conciencia. "Bienaventurado aquel siervo" al cual, cuando su señor venga, lo halle dando alimento a los demás siervos. Esto se refiere a los ministros que sean diligentes entre los que apacientan a la grey de Dios. El buen siervo será exaltado a un puesto más alto. Alguien ha dicho que Dios recompensa la responsabilidad a su servicio, dando una responsabilidad mayor. A diferencia del siervo fiel, el ministro de la comunidad de creyentes que viva disipadamente y abuse de su poder dentro de la congregación, será separado y echado al infierno.

C. Tres parábolas sobre la segunda venida
Mateo 25:1-46

1. **La parábola de las diez vírgenes** (Mateo 25:1-13). Esta hermosa parábola continúa la amonestación del Señor acerca de la actitud de vigilancia que necesitan sus seguidores. El esposo representa al Señor, mientras que las diez vírgenes simbolizan a sus seguidores. Los miembros de la Iglesia se dividen en dos categorías; los prudentes, que se preparan para la venida de Cristo, y los insensatos, que se consideran amigos, pero no toman precauciones por si el esposo demora. Como consecuencia de su negligencia, los insensatos sufrirán desilusión, desesperación y exclusión del reino. Los detalles, como el aceite y el sueño de las jóvenes, no tienen significado, pues sólo son parte de la historia. Esta narración no es una alegoría, en la cual todo detalle tendría significado. es una parábola destinada a indicarnos que debemos vigilar y estar preparados para la segunda venida de nuestro Señor.

Según las costumbres de aquellos tiempos, en la noche de bodas el novio y sus amigos iban a la casa de la novia para llevarla al hogar del novio, donde se celebraría la fiesta nupcial. Los demás invitados que no habían ido a la casa de la novia podían unirse al cortejo mientras éste caminaba hacia la casa del novio. Sin embargo, sólo los que llevaban una lámpara encendida podían marchar en la procesión y ser admitidos en la fiesta.

De estos detalles se desprenden algunas verdades interesantes:

a) El Señor demoraría mucho en volver otra vez: "Y tardándose el esposo." Han transcurrido dos mil años y todavía demora en venir.

b) La venida de Cristo sería repentina e inesperada. El esposo llegó a medianoche, mientras las vírgenes dormían. Por eso dice Jesús: "Velad, pues, porque no sabéis el día ni la hora en que el Hijo del Hombre ha de venir".

c) Muchos que se consideran verdaderos cristianos no están en condiciones para heredar el cielo. Cuando venga Jesús se manifestará la diferencia entre los prudentes y los insensatos. Sólo los que lleven aceite en su vasija serán admitidos en la fiesta celestial. ¿Qué significa llevar aceite consigo? Significa estar preparado (véase Mateo 25:10). Erdman observa: "La preparación para la venida de Cristo exige una gracia interior y una plenitud del Espíritu Santo tan grandes, que se manifiesten en una vida capaz de alumbrar un mundo en tinieblas."[14] La persona que pone su confianza en que pertenece a una iglesia, o en que recibe los sacramentos y por eso se va a salvar, no ha nacido de nuevo aún, ni lleva una vida de comunión constante con Dios; no está preparada para el regreso de Cristo.

d) Cada persona tiene la responsabilidad de estar preparada, y no puede depender de lo que haya hecho otra. La negativa de las prudentes a compartir el aceite que tenían con las insensatas no es señal de que fueran egoístas, sino que enseña que la gracia no se puede compartir con otros en el momento en que la necesiten. "Cuando el Esposo ya esté cerca, será demasiado tarde para prepararse para su venida y será superfluo pedir ayuda a amigos y compañeros."[15] "He aquí ahora el tiempo aceptable; he aquí ahora el día de la salvación."

2. La parábola de los talentos (Mateo 25:14-30). La historia de las diez vírgenes nos enseña que debemos vigilar y estar preparados para la segunda venida; la de los talentos enseña que debemos dedicarnos a servir con fidelidad durante el tiempo que Cristo no esté presente. Somos responsables como los mayordomos por el buen uso de lo que Dios nos entrega, y en el día final le tendremos que rendir cuentas de lo que hayamos hecho con todo ello.

La parábola de los talentos parece a simple vista otra versión del relato de las minas (Lucas 19:12-27), pero el estudio esmerado de ambas muestra diferencias importantes entre ellas. La parábola de las minas indica que los hombres que reciben los mismos dones pueden diferir mucho en el uso de ellos. También señala que estos hombres serán recompensados en proporción a su diligencia. En cambio, la parábola de los talentos enseña que las personas que han recibido distintos dones pueden emplearlos con la misma diligencia y ganar la misma recompensa.

El fundamento de esta parábola es una costumbre que había en aquella época. Era frecuente que las personas pudientes que partían para Roma dejaran sus negocios en manos de esclavos capacitados.

A estos esclavos no les quedaba otra alternativa que obedecer, pues eran propiedad de su amo. Muchos de ellos eran artesanos, comerciantes y maestros, pero habían sido reducidos a la esclavitud por los azares de la guerra. Es decir, que los siervos de esta parábola eran personas capacitadas para hacer negocios e invertir provechosamente el dinero de su amo.

El talento era una medida de peso en plata; equivalía al sueldo que un obrero recibía en veinte años de trabajo, de manera que un solo talento bastaba para representar una elevada suma de dinero, cuya administración exigía responsabilidad. ¿A qué se refieren los talentos de la parábola? Probablemente simbolizan todas las cosas que recibimos por la gracia de Dios: nuestros dones y capacidades, el evangelio, la preparación para divulgarlo, y hasta las oportunidades que tenemos de servir al Señor. Somos "administradores de los misterios de Dios" (1 Corintios 4:1).

¿Por qué el amo le dio cinco talentos al primer siervo, dos al segundo y sólo uno al tercero? Porque le dio "a cada uno conforme a su capacidad". No todos tenemos la misma capacidad; unos tienen mucha y otros poca. Sin embargo, Dios pone en manos de todos los creyentes dones y oportunidades de servirle. La lección que enseña la parábola es que necesitamos hacer fructificar los dones en la vida y que podemos estar "seguros de la recompensa, por grandes o pequeñas que sean las capacidades y las oportunidades".[16]

Es de notar la diferencia entre los esclavos fieles y el siervo perezoso. La respuesta insultante de este último a su Señor revela su actitud hacia él (versículo 24). Le consideraba como un hombre duro que explotaba a sus siervos. Aquel esclavo no tenía fidelidad, amor ni sinceridad hacia su amo. En cambio, los dos siervos fieles lo tenían en gran estima. Por esto su corazón y su mente le pertenecían. Sólo el amor genuino puede explicar el celo entusiasta y sincero que hizo que se dedicaran a la obra de su amo.

El amo castigó al siervo inútil, quitándole el talento que le había entregado y dándolo a otro siervo más fiel. El esclavo lo había tratado como suyo, para usarlo o enterrarlo, conforme a su antojo. No lo había empleado como su amo le había ordenado. Por eso lo perdió. De igual manera, perderemos todo don, gracia u oportunidad espiritual que no empleemos para la gloria de Dios. Serán dados a otro, que lo usará para servir a Dios.

Además de esto, el administrador egoísta fue arrojado a las "tinieblas de afuera", donde para siempre sufriría frustración y remordimiento.

3. **La parábola de las ovejas y los cabritos** (Mateo 25:31-46). Sólo Mateo presenta esta escena de incomparable majestuosidad. Es el

clímax de las profecías del monte de los Olivos y la conclusión de lo que Jesús enseñó acerca de su segunda venida.

Por primera y única vez, Jesús se llamó a sí mismo "Rey" (Mateo 25:34). Anteriormente, todos sus actos habían revelado su dignidad real, y sus discursos y parábolas la habían insinuado. La entrada triunfal y la purificación del templo habían indicado que Él se consideraba el Monarca divino, pero nunca había afirmado abiertamente que era Rey. En cambio, en este momento, a sólo tres días de su pasión, se describió a sí mismo como el Rey y Juez del universo.

Puesto que esta descripción del gran tribunal de Cristo contiene detalles de los que carecen otras descripciones bíblicas del juicio divino, es muy difícil relacionarla con otras partes de la Biblia. Hay tres interpretaciones de este pasaje:

a) *Que representa el juicio final de toda la humanidad*, el cual tendrá lugar cuando venga Jesucristo. Aunque tiene elementos parabólicos, como las figuras del pastor, las ovejas y los cabritos, más que una parábola, es una descripción pictórica del juicio final. Según esta teoría, habría un solo juicio presidido por Cristo, y en él se incluirían tanto los creyentes como los incrédulos. En este caso, correspondería al juicio ante el gran trono blanco (Apocalipsis 20:11-15).

b) *Que representa uno de los tres juicios del Señor*. Los otros dos serían: 1) el juicio que seguirá al arrebatamiento de la Iglesia, y que comprenderá sólo a los creyentes (2 Corintios 5:10); y 2) el juicio que tendrá lugar después del milenio, y que se limitará a los malvados (Apocalipsis 20:11-15). Según esta interpretación, en la segunda venida, cuando Jesús establezca su reino en la tierra, juzgará a las naciones; es decir, a los sobrevivientes de la gran tribulación. Merrill F. Unger explica:

> Las ovejas son aquéllos que reciben el evangelio del reino (Mateo 24:14) y tratan bondadosamente a "estos mis hermanos", (versículo 40), esto es, el remanente de judíos que hayan creído, (versículos 34-36). Los cabritos son los malos, que rechazan el evangelio del reino y persiguen al remanente judío (versículos 41-46), mostrando de esta forma su alianza con Satanás (versículo 41), la bestia y el falso profeta (Apocalipsis 13:1-18).[17]

c) *Que sólo se trata de una parábola destinada a enseñar que será Cristo quien juzgará a toda la humanidad*. Puesto que Jesús describió el juicio en estos momentos con rasgos generales, y el texto contiene algunos elementos distintivos, tanto con respecto al tribunal, como con respecto a los creyentes (2 Corintios 5:10), que lo asemejan al juicio del gran trono blanco (Apocalipsis 20:11-15), parece lo correcto fusionar ambos acontecimientos. El propósito no sería presentar uno de los dos juicios, ni un tercero, sino dar algunos principios generales por los cuales el Señor juzgará a todo hombre. La verdad central es que habrá una separación absoluta e irrevocable entre las ovejas o "hermanos" de Cristo y los cabritos, que representan a los que rechazan al Salvador.

Los principios de la hermenéutica prohíben convertir las parábolas en fuente de doctrina. Se las puede emplear para ilustrar doctrinas enseñadas claramente en la Biblia, pero no para formular nuevas doctrinas. Puesto que el Nuevo Testamento no enseña claramente que habrá tres juicios, interpretar el juicio de las naciones como distinto a los dos juicios ya mencionados sería violar una de las reglas de la interpretación. Parece mejor pensar que esta parábola no habla de un juicio en especial, sino que presenta los principios generales por los cuales el Señor juzgará a la humanidad en los juicios de Cristo.

Esta descripción del juicio enseña varias verdades:

a) El juicio de Cristo es personal. Aunque todas las naciones serán congregadas ante Jesucristo, hay que destacar que El juzgará individualmente a cada persona. "No habrá distinciones entre reyes y súbditos, entre amos y criados, entre católicos y protestantes."[18] Cada uno tendrá que rendir cuenta de "lo que haya hecho mientras estaba en el cuerpo" (2 Corintios 5:10).

b) La actitud de una persona hacia Cristo se revela por su manera de tratar a los seguidores del Rey. La norma para juzgar es el servicio prestado a los discípulos del gran Hermano. El Señor se identifica con sus seguidores. "En cuanto lo hicisteis a uno de estos mis hermanos más pequeños, a mí lo hicisteis." ¿Quiénes son "mis hermanos más pequeños"? Son los creyentes que todos consideran insignificantes, de menor importancia; en otras palabras, cualquiera de los hermanos en Cristo.

¿Enseña esta sección que se gana la salvación por medio de buenas obras? ¿Entonces, carecen de importancia la fe en la obra expiatoria de Jesucristo y en las doctrinas bíblicas, y la santidad de vida?

Cuando estudiamos de manera general las enseñanzas del Nuevo Testamento, vemos que la caridad hacia los hermanos necesitados es sólo una demostración de que somos discípulos y estamos entregados al servicio de Dios (Juan 13:35; 15:12), pero no es el fundamento de la salvación. La parábola nos enseña que el amor a Cristo tiene que ser el motivo de esa caridad, la cual indicaría que el heredero del reino ha tenido misericordia de uno de los "hermanos" de Cristo. Además, según las Escrituras, los actos de bondad son consecuencia de una fe viva en el Salvador (Santiago 2:14-20). Juan hace esta observación: "Si alguno dice: Yo amo a Dios, y aborrece a su hermano, es mentiroso. Pues el que no ama a su hermano, a quien ha visto, ¿cómo puede amar a Dios, a quien no ha visto?" (1 Juan 4:20).

c) El juicio tendrá por consecuencia la separación absoluta y permanente entre las ovejas y los cabritos. Con la larga vara de pastor, el Rey-Juez dividirá el rebaño en dos categorías solamente: las ovejas y los cabritos. La figura de las ovejas nos sugiere que los seguidores de Cristo son dóciles, sumisos y apacibles; en cambio, la de los cabritos nos da la idea de personas rebeldes, desobedientes e incontrolables.

El Rey invita a las ovejas que tiene a su derecha: "Venid, benditos de mi Padre, heredad el reino preparado para vosotros desde la fundación del mundo." A lo largo de los siglos, Cristo les ha hecho a todos esta dulce invitación: "Venid." En cambio, ahora les dice algo terrible a los que tiene a su izquierda: "Apartaos de mí, malditos, al fuego eterno preparado para el diablo y sus ángeles." Durante toda su vida, aquellos hombres han estado apartándose del Señor. Ahora son echados de su presencia.

Estas palabras nos dicen que el reino y la herencia de los santos fueron preparados por Dios desde la fundación del mundo. En cambio, afirman que el fuego eterno solamente fue preparado para el diablo y sus ángeles (los demonios). Por consiguiente, podemos deducir que Dios preparó un solo lugar para el hombre. Jehová dice: "¿Quiero yo la muerte del impío?" (Ezequiel 18:23). Hay un solo lugar al cual El desea que vayan los hombres: el lugar celestial preparado desde la fundación del mundo. Solamente cuando el hombre decide apartarse del camino del Señor para seguir a Satanás, va al lugar que ha sido asignado para éste.

Jesús aplicó el vocablo griego *aiónios*, traducido como "eterno", tanto a la vida venidera del justo como al castigo del impío. Esto indica que la separación será definitiva; que tanto la recompensa como el castigo serán eternos, es decir, no tendrán fin.

Citas del capítulo 14

[1.] Gibson, John M. *The Gospel of St. Matthew* en *The Expositor's Bible*, W. Robertson Nicoll, redactor (Londres, 1903), pág. 339.

[2.] Broadus, *Comentario sobre el Evangelio según Mateo*, pág. 616.

[3.] Erdman, *El Evangelio de Mateo*, pág. 240.

[4.] *Ibíd*, págs. 240, 241.

[5.] Nota de la *Biblia de Jerusalén*, en Mateo 24.

[6.] Lenski, *op. cit.*, pág. 886.

[7.] Erdman, *El Evangelio de Mateo*, pág. 243.

[8.] Broadus. *Comentario sobre el Evangelio según Mateo*, pág. 621.

[9.] Josefo, Flavio. *The Wars of the Jews*, 1987, 5:12:3.

[10.] Citado por Barclay, *Mateo II*, págs. 313, 314.

[11.] Nota en la *Biblia Nácar-Colunga*, 14 edición, en Mateo 24:29.

[12.] Trenchard. *Una exposición del Evangelio según Marcos*, pág. 170.

[13.] Ockenga, Harold J. *The Church in God*. 1956, pág. 289.

[14.] Erdman, *El Evangelio de Mateo*, pág. 249.

[15.] *Ibíd*, pág. 250.

16. *Ibíd*, pág. 253.
17. Unger, Merrill F. *El mensaje de la Biblia*, 1976, pág. 494.
18. Ryle, Mateo; *Los Evangelios explicados*, pág. 217.

La última cena

CAPITULO 15

LA CONSUMACION

Llegamos al último día en la vida mortal de nuestro Salvador. Los evangelios sinópticos dedican aproximadamente una tercera parte de su texto a la descripción de la última semana en la historia de Jesús, y más de la décima parte al relato de las últimas veinticuatro horas, relacionadas con su pasión y muerte. Esto nos indica la gran importancia que tienen estos sucesos finales, y en particular, los padecimientos de Cristo. Aquí encontramos el mensaje central de las buenas nuevas: Cristo murió por nosotros, haciendo expiación por nuestros pecados. Así fue como proporcionó salvación a todos los que en El crean.

La perspectiva de la cruz se había proyectado como una sombra sobre los pensamientos de Jesucristo durante todo el último año de su ministerio. En este tiempo, fue prediciendo su muerte cada vez con mayor intensidad, a fin de preparar a los Doce para su partida. Ahora se enfrenta cara a cara con la muerte. Stalker observa:

> Aunque siempre fue inefablemente grande, se puede decir con toda reverencia que nunca fue tan grande como durante estos días de tan horrenda calamidad. Todo cuanto había en El de sublime y de tierno, los aspectos humanos y divinos de su personalidad, se manifestaron como nunca antes lo habían hecho.[1]

A. En vísperas de la crucifixión
   Mateo 26:1-5; 14:56; Marcos 14:1, 2; Lucas 22:1-53

   1. El complot para prender a Jesús y la traición de Judas (Mateo

26:1-5, 14-16; Marcos 14:1, 2, 10, 11; Lucas 22:1-6). Quedaban solamente dos días para la celebración de la Pascua. Vemos desarrollarse en estos momentos el primer acto de la tragedia divina. Los sumos sacerdotes conspiraban cobarde y vilmente para prender a Jesús y matarlo. Había algo que los preocupaba: cómo detenerlo de tal manera que el pueblo no formara tumultos. Por eso recurrieron a la astucia. A medida que se iba acercando la fiesta, los sucesos se sucedían con gran rapidez hacia su clímax. Mateo hace notar que a Cristo no le sorprendió el plan de sus adversarios. Lo sabía todo y se lo dio a conocer a sus doce discípulos.

Con una pregunta repugnante, Judás Iscariote había ofrecido traicionar a Jesús: "¿Qué me queréis dar para que yo os lo entregue?" Por un buen precio, Judas fue capaz de vender, entregar y traicionarlo todo. Por treinta monedas de plata, el precio legal de un esclavo, vendió la vida del Señor y destruyó su propia dignidad.

Judas no era un simple cómplice de los conspiradores en un homicidio. Era más vil que los mismos sacerdotes asesinos. Con una nota de tristeza, Mateo hace la observación de que era un discípulo de Cristo, uno de los Doce. Los que querían matar al Salvador no lo conocían tan bien como Judas; no se daban cuenta de lo que hacían, ni estaban ligados a Cristo por lazos de afecto.

En contraste con esto, Jesús había escogido personalmente a Judas para que tuviera comunión con El; para que fuera apóstol, uno de los fundadores de la Iglesia; para que tuviera un puesto glorioso en el Reino de los cielos. El traidor había sido testigo de la compasión y los prodigios del Señor; había escuchado sus enseñanzas incomparables, había sido investido de poder sobrenatural para obrar milagros y predicar en su nombre. Sin embargo, le volvió la espalda a todo y traicionó al Mesías por treinta piezas de plata.

¿Cómo es posible que una persona traicione a su mejor amigo? Lucas explica: "Entró Satanás en Judas." Se trataba de una alianza, una posesión, una profunda identificación con el maligno. Lo cierto es que Satanás no podría haber entrado en Judas de no haberle abierto éste la puerta. Al no poner freno a su avaricia, había abierto esa puerta paulatinamente. Se había convertido en un ladrón, y le robaba a su propio Maestro. Hablaba hipócritamente a nombre de los pobres y a favor de ellos, aunque en realidad no le importaran nada. Es probable que se convenciera de que Jesús había adoptado un rumbo distinto al que él esperaba. No iba a fundar un reino terrenal. Desilusionado, Judas permitió que el diablo tomara posesión de él y traicionó a Jesús. Judas es una muestra de lo que le puede suceder a cualquier discípulo del Señor si no vence su pecado dominante. Si no domina su debilidad, ésta lo destruirá tarde o temprano.

2. La preparación para celebrar la Pascua (Mateo 26:17-19; Marcos 14:12-16; Lucas 22:7-13). Da la impresión de que Jesús y sus discípulos celebraron la Pascua un día antes que la nación de Israel. El evangelio de Juan indica que los judíos comieron la Pascua en el día de la crucifixión de Jesús (18:28; 19:14). Se supone que el Señor quiso morir a la hora exacta de la fiesta. De esta forma cumpliría con todo el simbolismo del antiguo rito. Cualquiera que fuese su razón, quiso celebrar la Pascua con sus discípulos e instituir la Santa Cena. Al día siguiente sería demasiado tarde.

La Pascua era una de las fiestas más solemnes del calendario hebreo. Se celebraba todos los años como conmemoración de que los hebreos habían sido liberados de la esclavitud de Egipto (Exodo 12:24-28). En aquella noche histórica, el ángel de la muerte había destruido a los primogénitos de todas las familias egipcias sin tocar ningún hogar israelita, porque el dintel de sus puertas estaba salpicado con la sangre de los corderos sacrificados en la tarde. En su última comida en Egipto, los hebreos comieron la carne del cordero junto con panes ácimos (sin levadura). Jehová redimió así a su pueblo mediante la sangre del cordero pascual. Comer la carne de éste era un símbolo de la comunión con el Redentor. El éxodo de Egipto prefiguraba la liberación del pecado.

Teniendo la precaución de que Judas no supiera de antemano el lugar donde El y sus discípulos celebrarían la Pascua, Jesús envió a Pedro y a Juan a la ciudad para que hicieran los preparativos de la fiesta. Sin duda, el "hombre que llevaba el cántaro" era discípulo de Cristo, pero no era uno de los Doce. Aquí vemos el conocimiento sobrenatural de Cristo, quien supo todos los detalles acerca de lo que haría este seguidor suyo. También se manifiesta su autoridad real en que no pidió el uso del aposento alto, sino que mandó preguntar: "¿Dónde está?" Aquello no era una petición, sino una orden.

3. Jesús enseña humildad (Lucas 22:24-30). La disputa de los discípulos sobre quién de ellos sería mayor ocurrió antes de la institución de la Santa Cena. Se supone que la contienda sobre rangos y puestos en la mesa tuvo lugar cuando llegaron a ella.

Lo más trágico de este episodio es que a la misma sombra de la cruz, los discípulos discutieran acerca de sus privilegios. Esta fue la ocasión en que Jesús les dio una lección objetiva al lavarles los pies. De esta manera les hizo ver que las normas del reino no eran iguales a las de este mundo. "El más importante entre ustedes tiene que hacerse como el más joven, y el que manda tiene que hacerse como el que sirve" (Lucas 22:26, V.P.). Quería decir que "cualquier discípulo que en verdad sea espiritualmente grande, manifestará siempre su grandeza, no por dominar a los demás. . . sino por someterse a ellos,

250 Se hizo hombre

como un joven al que no se diera importancia".[2]

Para animar a los doce discípulos a continuar por el difícil camino apostólico después de su ascensión, el Señor les prometió exaltación y gloria. Habían permanecido fieles en las pruebas, tentaciones y peligros, por lo que participarían en el banquete mesiánico y juzgarían a las doce tribus cuando Cristo fundara su Reino en la tierra.

4. **La institución de la Cena del Señor** (Mateo 26:20-29; Marcos 14:17-26; Lucas 22:14-23). Mientras comía con sus discípulos la cena pascual, el Señor reveló que uno de los Doce lo iba a entregar: "Bueno le fuera a ese hombre no haber nacido." Aunque Lucas coloca el momento en que Jesús despidió a Judas al final de la Santa Cena, Mateo y Marcos indican que el Señor lo despidió antes de instituir la celebración de su inminente muerte. Esto nos enseña que sólo los suyos deben participar en la Santa Comunión.

Después de esto, Cristo instituyó el sencillo ritual que hoy es llamado unas veces "Eucaristía" ("acción de gracias" en griego) y otras, Cena del Señor. De esta manera, manifestaba que el significado original de la Pascua adquiría una nueva dimensión y cumplía con el simbolismo profético de la liberación de los israelitas en Egipto.

La Cena del Señor es una parábola de la fe cristiana. De ella se desprenden algunos conceptos de profundo significado:

a) Redención y expiación. Las palabras: "Nuevo pacto en mi sangre", "Mi cuerpo, que por vosotros es dado", "Mi sangre. . . que por muchos es derramada para remisión de pecado", señalan claramente el carácter expiatorio de la muerte de Jesús (véanse Éxodo 24:6-8; Levítico 2, 9, 16, 17). Estas palabras parecen un eco de Isaías 53:12: "Derramó su vida hasta la muerte." La separación de los emblemas del cuerpo y de la sangre sugiere una muerte violenta. "El herido fue por nuestras rebeliones, molido por nuestros pecados" (Isaías 53:5).

b) El nuevo pacto. "Es mi sangre del nuevo pacto." El antiguo pacto había provisto un sistema de sacrificios que eran solamente "sombras"; símbolos proféticos del verdadero sacrificio. La sangre de esos sacrificios no había podido quitar los pecados (Hebreos 10:4), de manera que Dios había prometido hacer un nuevo pacto con su pueblo (Jeremías 31:31-34). Pondría sus leyes en el corazón y la mente de ellos, y nunca más se acordaría de sus pecados y transgresiones. Con una sola ofrenda, Jesús hizo perfectos para siempre a los santificados (Hebreos 10:14).

La expresión "mi sangre del nuevo pacto" alude a lo que ocurrió cuando fue inaugurado el antiguo pacto del Sinaí, sellado con la sangre de los animales sacrificados (Éxodo 24:4-8). De igual manera, la sangre de Cristo sella el nuevo pacto entre Dios y los hombres.

c) La comunión con Cristo. Dentro del nuevo pacto profetizado por

Jeremías se hallaba la promesa de la comunión del creyente con Dios: "Todos me conocerán." La Ultima Cena proporcionó la oportunidad necesaria para que el Señor tuviera comunión íntima con los suyos. En aquellos tiempos, comer juntos era ocasión de comunión (Apocalipsis 3:20). En el presente, la Santa Cena nos proporciona la oportunidad de tener comunión con nuestro Salvador. Él es el Anfitrión invisible del banquete, y nosotros los huéspedes. Al mismo tiempo, es el Cordero pascual (1 Corintios 5:7) cuya muerte nos provee el sustento espiritual (Juan 6:55). La comunión con Él nos nutre y nos da fuerza para el peregrinaje hacia el cielo, nuestra Tierra Prometida.

Para tener comunión perfecta con el Salvador, es necesario quitar todo obstáculo: el pecado, la impureza, el rencor y la irreverencia. El escritor inspirado nos exhorta a examinar nuestra conciencia y juzgar nuestras propias faltas, de manera que no seamos juzgados por el Señor (1 Corintios 11:29-32).

d) *La unión de los creyentes con Cristo y entre sí*. Participar en los emblemas del cuerpo y la sangre del Señor simboliza permanecer en Él (Juan 6:56). La Versión Popular traduce 1 Corintios 10:16 de esta forma: "Cuando bebemos de la copa. . . cuando comemos del pan . . . nos hacemos uno con Cristo. . ." Participamos espiritualmente de Él, de manera que moramos en Él, y Él en nosotros (véase Gálatas 2:20).

De igual manera, señala el apóstol, "siendo uno solo el pan" (Cristo) "con ser muchos, somos un cuerpo; pues todos participamos de aquel mismo pan" (1 Corintios 10:17). A pesar de las lamentables divisiones que existen en la Iglesia, somos uno ante los ojos de Dios, puesto que todos los creyentes participamos del mismo Cristo.

Cuando los hermanos celebran la Cena del Señor, es importante que haya armonía entre ellos. De lo contrario, estarían comiendo y bebiendo indignamente, sin discernir "el cuerpo del Señor" (1 Corintios 11:29, 30). Es probable que el apóstol se refiriese en esta última cita a la Iglesia, la cual es el cuerpo de Cristo, y este cuerpo es uno (Efesios 4:4). Debemos respetarnos, apreciarnos y amarnos mutuamente, realizando así la unidad del cuerpo que simboliza la Santa Cena. Si pasamos por alto este requisito, al participar en ella nos pondríamos en peligro de enfermar.

e) *La conmemoración*. Jesús dijo: "Haced esto en memoria de mí." Es interesante observar que el Señor no dijo: "Recuerden mis hermosas enseñanzas" o "Acuérdense de mis obras portentosas", sino: "Recuerden mi muerte". Esto nos enseña que el aspecto más importante de su misión fue su muerte, en la cual dio "su vida en rescate por muchos".

f) *La esperanza*. Aunque la Santa Cena mira retrospectivamente a la cruz, también mira anticipadamente al regreso del Señor. "Todas las veces que comiereis de este pan y bebiereis de esta copa, la muerte del Señor anunciáis hasta que él venga" (1 Corintios 11:26). Cristo indicó así que la Santa Cena era un anticipo del banquete mesiánico del cielo, donde bebería nuevamente de aquella copa con los suyos (Mateo 26:29). Este banquete simboliza la comunión perfecta con el Salvador.

Hay cristianos que interpretan literalmente las expresiones "Este es mi cuerpo" y "Esta es mi sangre", por lo que creen que el pan y el vino, al ser bendecidos en el nombre del Señor, se convierten en su cuerpo y su sangre respectivamente. En cambio, los teólogos evangélicos sostienen que el verbo "ser" tiene aquí el valor exegético de "significar", como en Génesis 41:26, Daniel 7:17, Lucas 8:11, Gálatas 4:24 y Apocalipsis 1:20.[3] Además, Cristo se refería a sí mismo con frecuencia utilizando metáforas: "Yo soy la puerta"; "Yo soy la luz del mundo". No debemos interpretar literalmente estas expresiones. Debemos interpretar el pan y el vino como símbolos de su cuerpo y de su sangre.

5. Jesús anuncia la negación de Pedro (Mateo 26:30-35; Marcos 14:26-31; Lucas 22:31-38). Después de instituir la Santa Cena, el Señor alertó a los discípulos acerca de la prueba inminente, su muerte en la cruz, prediciendo que todos perderían la confianza en Él (Marcos 14:26, Versión Popular).

Cristo era el Pastor y ellos eran su pequeña manada. Las ovejas serían esparcidas temporalmente, pero no se perderían, porque Él pondría su vida por ellas. La cita "Heriré al pastor" (Zacarías 13:7) destaca el hecho de que era Dios mismo quien llevaba a cabo la muerte de su Hijo. "Jehová quiso quebrantarle, sujetándole a padecimiento" (Isaías 53:10). Sin embargo, la pasión de Jesús sería momentánea. Resucitaría e iría delante de ellos a Galilea, tal como se cumplió después al pie de la letra (Mateo 28:9-20).

Pedro afirmó solemnemente que él nunca caería. No se daba cuenta de que no se podía sostener a base de confiar en sí mismo sino solamente por fe en el poder de Cristo (véase Mateo 14:28-31). Jesús le contestó: "En esta noche, antes que el gallo haya cantado dos veces, me negarás tres veces" (Marcos 14:30).

Todos los demás discípulos afirmaron también que preferirían morir con Él antes que negarle. No sabían que la batalla contra las tentaciones no es algo simplemente humano. Sólo Lucas registra las palabras del Señor que señalan que se trata de una lucha entre Satanás y Él. Al igual que en el caso de Job, el maligno los había pedido para zarandearlos como trigo. Quería llevarlos a la ruina espiritual. Cristo iba a permitir que fueran puestos a prueba, aunque al mismo tiempo rogaba que la fe de Pedro no fallase, para que él pudiese luego confirmar a sus hermanos. Esto nos enseña que el creyente que pasa por las profundas aguas de la prueba, como le sucedió a Pedro, con frecuencia puede ayudar a otros que se vean fuertemente tentados.

El Señor les advierte posteriormente a los suyos con una ironía que se desataría una hostilidad universal contra ellos (Lucas 22:35-38). Anteriormente los había podido enviar a predicar sin bolsa, alforja ni calzado. En cambio ahora no sólo necesitarían todas aquellas cosas, sino también espadas, porque El sería "contado con los inicuos"; es decir, sería muerto. Los discípulos no lo entendieron y buscaron espadas. "Basta", dice Cristo, para dar término a una conversación que ellos no comprendían. El reino de los cielos no llega por la espada, sino por el amor.

6. **Getsemaní** (Mateo 26:36-46; Marcos 14:32-42; Lucas 22:39-46). La palabra Getsemaní quiere decir "prensa de aceite". Este lugar era un olivar en la falda occidental del monte de los Olivos. En este hermoso sitio había una prensa para exprimir aceitunas y obtener aceite de ellas. Era el lugar de retiro favorito del Señor. Allí presenciamos la consagración final del Salvador, su lucha encarnizada contra el instinto humano de conservar la vida. Allí su alma fue exprimida como se exprime el aceite de las aceitunas. De esta experiencia ha salido el aceite espiritual que sana las heridas y las llagas espirituales de la humanidad.

Al llegar al huerto, Jesús se apartó de ocho de los discípulos y llevó consigo a tres, en quienes confiaba más. Se sentía solo y aislado en espíritu; deseaba tenerlos cerca y anhelaba su comunión. Quería que orasen con El, pero se daba cuenta de que tenía que luchar solo y se apartó también de ellos un trecho.

La "copa" es figura en la Biblia de una experiencia de bendición (Salmos 16:5; 23:5) o de la ira divina (Salmos 11:6; 75:8). Para Cristo era una copa de ira, "preparada por Dios y que debía beber como un castigo. . . El cáliz de la amargura y de la bebida mortal".[4] El alma de Cristo se estremecía ante semejante copa. Trenchard observa que las palabras traducidas "entristecerse" y "angustiarse" (Marcos 14:33) "son muy expresivas y fuertes en el original. La primera indica un fortísimo 'asombro' ante la perspectiva que se presentaba ante El, mientras que la segunda expresa un estado extremo de dolor y angustia".[5] Tan intenso era su sufrimiento, que su sudor tomó el aspecto de grandes gotas de sangre. La carta a los Hebreos se refiere al clamor y las lágrimas de Jesús (Hebreos 5:7).

¿Revela esta descripción de Jesús que le faltó valentía? Esteban no clamó ni lloró cuando tuvo que enfrentarse a las piedras del Sanedrín judío. Pedro dormía tranquilamente en la cárcel la noche anterior al día en que Herodes pensaba ejecutarlo. A lo largo de los siglos, miles de mártires cristianos le han hecho frente a la muerte con valor y gozo. Entonces, ¿por qué reaccionó tan fuertemente Cristo ante la perspectiva de la cruz? Su sufrimiento no era solamente físico. Aunque no podemos comprender perfectamente el misterio de su pasión, sabemos que llevó sobre sí la carga de los pecados de toda la humanidad. "Al que no conoció pecado, por nosotros lo hizo pecado" (2 Corintios 5:21). Como consecuencia de su identificación con el pecado del mundo, experimentó el abandono de su Padre celestial, el golpe más cruel de todos. En cambio, nosotros no tenemos que temer la muerte. El le quitó el aguijón, que es el poder del pecado.

En su hora de agonía, Jesús necesitaba el apoyo de los suyos. Por eso les rogó tres veces que velasen con El. También sabía que ellos serían tentados fuertemente cuando lo prendieran. Quería que se prepararan espiritualmente para resistir al enemigo de sus almas, pero estaban cansados y se durmieron. El Señor tuvo que luchar solo. Sin embargo, Dios le envió a un ángel para que lo fortaleciera.

Aunque Cristo pidió repetidas veces que le fuera quitado el cáliz de la pasión, su oración tuvo como desenlace una sumisión absoluta. Ganó la victoria decisiva empleando las armas de la oración, la obediencia y la fe. Erdman observa: "Recibió gracia para beber la copa hasta las heces; así, la muerte perdió su aguijón y la tumba su ferocidad."[6] Desde ese momento, Jesús se enfrentó a sus padecimientos con un espíritu tranquilo y sereno.

7. El arresto de Jesús (Mateo 26:47-56; Marcos 14:43-52; Lucas 22:47-53). Fue Judas quien guió a las fuerzas de las autoridades judías hasta el huerto de Getsemaní. Aquel traidor descendió a la suma bajeza de darle un beso a Jesús, lo cual sirvió de señal para su captura. El beso era un signo corriente de amistad y de profundo afecto; esto lo hizo más reprensible aún ante los ojos del Señor.

La cuadrilla estaba formada principalmente por la guardia del templo, bajo las órdenes de su capitán. También la acompañaba una turba armada. Por eso el Señor les dijo con toda razón: "¿Como contra un ladrón habéis salido con espadas y con palos para prenderme?" Además, por temor a la publicidad, las autoridades habían recurrido a la protección de la oscuridad, en lugar de detenerlo de día, mientras estaba enseñando en el templo.

Pedro intentó intervenir heroicamente, pero con un medio muy inadecuado. Hirió a un siervo del sumo sacerdote, cortándole la oreja. Jesus le prohibió al discípulo que se defendiera de este modo: "Vuelve tu espada a su lugar; porque todos los que tomen espada, a espada perecerán." El cristianismo no es una religión cuyos fines se realizan por la violencia. "No militamos según la carne; porque las armas de nuestra milicia no son carnales." La violencia no soluciona los problemas, sino que engendra más violencia.

Además, si el Señor hubiera querido que lo defendieran, le habría podido pedir a su Padre que le enviase doce legiones de ángeles. "¿Pero cómo entonces se cumplirían las Escrituras, de que es necesario que así se haga?" Para Cristo, todo lo que ocurría era para que se cumpliese lo que Dios se había propuesto.

B. Las autoridades condenan a Jesús
Mateo 26:57—27:30; Marcos 14:33—15:20; Lucas 22:54—23:25

El proceso de Jesús se caracterizó por una falta absoluta de legalidad y justicia. En primer lugar, las autoridades ya habían decidido condenarlo a morir antes de detenerlo (Marcos 14:1; Juan 11:47-53), de manera que el proceso sólo fue un simulacro de justicia; una farsa. En segundo lugar, lo juzgaron de noche. Las leyes de aquellos tiempos "prohibían los procesos nocturnos y precipitados, con el fin de evitar los errores judiciales y salvaguardar los derechos del reo".[7] Los principales sacerdotes querían evitar toda reacción del pueblo y poder presentar a Jesús a la multitud por la mañana como un reo legalmente condenado por blasfemo.[8]

Después de apoderarse de Jesús, la cuadrilla lo llevó a la casa de Anás (Ananías), suegro de Caifás, quien ejercía como sumo pontífice (Juan 18:12-14, 19:23). Aquel hombre astuto y arrogante había sido nombrado sumo sacerdote por Cirenio en el año 6 d.C., y depuesto por los romanos en el año 15. Sin embargo, su deposición no tuvo valor para los judíos, porque según la Ley el rango de sumo sacerdote era vitalicio. Ananías retenía gran parte del poder que había tenido anteriormente, por lo que realizó un interrogatorio previo en su casa, buscando un pretexto para condenar a Cristo.

El proceso de Jesús puede dividirse en dos partes: el proceso religioso y el civil. Los romanos permitían que los pueblos conquistados realizaran aquellos procesos judiciales que tuvieran que ver con asuntos de religión o sus propias costumbres. Sin embargo, si el tribunal religioso pronunciaba sentencia de muerte, era necesario que el reo compareciera ante las autoridades civiles para que el fallo fuera ratificado.[9] Los judíos no tenían derecho a infligir la pena capital.

El juicio de Cristo se realizó en el siguiente orden:

* El interrogatorio preliminar ante Anás.
* Cristo ante Caifás y el Sanedrín.
* Cristo condenado oficialmente por el Sanedrín.
* Cristo ante Herodes.
* Cristo nuevamente ante Pilato.

1. Jesús ante el Sanedrín (Mateo 26:57-68; Marcos 14:53-65; Lucas 22:54, 63-65). Fue convocado el Sanedrín, tribunal supremo de la nación judía. Este consejo estaba integrado por escribas, fariseos, saduceos y ancianos del pueblo. Tenía setenta y un miembros y lo presidía el sumo sacerdote. Para juzgar los casos graves, se requería un quórum de veintitrés miembros. Su lugar de reunión era la Sala de Piedra Labrada, dentro del recinto del templo. Al parecer, esta vez se reunió en el palacio del sumo sacerdote para juzgar a Cristo.

Según las reglas del tribunal, todo proceso debía comenzar con los testimonios a favor del acusado, para presentar luego las evidencias en su contra. Los jueces debían juzgar imparcialmente. Sin embargo, en el proceso del Señor fueron los jueces los que hicieron el papel de acusadores y buscaron el testimonio de testigos falsos para poder condenarlo. Las autoridades judías se destacaron en estas circunstancias por su odio, crueldad, falsedad e injusticia flagrante, características que han compartido con todos los enemigos abiertos del evangelio a lo largo de los siglos.

El testimonio tergiversado de que Jesús había afirmado que derribaría el templo (véase Juan 2:19) habría bastado para llamar la atención de Poncio Pilato. Puesto que los soldados romanos guardaban el templo, la amenaza de destruirlo sería una ofensa contra el dominio romano en la provincia. Sin embargo, los testigos no estuvieron de acuerdo en sus testimonios (Marcos 14:59), y esta acusación fue invalidada. (Según el derecho vigente en aquellos tiempos, "tenían que coincidir exactamente las declaraciones de por lo menos dos testigos".)[10]

Ante la actitud imperturbable y callada de Jesús, Caifás perdió la paciencia y le exigió que confesara claramente si El era el Mesías. Barclay indica la importancia que tenía lo que respondiera.

> Si Jesús decía que no, se venía abajo el juicio; no podía haber acusación alguna en su contra. Le bastaba con dar una respuesta negativa para salir libre y escapar antes que el Sanedrín encontrara otra forma de atraparlo. En cambio, si respondía que sí, estaría firmando su propia sentencia de muerte.[11]

La respuesta de Cristo fue categórica (Marcos 14:62): "Yo soy." A continuación profetizó que sus adversarios lo verían sentado en un trono a la diestra de Dios, y viniendo en las nubes como Juez del universo (véanse Salmo 110:1; Daniel 7:13, 14). La expresión "el poder", usada en Mateo 24:64 y Marcos 14:62, es en realidad equivalente a Dios mismo. De esta manera estaba declarando públicamente tanto su mesiandad como su naturaleza divina. Horrorizado Caifás por lo que consideraba una blasfemia, rasgó sus vestidos y pidió que se condenara al acusado. El concilio lo declaró culpable y reo de muerte. Entonces los guardias del templo dieron rienda suelta a sus instintos más bajos y crueles, insultando a nuestro Señor y golpeándolo.

2. Pedro niega a Jesús (Mateo 26:57, 58; 69-75; Marcos 14:53, 54, 66-72; Lucas 22:54-62). Jesús había predicho la negación de Pedro. Esta se podría atribuir a su exceso de confianza en sí mismo y a su falta de oración. Aunque Pedro amaba a nuestro Señor, su valor se esfumó cuando creyó perdida su causa. El cansancio, el frío de la noche, y el desánimo al ver lo que parecía el triunfo de los malos, se combinaron para debilitarlo. Entonces llegó el ataque inesperado, y el discípulo sufrió una trágica derrota. Sin embargo, el desenlace del episodio de Pedro es radicalmente distinto al del episodio de Judas. Pedro lloró amargamente, se arrepintió y fue restaurado, mientras que Judas, aunque lleno de remordimientos, no tuvo fe en que el amor del Salvador le concediera el perdón, y se suicidó. "La tristeza que es según Dios produce arrepentimiento para salvación... pero la tristeza del mundo produce muerte" (2 Corintios 7:10).

3. El Sanedrín condena oficialmente a Jesús (Mateo 27:1; Marcos 15:1; Lucas 22:66-71). Al amanecer, los miembros del Sanedrín volvieron a reunirse con el propósito de ratificar el fallo pronunciado por ellos de forma ilegal durante el proceso de la noche. Le hicieron a Jesús la misma pregunta y recibieron de El la misma respuesta. Entonces lo enviaron al gobernador romano para que éste ratificara su sentencia de muerte. Así se cumplió otra profecía referente a los líderes judíos: "Le entregarán a los gentiles para que le escarnezcan, le azoten, y le crucifiquen" (Mateo 20:19). Judas no fue el único que entregó al Señor.

4. Jesús ante Pilato por primera vez (Mateo 27:2, 11-14; Marcos 15:1-5; Lucas 23:1-5). Poncio Pilato fue procurador (gobernador) de Judea y Samaria desde el año 26 d.C. hasta el año 36. Su centro de operaciones estaba en Cesarea, pero también pasaba tiempo en Jerusalén, especialmente en la época de Pascua, con el fin de mantener el orden cuando había mucha gente en la ciudad. Según los historiadores de aquella época, era un hombre corrupto y cruel, aunque los evangelios no lo presentan en forma tan desfavorable. El relato completo de la comparecencia de Cristo ante Pilato se encuentra en Juan 18:28-38. Después de llegar al Pretorio (el lugar donde residía el procurador), Pilato se sentó para juzgar. Pronto se dio cuenta de que todo lo que los miembros del Sanedrín querían de él era que llevara a cabo la sentencia que ellos ya habían dictado. Entonces el procurador romano se negó a ser un mero instrumento en sus manos, y los obligó a hacer el papel de acusadores.

Ante Pilato, el Sanedrín cambió sus acusaciones, puesto que el romano habría invalidado el proceso si la acusación se hubiera fundamentado en asuntos religiosos. Lucas menciona estas nuevas acusaciones: a) Que Jesús era peligroso para el gobierno romano, puesto que fomentaba el descontento y la deslealtad hacia dicho gobierno. b) Que Jesús le enseñaba al pueblo que no le pagara impuestos al gobierno romano. c) Que Jesús se había autotitulado Rey y Mesías, en oposición al emperador romano. Lenski comenta: "No tenemos de qué sorprendernos. Los que conspiran para cometer un asesinato por medio de una injusticia legal son también capaces de llevar a cabo su cometido por medio de las mentiras más descaradas."[12]

Entonces Pilato le preguntó a Jesús: "¿Eres tú rey de los judíos?" El le respondió: "Sí, tú lo dices" (Lucas 23:3 BJ). Sin embargo, Cristo le explicó a continuación, según el relato de Juan: "Mi reino no es de este mundo" (Juan 18:36); es decir, que no constituía peligro alguno para Roma. Para el procurador, era evidente que no se trataba de un revolucionario. Es probable que sospechara desde el principio la falsedad de los cargos, porque sabía que los judíos no tenían afecto alguno por el gobierno romano. ¿Cómo se manifestaban tan leales de repente? Es probable también que el silencio de Jesús después de contestar su primera pregunta, lo hiciera sentirse como si el acusado no fuera Jesús, sino él mismo.

Puesto que los dirigentes del Sanedrín se negaron a aceptar el veredicto de Pilato y aumentaron sus acusaciones, el procurador romano vaciló en imponer su decisión. Fue entonces cuando la mención de Galilea le presentó la oportunidad de desprenderse del difícil caso, transfiriéndolo a Herodes, quien gobernaba la Galilea. Por tanto, ordenó que Jesús y sus acusadores compareciesen ante éste último.

5. Jesús ante Herodes (Lucas 23:6-12). Herodes Antipas se caracterizaba por ser un hombre frívolo, cobarde, cruel y sensual. Era culpable de haber hecho decapitar a Juan el Bautista. Al principio, su crimen lo había molestado tanto, que al oír hablar de los milagros de Jesús se había aterrorizado, pensando que tal vez se tratara de Juan, que había resucitado de los muertos. Sin embargo, el tiempo había adormecido esos sentimientos, y ahora sólo sentía curiosidad por esos milagros. Consideraba a Jesús como un mago solamente.

Cuando Herodes vio a Jesús, se puso contento, porque deseaba ver algunos de sus milagros. No obstante, El nunca hace milagros para divertir a la gente; su propósito es satisfacer las necesidades del hombre y nunca su simple curiosidad. Tampoco respondió ahora a las preguntas del despreciable reyezuelo. Este había traspasado los límites de la misericordia divina. Había rechazado deliberadamente la luz, y ahora Cristo no le concedió una nueva oportunidad. Para castigar a Jesús por su silencio, Herodes se burló de El y fingió aceptarlo como rey. Sin embargo, al no encontrar ninguna falta en el Maestro, lo volvió a enviar a Pilato.

6. **Jesús ante Pilato por segunda vez** (Mateo 27:15-26; Marcos 15:6-15; Lucas 23:13-25). Nos podemos imaginar la consternación que sintió el funcionario romano cuando Herodes le devolvió a Jesús sin pronunciar un fallo oficial. Pilato convocó a los acusadores y trató de hacer que aceptaran su inocencia. Sin embargo, los sacerdotes y el populacho, movidos por los prejuicios y el odio, se negaron a aceptar su decisión a favor del reo. No les importaba la justicia; querían sangre.

Vemos ahora a Pilato haciendo un esfuerzo por soltar a Cristo. Les propuso castigarlo y soltarlo después. ¿Por qué quería someterlo a algo tan espantoso como la flagelación, que podría bastar para matar al preso? ¿Acaso no lo había absuelto de los cargos hechos por los judíos? El procurador estaba tratando de entrar en arreglos con los acusadores de nuestro Señor. Quería que el Sanedrín aceptara aquel castigo, en lugar de la pena de muerte.

Su siguiente intento fue tratar de aprovechar la oportunidad de que cada año el gobernador le soltaba al pueblo el preso que quisiese. En aquel momento, lo interrumpió un mensaje enviado por su esposa: "No tengas nada que ver con ese justo; porque hoy he padecido mucho en sueño por causa de él." No queda duda alguna de que el mensaje acrecentó grandemente los temores que había concebido Pilato con respecto al preso.

El pueblo le pidió entonces la libertad de un asesino y sedicioso llamado Barrabás, y la muerte de Jesús. ¿Cómo es posible que la multitud que cinco días antes había recibido a Cristo gritando "hosanna" se volviese ahora en su contra? Es probable que, al ver al "supuesto" Mesías desamparado y en manos del procurador gentil, se sintiesen desilusionados. "Este no puede ser el Mesías libertador que romperá el yugo de Roma." Por tanto, le dieron oídos a las palabras de los dirigentes religiosos, que los persuadieron a pedir la crucifixión de Jesús.

El cuarto evangelio relata que Pilato mandó a azotar a Jesús (19:1-6). El esperaba que con esto se apaciguara el furor de los sacerdotes y el pueblo se moviera a compasión. Sin embargo, la flagelación no produjo los resultados que Pilato esperaba. "Las fieras habían saboreado la sangre, y rugían pidiendo más: ¡Crucifícale! ¡Crucifícale!"[13]

Además, los dirigentes judíos amenazaron a Pilato con acusarlo de deslealtad al César si soltaba a Jesús (Juan 19:12). El historial del procurador era tal que no podía correr el riesgo de que estos informes llegaran a oídos del emperador (Lucas 13:1), por lo que se dio por vencido al instante. Para aquel romano, la muerte de un judío justo era un precio muy pequeño a pagar para conservar su posición. En un intento por eximirse de toda responsabilidad y culpar a los judíos, se lavó las manos en público, como señal de inocencia.

La cobardía moral de Pilato produce en nosotros más desprecio que odio. Al procurador le faltó el valor necesario para obedecer a sus convicciones. Guillermo Ross comenta: "Es un trágico ejemplo de lo peligroso que es vacilar en obedecer la voz de la conciencia. Aunque convencido de la inocencia de Jesús, Pilato entró en componendas con la injusticia en aquel juicio, para terminar cometiendo el crimen que ha hecho de él un hombre despreciable durante todos los siglos del cristianismo."[14]

Los dirigentes judíos aceptaron plena responsabilidad por la muerte de Jesús (Mateo 27:25). Después de cuarenta años de gracia, el juicio de Dios caería sobre la nación. Los romanos sitiarían a Jerusalén, que sería destruida después de terribles padecimientos. Los sobrevivientes fueron esclavizados y esparcidos. Durante dos milenios, los judíos han sufrido a manos del antisemitismo, que llegó a su colmo en la persecución nazi de Adolfo Hitler. Seis millones de judíos fueron muertos en este tiempo.

Tampoco escapó Pilato. Pocos años después del juicio de Jesús, fue llamado a Roma para responder ante el emperador por la forma brutal en que había tratado a los samaritanos. Tiberio, el emperador que gobernaba en aquellos momentos, falleció antes que Pilato llegara a Roma. Se desconoce el desenlace del proceso, pero el historiador Eusebio nos informa que Pilato se suicidó.

7. Jesús es escarnecido por los soldados (Mateo 27:27-30; Marcos 15:16-20). Los soldados encargados de crucificar al Señor lo llevaron de nuevo al patio del procurador y convocaron a toda la compañía para que se burlara de El. Le pusieron encima un viejo manto de color escarlata, a modo de púrpura regia. Trenzaron unas ramas de espino, con las que formaron una corona, y se la pusieron en la cabeza, imitando la corona de laurel que llevaban los emperadores romanos en ocasiones especiales. Le pusieron en la mano derecha una caña, como si fuera un cetro real. Entonces se comenzaron a arrodillar ante El y a rendirle en medio de burlas el homenaje debido a un rey. A continuación, le demostraron su desprecio escupiéndolo y golpeándolo. Aunque El es Rey, por amor a nosotros soportó en silencio aquella humillación y aquellos padecimientos.

C. La crucifixión
Mateo 27:31-66; Marcos 15:21-47; Lucas 23:26-56

1. La Vía Dolorosa (Mateo 27:31-34; Marcos 15:20-23; Lucas 23:26-

33). La tradición llama "Vía Dolorosa" al recorrido de Jesús hasta el Calvario. La costumbre de los romanos con los condenados que iban a crucificar era hacerlos cargar al hombro su cruz y llevarlos por las calles más populosas de la ciudad. Así atraían a la multitud para que presenciara la ejecución, ya fuera por compasión o por curiosidad.

Después de haber sido azotado y golpeado, Jesús se encontraba tan débil que no pudo seguir cargando la pesada cruz. Los soldados obligaron a cargar la cruz a Simón, un viajero procedente de Cirene, localidad de Libia donde había una fuerte colonia judía. Marcos menciona que Simón era el padre de Alejandro y Rufo, dos creyentes al parecer bien conocidos más tarde en la Iglesia (Marcos 15:21). A partir de estos datos deducimos que este extraño encuentro de Simón con Jesús tuvo como resultado su conversión. Es notorio que ningún discípulo estuviese presente para llevar la cruz. Lo tuvo que hacer un extraño.

Las palabras del Señor a las mujeres que se lamentaban sobre El revelan su abnegación. Aun en aquellos momentos en que se acercaba a la cruz, pensaba más en los demás que en sí mismo. Por eso les dijo que tuvieran más bien piedad de sí mismas, porque vendrían días (el sitio y la destrucción de Jerusalén) en que se arrepentirían de haber tenido hijos. ¿Qué significa la expresión "Si en el árbol verde hacen estas cosas, ¿en el seco, que no se hará?" (Lucas 23:31). Si los romanos eran capaces de crucificar al Inocente, ¿cuánto más castigarían la rebeldía de Jerusalén en el futuro?

Los soldados llevaron a Jesús y a dos delincuentes hasta el monte Gólgota, lugar ubicado probablemente en la parte occidental o norte de Jerusalén. En realidad, nadie sabe a ciencia cierta dónde se hallaba; sólo se sabe que estaba fuera de las puertas de la ciudad. Allí le ofrecieron al Señor algo de beber para mitigar sus dolores, pero El no quiso mitigarlos, sino apurar hasta las heces la copa que le presentaba el Padre (véanse Mateo 26:39; Salmo 69:21).

2. **Las seis horas de Jesús en la cruz** (Mateo 27:35-50; Marcos 15:24-37; Lucas 23:33-46). Los cuatro evangelistas describen con sencillez la crucifixión de Jesucristo. Todo el tiempo nos dan la impresión de que el Señor permaneció pasivo durante esta experiencia tan sumamente penosa: "Como oveja delante de sus trasquiladores, enmudeció, y no abrió la boca." ¿Por qué los evangelistas no describen con más detalles el horrendo acto de la crucifixión? Lenski lo explica así: "Es el hecho mismo, y no sus detalles, lo que debe llenar la mente del lector." [15]

No sabemos a ciencia si la cruz tenía forma de "X" o de "T", o si tenía los brazos cruzados, tal como aparece tradicionalmente en las pinturas. No obstante, es probable que tuviera la forma que la Iglesia ha aceptado a lo largo de los siglos, con excepción de la altura. Por regla general, las cruces no eran tan altas. "En la cruz de Jesús, los pies de éste no se elevaban más allá de un metro del suelo, puesto que la vara del hisopo, que no medía más de unos cuarenta y cinco centímetros de largo, pudo llegar hasta sus labios." [16]

Antes de clavar las manos y los pies del reo, los soldados le solían atar el torso, los brazos y las piernas con cuerdas. A menudo ponían una clavija grande en la cruz, entre las piernas del crucificado, para sostener el peso de su cuerpo, de manera que no se le desgarraran los tejidos de las manos, lo cual habría hecho que cayera al quitarle las cuerdas.

También clavaban al madero un rótulo con el nombre del reo y la causa de su ejecución. Sólo Juan nos cuenta que fue Pilato mismo quien escribió el título. Este decía: "Jesús Nazareno, Rey de los Judíos." De esta manera se quiso mofar de los judíos, que lo habían presionado para que condenara a un hombre inocente. Sin embargo, aquel título era profético. Jesús es el único Mesías de los judíos. En la cruz, recibió un nombre por encima de todo nombre. El hecho de que el letrero estuviera escrito en tres idiomas (Juan 19:20) es una indicación de que su dominio será universal.

Para los romanos, la crucifixión de Jesús no era más que la ejecución de un criminal, como los otros dos crucificados. Lo trataron como un malhechor, llegando a hacer el acostumbrado reparto de sus vestiduras entre los verdugos que lo ejecutaron. La crucifixión era la muerte más dolorosa e ignominiosa que podía tener una persona. Algunos crucificados tardaban hasta cuatro días en morir. Al dolor y la angustia de Jesús se sumaron los vituperios y escarnios que le dirigía la gente que lo observaba (véase el Salmo 22). Las palabras irónicas de los principales sacerdotes, "A otros salvó, a sí mismo no se puede salvar", encierran una gran verdad: El debía morir para que los demás viviésemos. Los que dijeron aquellas palabras ignoraban que el Siervo de Jehová estaba dando su vida "en rescate por muchos".

El Señor colgó de la cruz durante seis horas antes de morir. "Era la hora tercera" cuando lo crucificaron (Marcos 15:25), y expiró cerca de la hora novena (Mateo 27:46-50). Los judíos dividían el día en cuatro partes iguales, y las horas se contaban desde el amanecer, así como la noche estaba dividida en cuatro vigilias. Cristo fue crucificado a las nueve de la mañana, a mediodía (la hora sexta) surgieron las tinieblas y El entregó su espíritu a las tres de la tarde.

Las "siete palabras", las siete veces que Jesús habló mientras estaba en la cruz, tienen gran significado. Incluiremos aquí lo que recoge Juan en su cuarto evangelio:

a) *La palabra de perdón:* "Padre, perdónalos, porque no saben lo que hacen." Sus primeras palabras en la cruz fueron una plegaria para pedir perdón por sus verdugos, y posiblemente por sus enemigos judíos, que no se daban cuenta de la enormidad de su crimen.

b) *La palabra de esperanza:* "De cierto te digo que hoy estarás conmigo en el paraíso." Estas palabras de Jesús al ladrón arrepentido nos enseñan que la salvación no depende de las buenas obras ni de los sacramentos. El ladrón nunca había sido bautizado, ni había tomado la Cena del Señor. Había llevado la mala vida de los bandidos, pero ahora demostraba su arrepentimiento, reconociendo que el castigo que sufría era merecido, mientras que Jesús era inocente.

También se destacó por su fe, al reconocer que aquel galileo moribundo era el Rey divino, el Salvador. Su ruego fue: "Acuérdate de mí cuando vengas en tu reino." El creía que Cristo llegaría a reinar en algún momento, y que lo podía llevar al cielo. No sabemos cómo había nacido una fe así, pero es obvio que fue salvo por arrepentirse y depositar su confianza en Jesucristo. En el momento de la muerte, el alma del creyente va directamente al cielo. "Hoy estarás conmigo en el paraíso."

c) *La palabra de previsión:* "Mujer, he ahí tu hijo... He ahí tu madre" (Juan 19:26, 27). Juan, el discípulo, y María, la madre de Jesús, se habían acercado a la cruz. En vez de pensar sólo en sus propios padecimientos, el Señor quiso cumplir en ese momento una obligación filial: confiar a su madre a los cuidados de Juan, el cual la sustentaría como un verdadero hijo.

d) *El grito de desolación:* "Dios mío, Dios mío, ¿por qué me has desamparado?" En estos momentos, Jesús entró plenamente dentro de la angustia predicha por el salmista David a través de sus propios padecimientos (Salmo 22:1). Esta es la primera palabra pronunciada por Jesús después de caer las tinieblas sobre la tierra, poco antes de su muerte. En medio de la oscuridad se oyó el angustioso grito del crucificado. ¿Acaso habían envuelto también su alma aquellas densas tinieblas? Pensaba que el Padre lo había abandonado en manos de los hombres y le ha retirado su amor. Estar separado de Dios es la gran consecuencia del pecado; es el castigo más horrible del infierno: "Pena de eterna perdición, excluido de la presencia del Señor y de la gloria de su poder" (1 Tesalonicenses 1:9).

¿Abandonó Dios realmente a su Hijo? No, puesto que "Dios estaba en Cristo reconciliando consigo al mundo" (2 Corintios 5:19). Sin embargo, parece como si en estos momentos hubiera cortado su comunión con El y se hubiera ocultado, por lo que Jesús se sintió abandonado. Experimentó el castigo del correspondiente a los pecados del mundo.

e) *La palabra de angustia física:* "Tengo sed" (Juan 19:28). Carlos Erdman comenta que este grito "dio forma a la más terrible de las experiencias del sufrimiento físico, pero hizo más: cumplió con precisión la inspirada profecía que había predicho los sufrimientos del Mesías..."[17]

f) La palabra de triunfo: "Consumado es" (Juan 19:30). ¿Qué quedaba consumado? Todos los padecimientos por nuestros pecados, toda la obra de la redención, toda su misión terrenal. No estaba hablando como mártir, sino como un triunfador que ya podía decir: "He acabado la obra que me diste que hiciese" (Juan 17:4).

g) La palabra de confianza: "Padre, en tus manos encomiendo mi espíritu." Después de comprender que su obra había quedado consumada, y que produciría gloriosos frutos de salvación, el Hijo encomendó su espíritu en las manos del Padre, mostrando una confianza total en su inmenso amor. El hecho de que clamara a gran voz indica que todavía tenía fuerzas, y que entregaba voluntariamente su vida (véase Juan 10:17, 18).

3. **Los fenómenos que sucedieron durante la muerte de Jesús** (Mateo 27:45, 51-56; Marcos 15:38-41; Lucas 23:45, 47-49). Tres fenómenos de origen sobrenatural ocurrieron durante la agonía y muerte del Salvador: a) en las últimas tres horas de su crucifixión, todo estuvo sumido en tinieblas; b) el velo del templo se rasgó en dos de arriba abajo; y c) tembló la tierra. Transcurridos dos o tres días, aparecieron algunos santos resucitados de entre los muertos. Todos estos sucesos son señales de la obra de Cristo; señalan el final de una dispensación y el comienzo de otra nueva.

a) Las tinieblas. No existe ninguna teoría científica para explicar aquellas tinieblas en pleno día que duraron tres horas. No se debió a causas naturales. Puesto que se celebraba la Pascua en luna llena, esto nos hace excluir la posibilidad de un eclipse de sol. Dios oscureció el sol de manera milagrosa.

Las tinieblas intensificaron la desolación del Hijo de Dios. Ahora bien, ¿cuál es su significado? Lenski afirma que simbolizan el juicio. Señala que la oscuridad y el juicio van juntos en las Escrituras, como vemos en Joel 2:31; 3:14, 15; Isaías 5:30; Mateo 24:29 y otros textos. "Sin embargo, el juicio no tendría lugar en un día lejano, sino durante aquellos mismos momentos de tinieblas, sobre la misma cruz y en la persona del mismo Salvador... el cual se hallaba sometido al juicio de Dios por los pecados del mundo."[18] No hay que extrañarse de que la tierra quedara en tinieblas en aquella ocasión.

b) La rotura del velo. Al morir Jesús, se rasgó en dos la gruesa cortina del templo que separaba al lugar santo del lugar santísimo. Este lugar santísimo simbolizaba la presencia real de Dios. La rotura del velo significa que gracias a la cruz había desaparecido la barrera (el pecado) que se interponía entre Dios y el hombre. La cortina ya no ocultaba de los simples mortales el lugar santísimo y el trono de misericordia. Los evangelistas Mateo y Marcos señalan que el velo se rasgó en dos "de arriba abajo". Esto significa que fue Dios mismo quien lo hizo. Así abrió Jesús un camino nuevo y vivo hacia Dios que aún sigue abierto (Hebreos 10:19, 20). Ahora todos los creyentes tienen libre acceso a Dios mediante la obra expiatoria de Jesucristo.

Además, la rotura del velo señala el fin del antiguo sistema de reconciliación con Dios. Ya no servirían de nada el templo, el sacerdocio, los sacrificios y los ritos del judaísmo. A partir de aquellos momentos, todos los creyentes fuimos hechos sacerdotes, por lo que nos podemos acercar confiadamente al trono de la gracia. Los judíos le dieron muerte al Señor para conservar su sistema, pero aquella misma muerte fue la que puso fin a su método para acercarse a Dios.

c) El terremoto y la resurrección de algunos santos. La tierra se estremeció, se partieron las rocas y se abrieron algunas tumbas. ¿Qué significa el terremoto? Algunos expositores piensan que es al mismo tiempo una expresión de la aprobación de Dios al Mesías crucificado y de su ira contra los perseguidores de éste (véanse Amós 8:8 y Nahúm 1:6). Otros creen que era una especie de señal de que empezaba el final de los tiempos.[19] Jamieson, Fausset y Brown comentan: "La creación física estaba proclamando de manera sublime, por mandato de su Hacedor, la conmoción por la cual estaba pasando el mundo moral en el momento más crítico de su historia."[20] Por lo menos, sabemos que cuando sucedió el terremoto se abrieron varias tumbas en las afueras de Jerusalén.

La resurrección de algunos creyentes que habían vivido en el período del Antiguo Testamento habla de la victoria de Cristo sobre la muerte. Por medio de la cruz, Jesús le quitó el aguijón de la muerte; es decir, destruyó el poder del pecado y de la Ley (1 Corintios 15:55, 56). También aquella resurrección limitada fue como un anticipo de la resurrección general; evidencia y garantía divina de que el poder de la muerte había quedado quebrantado.

Aquellas personas piadosas que habían muerto salieron de sus tumbas después de la resurrección de Cristo (Mateo 27:53). No se habrían podido levantar de los muertos antes que resucitara el Señor, porque Él fue "las primicias de los que duermen" (1 Corintios 15:20). Sin embargo, la aparición de ellos fue una confirmación de que Él había resucitado.

Los evangelios sinópticos relatan las diversas reacciones de las personas que observaban lo que había sucedido. Al igual que el ladrón arrepentido, el centurión se convenció de que había algo sobrenatural y divino en Jesús, y alabó a Dios. Así resplandeció la luz divina en el corazón de un gentil. Es interesante hacer notar que aparecen gentiles, los astrólogos que lo adoraron, en los episodios relacionados con el nacimiento del Salvador. Ahora, en su muerte, también aparece un gentil: el centurión romano, que lo reconoció como Hijo de Dios. ¿No es esto un símbolo del nuevo rumbo que tomaría el evangelio? La nación escogida había rechazado a su Mesías; ahora Dios comenzaría a convocar gentiles para formar un nuevo pueblo.

La multitud se sintió conmovida. Impulsada por una curiosidad morbosa, la gente había acudido para presenciar un espectáculo, pero se alejó con sentimientos de temor y angustia. Después de presenciar las tinieblas y el terremoto, y escuchar las palabras de Jesucristo, se dieron cuenta de que algo terrible había sucedido cuando Él fue crucificado. Tal vez este cambio de actitud tuviera algo que ver con la gran cosecha de almas que tuvo lugar en el día de Pentecostés, cincuenta y dos días más tarde.

Los evangelistas mencionan que había muchas mujeres, entre ellas las que habían seguido y ministrado al Señor en sus viajes. Todos los discípulos lo habían abandonado, con la excepción de Juan, pero las mujeres se habían quedado hasta el fin. Lo observaban desde lejos, probablemente por timidez y delicadeza. Seguían amándolo y tenían el corazón destrozado por lo que había ocurrido. La multitud se alejó, mientras que sus amigos demoraron en irse.

4. Jesús es sepultado (Mateo 27:57-66; Marcos 15:42-47; Lucas 23:50-56). La sepultura del cuerpo de Jesús tiene importancia teológica, pues demuestra que su muerte fue un hecho real e histórico (1 Corintios 15:3, 4). Es la respuesta a las teorías heréticas que afirman que el Mesías no murió realmente. Además de esto, los evangelistas quisieron mostrar que el cuerpo del Señor había recibido una sepultura digna.

Los romanos tenían la costumbre de dejar los cadáveres de los crucificados sobre el madero, permitiendo que los perros o las fieras los devoraran, o que se pudriesen. En cambio, la Ley judía exigía que los cuerpos de los ajusticiados fueran enterrados el mismo día de su ejecución; no permitía que quedaran expuestos durante la noche (Deuteronomio 21:22, 23). Los parientes de Jesús no podían reclamar su cuerpo, porque eran de Galilea y no poseían en Jerusalén un lugar donde sepultarlo. Así fue como José de Arimatea pidió el cuerpo y lo enterró en su propio sepulcro.

¿Quién era José de Arimatea? Era un hombre justo, pudiente y miembro del Sanedrín (Lucas 23:50). El tercer evangelio nos informa que no había estado de acuerdo con la actuación del Sanedrín en cuanto a Jesús (Lucas 23:51). Parece que estuvo ausente en la reunión convocada en la casa de Caifás, puesto que la condenación fue unánime allí (Marcos 14:64; Mateo 22:70). Es probable que los sumos sacerdotes no llamaran a José de Arimatea ni a Nicodemo a la reunión de aquella noche; quizá Caifás llamara solamente a los que compartían su actitud contra el Señor. En cambio, una cosa sí es segura: que José de Arimatea era discípulo secreto de Jesucristo.

La muerte de Jesús obró un cambio en José. Se declaró abiertamente discípulo del Maestro al pedirle a Pilato que le diera el valioso cuerpo de Jesús. De esta manera desafiaba valientemente el desprecio del pueblo y el odio del Sanedrín. Con la ayuda de Nicodemo, otro miembro del Sanedrín (Juan 19:38-39), quitó el cuerpo de Jesús de la cruz, lo envolvió en lienzos con especias aromáticas y lo puso en su propio sepulcro. A menudo, los sepulcros judíos eran cuevas naturales o artificiales. El sepulcro de José había sido excavado en una peña, y en éste aún no se había puesto a nadie. De esta manera vemos el asombroso cumplimiento de otra profecía: "Y él hizo su sepultura. . . con los ricos en su muerte" (Isaías 53:9).

Ni siquiera después de la muerte del Señor podemos ver a ninguno de los Doce. En cambio, las mujeres que estaban presentes en la cruz acompañaron el cuerpo hasta la tumba. El amor que las había impulsado a seguir a Cristo en la vida también las impulsó a seguirlo en la muerte.

Los principales sacerdotes y los fariseos acudieron a Pilato para contarle que Jesús había dicho que en el tercer día resucitaría de entre los muertos. A continuación expresaron su temor de que los discípulos robasen el cadáver y le contaran al pueblo la mentira de que Jesús había regresado de la muerte. Por ese motivo querían que se tomaran medidas especiales para vigilar el sepulcro. Pilato les concedió la guardia que le pedían.

Era costumbre cerrar la entrada de estas tumbas con "una piedra grande, redonda, semejante a una rueda de carro, que se deslizaba por una hendidura".[21] Los enemigos de Cristo fueron al huerto, sellaron la piedra y apostaron a los guardias, pero no se daban cuenta de que no habría sepulcro alguno que pudiera retener al Cristo resucitado. El único resultado de sus precauciones fue proporcionarnos otra prueba más de que Jesús resucitó de entre los muertos y de que sus discípulos no se robaron su cuerpo.

Citas del capítulo 15

[1] Stalker, *op. cit.*, pág. 140.
[2] Lenski, *op. cit.*, pág. 920.
[3] *Diccionario ilustrado*, pág. 111.
[4] Trilling, tomo 2, *op. cit.*, pág. 311.
[5] Trenchard, *Una exposición del Evangelio según Marcos*, pág. 186.
[6] Erdman, *El Evangelio de Lucas*, pág. 264.
[7] Trenchard, *Una exposición del Evangelio según Marcos*, pág. 193.

[8] *Ibíd.*
[9] Cook, *op. cit.*, pág. 120.
[10] Trilling, tomo 2, *op. cit.*, pág. 317.
[11] Barclay, *Mateo II*, pág. 360.
[12] Lenski, *op. cit.*, pág. 958.
[13] Carlos Erdman, *El Evangelio de Juan*, 1974, pág. 191.
[14] Ross, *op. cit.*, págs. 203, 204.
[15] Lenski, *op. cit.*, pág. 938.
[16] *Ibíd.*
[17] Erdman, *El Evangelio de Juan*, pág. 198.
[18] Lenski, *op. cit.*, pág. 998.
[19] Trilling, tomo 2, *op. cit.*, pág. 341.
[20] Jamieson, Fausset y Brown, *op. cit.*, pág. 86.
[21] Barclay, *Mateo II*, pág. 379.

Soldados romanos

Un vélite,
soldado
de infantería
ligera

Centurión
con armadura de guerra

soldado
de infantería pesada

CAPITULO 16

TRIUNFO Y GLORIA: LA RESURRECCION Y LA ASCENSION

La resurrección de Jesucristo constituye junto con la ascensión, que es su complemento, el sello de aprobación del Padre sobre las afirmaciones y la obra expiatoria de su Hijo. Estos fueron los dos acontecimientos que pusieron término a la vida terrenal del Salvador, transformaron en exaltación su estado de humillación y marcaron el inicio de su ministerio celestial. La resurrección del Señor es el milagro más grande de la Biblia.

El apóstol Pablo señala que la resurrección de Cristo es la piedra fundamental de la fe cristiana (1 Corintios 15:1-20). Cook observa acertadamente: "Si bien la muerte de Cristo nos llena de la más honda tristeza, su resurrección nos llena de gran gozo, porque sabemos que Cristo fue entregado a la muerte por nuestros pecados, pero resucitó para nuestra justificación (véase Romanos 4:25)".[1] Además, este milagro nos demuestra que Jesús es el Hijo de Dios, tal como lo afirmó (Romanos 1:4); Dios no habría resucitado a un impostor. Sobre todo, nos demuestra que Dios es capaz de resucitar a los muertos, con lo que nos da la esperanza de la inmortalidad.

Cuando Jesús fue crucificado, sus seguidores perdieron toda esperanza; se convirtieron en un grupo de personas terriblemente asustadas y con el corazón quebrantado. Algunos decían: "Nosotros esperábamos que él era el que había de redimir a Israel" (Lucas 24:21).

Había perecido toda esperanza. Sin embargo, los acontecimientos del primer día de la semana lo transformaron todo radicalmente. No sólo estaba vacío el sepulcro, sino que Jesús se apareció a dieciséis personas en cinco ocasiones. El Mesías había triunfado sobre la muerte. Sus seguidores recobraron la fe y se sintieron transformados.

Los cuatro evangelistas se esfuerzan por demostrar que Jesús resucitó corporalmente, que no era fantasma y que era el mismo Cristo que había vivido en esta tierra. Come y bebe con los discípulos (Lucas 24:41-43) y les permite palpar su cuerpo y ver las cicatrices de la crucifixión (Mateo 28:9; Juan 20:27). Les dice: "Mirad mis manos y mis pies, que yo mismo soy; palpad y ved; porque un espíritu no tiene carne ni huesos, como veis que yo tengo" (Lucas 24:39).

Al mismo tiempo, su estado físico es diferente al que tenía en su vida anterior a la resurrección. Aparece y desaparece ante la vista de sus seguidores (Lucas 24:31) y pasa a través de puertas cerradas (Juan 20:19, 26). Tiene un cuerpo glorificado sin limitaciones humanas, celestial y adaptado para las esferas espirituales. Este cuerpo es tipo del que recibirán los creyentes en la resurrección de los justos.

A. La armonía entre los relatos de la resurrección

Da la impresión de que existen discrepancias entre los evangelistas en cuanto a los sucesos que tuvieron lugar en el día de la resurrección. Marcos menciona que tres mujeres fueron al sepulcro, mientras que Mateo sólo menciona dos y Juan una, María Magdalena. Mateo y Marcos dicen que había un ángel en el sepulcro; Lucas señala que había dos. Marcos y Juan afirman que Jesús se le apareció a María Magdalena; Mateo solamente indica que se apareció a las mujeres que fueron al sepulcro.

¿Se contradicen entre sí los evangelios? El erudito bíblico David Wheaton afirma:

> Un examen más íntimo revela un notable grado de unanimidad, y sugiere que en realidad las aparentes discrepancias proporcionan evidencias de que los cuatro autores de los evangelios, aunque obtuvieron su información de diferentes fuentes de la Iglesia primitiva, presentaron básicamente el mismo relato.[2]

Explica a continuación dicho autor que las supuestas discrepancias se deben a los distintos puntos de vista de los testigos.

> Cualquiera que haya oído las evidencias presentadas por varios testigos de un accidente, sabe que en este tipo de situación, las personas que difieren en cuanto a intereses,

fondo cultural y carácter tienden a observar y recordar elementos distintos dentro del cuadro general.[3]

No es necesario suponer que todas las mujeres que fueron al sepulcro formasen un solo grupo; es posible que hubiera más de uno. Tal vez María Magdalena, "la otra María" (Mateo 28:1) y Salomé fueran las primeras en llegar, y después llegaron Juana y otras mujeres galileas (véase Lucas 24:10).

¿Cuántos ángeles había? Había dos presentes, pero Mateo y Marcos sólo mencionan al que hizo de portavoz, con lo que atrajo la atención de los testigos. Dichos testigos habrían sido las fuentes de información de los dos primeros evangelios y habrían omitido decir que había dos ángeles.

¿Quién fue la primera mujer que vio a Jesús resucitado? Marcos 16:9 dice que fue María Magdalena, y esto concuerda con el relato de Juan. Sin embargo, Mateo parece indicar que fueron María Magdalena y "la otra María". Nótese que destaca a María Magdalena, mientras que es probable que en los relatos de Marcos y Juan se olvidara a "la otra María", así como sucedió cuando Marcos y Lucas sólo mencionaron a Bartimeo y no dieron el nombre del otro ciego. No obstante, muchos expositores creen que Mateo no menciona la aparición de Jesús a María Magdalena, sino su aparición a las demás mujeres.

El orden de los acontecimientos en la mañana del día de resurrección parece ser el que sigue:

a) Jesús resucitó mientras las mujeres iban al sepulcro.

b) La guardia volvió a Jerusalén para dar aviso a los principales sacerdotes.

c) Las mujeres llegaron al sepulcro y los ángeles les informaron lo sucedido.

d) Las mujeres regresaron a Jerusalén para dar las buenas nuevas a los discípulos.

e) Pedro y Juan fueron al sepulcro, lo encontraron vacío y volvieron a Jerusalén.

f) María Magdalena y la otra María regresaron al sepulcro y allí se les apareció Jesús. Esta fue la primera aparición del Señor resucitado.

En el mismo día se les apareció a Pedro (Lucas 24:34; 1 Corintios 15:5), a los discípulos que caminaban hacia Emaús (Lucas 24:13-32; Marcos 16:12, 13), y por último, a diez de los discípulos en Jerusalén, pues en aquel momento no estaba Tomás (Juan 20:19-24; Lucas 24:36-43; Marcos 16:14).

El período que transcurrió entre la resurrección y la ascensión duró cuarenta días. Durante este tiempo, el Señor se les apareció unas diez veces a los suyos. Nadie, fuera del círculo de sus seguidores, vio al

Maestro resucitado. Sus apariciones constituyen la más contundente prueba de que resucitó realmente de entre los muertos. El Nuevo Testamento menciona otras apariciones suyas:

* A los Once en Jerusalén, una semana después de la resurrección (Juan 20:24-29).
* A los Once en Galilea (Mateo 28:16-20; Marcos 16:7). En este momento fue cuando les encomendó la "gran comisión".
* A más de quinientos creyentes (1 Corintios 15:6).
* A su hermano Jacobo (1 Corintios 15:7).
* A siete discípulos junto al mar de Tiberias (Juan 21:1-14).
* A "los que se habían reunido" en el día de la ascensión (Hechos 1:6).

B. El sepulcro vacío
Mateo 28:1-7; 11-15; Lucas 24:1-12; Marcos 16:1-8

1. Las mujeres descubren que el sepulcro está vacío (Mateo 28:1-8; Marcos 16:1-8; Lucas 24:1-8). Es conmovedora la escena de las mujeres encaminándose al sepulcro en la madrugada del primer día de la semana. Llevaban especias aromáticas de las que se empleaban para embalsamar los cuerpos de los difuntos. Al parecer, el apresurado embalsamamiento que habían hecho José de Arimatea y Nicodemo no les había satisfecho. Deseaban ungir el cuerpo de Jesús como tributo final de su amor.

Con la muerte del Maestro, no sólo habían perdido a su amigo más querido, sino que también se habían desvanecido sus más caras esperanzas. En su tristeza, habían olvidado que el Señor les había dicho que volvería a la vida después de su pasión y muerte. Se iban preguntando entre sí quién haría rodar la piedra que cubría la entrada del sepulcro. Esta tenía la forma de una piedra de molino; se necesitaba la fuerza de varios hombres para moverla. Al igual que estas mujeres, nosotros nos preocupamos a menudo por los grandes obstáculos en el camino de nuestra fe, sin contar con la ayuda de Cristo y actuando como si El estuviera muerto.

Antes que las mujeres llegaran al sepulcro, el Señor ya había resucitado. Ninguno de los cuatro evangelistas describe este maravilloso milagro, ni cuenta cómo salió del sepulcro. Mateo nos dice que hubo un gran terremoto. Al mismo tiempo que era sacudida la tierra, un ángel bajó del cielo e hizo rodar la piedra hacia un lado. Su aspecto era resplandeciente y glorioso, como el de Jesús en el monte de la transfiguración. El ángel no removió la piedra de su lugar para que Jesús pudiera salir, sino para demostrar que el sepulcro estaba vacío. En forma invisible, maravillosa y silenciosa, el cuerpo vivificado y transformado de Jesús ya había pasado a través de la piedra. Los guardias se estremecieron de terror y quedaron reducidos a la impotencia, pero ninguno de ellos fue testigo de la resurrección. Sólo contemplaron el terremoto y la acción del ángel.

Es interesante hacer notar la actividad de los mensajeros celestiales en la vida del Mesías. Fueron ángeles los que avisaron de su nacimiento a María y a José, y los que anunciaron las buenas nuevas de gran gozo a los pastores en el campo cercano a Belén. Angeles ministraron a Cristo después de su tentación en el desierto. Ahora, intervienen ángeles en su salida del sepulcro y les anuncian a las mujeres este grandioso acontecimiento. Cuando el Señor venga, nuevamente estará acompañado por estos poderosos seres espirituales.

Al llegar al sepulcro, las mujeres se sorprendieron al ver que la piedra ya había sido retirada de la entrada, y penetraron en el sepulcro. En lugar de encontrar el cuerpo de Jesús, vieron dos ángeles con el aspecto de hombres jóvenes y se asustaron. Lo importante no es que hubiera ángeles allí, sino que éstos les pudieron señalar el lugar donde Jesús había sido sepultado y mostrarles que El ya no estaba allí. Aquel descubrimiento era demasiado grande para ellas; se habían encontrado frente a frente con algo sobrenatural que por el momento no parecía tener explicación.

Barclay señala que el mensaje de los ángeles instó a las mujeres a hacer tres cosas.[4]

a) Creer. Todo era tan sorprendente, que creerlo podría "parecer más allá de toda posibilidad... algo demasiado hermoso para ser cierto". Por eso el mensajero celestial les recordó la promesa del Señor y les hizo ver que el sepulcro estaba vacío.

b) Alegrarse. El ángel les dijo: "No temáis", pero la primera palabra del Cristo resucitado es el saludo griego *jairéte*, correspondiente al familiar *shalom,* el saludo cotidiano de los judíos piadosos. Lo podríamos traducir como "¡Salve!", "¡Paz a vosotras!", "¡Dios os guarde!" o "¡Dios os salve!" (Mateo 28:9). Según Barclay, el saludo griego tiene el significado literal de "¡Alegraos!" Los que han tenido un encuentro con el Cristo resucitado tienen todas las razones para vivir con alegría.

c) Comunicar. "Id pronto y decid a sus discípulos que ha resucitado de los muertos." "¡Ve a proclamar!" es la primera orden que recibe todo aquél que ha descubierto las maravillas de Jesucristo.[5]

La orden enviada a los discípulos de que vayan a Galilea, con la alentadora promesa "Allí me verán" (Mateo 28:7, 10) tiene que ver con la gran comisión. Allí se les aparecería Jesús a un gran número de sus discípulos (1 Corintios 15:6). Sin embargo, no era una orden que debían cumplir de inmediato. Más bien insiste en lo importante que va a ser su manifestación en Galilea. Sus seguidores "están dispersos y deben congregarse. Su fe está quebrantada. Debe ser restablecida con la gran noticia".[6] Entonces estarán en condiciones de recibir el mandato de evangelizar el mundo entero.

2. Pedro y Juan van al sepulcro (Lucas 24:9-12). Después de escuchar las palabras del ángel, las mujeres se apresuraron a informar a Pedro y a los demás discípulos. A pesar de estar bajo los efectos del temor a lo sobrenatural, las mujeres se alegraron por el triunfo de Jesucristo sobre la muerte. La expresión "ni decían nada a nadie" (Marcos 16:8) significa que "no hablaron con ninguno de los que encontraron en el camino, por estar demasiado embargadas con el temor producido por lo que había ocurrido".[7] Les llevaban el mensaje a los seguidores del Señor.

Cuando les dijeron a los discípulos que Jesús había resucitado, a éstos "les parecía locura... y no las creían". Esta actitud de ellos deshace la teoría modernista según la cual el hecho de que los discípulos estaban demasiado ansiosos por presenciar la resurrección causó que sufrieran alucinaciones, y se imaginaron que El se les había aparecido. Después de esto, habrían proclamado algo que sólo era producto de su imaginación. La clara evidencia de que los discípulos no esperaban en absoluto la resurrección de Cristo contradice esta ingeniosa explicación.

Los discípulos pensaban que el sepulcro había sido saqueado (Juan 20:2). Lucas nos dice que Pedro corrió hasta éste, pero Juan 20:1-10 agrega más detalles. "Salieron Pedro y el otro discípulo [Juan], y fueron al sepulcro." Aquel discípulo al que amaba Jesús llegó primero, pero fue Pedro quién entró en el sepulcro. Allí vio los lienzos que habían envuelto el cuerpo de Jesús. Estos conservaban la forma que habían tenido, pero estaban caídos en su lugar. La disposición ordenada de los lienzos demostraba que los ladrones no se habían llevado el cuerpo.

Tal vez Pedro se preguntara: "¿Cómo es posible que su cuerpo haya salido de la mortaja, si no es por un milagro?"[8] Poco a poco comenzó a creer, pero aún no estaba convencido.

3. Las autoridades sobornan a los centinelas (Mateo 28:11-15). Es probable que los guardias del sepulcro fueran los soldados de la guardia del templo, y por eso a los principales sacerdotes les fue posible convencer al gobernador para que no los ejecutara por haber descuidado la vigilancia. Entonces se comenzó a difundir la mentira de que los discípulos habían robado el cuerpo de Jesús, envenenando al pueblo.

Este episodio pone de relieve la obcecación de los miembros del Sanedrín, que no quisieron creer que Jesús había resucitado de entre los muertos, y recurrieron a una mentira. Esto demuestra que habían visto la verdad y la habían rechazado vehementemente. El hecho de que el pueblo estuviese dispuesto creer aquella mentira demuestra que estaba en las mismas condiciones. "La luz vino al mundo y los hombres amaron más las tinieblas que la luz, porque sus obras eran malas."

C. Jesús se aparece a los suyos
Mateo 28:8-10; Marcos 16:9-11; Lucas 24:13-43

El sepulcro vacío y el mensaje de los ángeles no bastaron para convencer a los discípulos de que Jesús había resucitado. Era necesario que contemplasen al Cristo viviente, que éste les hablase, y que ellos lo palpasen.

1. **Se aparece a María Magdalena y a la otra María** (Mateo 28:9-10; Marcos 16:9). Al parecer, la fe de las mujeres se debilitó ante la incredulidad de los demás discípulos. Es posible que pensaran de la siguiente manera: "¿Nos engañó nuestra imaginación? ¿Eran verdaderos ángeles los mensajeros que vimos en el sepulcro? Debemos volver al sepulcro para seguir lamentándonos." Entonces María Magdalena y la otra María habrían regresado al sepulcro, llegando allí poco rato después que se marcharan Pedro y Juan. Cerca del sepulcro se les apareció Cristo.

La Versión Reina-Valera revisada en 1960 introduce la aparición de Cristo con estas palabras: "Y mientras iban a dar las nuevas a sus discípulos" (Mateo 28:8). Sin embargo, Broadus sostiene que no se encuentran en el texto original. "Sólo se trata de una adición explicativa escrita al margen."[9] Algunas versiones modernas, como la Biblia de Jerusalén, omiten esta introducción. Notemos que Mateo no relata lo sucedido entre las dos visitas de las mujeres al sepulcro. A veces los autores sagrados condensan los sucesos, o incluso los fusionan.

"Jesús les salió al encuentro, diciendo: ¡Salve!", el saludo común en griego (Mateo 26:49; 27:29). Con gran humildad y reverencia, aquellas mujeres se postraron, se asieron a sus pies y lo adoraron. El no las reprendió, aunque le dijo a María Magdalena: "Suéltame, porque todavía no he ido a reunirme con el Padre" (Juan 20:17, Versión Popular). Es posible que María Magdalena se asiera a sus pies para probar si era cierta la presencia física del Salvador. Esto es reprensible, pues significa falta de fe.[10]

El Señor les repitió de nuevo el mensaje que le había encargado al ángel para los discípulos. Debían viajar a Galilea para encontrarse allí con El. Sin embargo, en vez de llamarlos "sus discípulos", como había hecho el ángel en el sepulcro, los llama "mis hermanos". Trilling comenta: "Jesús considera de nuevo a los discípulos como hermanos suyos, a pesar de que se habían escandalizado por su causa." [11]

2. **Se aparece a los discípulos de Emaús (Lucas 24:13-35).** Dos discípulos se dirigen hacia Emaús, población situada a unos once kilómetros de Jerusalén. No se sabe quiénes eran, salvo que uno de ellos se llamaba Cleofas. Al parecer estaban con los Once cuando éstos recibieron a las mujeres con la noticia de que el sepulcro estaba vacío y de que los ángeles les habían dado un mensaje. Al igual que los demás seguidores del Nazareno, ellos no las habían creído. La crucifixión y sepultura de Cristo habían destruido completamente sus esperanzas. Toda la desilusión del mundo se reflejaba en sus tristes palabras.

No hay que sorprenderse de que Jesús los reprendiera: no habían creído en varios textos del Antiguo Testamento. Habían aceptado las profecías relacionadas con la gloria del Mesías, pero habían pasado por alto las predicciones que hablaban de sus padecimientos. Los mismos sucesos que produjeron desilusión en ellos habrían debido alimentar su fe, puesto que estaban profetizados en las Escrituras.

Nuestro Señor extrajo sus enseñanzas de Moisés (la Ley) y de "todos los profetas"; esto es, de los demás libros del Antiguo Testamento. Esto nos demuestra que toda la Biblia habla de El. Los textos de las Escrituras que el Maestro les expuso en esos momentos deben haber sido, entre otros, el Salmo 22:69; 110; Isaías 52:13—53:12; Zacarías 9:9; 11:12, 13 y Jeremías 31:31-34. Con razón les ardía el corazón a los dos viajeros de Emaús mientras El les hablaba en el camino.

La expresión "hizo como que iba más lejos" no indica que fingiera tener intención de seguir caminando. Lenski señala: "Esto se ha de entender en el buen sentido: hizo como si fuera a seguir adelante, y ciertamente lo habría hecho, si no lo hubieran invitado a quedarse." [12] No quiso obligarlos a recibirlo. El Señor siempre respeta el libre albedrío del hombre. "Si alguno oye mi voz y abre la puerta, entraré a él" (Apocalipsis 3:20). A nosotros nos corresponde invitarlo a entrar en nuestro corazón; si no lo hacemos, El no entrará.

Aunque Jesús no era el dueño de la casa en Emaús, actuó como si fuera el anfitrión, tomando el pan en sus manos y pronunciando la bendición. Los dos discípulos parecen haberlo reconocido por su forma de partir el pan. Había algo característico suyo en la manera como lo hizo. En aquel momento, Dios les quitó el velo de los ojos, y se dieron cuenta de quién era. Entonces desapareció de su lado.

Llenos de gozo y olvidando su fatiga, los dos hombres regresaron a Jerusalén para comunicarles la buena notica a los Once. Al igual que los dos viajeros de este relato, todos los que hemos tenido un encuentro con el Salvador viviente, debemos compartir nuestro testimonio con los demás.

Mientras los dos creyentes de Emaús regresaban a Jerusalén, Cristo se le apareció a Pedro, por lo que los Once sintieron gran regocijo. Aquel gran Maestro a quien habían seguido no estaba muerto. Había triunfado sobre el sepulcro: 'Sorbida es la muerte en victoria" (1 Corintios 15:54). ¡Aleluya!

3. **Se aparece a los Once** (Lucas 24:36-43). Lucas procede en su relato de 24:36-53 de tal manera, que la primera aparición de Jesús a los Once parece llevarnos directamente a su ascensión. Sin embargo, en Hechos 1 vemos que transcurrieron cuarenta días entre ambos acontecimientos. Es evidente que Lucas condensa los sucesos, y las enseñanzas contenidas entre los versículos 44 y 49 del capítulo 24 parecen ser un resumen de lo que les enseñó durante aquellos cuarenta días.

"Los once" (Lucas 24:33) es el nombre que recibió el grupo después de la muerte de Judas. En la noche del primer día de la semana, cuando Jesús se les apareció, había solamente diez porque Tomás estaba ausente. Juan 20:24, Marcos 16:14 y Juan 20:19-23 describen el mismo episodio.

Los diez apóstoles se habían reunido en el aposento alto para hablar de todo lo sucedido. Habían llegado los discípulos de Emaús, que encontraron emocionados a los demás porque el Señor se le había aparecido a Pedro. Tenían las puertas bien cerradas por temor a los fanáticos judíos. De repente, Jesús apareció en medio de ellos, que se asustaron, creyendo que se trataba de un espíritu, probablemente porque el Señor se había presentado sin entrar por la puerta. Entonces El los invitó a ver las cicatrices y palpar su cuerpo. La fe y la duda alternaban en la mente de aquellos testigos oculares. Parecía demasiado bueno para ser cierto. No podían creer ni a sus propios ojos, de modo que Jesús puso fin a su incredulidad pidiendo comida y comiendo con ellos.

D. La gran comisión y la ascensión
Mateo 28:16-20; Marcos 16:15-20; Lucas 24:44-53

Lucas nos dice que Jesús, "después de haber padecido, se presentó vivo con muchas pruebas indubitables, apareciéndoseles [a los apóstoles] durante cuarenta días y hablándoles acerca del reino de Dios" (Hechos 1:3). El se les apareció nuevamente a los Once en Jerusalén, ocho días después de la resurrección (Juan 20:26-31). Posteriormente, se apareció en Galilea a algunos discípulos en las orillas del mar de Tiberias, donde obró el milagro de la pesca y le encomendó de nuevo a Pedro la misión que ya le había dado anteriormente (Juan 21). Es probable que se les apareciera varias veces más, puesto que les estuvo enseñando a los suyos sobre el reino de Dios. Todo esto preparó a los discípulos para recibir la gran comisión y presenciar su ascensión.

1. **La misión universal de la Iglesia** (Mateo 28:16-20; Marcos 16:15-18). Los Once, cumpliendo las órdenes del Señor, se fueron a un monte de Galilea. Tal vez fuera el lugar del famoso sermón de Jesús, o quiza fuera el lugar donde se reunieron sus quinientos seguidores que lo vieron simultáneamente (1 Corintios 15:6). No sabemos a ciencia cierta estos detalles, pero lo que nos importa en estos momentos es lo que se suele llamar "la gran comisión". Del relato de Mateo acerca del mandato hecho en el monte podemos deducir cuatro grandes verdades.

a) El mandato fue hecho por el Rey y soberano del universo. Jesús afirmó tener autoridad universal. "Toda potestad me es dada en el cielo y en la tierra." Esta es la primera vez que utilizó el término "todo" en esta ocasión. Lo encontraremos tres veces más: "Todas las naciones", "Guarden todas las cosas" y "Estoy con vosotros todos los días". La forma en que empleó la palabra indica varias cosas: su poder *universal*, la misión *universal* de sus discípulos, la necesidad de que los convertidos reciban una instrucción *completa* y la *permanencia* de su presencia en la Iglesia.

Los enemigos del Señor lo habían crucificado por haber afirmado que El era el Rey de los judíos. Ahora se proclama "Rey de reyes y Señor de señores". No habla como si fuera Dios Padre: *"Mía es la autoridad"*, sino como el Hijo: "Toda autoridad me es *dada.*" Esa autoridad era un don de su Padre. Si Jesús le hubiera hecho caso al tentador en el desierto, habría recibido autoridad sobre todos los reinos de la tierra sin necesidad de entregarse al servicio de la humanidad ni de ir a la cruz. En cambio, había tomado el camino de la obediencia al Padre y ahora era recompensado con la soberanía plena sobre el cielo y la tierra.

La gran comisión de basa sobre el señorío de Cristo: "Por tanto id." La autoridad universal del que da la orden lleva a la Iglesia a una misión de dimensiones también universales.

b) El mandato comprende el ministerio misionero de la Iglesia: "Id y haced discípulos a todas las naciones." Con anterioridad, Jesús les había ordenado a sus discípulos que sólo fueran a "las ovejas perdidas de la casa de Israel" (Mateo 10:6); ahora los envía a "todas las naciones". Su Iglesia universal ha de estar constituida por creyentes unidos al Padre Creador, al Hijo Redentor y al Espíritu Santificador.

La tarea de los misioneros es anunciar "a todos este mensaje de salvación" (Marcos 16:15, Versión Popular); hacer seguidores del Rey. No debemos olvidar que este mandato sigue siendo obligatorio. Todos los creyentes deben hacer cuanto les sea posible, tanto personalmente como por medio de la oración, por convertir a los seres humanos de todo el mundo en discípulos de Jesús.

Los heraldos del Rey también debían bautizar a sus convertidos en el nombre del Dios trino. El bautismo cristiano tiene mucho más significado que el bautismo de arrepentimiento administrado por Juan. En el libro de los Hechos se menciona con frecuencia este sacramento como el rito inicial cuando una persona se hacía cristiana. Por medio de éste, el nuevo convertido se unía a la comunidad de creyentes (Hechos 2:41).

Era una confesión pública de fe en Jesucristo y un símbolo de la conversión; por esto tenía lugar inmediatamente después que la persona había creído (Hechos 8:35-38; 10:45-48; 16:29-33). Aunque la salvación del ladrón arrepentido nos enseña que es la fe la que salva ("El que no creyere, será condenado"), es imprescindible que los recién convertidos se bauticen en cuanto tengan oportunidad de hacerlo. No basta con ser discípulo secreto; hay que confesar abiertamente a Jesucristo (Mateo 10:32, 33).

El apóstol Pablo señala el simbolismo del bautismo cristiano, al mismo tiempo que su aspecto práctico. El bautismo representa la realidad de que hemos estado unidos a Cristo en su muerte y resurrección, con el fin de morir al pecado y resucitar con el Señor para andar en novedad de vida (Romanos 6:1-7).

c) El mandato incluye el ministerio pastoral. "Enseñándoles todas las cosas que os he mandado." La instrucción de los convertidos debe contener todo lo que les encomendó Jesús a sus apóstoles. No se debe suprimir nada del Nuevo Testamento; nadie debe añadir o quitar nada, ni debilitar lo escrito en él, sino enseñarlo. Cristo ha constituido "a unos, apóstoles... a otros, pastores y maestros a fin de perfeccionar a los santos" (Efesios 4:11, 12). Siempre tenemos la responsabilidad de conservar y consolidar los resultados del evangelismo. Esta labor está relacionada con el ministerio pastoral; con la tarea de edificar la Iglesia del Señor.

d) El que da la orden la acompaña con la promesa de estar permanentemente presente: "He aquí yo estoy con vosotros todos los días, hasta el fin del mundo." El Rey divino anima a sus seguidores a que emprendan esta difícil y audaz misión, asegurándoles que El tiene autoridad como Señor soberano del cielo y de la tierra y prometiéndoles su presencia permanente. Las palabras "el fin del mundo" se refieren a la consumación de esta era; es decir, su venida.

El Salvador nunca dejará de proteger con todo su poder a sus heraldos; no los abandonará a sus propias capacidades y débiles fuerzas. Estará espiritualmente en medio de ellos y también dentro de ellos. Este es el secreto del éxito de la Iglesia en su empresa de alcanzar al mundo con el evangelio. Todavía queda mucho que hacer con respecto al cumplimiento de la "gran comisión", pero tenemos la promesa de que el Señor mismo será quien obre por medio de sus siervos.

¿Cómo ayuda el Señor a sus heraldos? Confirmando su mensaje con las señales que los siguen (Marcos 16:17, 18, 20). Estas señales sobrenaturales son las credenciales del evangelio, y demuestran que Cristo vive y que tiene poder. Llamaban la atención de los paganos en la época de la Iglesia primitiva y todavía siguen convenciendo a muchas personas de que Cristo es el Señor. Gran parte del éxito evangelístico que tienen los grupos pentecostales se suele atribuir al hecho de que se producen milagros en sus cultos. Las señales siguen siendo "las campanas que llaman al pueblo a la adoración".

Tengamos en cuenta que no debemos tomar serpientes venenosas con las manos ni beber cosas mortíferas innecesariamente. Esto sería tentar al Señor nuestro Dios (véase Mateo 4:6, 7). Las palabras de Cristo son una promesa de protección a sus siervos en trances difíciles. Por ejemplo, una víbora le mordió la mano a Pablo sin que le ocurriese nada (Hechos 28:3-6). En cambio, hay sectas cuyos miembros toman serpientes venenosas en las manos, pensando que la Biblia les promete inmunidad. Esto es un error.

2. **La promesa del Padre:** (Lucas 24:44-49; véase Hechos 1:4-8). Es probable que Lucas 24:44-49 contenga un resumen de las enseñanzas que Jesucristo les hizo a sus seguidores durante los cuarenta días que transcurrieron entre la resurrección y la ascensión.[13] En este resumen insiste en algunos conceptos importantes.

a) El Antiguo Testamento enseñaba que serían necesarias la pasión y la resurrección del Mesías.

b) Los testigos de estas cosas, esto es, del cumplimiento de las profecías relacionadas con el Cristo, *debían predicar en su nombre a todas las naciones el mensaje del arrepentimiento y el perdón de los pecados.* El término griego que se traduce como "predicar" significa "proclamar un mensaje en voz alta y en público",[14] como solían hacer los heraldos de aquellos tiempos por las calles. Esta proclamación debe ser hecha con la autoridad del nombre de Cristo y apoyada en lo que Él hacía y enseñaba en la tierra. Las buenas nuevas también exigen del oyente un cambio radical de corazón y la destrucción de sus pecados.

Los testigos o heraldos debían empezar su tarea en Jerusalén para testificar después en Judea, en Samaria y hasta lo último de la tierra (Hechos 1:8). Al igual que los discípulos de antaño, nosotros debemos comenzar por los lugares más cercanos, para extender después el evangelio a zonas situadas cada vez a mayor distancia de la nuestra, y finalmente a los países más remotos de la tierra.

c) Es necesario que todo mensajero del Rey sea investido del poder de lo alto. Para que sus heraldos se pudieran enfrentar al fuego de las persecuciones y de sus titánicas luchas por evangelizar a un mundo incrédulo y hostil, era necesario que fuesen revestidos de un poder divino nunca antes manifestado en el mundo. No les bastaba el entusiasmo natural, ni tampoco los más denodados esfuerzos por romper las barreras de adversidad que hallarían en el camino. Lo único que les podría valer era el poder del Espíritu Santo. Sin esta arma espiritual, todo terminaría en una lamentable derrota. No valía la pena tratar de cumplir la gran comisión sin este revestimiento sobrenatural.

En vísperas de la cruz, el Salvador les había prometido que rogaría al Padre, quien les enviaría al otro Ayudador, el Paracleto que convencería al mundo de su pecado, de la justicia y del juicio de Dios. Esta Persona divina moraría en los discípulos y obraría a través de ellos (Juan 14:16, 17; 16:7-11). Ahora les ordenó que permaneciesen en Jerusalén hasta recibir la promesa de su Padre. El don del Espíritu llenaría a los discípulos con el poder adecuado para realizar su tarea evangelizadora. Transcurridos ya dos mil años, todavía no se ha evangelizado todo el mundo. De hecho, hoy hay más gente que nunca que no ha oído el evangelio. ¿Acaso podremos cumplir con la misión que nos encomendara Cristo sin ser investidos primeramente con el mismo poder?

3. La ascensión (Marcos 16:19, 20; Lucas 24:50-53; véase Hechos 1:9-11). Después de darles las últimas instrucciones a sus discípulos, los condujo a una colina cercana a Betania. Mientras los bendecía con las manos levantadas, comenzó a ascender hasta que lo recibió una nube. Los seguidores del Rey siguieron mirando fijamente al cielo, hasta que se les aparecieron dos ángeles que les dijeron: "Varones galileos, ¿por qué estáis mirando al cielo? Este mismo Jesús, que ha sido tomado de vosotros al cielo, así vendrá como le habéis visto ir al cielo" (Hechos 1:10, 11). Este es el regreso por el que la Iglesia ora y espera.

¿Por qué subió Jesús al cielo de manera visible delante de sus discípulos? ¿Por qué no se limitó a desaparecer de su vista y terminar así su ministerio terrenal? Quería dejarlos de una manera tal que les indicara sin lugar a dudas que había terminado su relación humana con ellos, su presencia física en medio de ellos. Había acabado una etapa de su ministerio y ahora comenzaba otra. Los discípulos debían saber con toda certeza que el Jesús de la tierra se había convertido en el Señor del cielo. Ningún otro modo de finalizar su carrera humana hubiera dejado la impresión que éste dejó. Durante cuarenta días había aparecido y desaparecido ante la vista de los suyos. Ahora ascendió visiblemente y los discípulos comprendieron que no habría más apariciones.

¿Cuál es el significado de la ascensión?

a) *Significa que Jesús está en el cielo*, en la morada del Padre, de los ángeles y de los espíritus justos hechos perfectos. Fue allí con el fin de preparar lugar para nosotros (Juan 14:3).

b) *Habla de su exaltación:* "Se sentó a la diestra de la Majestad en las alturas" (Hebreos 1:3); es decir, ocupó la posición de supremo poder y autoridad. Mientras que la resurrección comenzó el proceso de exaltación, la ascensión fue su clímax. Por su humillación y obediencia hasta la muerte de cruz, Cristo fue exaltado hasta lo sumo y le fue dado "un nombre sobre todo nombre, para que en el nombre de Jesús se doble toda rodilla de los que están en los cielos, y en la tierra, y debajo de la tierra; y toda lengua confiese que Jesucristo es el Señor" (Filipenses 4:8-11).

c) *Nos enseña que el Cristo glorificado ejerce su ministerio sacerdotal en el cielo*, "viviendo siempre para interceder" por el pueblo de Dios (Hebreos 7:25; véanse Romanos 8:34 y 1 Juan 2:1). El es el perfecto Mediador entre el hombre y Dios, puesto que es Dios y Hombre a la vez. Por medio de El tenemos acceso al trono de gracia.

d) *La ascensión hizo posible la bendición del día de Pentecostés.* "Os conviene que yo me vaya; porque si no me fuere, el Consolador no vendría a vosotros; mas si me fuere, os lo enviaré" (Juan 16:7). "Así que, exaltado por la diestra de Dios, y habiendo recibido del Padre la promesa del Espíritu Santo, ha derramado esto que vosotros veis y oís" (Hechos 2:33). Antes de la ascensión, la presencia de Jesucristo estaba limitada al lugar donde El se hallara. Ahora está en todas partes por medio del Espíritu Santo.

Los apóstoles volvieron a Jerusalén, maravillados ante el glorioso acontecimiento que habían presenciado. Ya no tenían miedo de los judíos, sino que estaban continuamente en el templo bendiciendo a Dios. Marcos agrega: "Ellos salieron a predicar por todas partes, colaborando el Señor con ellos y confirmando la Palabra con las señales que la acompañaban" (Marcos 16:20 BJ).

De esta forma hemos llegado al final del estudio de la vida de Aquél que se hizo hombre y habitó entre nosotros. Hemos contemplado su humildad, su poder sin par y su amor incomparable. Resplandecen verdades profundas en sus enseñanzas. Con todo, lo que más nos conmueve es su obra: "El Hijo del Hombre no vino para ser servido, sino para servir, y para dar su vida en rescate por muchos" (Marcos 10:45). Después de leer los relatos de los evangelistas, no podremos seguir siendo como antes, pues el evangelio nos transforma, y nos transforma para siempre.

Citas del capítulo 16

[1] Cook, *op. cit.*, pág. 129.
[2] Wheaton, David. "Los relatos de la resurrección" en *Manual Bíblico Ilustrado*, pág. 529.
[3] *Ibíd.*
[4] Barclay, *Mateo II, op. cit.*, pág. 380.
[5] *Ibíd.*
[6] Trilling, tomo 2, pág. 348.
[7] Broadus, *Comentario sobre el Evangelio según Mateo*, pág. 749.
[8] Lenski, *op. cit.*, pág. 1024.
[9] Broadus, *Comentario sobre el Evangelio según Mateo*, pág. 749.
[10] *Ibíd.*
[11] Trilling, tomo 2, *op. cit.*, pág. 349.
[12] Lenski, *op. cit.*, págs. 1034, 1035.
[13] Erdman, *El Evangelio de Lucas*, pág. 293.
[14] Lenski, *op. cit.*, pág. 1048.

Sepulcro judío proximo al Gólgota

APENDICE I:

PREGUNTAS DE ESTUDIO

Capítulo 1

Responda brevemente.

1.1. Haga una lista de los factores que influyeron en la forma en que Jesús sería recibido y se divulgaría el evangelio después de la ascensión.

1.2. Defina el "período de silencio".

1.3. ¿Qué influencia ejerció Alejandro Magno sobre el idioma y la cultura del Mediterráneo oriental?

1.4. ¿Cómo se llegó a colocar en el templo una estatua de Zeus? ¿Por qué?

1.5. ¿Quiénes fueron los Macabeos?

1.6. ¿Cómo se originaron los grupos de los fariseos y los saduceos?

1.7. Al morir Herodes, ¿cómo se dividió el territorio que comprendía su reino?

1.8. ¿Qué condiciones precipitaron el disgusto de los judíos con respecto al gobierno romano?

1.9. ¿Qué importancia le daban los judíos a la sinagoga?

1.10. Defina la "ley oral".

1.11. ¿En qué se parecían los fariseos y los saduceos? ¿En qué se diferenciaban?

1.12. ¿Quiénes eran los esenios? ¿Quiénes los zelotes?

1.13. ¿Por qué no querían los fariseos aceptar a un mesías como Jesús? ¿Por qué no querían hacerlo los saduceos?

1.14. ¿Cómo contribuyó el gobierno romano a la propagación del evangelio?

1.15. Explique cómo los judíos de la dispersión prepararon positivamente al pueblo para recibir el cristianismo.

Aplicación:·

1.A. ¿Cómo contribuye hoy día el gobierno de su país a la propagación del evangelio? Reflexione sobre las respuestas a la pregunta 1.14 para ver si alguna de ellas se puede aplicar a su situación actual.

1.B. ¿Qué podemos aprender del "período del silencio"? ¿Qué propósito tiene Dios cuando permite estas circunstancias en su país y en su vida? ¿Cuál circunstancia de su vida ha entendido mejor después de estudiar este capítulo?

1.C. Así como los judíos de la dispersión prepararon a los pueblos para recibir el cristianismo, ¿de qué manera ha preparado la doctrina católica al pueblo de habla española para recibir la enseñanza evangélica? ¿En qué sentido es esto una ventaja en comparación con la labor evangelizadora en países donde no existen raíces cristianas de ninguna clase?

1.D. ¿Tienen los judíos de la actualidad los mismos motivos que tenían los del siglo primero para no aceptar a Jesucristo como Mesías?

Capítulo 2

A. MATEO B. MARCOS C. LUCAS D. JUAN

En el espacio que se le proporciona escriba Mateo, Marcos, Lucas o Juan, uno de los cuales es la respuesta correcta.

2.1. Presenta a Jesús como el Verbo eterno encarnado. _____

2.2. Presenta a Jesús como el Hijo del Hombre. _____

2.3. Presenta a Jesús como rey. _____

2.4. Presenta a Jesús como siervo. _____

2.5. Narra el nacimiento de Jesús desde el punto de vista de María, su madre. _____

2.6. Remonta la genealogía del Salvador hasta Adán. _____

2.7. Cita con gran frecuencia a los profetas. _____

2.8. El evangelio de la oración y la alabanza. _____

2.9. Escribió para todos los cristianos, especialmente para los convertidos del judaísmo. _____

2.10. El evangelio del rechazo. _____

2.11. Se dirige a los gentiles; en especial a los romanos. _____

2.12. El evangelio de las mujeres. _____

2.13. El único escritor del Nuevo Testamento que no era judío

_____

2.14. El evangelio que contiene una censura muy severa y tajante para los escribas y fariseos. _____

2.15. Dirigido a "hombres de acción" a quienes les interesaban poco las enseñanzas. _____

2.16. El único escritor del Nuevo Testamento que cita los nombres de los emperadores romanos. _____

2.17. Se caracteriza por la agilidad de su narración. _____

2.18. Explica detalladamente las enseñanzas de Cristo. _____

2.19. Ordenó sistemáticamente lo que recopiló, redactándolo con notas cronológicas que conectan la vida del Señor con la historia universal. _____

2.20. Describe con frecuencia las miradas y los sentimientos de Jesús. _____

2.21. Organizó lo que escribió en secciones donde se alternan los conjuntos de sucesos con los conjuntos de enseñanzas. _____

2.22. Presenta a Jesús como el Cordero de Dios. _____

2.23. El primer evangelio sinóptico. _____

2.24. El segundo evangelio sinóptico. _____

2.25. El tercer evangelio sinóptico. _____

Aplicación:

2.A. ¿Debemos aceptar los últimos versículos de Marcos como verídicos? Explique el porqué de su respuesta.

2.B. ¿Cuál de los estilos literarios de los evangelistas prefiere usted? ¿Cuál es su evangelio favorito y por qué?

2.C. ¿De qué le parece que sea evidencia lo admirablemente que se complementan entre sí los escritos de los evangelistas? ¿Cómo le podría presentar esta evidencia a la gente de su barrio?

Proyecto:

2.P1. Busque algún material sobre el problema sinóptico, léalo en casa y preséntelo en clase para información de todos los estudiantes.

2.P2. Lea durante el resto del curso la armonía cronológica de los evangelios titulada *El libro de vida*. Ponga especial atención al índice, a fin de familiarizarse con la cronología de la vida de Jesús.

Capítulo 3

Escriba la letra que corresponda a la respuesta más acertada en la línea en blanco.

3.1. ¿Cuántas veces en la vida se le permitía a un sacerdote que oficiara en el santuario? _____
   A. Una vez al año.
   B. Una vez en la vida.
   C. Cada cinco años.

3.2. ¿Por qué fue María a visitar a Elisabet después del anuncio del ángel? _____
   A. Porque sentía vergüenza de estar encinta sin tener esposo.
   B. Porque temía la reacción de José al enterarse de la noticia.
   C. Porque quería que alguien de su propio sexo la creyera y la comprendiera.

3.3. ¿Cómo sabemos que hubo pecado en la vida de María, como en la de todos los demás humanos? _____
   A. Porque todos han pecado y están destituidos de la gloria de Dios.
   B. Porque ella misma dice de Jesús que es su Salvador.
   C. Porque era del linaje de Eva, la primera mujer que pecó.

3.4. ¿Qué importancia tiene el que Dios escogiera una pareja humilde para que fueran los padres humanos de Jesús? _____
   A. Que el evangelio es para los pobres.
   B. Que es demasiado difícil que entren los ricos en el reino de Dios.
   C. Que esto es señal de que Dios trastornaría el orden religioso y social imperante en aquellos tiempos.

3.5. Sabemos que María y José tuvieron relaciones conyugales después del nacimiento de Jesús porque _____
   A. tuvieron varios hijos más.
   B. se casaron ante las autoridades civiles.
   C. nos lo dice la Biblia.

3.6. Mateo da a conocer el linaje de José al mencionar la genealogía de Jesús porque _____
   A. se dirige principalmente a los judíos cristianos.
   B. siempre se debía seguir el linaje paterno.
   C. se dirige principalmente a los sacerdotes.

3.7. La genealogía de Cristo que da Mateo es extraordinaria porque _____
   A. se remonta hasta Adán.
   B. incluye nombres de mujeres.
   C. no usa los apellidos.

3.8. Los magos eran _____

A. hombres que practicaban la magia.

B. tres reyes.

C. astrólogos de una casta sacerdotal.

3.9. ¿Por qué tenían en poco los habitantes de Judea a los de Nazaret? _____

A. Porque Nazaret era casi completamente judía y conservaba las costumbres antiguas y la doctrina más ortodoxa.

B. Porque vivían muchos "perros" en Nazaret.

C. Porque las grandes rutas de las caravanas pasaban muy lejos de Nazaret.

Aplicación:

3.A. Estudie las profecías que se refieren a la palabra "nazareno" y postule las razones por las que cree que Mateo usó esta palabra con frecuencia.

3.B. ¿Qué importancia tienen las actividades de Cristo entre los doce años y los treinta? ¿Qué claves da la Biblia al respecto?

3.C. ¿En qué formas ejerce usted el sacerdocio en su hogar? ¿Está realmente agradecido de tener acceso al Lugar Santísimo en el momento preciso en que lo necesite, sin tener que esperar un año, como los sumos sacerdotes del pasado? ¿Qué ventajas tiene poder confesarle directamente a Dios nuestros pecados, en vez de tener que hacerlo por medio de un mediador?

Capítulo 4

Verdadero o Falso

En las líneas en blanco, coloque V por verdadero o F por falso.

4.1. Los judíos estaban contentos con el nuevo gobierno romano porque era un gran alivio después de la flagrante tiranía de Arquelao, rey de Judea. _____

4.2. Había dos sumos sacerdotes en el momento de la crucifixión de Jesús. _____

4.3. La indumentaria de Juan el Bautista tenía importancia porque era la ropa tosca característica de los profetas. _____

4.4. Un número crecido de gente acudía a escuchar la predicación de Juan el Bautista porque éste hacía muchos milagros. _____

4.5. El arrepentimiento predicado por Juan el Bautista es algo práctico y profundo, que impulsa a la persona a dejar incluso su pecado predilecto. _____

4.6. Hoff afirma que cuando Jesús le pidió a Juan que lo bautizara, éste sabía que Jesús era el Cristo. _____

4.7. Dios demostró que aprobaba la consagración de Jesús al enviar su Espíritu sobre El. _____

4.8. Mateo destaca los aspectos topográficos de las tentaciones, mientras que Lucas las relata en orden cronológico. _____

4.9. Los habitantes de Judea despreciaban a los galileos por la gran cantidad de egipcios que vivían en esa región. _____

4.10. El pueblo se hizo indirectamente responsable de la muerte de Juan el Bautista al endurecerse y perder entusiasmo. _____

4.11. Cristo predicó primero en Nazaret para enseñarnos que debemos ir a todas partes en nuestra labor misionera. _____

4.12. Jesús leyó en la sinagoga una profecía de Jeremías para afirmar que este pasaje se cumplía en El. _____

Aplicación:

4.A ¿Piensa usted que Cristo tuvo la tendencia al pecado? ¿Cree que pudo haber pecado? (Nótese que eso sería lo opuesto a la definición del adjetivo "impecable".) ¿Qué dicen los principales teólogos al respecto? ¿Qué dice la Biblia?

4.B. ¿Qué podemos aprender de la actitud de Juan el Bautista que lo hacía sentirse deseoso de menguar para que Cristo fuera exaltado, aun después de ser conocido en toda la región del Jordán? ¿Obró Dios injustamente con Juan? ¿No era demasiado lo que esperaba de él?

4.C. Juan el Bautista fue precursor de Cristo. ¿Cuál es el papel que juegan los grandes precursores de los movimientos más drásticos de la historia? ¿Se puede decir que nosotros somos precursores de la segunda venida de Cristo como Juan lo fue de la primera? En este sentido, ¿qué podemos aprender de Juan?

Proyecto:

4.P1. Haga un estudio de aquellas sectas falsas que creen digno de admiración que alguien se ponga en peligro de muerte para demostrar la fidelidad de Dios. Mencione las que ha encontrado y hable de una doctrina de cada una de ellas.

Capítulo 5

Escriba las respuestas correctas en los espacios en blanco.

5.1. Los cuatro evangelios señalan que Jesucristo pasó más tiempo ministrando en _____ que en cualquier otra parte de Palestina. *(Galilea, Judea)*

5.2. Mateo ve el cumplimiento de una antigua profecía de _____ en el ministerio realizado por Cristo dentro del territorio que ocuparon originalmente las tribus de Zabulón y Neftalí. *(Isaías, Jeremías)*

5.3. Los tres pescadores llamados Andrés, Simón Pedro y Juan comenzaron a seguir a Cristo en _____. *(Nazaret, Betania)*

5.4. La pesca milagrosa simboliza el éxito espiritual que tendría _____. *(Pedro, Jesús)*

5.5. Jesucristo no citaba las enseñanzas de otros; las verdades que proclamaba llegaban hasta la conciencia y el _____. *(intelecto, corazón)*

5.6. El principal motivo por el que Jesús calló al espíritu en la sinagoga es que quería mantener secreto su carácter _____. *(nazareno, mesiánico)*

5.7. La fiebre de la que padecía la suegra de Pedro normalmente deja a su víctima _____, así que fue verdaderamente milagroso el que ella se levantara a prepararles comida y manifestar otras atenciones con Jesús y sus discípulos. *(débil, palúdica)*

5.8. En el evangelio de _____ leemos que Jesús tenía la costumbre de madrugar para salir a lugares solitarios y tener allí comunión con el Padre. *(Mateo, Marcos)*

5.9. La lepra es considerada símbolo del _____, de su degradación y de su poder destructivo, tanto sobre el cuerpo como sobre el alma. *(diablo, pecado)*

5.10. Jesús le ordenó al hombre sanado que fuera a que el sacerdote lo examinara para demostrar que respetaba la Ley; además, esto serviría de testimonio ante los _____. *(discípulos, sacerdotes)*

5.11. El Señor le _____ al hombre que había sanado que testificara de su sanidad porque no quería que la gente fuera a El sólo por curiosidad. *(prohibió, ordenó)*

5.12. Jesucristo aceptaba a las personas consideradas pecadoras por los fariseos; en cambio, los fariseos se preocupaban por observancias _____, como la circuncisión, los sacrificios, el sábado, los ritos de purificación y el ayuno. *(espirituales, externas)*

5.13. La parálisis que padecía el hombre que fue descolgado del techo en su camilla era más bien una forma de _____. *(hidropesía, epilepsia)*

5.14. Cristo sanó al paralítico por la fe de sus _____. *(amigos, hermanos)*

5.15. La expresión "Hijo del Hombre" destaca la debilidad y la pobreza humanas en contraste con el poder _____ de Jehová. (*ilimitado, recibido*)

5.16. Los _____ de Cristo se pueden clasificar en las cuatro categorías siguientes: 1) las sanidades de diversas enfermedades, 2) la expulsión de demonios, 3) la resurrección de los muertos, y 4) el poder sobre la naturaleza. (*ministerios, milagros*)

5.17. Cristo hizo sus milagros con los siguientes fines: 1) revelar la bondad y misericordia de Dios hacia los _____, 2) presentarlos como credenciales de su persona y de su misión y 3) ilustrar su misión redentora. (*necesitados, discípulos*)

5.18. Al llamar a alguien del oficio de Mateo, Cristo estaba desafiando los prejuicios de los judíos, y en particular de los orgullosos _____. (*publicanos, fariseos*)

5.19. No era adecuado que los discípulos de Cristo ayunaran mientras El estaba con ellos, porque no era el momento de ayunar, sino de _____. (*regocijarse, trabajar*)

5.20. Con el fin de demostrar cuán incompatible es el nuevo sistema de _____ con el antiguo sistema de ritos y de obras obligatorias, Cristo usó los ejemplos del remiendo de tela nueva en un vestido viejo, y el vino nuevo del evangelio echado en odres viejos. (*gracia, fe*).

5.21. Los fariseos siempre juzgaban según su interpretación de los preceptos de la _____ y no por la Ley misma, tal como hacen los "superescrupulosos" de hoy día. (*tradición, Ley*)

5.22. Cristo enseñó que se puede contravenir una ley _____ en el caso de una necesidad apremiante. (*antigua, ceremonial*)

5.23. El _____ de Cristo nos revela la actitud de Dios con respecto al frío formalismo religioso. Dios se opone a las intenciones malvadas y a los actos de maldad. (*enojo, amor*)

5.24. Cristo eligió exactamente doce discípulos para su círculo íntimo, porque ellos habían de heredar el puesto de las doce _____. (*tribus, naciones*)

5.25. Cristo eligió a los doce discípulos para que aprendieran a su lado y luego salieran a predicar, enviados por El como _____. (*pastores, apóstoles*)

5.26. Los discípulos eran hombres _____. (*extraordinarios, corrientes*)

Aplicación:

5.A. ¿Cómo podemos distinguir en la actualidad entre la verdadera posesión demoníaca y el desequilibrio mental o la epilepsia? ¿Cree usted que tiene importancia poder hacerlo?

5.B. ¿Se nos presentan hoy situaciones en que nosotros tampoco debemos ayunar, como les sucedía a los discípulos mientras Cristo estaba con ellos en la tierra?

5.C. ¿Existen "leyes ceremoniales" que formen parte de nuestra cultura o gobierno, y que podamos o necesitemos contravenir por la causa de Cristo?

5.D. ¿Qué podemos aprender del enojo de Jesús? ¿Nos mostramos nosotros indiferentes ante las intenciones malvadas y los actos de maldad que realizan los que nos rodean? ¿Qué hacemos para contrarrestarlas?

Capítulo 6

Relacionar:

Escriba en cada espacio de la columna izquierda la letra que corresponda al texto que se relacione con ella en la columna derecha. Hay una sola letra correcta para cada espacio.

_____ 6.1. Poesía semítica

_____ 6.2. Paralelismo sinónimo

_____ 6.3. Paralelismo sintético

_____ 6.4. Paralelismo antitético

_____ 6.5. Proverbio

_____ 6.6. Discurso

_____ 6.7. Las enseñanzas de Cristo

_____ 6.8. Ejemplo de lección objetiva

_____ 6.9. "El reino de los cielos"

_____ 6.10. Un reino material

_____ 6.11. Dos aspectos del reino de Dios

A. Contienen preguntas y a veces paradojas para hacer pensar al discípulo.

B. Una ordenación exquisita de ideas parecidas, con la que se logra un ritmo lógico.

C. Jesús les lava los pies a sus discípulos.

D. Usado por Mateo para expresar entre los judíos la misma idea del "reino de Dios".

E. Esperado por los judíos.

F. El presente y el futuro.

G. Un dicho conciso, ingenioso, penetrante y a menudo mordaz.

H. A una línea o verso se añade otra que expresa el mismo pensamiento.

I. Expresa un pensamiento contrapuesto al anterior.

J. El pensamiento del segundo verso, y de los demás si los hay, desarrolla y completa el pensamiento del primero.

K. La presentación de muchas afirmaciones que no tienen relación unas con otras.

Aplicación:

6.A. ¿Quiénes se parecen en la actualidad a los fariseos y a los escribas en cuanto a la posesión de convicciones basadas en sus tradiciones y no en la Biblia?

6.B. ¿Cómo se desentraña el sentido íntimo y permanente de las Escrituras?

6.C. ¿Seguimos el ejemplo de Cristo al usar con eficacia las preguntas en nuestra enseñanza y predicación, o nos contentamos más de la cuenta con hacer sólo afirmaciones? ¿Nos esforzamos por contestar las preguntas que hace el mundo, o contestamos más bien una pregunta que no nos hace porque no les importan gran cosa?

6.D. ¿Usamos lecciones objetivas en nuestra enseñanza, como lo hizo Cristo cuando les lavó los pies a sus discípulos?

Proyecto:

6.P1. Haga una lista de las paradojas presentadas por Cristo en los evangelios. Haga otra lista con aquéllas de sus preguntas que tienen respuesta sobreentendida, como por ejemplo: "¿Qué le aprovecha al hombre ganar el mundo si pierde su alma?" Observe la energía de expresión y la belleza literaria de estas figuras de retórica empleadas por Cristo en su ministerio público.

Capítulo 7

Verdadero o Falso

7.1. El Sermón del Monte presenta el mensaje de salvación. _____

7.2. El Sermón del Monte iba dirigido a las multitudes presentes. _____

7.3. El Sermón del Monte está compuesto por varios discursos unificados por un mismo tema. _____

7.4. Cristo pronunció las bienaventuranzas para corregir las ilusiones de sus seguidores con respecto a la naturaleza de su reino. _____

7.5. En el Sermón del Monte, la palabra "bienaventurado" significa que la persona posee un tipo de gozo que se ve afectado por las mudables circunstancias de la vida. _____

7.6. La persona humilde de corazón tiene un espíritu delicado y apacible. _____

7.7. El vocablo griego traducido "misericordiosos" es el antónimo del traducido "de doble ánimo". _____

7.8. El Señor vino para abrogar (soltar, disolver, despedazar) la Ley de Moisés. _____

7.9. Cristo enseña que la verdadera justicia tiene que ver con los pensamientos, las intenciones y las acciones. _____

7.10. Dios nos ama tanto, que acepta la ofrenda del creyente que persiste en sus desacuerdos con los demás. _____

7.11. Debemos interpretar literalmente la exhortación a sacarnos un ojo, si nos transmite las tentaciones. _____

7.12. Cristo exige sencillez y veracidad en el hablar. _____

7.13. Cristo enseña que debemos colaborar con las fuerzas del orden público para reprimir el mal y defender a los inocentes e indefensos. _____

7.14. En el Sermón del Monte, Cristo se refiere a la perfección moral absoluta que todos podemos alcanzar. _____

7.15. La intención correcta al hacer buenas obras es que los hombres nos vean, y demos así testimonio de Cristo. _____

7.16. La exhortación a no usar vanas repeticiones nos enseña a pedir lo que necesitamos una sola vez. _____

7.17. Dios es quien nos tienta, para ayudarnos a ser fuertes. _____

7.18. El discípulo del Señor debe ayunar en secreto, porque lo hace sólo para Dios. _____

7.19. El apego a los bienes terrenales esclaviza al hombre. _____

7.20. Debemos discernir entre el bien y el mal, sin criticar o censurar a los demás. _____

7.21. Dios siempre le da al creyente todo lo que pide, aunque se trate de algo contrario a su divina voluntad. _____

7.22. Es difícil encontrar el camino que conduce a la perdición. _____

7.23. La bendición divina sobre un ministerio es señal de la aprobación incondicional del Señor. _____

Aplicación:

7.A. ¿Cree usted que nos podríamos salvar y llevar una vida cristiana si de la Palabra de Dios sólo tuviésemos el Sermón del Monte? Explique su respuesta.

7.B. Hoff dice que algunos ministros trabajan en la obra con el fin de ser reconocidos como grandes siervos de Dios. ¿Cree usted que sea esto un peligro entre sus conocidos? ¿A qué le debemos dar más importancia en un ministerio: a sus motivos o a sus resultados? ¿Podemos nosotros juzgar las intenciones de los demás, o debemos dejar todos los casos al criterio de Dios?

7.C. ¿Cómo es posible que un falso profeta haga hoy buenas obras en el nombre del Señor?

7.D. Ante un ataque criminal, ¿debemos defender a nuestra familia físicamente, o limitarnos a confiar en el Señor, sin actuar?

Capítulo 8

Escriba en el espacio señalado la letra que corresponda a la respuesta más acertada.

8.1. ¿Por qué elogió tanto Jesús la fe del centurión? _____
   A. Porque era prosélito.
   B. Porque era un hombre digno y respetado por los judíos.
   C. Porque había comprendido el dominio de Jesucristo sobre el mundo espiritual.

8.2. El motivo por el que Jesús resucitó al joven hijo de la viuda fue _____
   A. su compasión hacia la viuda.
   B. que el joven pudiera vivir una vida completa.
   C. demostrar su poder.

8.3. ¿Cuál fue el pecado de Corazín y Betsaida, peor que el de Sodoma y Gomorra o el de Tiro y Sidón? _____
   A. La infidelidad.
   B. La incredulidad.
   C. La insubordinación.

8.4. La pecadora que ungió los pies de Jesús fue _____
   A. María Magdalena.
   B. María de Betania.
   C. Otra mujer.

8.5. Después de salir de la casa de Simón para predicar al aire libre, Jesús tuvo siempre una multitud de oyentes. ¿Cuáles eran las razones principales por las que acudían a El todas esas personas? _____
   A. Aprender de El.
   B. Ser sanados de sus enfermedades.
   C. Criticarlo y manifestarle su hostilidad.
   D. A, B y C.

8.6. Para contrarrestar la influencia de Jesús en la región de Galilea, los escribas les pidieron ayuda a unos doctores de la Ley procedentes de Jerusalén, quienes le atribuyeron el poder de Jesús a _____
   A. Dios.
   B. Jehová.
   C. Beelzebú.

8.7. ¿Qué significa blasfemar contra el Espíritu Santo? _____
   A. Hablar con ignorancia contra las cosas divinas.
   B. Resistirse al Espíritu Santo.
   C. Atribuir con mala intención las obras del Espíritu Santo a Satanás.

8.8. Cuando la madre y los hermanos de Jesús se convencieron de que estaba "fuera de sí", ¿en realidad qué creyeron? _____
A. Que estaba enajenado.
B. Que había perdido la razón.
C. Que padecía de una manía religiosa y se había vuelto un excéntrico.

8.9. El término "muerte", desde el punto de vista de Dios, no es nada más que _____
A. la ausencia del cuerpo.
B. la separación entre el alma y Dios.
C. el regreso al polvo.

8.10. El primer requisito para ser obrero cristiano es _____
A. ver claramente el lamentable estado de los que no tienen al Señor.
B. asistir a las clases de algún instituto bíblico.
C. demostrar que se es digno.

8.11. ¿Por qué les prohibió el Señor a los Doce que fueran a los samaritanos y a los gentiles? _____
A. Porque los samaritanos y los gentiles iban a ser excluidos del Reino.
B. Porque se le había indicado que fuera primero a los judíos.
C. Porque los samaritanos y los gentiles no merecían el favor de Dios.

8.12. ¿Cuál de las siguientes órdenes dadas a los discípulos tenía en mente a los obreros cristianos de todos los tiempos, por lo que tiene un valor permanente? _____
A. Que no debían llevar dinero consigo.
B. Que debían sacudir el polvo de sus sandalias después de visitar una casa donde no se les recibiese como heraldos del Rey.
C. Que no debían ministrar por afán de lucro.

8.13. ¿A qué se refiere la expresión "no acabaréis de recorrer todas las ciudades de Israel, antes que venga el Hijo del Hombre"? _____
A. A su *parusía*, o segunda venida al mundo en general.
B. A la destrucción de la nación judía al caer la ciudad de Jerusalén.
C. A que Jesús regresaría en gloria antes que los apóstoles terminaran sus viajes de predicación.

Aplicación:

8.A. Describa cómo es posible hoy día blasfemar contra el Espíritu Santo. Dé un ejemplo (puede ser imaginario).

8.B. ¿Por qué es necesario que los creyentes pasemos por momentos muy difíciles en la vida?

8.C. ¿Es posible asistir a un instituto bíblico y cumplir con los requisitos del plan de estudios, sin ser por eso un obrero cristiano según las normas bíblicas?

8.D. ¿Qué importancia tiene para el ministro evitar a toda costa todo lo que se pudiera interpretar como un conflicto de intereses entre el ministerio y alguna empresa lucrativa?

Capítulo 9

Relacionar:

Escriba en cada espacio de la columna izquierda la letra que corresponda al texto que se relacione con ella en la columna derecha. Hay una sola letra correcta para cada espacio.

_____ 9.1. La parábola	A. representa al oyente indiferente.
_____ 9.2. La fábula	B. representa al oyente que responde ante la Palabra.
_____ 9.3. La alegoría	
_____ 9.4. La parábola del sembrador	C. se halla solamente en Mateo.
	D. manifiesta el poder de penetración que tiene el Reino.
_____ 9.5. El terreno "junto al camino"	E. es un símil extenso.
_____ 9.6. El terreno pedregoso	F. representa al oyente superficial.
_____ 9.7. El terreno bueno	G. en ella los animales e incluso seres inanimados hablan y se comportan como seres humanos.
_____ 9.8. La cizaña	
_____ 9.9. La parábola de la levadura	H. usa las palabras continuamente en sentido metafórico; su relato siempre es ficticio.
	I. habla de las cuatro clases de terreno.

Aplicación:

9.A. De las fábulas que usted conoce, ¿cuáles tienen una aplicación o moraleja espiritual?

9.B. ¿Qué alegoría ha empleado usted como base de alguna enseñanza? (Ejemplo: *El progreso del peregrino*.)

9.C. ¿Cuál es su parábola favorita? ¿Por qué?

9.D. Usando las reglas de interpretación de las parábolas, escoja una e interprétela.

Proyecto:

9.P1. Escriba una parábola de ambiente moderno.

Capítulo 10

Subraye la alternativa correcta.

10.1. El único milagro de Cristo que aparece en los cuatro evangelios es. . .
  . . . la alimentación de cinco mil hombres.
  . . . las bodas de Caná, donde Jesús transformó el vino en agua.

10.2. Cuando quiso caminar sobre el mar, Pedro demostró su. . .
  . . . fe.
  . . . impetuosidad.

10.3. Para los fariseos, el pecado más grave era. . .
  . . . el adulterio.
  . . . el descuido de la tradición de los ancianos.

10.4. Las malas actitudes. . .
  Las cosas externas. . .
  . . . son las que contaminan al hombre.

10.5. Las palabras "No soy enviado sino a las ovejas perdidas de la casa de Israel" se refieren a. . .
  . . . la prioridad temporal concedida a los judíos.
  . . . la exclusión total de los gentiles.

10.6. En el caso de la alimentación de los cuatro mil, la multitud había estado con Cristo. . .
  . . . sólo un día.
  . . . tres días.

10.7. La incredulidad que manifestaron los fariseos y los saduceos cuando pidieron una señal se debía a. . .
  . . . la falta de pruebas.
  . . . que no querían creer.

10.8. La levadura de los fariseos consistía en su. . .
  . . . formalismo e hipocresía.
  . . . mundanalidad y materialismo.

10.9. La sanidad del ciego. . .
  . . . La sanidad de la suegra de Pedro. . .
  . . . es el único milagro en que la sanidad es gradual.

10.10. Jesús les preguntó a sus discípulos lo que pensaba el pueblo sobre El porque. . .
  . . . quería que ellos manifestaran sus propias convicciones.
  . . . quería saber si estaban entendiendo su mensaje.

10.11. Pedro fue. . .
  . . . la única piedra fundamental de la Iglesia.
  . . . el portavoz de los Doce.

10.12. Pedro, al serle entregadas las llaves del Reino, recibió autoridad para. . .

. . . admitir a ciertas personas al cielo y rechazar a otras.

. . . predicar el mensaje del evangelio para que otros pudieran entrar al cielo.

10.13. Cuando Moisés y Elías conversaron con Cristo en el monte, Pedro quiso que se quedaran. Lo incorrecto de aquel deseo era que Pedro. . .

. . . estaba colocando al Señor Jesús y a los profetas en el mismo nivel.

. . . fue impulsivo y le faltó sabiduría.

10.14. Jesús les explicó a sus discípulos que Elías no había venido para preparar el camino del Mesías, como lo había profetizado Malaquías, porque. . .

. . . todavía no había llegado el momento de que se cumpliese aquella profecía.

. . . la profecía ya se había cumplido en Juan el Bautista.

10.15. El padre del muchacho endemoniado dudó. . .

. . . de que Cristo quisiera sanarlo.

. . . de que Cristo pudiera sanarlo.

Aplicación:

10.A. ¿Tiene la palabra "levadura" el mismo significado negativo en todos los textos de la Biblia donde se usa en forma simbólica? ¿Qué concepto se tiene en su ciudad acerca de lo mala o lo buena que sea la levadura?

10.B. ¿Por qué cree usted que se le da tanta importancia en los evangelios al milagro de la alimentación de los cinco mil?

10.C. ¿Hasta qué punto debe involucrarse la Iglesia en el ministerio de atender a las necesidades físicas de los pobres?

10.D. Teniendo siempre presente el ejemplo de Cristo, ¿cómo debemos comportarnos nosotros en cuanto a nuestros deberes civiles y a las obligaciones impuestas por nuestra sociedad que nos parecen injustas?

Proyecto:

10.P1. Haga un estudio de la palabra "levadura" a lo largo de toda la Biblia y anote el significado que se le debe dar en cada contexto en que se halle.

Capítulo 11

Responda brevemente.

11.1. ¿De qué manera nos podemos hacer como niños?

11.2. ¿De qué situación se valió Cristo para enseñarnos que puede haber personas que Dios acepte sin que se hayan identificado con nuestro grupo?

11.3. ¿Qué debe hacer el creyente que haya sido ofendido por otro creyente?

11.4. ¿Cuál es el objetivo principal de la disciplina en la Iglesia?

11.5. ¿En qué situación puede ser contraproducente la disciplina?

11.6. ¿Con qué fin contó Jesús la parábola de los dos deudores?

11.7. Mencione tres requisitos necesarios para tener un ministerio apostólico.

11.8. ¿Por qué envió Cristo a los setenta?

11.9. ¿Qué quiso decir Cristo al afirmar que había visto a Satanás caer del cielo?

11.10. ¿De qué manera el relato acerca de las dos hermanas de Lázaro proporciona un detalle que falta en la parábola del buen samaritano?

11.11. ¿Qué importancia tiene para nosotros hoy que Jesús acostumbrase a orar tanto? ¿Por qué?

11.12. ¿Qué podemos aprender de la manera en que Jesús habló del rico insensato?

11.13. ¿Qué relación tiene la hora en que llegó el ladrón con la hora en que vendrá Cristo?

11.14. Cuando suceden accidentes imprevistos y desastrosos, que no tienen nada que ver con los pecados de los hombres, ¿quién tiene la culpa?

11.15. Cristo nos enseñó acerca del día de reposo por medio de su ejemplo. ¿Qué ha aprendido usted?

Aplicación:

11.A. ¿Cómo podemos vivir hoy día de acuerdo a la norma establecida por Cristo de servir a todos si queremos ser los primeros ante los ojos de Dios? ¿Qué ejemplos prácticos pudieran darse al respecto? ¿Qué situaciones de la vida real conoce que le parezcan totalmente opuestas a lo que Cristo desea que hagamos?

11.B. ¿Cuál es nuestra responsabilidad desde el punto de vista bíblico, en cuanto a no ser ocasión de tropiezo para "los pequeños" del Reino?

¿Cuáles actitudes debemos tomar y cuáles debemos evitar?

11.C. ¿Cómo es posible que haya personas hoy día que obren milagros en el nombre de Dios, pero al final sean rechazadas por El?

11.D. ¿Quién es nuestro prójimo?

11.E. Explique la diferencia entre los pecados de comisión y los de omisión.

Capítulo 12

Escriba las respuestas correctas en los espacios en blanco.

12.1. La puerta angosta está formada por el _____ y la fe en Jesucristo solamente. (*arrepentimiento, amor*)

12.2. Jesús no hizo caso cuando los fariseos lo amenazaron para que saliera del territorio de Herodes, porque sabía que sus enemigos no le podían quitar la vida mientras no hubiera acabado su _____. (*tarea, predicación*)

12.3. En la parábola de la gran cena, los primeros invitados representan a la nación de Israel. Los segundos invitados, que eran los pobres, los mancos, los ciegos y otros necesitados, representan a los _____. (*publicanos, gentiles*)

12.4. Los tres requisitos para ser un verdadero discípulo son: poner a Cristo en primer lugar en la vida, llevar la _____ constantemente, siguiéndolo de cerca, y calcular el precio de nuestra decisión. (*palabra, cruz*)

12.5. El hermano mayor del hijo pródigo representa a los _____, quienes tenían espíritu de esclavos, y no de hijos. (*fariseos, profetas*)

12.6. A veces, Cristo emplea una figura retórica para animarnos a imitar uno de sus rasgos; por ejemplo, el _____ infiel, a pesar de que sus demás características no eran buenas. (*mayordomo, esposo*)

12.7. Para ser buenos _____ de las cosas del Señor, debemos emplear con inteligencia el dinero, los bienes y las cosas materiales para promover la causa del Señor (*administradores, destinatarios*)

12.8. No está claro si el relato que hizo Cristo sobre Lázaro y el rico era verídico, o sólo se trataba de una _____. (*fábula, parábola*)

12.9. Lo que reprende el Señor no es la posesión de _____, sino su uso egoísta y carente de piedad. (*riquezas, talentos*)

12.10. En el Antiguo Testamento se llama _____ a la morada

de los espíritus de los difuntos, tanto justos como injustos (1 Samuel 28:19), pero el Nuevo Testamento nunca señala que los justos sigan yendo a ese lugar. *(Seol, Paraíso)*

12.11. Cuando Jesús sanó a los diez leprosos, no lo hizo instantáneamente porque quería _____ su fe. *(probar, aumentar)*

12.12. En Lucas 17, Cristo explica que su segunda venida no será oculta, sino a la vista de todos. También será repentina y tomará por sorpresa a los habitantes de _____. *(la tierra, Palestina)*

12.13. La parábola del fariseo y el recaudador de impuestos nos enseña a _____ con un espíritu humilde y contrito. *(adorar, orar)*

12.14. Los rabinos de la época de Jesús estaban divididos en dos escuelas de pensamiento sobre la interpretación de Deuteronomio 24:1. Un famoso rabino sostenía que este versículo permitía el _____ por cualquier motivo prácticamente. *(divorcio, ayuno)*

12.15. Cristo enseñó que sólo aquéllos a quienes se les ha concedido el _____ "de continencia" son capaces de llevar una vida célibe. *(llamado, don)*

12.16. No existe en el reino ninguna obra de mayor importancia que la de llevar a los _____ a los pies de Jesús. *(pecadores, niños)*

12.17. Los discípulos se quedaron asombrados cuando Cristo les enseñó que las _____ son un obstáculo para la entrada al Reino. *(leyes, riquezas)*

12.18. Es posible que aquéllos que tengan la oportunidad de estar más cerca de Cristo en esta vida no _____ un recompensa mayor que los demás. *(merezcan, reciban)*

12.19. Aunque Jacobo y Juan se equivocaron al pedir puestos importantes en el reino mesiánico, en ningún otro episodio brilla más su fe en que Cristo fundaría su _____. *(Iglesia, Reino)*

12.20. La verdad cardinal de los evangelios sinópticos es que el Hijo del Hombre murió en _____ del pecado para redimirnos de la maldición y satisfacer la justicia divina. *(expiación, anticipación)*

Aplicación:

12.A. ¿A qué conclusión ha llegado usted con respecto al relato de Cristo acerca de Lázaro y el rico? ¿Es verídico, o es una parábola? ¿Da lo mismo que sea una historia verídica o que sea una parábola? ¿Por qué?

12.B. ¿Qué aspectos de las enseñanzas de Jesús en el banquete de Lucas 14:7-14 podemos aplicar hoy a nuestra vida?

12.C. ¿Qué cree usted acerca de la posibilidad para una persona divorciada de volverse a casar, si ha habido adulterio por parte de su cónyuge?

12.D. En su condición de líder, ¿cuál es su consideración de mayor importancia en cuanto al empleo de su tiempo en el ministerio? ¿A quiénes les debe dedicar la mayor parte de su tiempo? ¿Por qué? ¿En qué orden de importancia debe hacerlo?

Capítulo 13

Verdadero o Falso

13.1. La fragancia de la impulsiva generosidad de María sigue inspirándonos a la consagración a través de los siglos. _____

13.2. Cuando Cristo limpió la casa de Dios, cumplió al pie de la letra la profecía de Malaquías 2:2- 4. _____

13.3. Cuando Cristo cabalgó sobre la bestia usada por los profetas de la antigüedad, estaba indicando la naturaleza de su Reino: la paz universal. _____

13.4. Los fariseos se oponían a que el pueblo alabara a Cristo, porque creían que lo hacía con hipocresía. _____

13.5. El único milagro negativo que se encuentra en los evangelios es la maldición de la higuera sin frutos. _____

13.6. La higuera representa a Israel, espiritualmente estéril, que no había aprovechado la oportunidad de arrepentirse y recibir a su Mesías. _____

13.7. Los fariseos tenían el monopolio de la lucrativa venta de animales para los sacrificios del templo. _____

13.8. En la parábola del banquete nupcial, la primera invitación representa la presentada a través de los profetas a la nación de Israel durante muchos siglos. _____

13.9. El general Tito, que destruyó a Jerusalén en el año 70 d.C., era griego. _____

13.10. El reino de Dios será entregado a su nuevo pueblo, el cual será constituido sobre una base de nacionalidad. _____

13.11. Los saduceos se habían sometido al dominio del imperio romano y cumplían sus decretos sin objeción. _____

13.12. Los fariseos negaban la existencia de los milagros, los ángeles y la inmortalidad. _____

13.13. Todavía existe en el mundo la levadura de los fariseos. _____

13.14. Cuando el escriba admitió que era cierta la respuesta de Cristo acerca del gran mandamiento, se ganó con su sinceridad la entrada al reino de los cielos. _____

13.15. Jesús tenía mucha paciencia con los publicanos, pero consideraba insoportables a las rameras y a los adúlteros. _____

13.16. Muchas de las formalidades y ceremonias que practicaban los líderes religiosos de Israel eran motivadas por el deseo de ser vistos por los hombres. _____

13.17. Las prácticas religiosas de los escribas y fariseos no estaban motivadas por el deseo de alcanzar puestos de honor, autoridad o notoriedad, sino por el amor a Dios. _____

13.18. En el cristianismo, el único lugar para los mediadores humanos está reservado a los pastores llamados por Dios. _____

13.19. Lo que más le importa a Dios es la cantidad que cada creyente ofrende, comparada con sus diezmos. _____

Aplicación:

13.A. Según lo que aprendemos en la parábola de los dos hijos llamados por su padre a trabajar en la viña, ¿es más importante lo que se dice o lo que se hace? ¿Por qué?

13.B. ¿Qué clases de personas desean recibir en la actualidad las bendiciones celestiales sin revestirse de la justicia de Cristo que se recibe por la fe, e incluso sin tener un nuevo corazón?

13.C. ¿Por qué debemos cumplir con nuestros deberes civiles, cualesquiera que sean las circunstancias particulares del gobierno (extranjero, tiránico, pagano, etc.)?

13.D. ¿De qué formas se manifiesta hoy día el espíritu del fariseísmo?

Capítulo 14

Escriba en el espacio señalado la letra que corresponda a la respuesta más acertada.

14.1. Jesús habló de muchos temas en el Sermón del Monte, mientras que en el discurso pronunciado en el monte de los Olivos_____
   A. habló sólo en parábolas.
   B. se limitó a dar una profecía.
   C. tuvo más éxito.

14.2. El vocablo griego *parusía*, que se traduce como "venida", significa también _____
   A. "arrepentimiento".
   B. "suceso inesperado".
   C. "presencia".

14.3. El problema principal al interpretar el discurso del monte de los Olivos es que la profecía se refiere a dos sucesos: _____

    A. la caída de Jerusalén y el regreso de Cristo.

    B. la caída de Jerusalén y la restauración de Israel.

    C. el regreso de Cristo, antes y después de la tribulación.

14.4. ¿Cuál de las siguientes características *no* es típica de las profecías?
    ____

    A. Siempre se expresa en sentido literal.

    B. Muchas veces no presenta los sucesos en orden cronológico.

    C. A veces pasa en la descripción de un suceso cercano a otro muy futuro, sin indicar que hay un gran intervalo de tiempo entre los dos.

14.5. Cristo enseñó que el creyente ____

    A. no sufrirá ningún daño físico.

    B. no morirá por causa del evangelio.

    C. no pasará problemas serios, a no ser que Dios lo permita.

14.6. Antes de que venga Cristo, ____

    A. el mundo entero oirá el evangelio.

    B. el evangelio será predicado a todas las naciones para testimonio.

    C. será necesario que se cumplan muchas señales más.

14.7. El apóstol Pablo alude a Antíoco Epífanes como símbolo profético
    ____

    A. del hombre de pecado; es decir, el anticristo.

    B. de la gran tribulación.

    C. de la caída de Jerusalén.

14.8. Cristo les había advertido a los creyentes que huyeran de Jerusalén a toda prisa, y ellos ____

    A. no lo hicieron.

    B. huyeron a Cesarea.

    C. huyeron a Pella, en Perea.

14.9. Israel dejó de existir como nación, y sus sobrevivientes fueron esparcidos entre los gentiles del imperio romano, cumpliéndose así la profecía de ____

    A. Jeremías.

    B. Cristo en el monte de los Olivos.

    C. Daniel.

14.10. Los dos factores que nos impulsan a creer que nos estamos aproximando a la segunda venida de Cristo son el retorno de los judíos a Palestina y ____

    A. su control sobre Jerusalén.

    B. la predicación del evangelio a todas las naciones.

    C. la Segunda Guerra Mundial.

14.11. Dios va a acortar los días de la tribulación para ____

    A. exterminar a los creyentes.

    B. salvarles la vida a los suyos.

C. vengarse de los que no lo conocen.

14.12. Cristo les advirtió a sus discípulos que regresaría por los suyos _____

A. inadvertidamente.

B. en un lugar solitario.

C. en forma visible para todo el mundo.

14.13. A pesar de su propia omnisciencia, Cristo dijo que nadie sabe la hora de su regreso, excepto el Padre, porque _____

A. El y el Padre son uno.

B. no quería que los discípulos le preguntaran acerca de la hora.

C. había limitado voluntariamente su mente humana.

14.14. Los evangélicos conservadores que no son fundamentalistas no creen en _____

A. la gran tribulación.

B. el arrebatamiento de la Iglesia.

C. la segunda venida de Cristo.

14.15. La fuerza que impide la aparición del anticristo hasta que llegue la gran tribulación es _____

A. el Espíritu Santo, que obra por medio de la Iglesia.

B. el falso profeta.

C. la presencia de los ciento cuarenta y cuatro mil.

14.16. La parábola de las diez vírgenes no es una alegoría, porque _____

A. no tiene que ver con animales.

B. tienen significado todos los detalles de la narración.

C. *no* tienen significado todos los detalles de la narración.

14.17. La parábola de los talentos indica que _____

A. las personas que reciben los mismos dones pueden diferir mucho en el uso de ellos.

B. las personas con distintos dones pueden diferir mucho en el uso de ellos.

C. las personas con distintos dones pueden emplearlos con la misma diligencia y recibir así la misma recompensa.

14.18. Para los discípulos de Cristo, la medida de peso en plata llamada talento equivalía al sueldo que recibía un obrero en _____

A. un año de trabajo.

B. veinte años de trabajo.

C. diez años de trabajo.

14.19. Jesús se llamó a sí mismo "Rey" por primera y única vez en _____.

A. Mateo 25:34.

B. Juan 3:7.

C. su entrada triunfal en Jerusalén.

14.20. Es razonable creer que la parábola de las ovejas y los cabritos tiene que ver con _____
A. los principios generales por los cuales será juzgada la humanidad ante el tribunal de Cristo.
  B. un juicio particular.
  C. la justicia de Dios.

Aplicación:

14.A. ¿Por qué no se puede formular una doctrina con el apoyo de un solo versículo?
14.B. ¿Conoce usted alguna secta falsa que formule la mayor parte de sus doctrinas apoyada en versículos extraídos de su contexto literario? ¿Puede dar algún ejemplo?
14.C. ¿Cómo interpreta usted la profecía en que Cristo dice: "No pasará esta generación hasta que todo esto acontezca"?
14.D. ¿Cree usted que hoy día Cristo nos haya dado a cada uno "conforme a su capacidad"? ¿Por qué?

Capítulo 15
Subraye la alternativa correcta.

15.1. Cuando Judas conspiró con los sumos sacerdotes para prender a Cristo, la preocupación mayor de ellos era hacerlo. . .
  . . . sin que se alborotara el pueblo.
  . . . sin que Cristo pudiera huir.
15.2. Jesús y sus discípulos celebraron la Pascua. . .
  . . . un día antes
  . . . un día después
  . . . que el resto de la nación de Israel.
15.3. Durante la primera Santa Cena, los discípulos. . .
  . . . mantuvieron una armonía perfecta.
  . . . discutieron sobre sus privilegios.
15.4. Los judíos celebraban . . . para conmemorar su liberación de la esclavitud en Egipto.
  . . . la Pascua
  . . . la fiesta de los Tabernáculos
15.5. En la Santa Cena, la separación de los emblemas que representan el cuerpo y la sangre sugiere una muerte. . .
  . . . solitaria.
  . . . violenta.

15.6. Al referirse a su sangre del nuevo pacto, Cristo estaba haciendo memoria de la inauguración del . . .
   . . . pacto sellado con su propia sangre.
   . . . antiguo pacto del Sinaí.

15.7. El nuevo pacto profetizado por . . . prometía la comunión del creyente con Dios.
   . . . Ezequiel
   . . . Jeremías

15.8. Nos pondríamos en peligro de enfermarnos si pasáramos por alto el mandato divino de . . . cuando participamos en la Santa Cena.
   . . . amarnos los unos a los otros
   . . . orar por los enfermos

15.9. En la Santa Cena, el pan y el vino . . . el cuerpo y la sangre de Cristo.
   . . . son
   . . . representan

15.10. El caso de . . . nos enseña que la confianza en nuestras propias fuerzas no basta para sostenernos.
   . . . Pedro
   . . . Judas

15.11. La palabra "Getsemaní" quiere decir. . .
   . . . "lugar secreto".
   . . . "prensa de aceite".

15.12. Para Cristo, la copa representaba. . .
   . . . la ira divina.
   . . . la tristeza.

15.13. Cristo tuvo que experimentar el abandono de su Padre Celestial porque. . .
   . . . había limitado sus características divinas.
   . . . se había identificado con el pecado del mundo.

15.14. En los tiempos de Cristo, las leyes . . . que se procesara a una persona durante la noche.
   . . . permitían
   . . . *no* permitían

15.15. Como parte del proceso religioso al que fue sometido Cristo, se convocó al Sanedrín, que estaba compuesto de. . .
   . . . 23 miembros.
   . . . 71 miembros.

15.16. Según las reglas del Sanedrín, todo proceso tenía que comenzar con. . .
   . . . las pruebas contra el acusado.
   . . . los testimonios a favor del acusado.

15.17. Poncio Pilato se encontraba en la ciudad de Jerusalén cuando los judíos lo buscaron porque. . .

. . . allí tenía su centro de operaciones.

. . . quería mantener el orden durante la Pascua.

15.18. Cuando el Sanedrín se presentó ante Pilato . . .

. . . le presentó un informe sobre las acusaciones hechas contra Cristo.

. . . tergiversó las acusaciones que había contra Cristo.

15.19. Pilato . . . que Cristo fuera sentenciado a muerte.

. . . quería

. . . *no* quería

15.20. El historiador Eusebio nos informa que . . . se suicidó.

. . . Pilato

. . . Tiberio

15.21. El letrero colocado en la parte superior de la cruz de Cristo estaba escrito en . . . idiomas, lo cual simboliza que su dominio sería universal.

. . . tres

. . . cuatro

15.22. . . . una teoría científica destinada a explicar las tinieblas que duraron tres horas mientras Cristo estuvo en la cruz.

. . . Existe

. . . *No* existe

15.23. El desgarramiento del velo significa que Cristo quitó por medio de la cruz la barrera . . . que se había interpuesto entre Dios y el hombre.

. . . de la Ley

. . . del pecado

15.24. . . . exigían que los cuerpos de los ajusticiados fueran enterrados el mismo día.

. . . Los romanos

. . . Los judíos

Aplicación:

15.A. ¿Cómo es posible que un creyente le abra la puerta a Satanás?

15.B. ¿Cuáles son las normas bíblicas para decidir quiénes pueden tomar la Santa Cena? Si hay algunas que se hayan popularizado sin tener fundamento bíblico, ¿en qué se fundamentan?

15.C. ¿Qué considera usted peor: la negación de Pedro o la traición de Judas? ¿Cree que es posible que tratemos con demasiada severidad a Judas, mientras excusamos de cierta manera a Pedro?

Trate de responder sin que las consecuencias de las acciones de cada uno de ellos influyan demasiado en su respuesta.

15.D. ¿Qué podemos aprender nosotros hoy a partir de la actitud de Cristo en el huerto, cuando le negó a Pedro la oportunidad de intervenir con violencia en defensa de sus amigos y de Él mismo?

Capítulo 16

Responda brevemente.

16.1. ¿Cuál es el milagro más grande de la Biblia?

16.2. ¿Cuántas veces se les apareció Cristo a los suyos en el día de su resurrección?

16.3. ¿Cómo se pueden explicar las discrepancias que parecen existir entre los evangelios con respecto al número de mujeres que visitaron la tumba?

16.4. ¿Cuánto tiempo transcurrió desde la resurrección de Cristo hasta su ascensión?

16.5. ¿Por qué razón movió el ángel la piedra que tapaba el sepulcro?

16.6. ¿Cómo podemos deshacer la teoría modernista de que los discípulos de Cristo tuvieron alucinaciones; o sea, que se imaginaron que Él se les había aparecido físicamente después de muerto?

16.7. ¿Qué vio Pedro, que comprobaba que los ladrones no se habían llevado el cuerpo del Señor?

16.8. ¿Qué podemos deducir de las palabras de Cristo al llamarles "hermanos" a sus discípulos después de su resurrección?

16.9. En la casa en Emaús, ¿cómo reconocieron los discípulos a Cristo?

16.10. ¿Quién asustó a los discípulos en el aposento alto, y por qué?

16.11. ¿En qué aspecto difería la misión dada por Cristo a sus discípulos después de su resurrección, de la que les había dado antes?

16.12. ¿Cuál es el secreto del éxito que tendrá la Iglesia en su empresa de llegar a todo el mundo con el evangelio?

16.13. ¿Qué significa el término griego que se traduce como "predicar"?

16.14. ¿Hasta cuándo deberían permanecer los apóstoles en Jerusalén?

16.15. ¿Por qué subió Jesús al cielo en forma visible ante sus discípulos?

Aplicación:

16.A. ¿Por qué hay más de una versión de la Biblia, y cuál es la más correcta?

16.B. Si Cristo prometió protegernos, ¿por qué no debemos tomar con las manos serpientes venenosas ni beber cosas mortíferas por nuestra propia iniciativa? ¿Conoce usted alguna otra manifestación actual de esa misma actitud?

16.C. ¿Se suelen decidir a aceptar a Cristo las personas después de convencerse de que son ciertas las pruebas de la resurrección y las numerosas evidencias que se estudian en la apologética, o lo hacen por razones menos lógicas y más espirituales? ¿Qué podemos aprender de este principio divino?

16.D. ¿Qué somos nosotros: discípulos de Cristo, hermanos suyos, o ambas cosas a la vez? ¿Por qué? ¿Qué importancia tiene esto para nosotros?

16.E. ¿Estamos realmente agradecidos de que Cristo nos incluyera en la "gran comisión"? ¿Qué estamos haciendo para demostrarle nuestra gratitud?

LOS MILAGROS Y LAS PARABOLAS DE JESUS

I. LOS MILAGROS

Los cuatro evangelios registran un total de treinta y cinco milagros obrados por Jesucristo. Entre ellos no se cuentan diversas manifestaciones sobrenaturales que no fueron realizadas directamente por El, como las apariciones de ángeles, la estrella que guió a los magos, las tinieblas que cubrieron la tierra durante su crucifixión, y su resurrección. Sabemos que, además de los milagros descritos por los evangelistas, Jesús obró muchos más (Juan 20:30).

Hemos clasificado los milagros en cuatro categorías.

A. Sanidades:

1. El hijo del noble (Juan 4:46-54).
2. La suegra de Pedro (Mateo 8:14-17; Marcos 1:29-31; Lucas 4:38, 39).
3. Un leproso (Mateo 8:2-4; Marcos 1:40-45; Lucas 5:12-15).
4. El paralítico bajado del techo (Mateo 9:2-8; Marcos 2:3-12; Lucas 5:17-26).
5. El paralítico del estanque de Betesda (Juan 5:1-9).
6. El hombre con una mano seca (Mateo 12:9-14; Marcos 3:1-6; Lucas 6:6-11).
7. El siervo del centurión (Mateo 8:5-13; Lucas 7:1-10).
8. La mujer con el flujo de sangre (Mateo 9:20-22; Marcos 5:25-34; Lucas 8:40-56).
9. Los dos ciegos (Mateo 9:27-31).
10. El sordo y tartamudo (Marcos 7:31-37).
11. Un ciego de Betsaida (Marcos 8:22-26).
12. El ciego de nacimiento (Juan 9:1-14).
13. La mujer encorvada desde hacía dieciocho años (Lucas 13:10-17).
14. El hidrópico (Lucas 14:1-6).
15. Los diez leprosos (Lucas 17:11-19).

16. El ciego Bartimeo y su compañero (Mateo 20:29-34; Marcos 10:46-52; Lucas 18:35-43).
17. La restitución de la oreja de Malco (Mateo 26:51-53; Marcos 14:47; Lucas 22:50, 51).

B. Exorcismos y curaciones de endemoniados:
1. El endemoniado de la sinagoga (Marcos 1:21-28; Lucas 4:31-37).
2. El endemoniado ciego y mudo (Mateo 12:22; Lucas 11:14).
3. Los endemoniados gadarenos (Mateo 8:28-34; Marcos 5:1-20; Lucas 8:26-39).
4. El endemoniado mudo (Mateo 9:32-34).
5. La hija de la mujer sirofenicia (Mateo 15:21-28; Marcos 7:24-30).
6. El muchacho epiléptico (Mateo 17:14-21; Marcos 9:14-29; Lucas 9:37-43).

C. Dominio sobre las fuerzas de la naturaleza:
1. El agua convertida en vino en las bodas de Caná (Juan 2:1-11).
2. La primera pesca milagrosa (Lucas 5:1-11).
3. La tempestad aplacada (Mateo 8:23-27; Marcos 4:35-41; Lucas 8:22-25).
4. La alimentación de los cinco mil (Mateo 14:13-21; Marcos 6:34-44; Lucas 9:11-17; Juan 6:1-14).
5. Cristo anda sobre el agua (Mateo 14:22-33; Marcos 6:45-52; Juan 6:19).
6. La alimentación de los cuatro mil (Mateo 15:32-39; Marcos 8:1-9).
7. El estatero hallado en la boca del pez (Mateo 17:24-27).
8. La maldición de la higuera estéril (Mateo 21:18-22; Marcos 11:12-14, 20-26).
9. La segunda pesca milagrosa (Juan 21:6).

D. Resurrecciones:
1. El hijo de la viuda de Naín (Lucas 7:11-15).
2. La hija de Jairo, en Capernaum (Mateo 9:18-26; Marcos 5:22-43; Lucas 8:41-56).
3. Lázaro, en Betania (Juan 11:1-14).

II. LAS PRINCIPALES PARABOLAS

1. El sembrador (Mateo 13:3-8; 18-23; Marcos 4:3-9; 13-20; Lucas 8:5-8, 11-15).
2. La cizaña (Mateo 13:24-30, 36-43).
3. El grano de mostaza (Mateo 13:31, 32; Marcos 4:30-32; Lucas 11:18, 19).

4. La levadura (Mateo 13:33; Lucas 13:20, 21).
5. El tesoro escondido (Mateo 13:44).
6. La perla de gran valor (Mateo 13:45, 46).
7. La red (Mateo 13:47-50).
8. El perdón de las injurias (Mateo 18:21-35).
9. Los obreros de la viña (Mateo 20:1-16).
10. Los dos hijos (Mateo 21:28-32).
11. Los viñadores homicidas (Mateo 21:33-45; Marcos 12:1-12; Lucas 20:9-19).
12. El banquete nupcial (Mateo 22:1-14).
13. Las diez vírgenes (Mateo 25:1-13).
14. Los talentos (Mateo 25:14-30).
15. La semilla que crece por sí sola (Marcos 4:26-29).
16. Los dos deudores (Lucas 7:41-43).
17. El buen samaritano (Lucas 10:30-37).
18. El amigo importuno (Lucas 11:5-8).
19. El rico insensato (Lucas 12:16-21).
20. La higuera estéril (Lucas 13:6-9).
21. La gran cena (Lucas 14:15-24).
22. La oveja perdida (Mateo 18:12-14; Lucas 15:3-7).
23. La moneda perdida (Lucas 15:8-10).
24. El hijo pródigo (Lucas 15:11-32).
25. El mayordomo infiel (Lucas 16:1-9).
26. Lázaro y el hombre rico (Lucas 16:19-31).
27. Los siervos inútiles (Lucas 17:7-10).
28. El juez injusto (Lucas 18:1-8).
29. El fariseo y el publicano (Lucas 18:9-14).
30. Las diez minas (Lucas 19:11-27).

BIBLIOGRAFIA

A. Libros y obras publicadas

Barclay, William. *Lucas*, tomo 4 en *El Nuevo Testamento Comentado*. 1973.

.... *Mateo I y Mateo II*, tomos 1 y 2 en *El Nuevo Testamento Comentado*. 1973.

Berkhof, Luis. *Principios de interpretación bíblica*. s.f.

Bliss, C. R. *El Evangelio según Lucas*, tomo 2 del *Comentario expositivo sobre el Nuevo Testamento*. 1966.

Broadus, John A. *Comentario sobre el Evangelio según Marcos*, s.f.

.... *Comentario sobre el Evangelio según Mateo*. s.f.

Bruce F. F. *¿Son fidedignos los documentos del Nuevo Testamento?* s.f.

Cook, Francisco S. *La vida de Jesucristo*. 1973.

Drane, John W. *Jesus and the Four Gospels*. s.f.

Erdman, Carlos R. *El Evangelio de Mateo*. 1974.

.... *El Evangelio de Marcos*. 1974.

.... *El Evangelio de Lucas*. 1974.

Evans, William. *Las grandes doctrinas de la Biblia*, s.f.

Gibson, John M. *The Gospel of Matthew*, en la obra *Expositor's Bible*. 1903.

González, Justo. *La era de los Mártires*, tomo 1 de la obra *Y hasta lo último de la tierra; una historia ilustrada del cristianismo*. 1978.

Horton, Stanley. *La guía dominical*. Julio a Diciembre, 1980.

Jackson, Frederick Foakes. *The History of the Christian Church*, 1974.

Keyes, Nelson B. *El fascinante mundo de la Biblia.* 1977.

Latourette, Kennet Scott. *The First Five Centuries,* tomo 1 de *A History of the Expansion of Christianity* (7 tomos). 1971.

Lenski, R. C. H. *La interpretación del Evangelio según San Lucas* en *Un Comentario del Nuevo Testamento,* tomo 3, 1963.

Mariotti, Federico A. P. *La vida de Cristo,* 1971.

McLaren, Alexander. *St. Matthew, St. Mark, y St. Luke* tomos 7, 8 y 9 de *Expositions of Holy Scripture,* s.f.

Mears, Henrietta C. *Lo que nos dice la Biblia.* s.f.

Morgan, G. Campbell. *Los grandes capítulos de la Biblia,* tomo 1. 1938.

.... *The Parables and Metaphors of Our Lord.* 1953.

Morris, Leon. *The Gospel according to St. Luke,* en *Tyndale New Testament Commentaries.* 1980.

Robertson, A. T. *Una armonía de los cuatro Evangelios,* 1966.

Ross, Guillermo. *Evangelio de Marcos,* tomo 9 de *Estudios en las Sagradas Escrituras.* 1967.

Ryle, J. C. *Mateo,* tomo 1 de *Los evangelios explicados.* 1977.

Stalker, James, *Vida de Jesucristo,* s.f.

Tenney, Merrill C. *Nuestro Nuevo Testamento,* 1973.

Thompson, Henry C. *La vida de Jesucristo basada en los cuatro evangelios* s.f.

Trenchard, Ernesto. *Introducción al estudio de los cuatro evangelios.* 1961.

.... *Exposición del Evangelio según San Marcos.* 1971.

Trilling, Wolfgang. *El Evangelio según San Mateo,* tomos 1 y 2 de la obra *El Nuevo Testamento y su mensaje.* 1980.

Unger, Merrill F. *El mensaje de la Biblia.* 1976.

Viertel, Weldon E. *La Biblia y su interpretación.* 1983.

B. Comentarios, compendios, diccionarios y enciclopedias bíblicas

Diccionario ilustrado de la Biblia. Nelson, Wilton M. (editor). 1977.

Haley, Henry. *Compendio manual de la Biblia.* s.f.

Jamieson, Roberto; Fausset, A.R.; Brown, David. *Comentario exegético y explicativo de la Biblia,* tomo 2. s.f.

Manual bíblico ilustrado. Alexander, David; Alexander, Pat (editores). 1976.

Nuevo comentario bíblico. Guthrie, D.; Motyer, J. A. (editores). 1977.

Palabras bíblicas y sus significados. Pap, F. J. 1972.

The International Bible Encyclopaedia (cinco tomos). Orr, James (editor). 1949.

The New Bible Dictionary. Douglas, J. D. (editor). 1973.

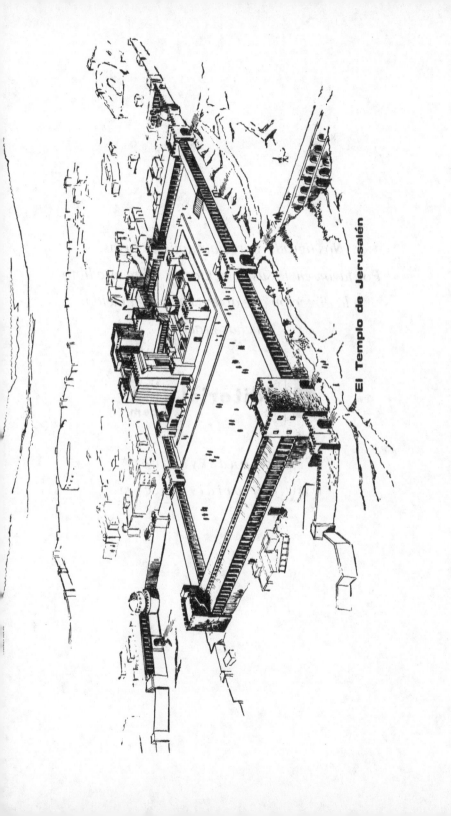

El Templo de Jerusalén

Nos agradaría recibir noticias suyas.
Por favor, envíe sus comentarios sobre este libro
a la dirección que aparece a continuación.
Muchas gracias.

Vida@zondervan.com
www.editorialvida.com